ÜBER DEN VERFASSER

Gene Brucker, geboren 1924, ist Shepard-Professor für Geschichte an der University of California in Berkeley. Er ist mit zahlreichen Werken über das Florenz der Renaissance hervorgetreten, darunter: The Civic World of Early Renaissance Florence, Princeton University Press 1977; Florence: The Golden Age 1138–1737, Abbeville Press 1984 (deutsch: Florenz, Stadtstaat, Kulturzentrum, Wirtschaftsmacht, München 1984, Amber Verlag).

Im Rowohlt Taschenbuch Verlag liegt von Gene Brucker vor: Giovanni und Lusanna. Die Geschichte einer Liebe im Florenz der Renaissance, Reinbek bei Hamburg 1988, rowohlts enzyklopädie/kulturen und ideen 466.

Gene Brucker

Florenz in der Renaissance

Stadt, Gesellschaft, Kultur

Aus dem Amerikanischen
von Claudia Preuschoft

rowohlts enzyklopädie
kulturen und ideen

kulturen und ideen
Herausgegeben von Wolfgang Müller
in
rowohlts enzyklopädie
Herausgegeben von Burghard König

Deutsche Erstausgabe
Veröffentlicht im Rowohlt Taschenbuch Verlag GmbH,
Reinbek bei Hamburg, Januar 1990
Copyright © 1990 by Rowohlt Taschenbuch Verlag GmbH,
Reinbek bei Hamburg
«Renaissance Florence» © 1969 by John Wiley & Sons, Inc.
Ergänzungen © 1983 by the Regents of the University of California
Umschlaggestaltung Meta-Design/Jens Kreitmeyer
Vignette: «Canzone, um maskiert zum Karneval zu gehen»,
Holzschnitt vom Ende des 15. Jahrhunderts
Satz Garamond (Linotronic 500)
Gesamtherstellung Clausen & Bosse, Leck
Printed in Germany
2680-ISBN 3 499 55480 1

Inhalt

VORWORT
9

ERSTES KAPITEL
Die Stadt der Renaissance

Die Topographie	13
Gebäude, Straßen, Nachbarschaften	28
Florenz verändert sein Gesicht, 1350–1450	46
Die Bevölkerung	63

ZWEITES KAPITEL
Die Wirtschaft

Die Grundlagen	76
Die Vielfalt der Geschäfte: die Tuchherstellung	83
Die Welt des internationalen Handels	98
Wandel der Wirtschaft, 1380–1450	111

DRITTES KAPITEL
Das Patriziat

Die Struktur der patrizischen Gesellschaft	121
Gesellschaftliche Wertmaßstäbe und ihre inneren Widersprüche	134
Soziale Beziehungen: Freundschaft und Feindschaft	143
Der Wandel gesellschaftlicher Wertvorstellungen: vom Trecento zum Quattrocento	152

VIERTES KAPITEL
Die Politik

Von der Stadt zum Staat	163
Die Hegemonie der Patrizier (1382–1434): Gemeinwohl und Privatinteresse	174

Die Muster innerstädtischer Konflikte   190
Krieg und Gesellschaft   200

FÜNFTES KAPITEL
KIRCHE UND RELIGION

Die Allgegenwart der Kirche   212
Die Konfrontation von Kirche und Staat   221
Die Welt des Klosters   230
Frömmigkeit   246

SECHSTES KAPITEL
KULTUR

Grundlagen und Voraussetzungen   258
Kulturförderung im Florenz der Renaissance:
   Struktur, Motivationen, Entwicklungen   270
Der Florentiner Humanismus: Entstehung und Bedeutung   279
Die Revolution in der Kunst   290

SIEBTES KAPITEL
EPILOG: DIE LETZTEN JAHRE DER REPUBLIK

Das Zeitalter Lorenzo de' Medicis, 1469–1492   311
Die Wiederherstellung der Republik, 1494–1512   323
Finale, 1512–1532   333

Bibliographische Anmerkungen   340
Bemerkungen zur Forschungslage   359
Bibliographische Nachträge   363
Quellennachweis der Abbildungen   371
Personen- und Sachregister   372

Für Mark, Wendy und Francesca
und für Harriet

Vorwort

Ein Buch über die Renaissance in Florenz bedarf keiner langen Rechtfertigung. In der besonderen Form der hier vorliegenden Untersuchung zeigen sich jedoch bestimmte Interessen und Voreingenommenheiten des Autors, für die der Leser eine Erklärung verdient. Dieses Buch gibt keinen Überblick über die Geschichte der Renaissance in Florenz, obwohl ich versucht habe, die Grundzüge dieser Geschichte von der Zeit Dantes (1265–1321) bis in das Zeitalter Machiavellis, Leonardo da Vincis und Michelangelos im frühen 16. Jahrhundert nachzuzeichnen. Ich habe mich vielmehr auf einen Ausschnitt aus diesen zwei Jahrhunderten konzentriert, auf die Jahre zwischen 1380 und 1450, die von Historikern oft als «Frührenaissance» bezeichnet werden. In diesen Jahren veränderte sich die Erfahrungswelt der Florentiner in bedeutsamer Weise. Besonders offenkundig wird dieser Wandel in der kulturellen Sphäre, aber auch in gesellschaftlichen und politischen Institutionen, in Einstellungen und Wertorientierungen.

Außer im letzten Kapitel, dem Epilog, werden in den einzelnen Kapiteln selbständige Themen abgehandelt, die etwas willkürlich aus dem Gesamtzusammenhang der Florentiner Geschichte herausgeschnitten wurden. Auf das Anfangskapitel über die äußere Erscheinung der Stadt, in dem Florenz als Komplex von Gebäuden, Straßen und Baudenkmälern untersucht wird, folgen Kapitel, die das Wirtschaftsleben der Stadt analysieren, die gesellschaftlichen und politischen Strukturen und schließlich die religiösen und kulturellen Phänomene. Unvermeidlich tut dieses Buch der Wirklichkeit menschlicher Erfahrung, die dergleichen säuberliche Unterscheidungen nicht kennt, Gewalt an. Ich habe mich bemüht, die Auswirkungen dieser künstlichen Trennungen so gering wie möglich zu halten, Verbindungen zwischen den verschiedenen Dimensionen herzustellen und ursächliche Bezüge aufzuzeigen.

Beim Schreiben dieses Buches habe ich eine Auswahl getroffen und mich auf einzelnes konzentriert, anstatt zu versuchen, eine verallgemeinernde und umfassende Darstellung vorzulegen. Jedes Kapitel enthält einen einführenden Abschnitt, in dem in einer kurzen Zusammenfassung der Hintergrund des Gegenstandes der einzelnen Kapitel skizziert werden soll. Ich habe dann bestimmte Themen ausgewählt, um diesen Gegenstand genauer zu umreißen und zu veranschaulichen. So habe ich zum Beispiel im Kapitel über die Florentiner Wirtschaft die Probleme der Wolltuchindustrie und die Figur des im internationalen Handel tätigen Kaufmanns analysiert. Das Prinzip der Auswahl erlaubt zwar, bestimmte Themen relativ gründlich und detailreich zu untersuchen, aber es zwang mich auch, andere wichtige Facetten der Geschichte der Stadt zu übergehen oder nur sehr skizzenhaft zu behandeln. Zwei besonders wichtige Themen, die vernachlässigt wurden, sind das bäuerliche Hinterland der Stadt und die Stadtarmen. Es ist zur Selbstverständlichkeit geworden, daß der Historiker seine Aufmerksamkeit den Reichen und Mächtigen widmet, der Klasse der Patrizier, die Wirtschaft und Regierung ebenso beherrschten wie das religiöse und kulturelle Leben der Stadt. Das Quellenmaterial, das diesem Stadtadel gilt, ist sehr viel umfangreicher als die fragmentarischen Zeugnisse über die unteren Schichten der Florentiner Gesellschaft, die Handwerker und Ladenbesitzer, die Lohnarbeiter in den Textilmanufakturen, die Angehörigen der Unterwelt. Die historische Rolle dieser «Unterprivilegierten» in der Stadt und ihrer bäuerlichen Vettern jenseits der Stadtmauern verdienen jedoch eine sorgfältigere Untersuchung, als ihnen bisher zuteil wurde.

Den größten Teil des Anschauungsmaterials für dieses Buch fand ich im Archivio di Stato in Florenz, diesem riesigen und wunderbar reichen Depot historischer Fundstücke in den unteren Stockwerken der Uffizien. Für die ersten Kapitel (die den wirtschaftlichen, sozialen und politischen Entwicklungen gewidmet sind) habe ich mich in großem Umfang auf Archivmaterial gestützt. Ich habe zwar die wissenschaftliche Literatur zu Rate gezogen, die zu diesen Gebieten vorliegt, und in hohem Maß von ihr profitiert, aber meine Belege und Schlußfolgerungen verdanken sich weitgehend dem Archivmaterial. Diese Kapitel sind die Kurzfassung einer detaillierteren und umfassenderen Analyse der Florentiner Politik und ihres gesellschaftlichen Zusammenhangs zwischen 1380 und 1434, für die ich im vergangenen Jahrzehnt Material gesammelt habe. In jenen Bereichen der Florentiner Geschichte, wo ich lediglich über oberflächliche Kenntnisse verfüge, war ich stärker auf Sekundärliteratur (soweit sie existiert) angewiesen oder auf die unvollständigen Erträge meiner Forschungen in jenen Feldern, die noch nicht gründlich untersucht wurden.

Princeton, New Jersey, März 1969   GENE BRUCKER

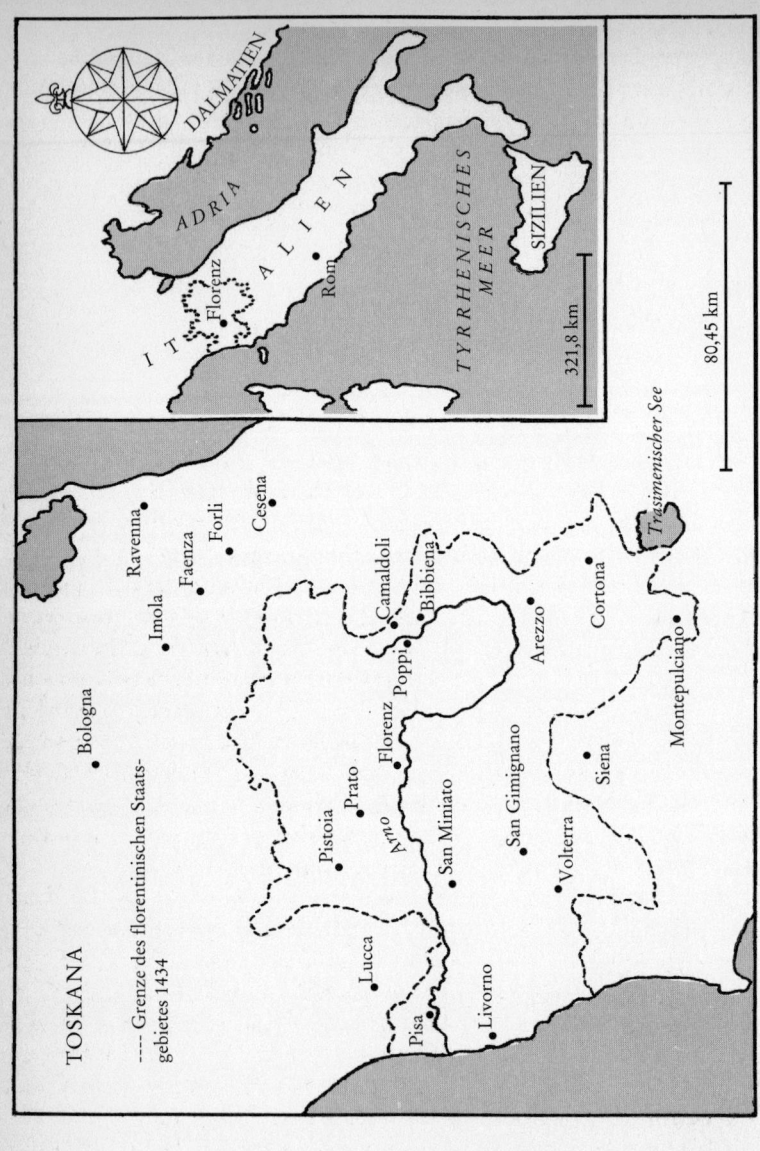

ERSTES KAPITEL

DIE STADT DER RENAISSANCE

Die Topographie

Im Jahr 1400 bot sich dem Reisenden, der sich auf einer der Hauptstraßen der Stadt Florenz näherte, nicht dieses eindrucksvolle Panorama der Stadt und ihrer Umgebung, das wir heute bewundern. Die Straße von Bologna, die sich über die steilen Höhenzüge nördlich des Arno schlängelt, bietet zwar ab und zu überraschende Ausblicke, aber die Sicht wird immer wieder versperrt durch Bergkämme, die wie Finger in die Ebene ragen. Der ideale Aussichtspunkt war und ist noch heute Fiesole, das Bergstädtchen, von dem aus man Florenz von Norden her überschaut. Hier ließ sich der Blick auf die gesamte Stadt und weiter ins Arnotal, das sich nach Westen hin zum Meer erstreckt, ungehindert genießen. Dabei fielen die besonderen Merkmale des städtischen Ensembles ins Auge: die Mauern und Türme, der Fluß und die Brücken, das Netz der Straßen, das die Entstehung und die Versorgung von Florenz möglich gemacht hatte, die ländliche Umgebung, die durch tausenderlei Beziehungen mit der Stadt verbunden war.

Als auffälligstes topographisches Merkmal von Florenz erschien seine Lage am Fluß, über achtzig Kilometer vom Mittelmeer entfernt. Die meisten toskanischen Städte, die großen wie die kleinen – Siena, Volterra, Cortona, San Gimignano –, waren auf Hügeln angelegt worden, von denen aus sie das Umland in der Ebene beherrschten. In den Jahrhunderten politischer Unsicherheit, die auf die Invasionen der Barbaren gefolgt waren, galt die Hügellage als vorteilhaft, denn Städte in erhöhter Lage ließen sich leichter verteidigen als Siedlungen im Flachland. Außer der Hafenstadt Pisa entstand im unteren Arnotal während des Mittelalters keine größere städtische Siedlung. Die Ebene war sumpfig und unzulänglich entwässert, Überflutungen bedrohten sie;

Blick auf Florenz von Fiesole aus

erst im späten 13. Jahrhundert wurde sie in fruchtbares Land umgewandelt und durch die günstigen Verkehrswege erschlossen, die sie heute noch durchziehen. Auch Florenz war damals wie heute nicht gegen Überschwemmung gefeit, die mittelalterlichen Chroniken beschreiben immer wieder die periodischen Verheerungen durch den Arno, wenn er von den schweren Regenfällen im Herbst angeschwollen war. In jedem Jahrhundert forderte der Fluß ein- oder zweimal hohen Tribut an Menschenleben und Besitz.

Der Arno brachte zwar gelegentlich Tod und Zerstörung über die Stadt, aber er bot denjenigen, die an seinen Ufern lebten; auch beträchtliche Vorteile. Florenz mußte sich niemals um Wasser sorgen; die Größe und das Wachstum von Siena, Perugia, Cortona und anderer Bergstädte hingegen waren durch die Möglichkeiten der Wasserversorgung begrenzt. Wenn die Florentiner den Sienesen und Aretinern einiges an sanitären und hygienischen Einrichtungen voraushatten, verdankte sich das der unmittelbaren Nähe des Flusses. Die erhöhte Lage und die Distanz von der unteren Arnoebene schützte die Bewohner vor

Malaria und anderen Sumpfkrankheiten, die die Bevölkerung von Pisa im 14. und 15. Jahrhundert dezimierten. Fisch aus dem Arno war fester Bestandteil des Florentiner Speisezettels, die Mühlen am Arno und an seinen Nebenflüssen mahlten das Getreide für das Brot der Stadt. Auch daß Florenz – und nicht Siena oder Perugia – zum größten Zentrum der Tuchherstellung in Mittelitalien aufstieg, verdankte sich zum Teil seiner Lage am Fluß. Das Waschen, Walken und Färben des Tuchs erforderte eine reichliche Versorgung mit Wasser, die Wassermenge des Flusses genügte nur während der jährlichen Sommertrockenheit hierfür nicht.

Der Fluß war ein wichtiger Handels- und Verkehrsweg, er verband Florenz mit Pisa und dem Meer, außerdem mit dem Hinterland des Apennin. Allerdings war der Arno keine ideale Verkehrsader. Seine Wasserführung war stark abhängig von der Jahreszeit, im Sommer war er ein träges Rinnsal, bei Hochwasser im Herbst und im Frühjahr lebhaft und häufig unbefahrbar. Schlamm- und Sandbänke an der Mündung des Arno behinderten den Verkehr auf dem Fluß zusätzlich und erhöhten die Transportkosten für die Waren, die auf dem Wasserweg befördert wurden. Nur ein weiteres wichtiges städtisches Zentrum, Arezzo, etwa achtzig Kilometer stromaufwärts im Südosten, lag in der Nähe des Flusses, aber der Arno führte – und führt – in den Sommermonaten zuwenig Wasser für größere Schiffe. Die Reisenden bevorzugten die Landstraße, die parallel zum Fluß verlief. Stromabwärts in Richtung Pisa und Meer war der Fluß stärker befahren. Die Sommertrockenheit behinderte jedoch auch hier den Verkehr, ebenso wie die Stauwehre und die Sandbänke im Flußbett des Arno. Am Anfang des 14. Jahrhunderts wurde zwischen Pisa und Florenz eine Straße gebaut, die das ganze Jahr über zu befahren war; der Verkehr auf der Straße war bald so dicht wie der auf dem Wasser.

Die Kaufleute, die die Landstraßen benutzten, die von Florenz aus in alle Richtungen führten, begegneten Schwierigkeiten und Widrigkeiten, die denen des Flußverkehrs nicht nachstanden. Die Toskana ist ein bergiges Land, eine ununterbrochene Folge von Bergkämmen und Tälern, nicht rhythmisch und regelmäßig wie zum Beispiel in den Appalachen, sondern ungleichmäßig, zerklüftet, chaotisch. Die wichtigen Straßen, die die Stadt mit anderen Gegenden Italiens verbanden, waren keineswegs dafür berühmt, daß sie leicht passierbar gewesen wären, aber sie waren besser als die meisten anderen Reisewege. Florenz war der südliche Endpunkt einer Hauptstraße über den Apennin. Der Verkehr aus der lombardischen Tiefebene, aus Mailand und Venedig, lief in Bologna zusammen und folgte dann der Straße über die Berge nach dem fast hundert Kilometer entfernten Florenz. Für die Weiterreise nach Rom oder in die südlichen Landesteile boten sich den Reisenden vor allem zwei Routen: entweder über Siena oder entlang dem Arno auf der alten römischen Via Cassia über Arezzo, Perugia und Assisi nach Rom. Die Straße, die Mittelitalien querte, zog sich durch das Arnotal nach Florenz, überschritt dann den Apennin und erreichte über Bologna oder Forlì die Häfen am Adriatischen Meer, dem Tor zur Levante.

Vom Zentrum der Stadt aus führten diese Straßen durch Gebiete, die damals noch bäuerlich waren mit kleinen Weilern, einzelnen Bauernhöfen, Landhäusern und Klöstern – heute ist dies durch die Ausbreitung der Stadt nicht mehr zu erkennen. Die Gemeinden, die die Stadt umgaben – Sesto, Peretola, Rifredi, Stignano, Fiesole –, waren alle klein; ihre Einwohner und ihre Lebenskraft wurden von dem mächtigen Magneten Florenz an sich gezogen. Nur Prato, etwa sechzehn Kilometer im Nordwesten, konnte dieser Anziehung widerstehen, seine wirtschaftliche Unabhängigkeit bewahren und weiter wachsen. Diese

Dörfer veränderten den ursprünglichen, bäuerlichen Charakter der Landschaft nicht, ebensowenig die kirchlichen Stiftungen, die zwar klein, aber sehr zahlreich waren. Die größten Konvente – Settimo und Ripoli, die Certosa bei Galluzzo, Vallombrosa und Camaldoli im Apennin – lagen alle in einiger Entfernung von Florenz. Die einzige große Klosteranlage in unmittelbarer Nachbarschaft war San Salvi, das alte Vallombrosanerkloster in der Nähe des Arno nördlich der Stadt.

Die Schönheit dieses ländlichen Gebietes wurde von Generationen von Schriftstellern gerühmt, von Männern mit so unterschiedlichem Geschmack wie Coluccio Salutati, dem Humanisten des 14. Jahrhunderts, und John Ruskin, dem Ästheten des 19. Jahrhunderts. Im Lauf der Jahrhunderte haben die Bestandteile dieser «bellezza» sich nur wenig verändert: die abwechslungsreiche Gliederung des Landes, das aus der flachen Ebene zu welligen Hügeln ansteigt bis zu den steilen Hängen des Apennin; die Verbindung von strahlend blauem Himmel, dunkelgrünen Zypressen und silbrigen Olivenbäumen; die zarten Konturen der Landschaft, in die sich Gebäude, Felder und Bäume einpassen. Diese Landschaft breitet sich im Hintergrund vieler Florentiner Gemälde aus, zum Beispiel in Werken von Benozzo Gozzoli, Fra Angelico und Leonardo da Vinci. Vor allem Leonardo gelang die Darstellung der diesigen Atmosphäre, die noch heute als Besonderheit der Toskana auffällt.

Eines der wichtigsten Themen in der Geschichte italienischer Städte ist die Beziehung zwischen Stadt und Land; sie hatte ihre Auswirkungen auf die sozialen Strukturen und die Wertvorstellungen, auf wirtschaftliche Aktivitäten, politische Institutionen und Entwicklungen. In vielen italienischen Städten ist diese Beziehung vor allem geprägt durch den starken Einfluß, den mächtige Adelsgeschlechter, deren Anwesen außerhalb der Mauern lagen, auf das Leben in der Stadt ausübten. Genuas politische und soziale Geschichte trägt unübersehbar den Stempel der großen feudalen Dynastien, die das zerklüftete Hinterland im Apennin beherrschten, und sowohl Rom wie auch Mailand bekamen den starken Druck mächtiger adeliger Sippen zu spüren: der Colonna und Orsini, der Visconti und Della Torre. Venedig war ein Sonderfall, es unterhielt vor dem 15. Jahrhundert kaum Verbindungen zum Festland, ein Faktor, der zur gesellschaftlichen Homogenität der regierenden Klasse beitrug. Das venezianische Patriziat beschäftigte sich mit dem Handel, die Politik der Stadt wurde nicht durch Fehden zwischen Feudalherren gestört oder durch den Widerstreit der Interessen von Stadt und Land.

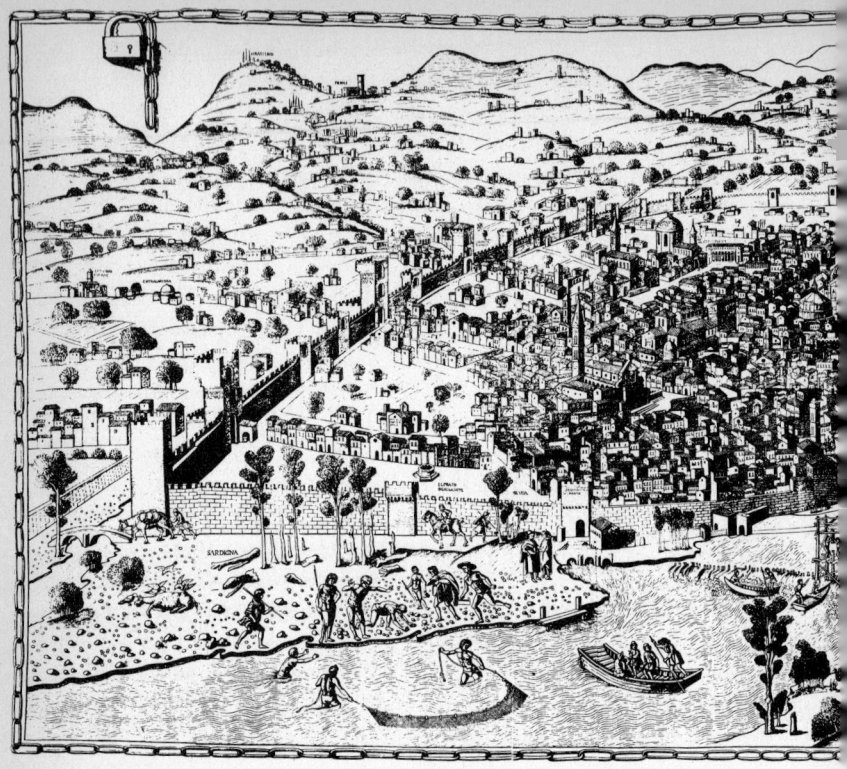

Der sog. Kettenplan von Florenz, entstanden zwischen 1471 und 1480

Die Beziehung, die sich im Mittelalter zwischen Florenz und seinem Umland herausbildete, entsprach im großen und ganzen dem anderer Städte zum Land. Florenz expandierte, indem es die Ressourcen des Hinterlandes erschloß. Durch Landflucht nahm die Einwohnerzahl der Stadt zu; der Überschuß an Getreide, Öl und Wein von toskanischen Bauernhöfen ernährte jedoch die wachsende städtische Bevölkerung. Die Aristokratie, die die Kommune im 12. und 13. Jahrhundert regierte, war ein Amalgam der gesellschaftlichen Gruppen, die in enger Beziehung zum ländlichen Umfeld der Stadt standen. Ein Teil dieser herrschenden Klasse stammte von der Feudalaristokratie ab, die immer noch große Anwesen im Contado* besaß. Einen anderen Teil bildeten die Nachkommen der reichen Bürger vom Land, die sich in der Stadt

niedergelassen und Kapital in Handels- und Gewerbeunternehmen investiert hatten; sie besaßen Land und unterhielten gesellschaftliche Kontakte zu dem Bezirk, aus dem ihre Vorfahren fortgezogen waren. Die typische landwirtschaftliche Einheit in den bäuerlichen Gebieten um Florenz am Ende des 15. Jahrhunderts war das «podere», eine kompakte Ansammlung von erworbenem und fruchtbar gemachtem Land,

* Der Contado war das ländliche Umland der Stadt, das vormals der Jurisdiktion der Feudalmacht unterstand und später der Kommune unterstellt war. Der Contado von Florenz erstreckte sich von Empoli und Prato im Westen bis jenseits der Flüsse Arno und Sieve im Osten. Der Bezirk (distretto) umfaßte auch die Teile des Florentiner Herrschaftsgebietes, die jenseits des Contado lagen und erst seit kurzer Zeit zum Machtbereich der Kommune gehörten.

das mit einer kräftigen Spritze städtischen Kapitals genug Erträge brachte, um die Familien derer, die es bearbeiteten, zu ernähren, aber auch die Familie des Landbesitzers, der in der Stadt wohnte. Die Entwicklung dieses Systems der «mezzadria», der Halbpacht, bei der ein Teil der Ernte abgegeben wird, sicherte die Nahrungsversorgung der besitzenden Klassen in der Stadt und schuf außerordentlich stabile Verhältnisse in der Landwirtschaft der Toskana. Außerdem führte dieses System dazu, daß sich enge und bemerkenswert langlebige Beziehungen zwischen der städtischen und der bäuerlichen Bevölkerung bildeten, denen gemeinsame ökonomische Interessen zugrunde lagen, und daß die Kooperation zwischen beiden zur Tradition wurde.

Formal wurden die Grenzen der Stadt von den Stadtmauern festgelegt. Die Befestigung, deren Länge etwa zehn Kilometer betrug, wurde in über fünfzig Jahren zwischen 1285 und 1340 errichtet. Nördlich des Arno beschrieb die Stadtbefestigung annäherungsweise eine Parabel. Die Mauern stießen im Westen oberhalb der Porta al Prato an den Fluß und zogen sich von der Porta al Prato landeinwärts zu der Porta San Gallo, etwa zwei Kilometer nördlich des Arno, dann bogen sie scharf zurück Richtung Fluß. Diese Mauern wurden in den sechziger Jahren des 19. Jahrhunderts niedergerissen, ihr Verlauf aber ist noch deutlich zu erkennen im Gürtel der weiten Boulevards, die die Innenstadt umgeben und die alte Stadt von den modernen Vorstädten abgrenzen. Südlich des Flusses umschlossen die Mauern ein kleineres Gebiet, denn hier erschwerten Hügel eine weitere Ausbreitung der Stadt. Von der Porta San Niccolò, wo Fluß und Mauern im Südosten der Stadt zusammentrafen, zog sich die Befestigung landeinwärts zu der Porta San Piero Gattolino (heute Porta Romana), von dort lief sie fast im rechten Winkel auf den Arno zu, den sie nahe der Porta San Frediano erreichte. Die Mauern durchziehen schwieriges Gelände, das sich für die Bebauung mit Häusern oder für die Anlage von Verkehrswegen wenig eignete, hier sind die Mauern bis ins 20. Jahrhundert erhalten geblieben. Nostalgische Gemüter, die sich die Vergangenheit lebendig vorstellen wollen, finden am Mauerzug zwischen der Porta San Niccolò und dem Belvedere Stoff für ihre Träumereien (S. 24f). Die schmale Straße, die der Mauer folgt, ist steil und wenig befahren. Mauer und Straße passen sich nicht dem Gelände an, sondern streben einer römischen Straße gleich in gerader Linie und scharfer Steigung dem Hügelrücken zu. Die Mauer selbst ist über sechs Meter hoch, sie wird in regelmäßigen Abständen von Türmen überragt, die ursprünglich über dreißig Meter ma-

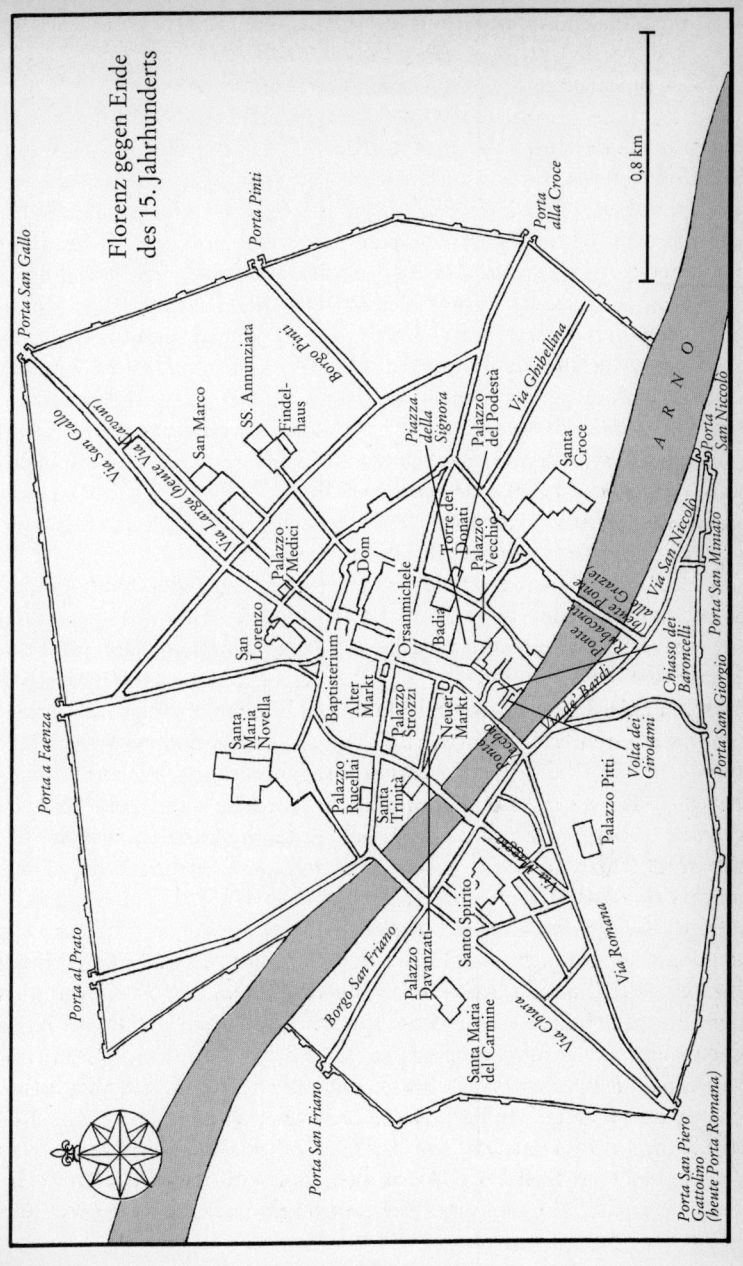

ßen, im 16. Jahrhundert jedoch auf die heutige Höhe abgetragen wurden.

Wer vom hochgelegenen Fiesole aus auf die Stadt schaute, erkannte deutlich diese imposanten Befestigungen. Die anderen topographischen Besonderheiten der Stadt ließen sich in dem dichten Häusergewimmel innerhalb der Mauern nicht so leicht ausmachen. Nahe am Fluß erhoben sich die Glockentürme des Palazzo Vecchio, des Sitzes der Signoria, der die legislativen und exekutiven Organe der Kommune beherbergte (S. 31), und des Palastes des «podestà», des wichtigsten Beamten und für die Polizei Verantwortlichen. Diese massigen Gebäude wurden im späten 13. und frühen 14. Jahrhundert errichtet; an ihrem abweisenden, trutzigen Äußeren läßt sich etwas vom Charakter der Florentiner aus der Generation Dantes ablesen, die sie gebaut hatte: hart, selbstbewußt, mißtrauisch. Sie waren als Bollwerke der Verteidigung geplant worden; ihr Zweck war der Schutz der Stadtregierung vor dem Angriff von allen erdenklichen Seiten; der Feudalaristokratie, die unterworfen, aber nicht untergegangen war, dem proletarischen Mob oder einem Heer aus Siena oder Pisa.

Das Kennzeichen des Stadtpanoramas ist heute der Dom (S. 14f, S. 28), der etwa 400 Meter nördlich der Piazza della Signoria liegt. Dieser riesige Bau wurde 1296 begonnen, er war jedoch noch ein Jahrhundert später nicht vollendet. Die architektonischen und technischen Probleme der Kuppelkonstruktion durchkreuzten die Pläne der Beamten, die für den Bau verantwortlich waren. Erst in den zwanziger Jahren des 15. Jahrhunderts löste Brunelleschi mit seinem Projekt schließlich diese Schwierigkeiten. Sein Entwurf für diese erste große Kuppel, die seit römischen Zeiten im westlichen Europa errichtet wurde, bezeichnet einen architektonischen Durchbruch. Brunelleschi überwachte noch die ersten Stadien des Baus der Kuppel. Ein Betrachter, der im Jahr 1400 die Stadt von Fiesole aus überblickte, konnte auch vor dem Bau der Kuppel erkennen, wo der kirchliche Mittelpunkt der Stadt lag, denn der Campanile des Doms, den Giotto im Jahr 1334 begonnen hatte, hob sich deutlich im Stadtbild ab. Im Westen des Doms lagen zwei weitere wichtige Bauten dieses kirchlichen Bezirks: das Baptisterium und der Bischofspalast. Florenz war reich an frommen Stiftungen, großen und kleinen, von imposanten Klöstern bis hin zu winzigen Hospitälern und Pfarrkirchen wie der Kirche Santa Maria in Campo, ein paar Meter vom Dom entfernt. Südlich des Doms stand der Turm der Badia Santo Stefano, des alten Benediktinerklosters, in ihrer unmittel-

Porta San Niccolò

baren Nähe erhob sich der Palazzo des Podestà. Schon vom Anblick her, aber auch architektonisch eindrucksvoller waren die großen Basiliken der Dominikaner (Santa Maria Novella) und Franziskaner (Santa Croce). Wie in stillschweigender Übereinkunft ließen sich die beiden rivalisierenden Orden in entgegengesetzten Stadtvierteln nieder: die Dominikaner im nordwestlichen Quartier und die Minoriten an der östlichen Stadtgrenze, nahe dem Arno.

Die Stadtmauer zwischen der Porta San Giorgio und der Porta San Niccolò; Federzeichnung von E. Burci, 1845

Einen präziseren Eindruck davon, was ein Betrachter von Fiesole aus sah, verdanken wir einem Fresko im Bigallo, das 1342 gemalt wurde (S. 29). Dieses Werk zeichnet sich nicht gerade durch Realismus aus, aber der Künstler vermittelt uns zwei erstaunliche Kennzeichen der Stadtlandschaft Florenz: den Eindruck ihrer «Stacheligkeit», der von einer Fülle an Türmen herrührt, und ein Gefühl für die Dichte und Enge der Stadt – den Mangel an freiem, offenem Raum. Beide Ein-

Ponte Vecchio und Palazzo della Signoria von der Piazzale Michelangelo

drücke haben durchaus ihre Berechtigung. Das mittelalterliche Florenz war eine Stadt der Türme, kirchlicher wie weltlicher; den zentralen Bereich der Stadt bildete ein dichter Block von Häusern, den nur die dünnen Linien von Gassen und engen Straßen unterbrachen und den hier und da Höfe oder Plätze auflockerten. Diese Charakteristika waren jedoch keine unveränderlichen Merkmale der Stadtlandschaft, sie haben das 16. Jahrhundert nicht überdauert. Die Zahl der Türme nahm nach und nach ab; eine städtische Verordnung aus dem Jahr 1250 befahl, sie zu kappen, sie wurden aber auch ganz abgetragen, um für neue Gebäude Platz zu schaffen. Die Umgestaltung der Innenstadt in ein

großzügiger bebautes Areal mit geräumigeren Plätzen und breiteren Straßen war ein allmählicher Prozeß, der erst im 19. Jahrhundert seinen Abschluß fand. Diese Veränderung nahm im 15. Jahrhundert an Elan zu, sie war nicht nur ein Ergebnis wirtschaftlichen Drucks, sondern auch der sich wandelnden öffentlichen und privaten Wertvorstellungen, die mit dem Entstehen der Renaissance assoziiert werden.

Baptisterium, Dom und Campanile

Gebäude, Straßen, Nachbarschaften

Florenz besitzt viele alte Gebäude, ein paar altertümliche Straßen, aber kein mittelalterliches Viertel. Es gibt keinen Stadtteil, der ein Gefühl für die mittelalterliche Vergangenheit vermittelt wie San Gimignano, Gubbio oder das Viertel San Pellegrino in Viterbo. In diesen kleineren und weniger «fortschrittlichen» Städten wurden nicht in großem Umfang alte Gebäude und Baudenkmäler den Erfordernissen der moder-

Ausschnitt aus dem Fresko der *Madonna della Misericordia* in der Loggia del Bigallo mit der ältesten Stadtansicht von 1342

nen Welt geopfert. Bis in die Mitte des 19. Jahrhunderts hinein hatte Florenz seinen traditionellen Charakter bewahrt, eine harmonische Mischung aus mittelalterlicher und Renaissancearchitektur, spätere Baustile hatten kaum Spuren hinterlassen. Der erste große Schritt zur Modernisierung wurde in den 1840er Jahren getan, als die Via Calzaiuolo – die Straße, die den Domplatz mit der Piazza della Signoria verbindet – erweitert und begradigt wurde. Zwanzig Jahre später wurden die Stadtmauern abgetragen und breite Boulevards an den Ufern des Arno angelegt, die «lungarni». Diese Straßen erleichterten den Verkehr, aber sie zerstörten auch den ländlichen, bäuerlichen Charakter des Flußufers, das bei Künstlern im frühen 19. Jahrhundert ein sehr beliebtes Motiv gewesen war. Zum skandalösesten Frevel kam es in den achtziger Jahren des 19. Jahrhunderts, als die Behörden im Namen des Fortschritts die Zerstörung des Gebietes um den Mercato Vecchio, den Alten Markt, anordneten. 1944 leistete die deutsche Wehrmacht ihren abschließenden Beitrag zu einem Jahrhundert des Vandalismus, als sie – mit Ausnahme des Ponte Vecchio – sämtliche Arnobrücken in die Luft sprengte (S. 27, S. 33). Sie blockierte jedoch dieses ehrwürdige Baudenkmal an beiden Ufern, indem sie die Gebäude in seiner Nähe zerstörte und damit einige der letzten Reste des «alten Florenz» in Staub verwandelte.

Die Wunden des Kriegs waren noch nicht vollkommen verheilt, als die Stadt am 4. November 1966 die verheerendste Überschwemmung ihrer Geschichte erlitt. Der Arno überflutete das historische Zentrum von Florenz; das Wasser stand in einigen Gebäuden fünf bis sechs Meter hoch und breitete sich in den nördlichen Stadtvierteln bis jenseits der Grenzen der alten Stadtmauern aus, über zwei Kilometer vom Fluß entfernt. Keine der Brücken stürzte ein, die Inneneinrichtung der Läden auf dem Ponte Vecchio wurde jedoch von den tobenden Wassermassen völlig zerstört. Die bedeutendsten Architekturdenkmäler der Stadt haben zwar diese Flut überlebt, alle wurden jedoch beschädigt. Das Wasser nagte an den Fundamenten der Gebäude, und das Öl, das aus den Tanks der Heizungen auslief, verfärbte Mauerwerk und Fresken. Die Flut brachte Leid über die Menschen und zerstörte Hab und Gut, gravierend sind aber auch die Verluste, die das kulturelle Erbe in Florenz erlitt. Zwar ging nur ein kleiner Teil der Kunstschätze, Manuskripte und Bücher unwiderruflich verloren, die Museen, Archive und Bibliotheken der Stadt mußten sich jedoch jahrelang um Restaurierung und Instandsetzung bemühen.

Um das mittelalterliche Florenz zu beschreiben, könnte man die großen Baudenkmäler, die uns erhalten sind, in den Mittelpunkt stellen: den Dom, die Kirchen und Klöster, die öffentlichen Gebäude, die Hauptstraßen und wichtigsten Plätze. Wir wollen hier jedoch einen anderen Ansatz wählen, an verschiedenen Orten nach Resten der alten Stadt suchen und uns dabei ebenso der Belege aus literarischen und künstlerischen Quellen bedienen wie der erhaltenen materiellen Zeugnisse. Diesen kurzen Einblicken und Impressionen fehlt vielleicht der Zusammenhang, sie sind zusammengestückt und nicht sehr präzise,

Palazzo Vecchio an der Piazza della Signoria

aber sie vermitteln wohl ein lebendigeres Gefühl für die Vergangenheit, für die Welt, die uns verlorengegangen ist, als die Ansichten großartiger Paläste und Kirchen.

Der Alte Markt und seine Umgebung, die vor einem guten Jahrhundert zerstört wurden, bildeten ein charakteristisches mittelalterliches Ensemble; Fotografien, die vor dem gewaltsamen Eingriff in diesem Teil der Stadt aufgenommen wurden, lassen seine wichtigsten Merkmale erkennen. Der Markt war ein rechteckiger Platz, in dessen Zentrum sich die im 14. Jahrhundert errichtete Loggia dei Tavernai erhob, in der Gastwirte ihre Speisen und Fleisch zum Kauf anboten. In und um diese Loggia bauten Verkäufer anderer Waren ihre Verkaufsstände auf. Um den Platz zog sich ein Netz von Straßen und Gassen, an dem der chaotische, ungeordnete Charakter des mittelalterlichen Florenz ablesbar war. Hier standen die Stümpfe der Adelstürme; den Abbruch der oberen Stockwerke hatte im 13. Jahrhundert das Volk erzwungen, das den feudalen Geschlechtern feindlich gesonnen war, ihre Macht fürchtete und ihre Immunität gegenüber Kontrollversuchen in diesen Befestigungen versinnbildlicht sah. Hier war auch die Bebauung der Stadt am dichtesten, hier drängten sich Häuser zusammen, die in den Jahrzehnten entstanden waren, bevor die Errichtung des letzten Mauerrings den Bewohnern neben Schutz auch angemessenen Raum zum Leben bot. Die Straßen schlängelten sich ohne vernünftigen Plan durch den Stadtteil. Die Höhe der Gebäude war äußerst uneinheitlich: Eingekeilt zwischen zwei massigen Türmen von über 25 Metern Höhe stand vielleicht ein winziges, eingeschossiges Häuschen, vom Gesichtspunkt der Bodennutzung aus vollkommen unökonomisch, aber es ließ wenigstens etwas Licht und Luft in das ansonsten dunkle, stickige und übelriechende Viertel. Eine Reihe von Bögen zierte diesen Teil der Stadt, sie stützten die weniger standhaften Gebäude und dienten außerdem als Unterbau für einen oder zwei weitere Räume, die den Bewohnern des Viertels zusätzlichen Wohnraum boten.

Einen Steinwurf von der Piazza della Signoria entfernt hat eine winzige Enklave der alten Stadt überlebt, oder vielmehr Fragmente einer Enklave. Seit dem Mittelalter war dieses Gebiet immer wieder Schauplatz von Projekten der Stadterneuerung. Im 14. Jahrhundert wurden systematisch Gebäude abgerissen, um Platz für die Loggia dei Lanzi und die Erweiterung der Piazza della Signoria zu machen. Eine weitere Welle der Stadtzerstörung im 16. Jahrhundert schuf Raum für die Uffizien. Der Chiasso dei Baroncelli, eine mittelalterliche Straße, die die

Ponte Vecchio

Der Mercato Vecchio vor der Zerstörung

Chiasso dei Baroncelli mit Stützbögen

Volta dei Girolami

Piazza Santo Spirito mit der unvollendeten Fassade von Santo Spirito

Piazza della Signoria mit der Via Lambertesca verbindet, hat die Zerstörung jedoch überstanden. Es ist eine enge Gasse, an ihrem südlichen Ende nur zweieinhalb Meter breit, auf beiden Seiten gesäumt von hohen Gebäuden, die mit Erfolg das Licht abhalten. Am Südende schwingen sich zwei Bögen über das Sträßchen und lassen die Wände, die sie stützen, noch altertümlicher und zerbrechlicher wirken. Ein paar Meter südlich des Chiasso dei Baroncelli (S. 34) verläuft parallel zum Fluß die Volta dei Girolami (S. 35), auch sie wird von zwei mit Häusern bebauten Bögen überspannt, die wie Tunnels unter den Gebäuden durchführen und dieses überaus dicht besiedelte Gebiet erschließen.

Der Stadtteil um die Piazza Santo Spirito südlich des Arno hat sich im Lauf der Jahrhunderte relativ wenig verändert. In diesem Quartier gibt es einige architektonische Überbleibsel aus dem Quattrocento, außerdem finden sich Spuren eines vergangenen Lebensstils. Die von Bäumen umstandene Piazza vor der alten Augustinerkirche ist eine der at-

Porta San Giorgio

traktivsten in Florenz. Außerdem hat sie ihre herkömmliche soziale Funktion als Herz der Nachbarschaft bewahren können, mit dem Markt im Freien, den kleinen Läden und Cafés, die eher Anwohner als Touristen anlocken, den Bänken für die alten Leute und dem Platz, den sie Kindern zum Spielen bietet. Die an die Piazza angrenzenden Straßen – die Via Toscanella und der Borgo Tegolaio zum Beispiel – säumen Gebäude, die vor etwa 500 Jahren entstanden. Das Erdgeschoß dieser alten Häuser wird von Ladenwerkstätten («botteghe») eingenommen, viele haben ihre ursprünglichen, rundbogigen Eingänge bewahrt. Hier gehen die Florentiner Kunsthandwerker ihrem Gewerbe nach: dem alten Handwerk der Schreiner, Silberschmiede und Kunsttischler, aber ebenso den modernen Berufen des Mechanikers und Elektrikers. In diesen Geschäften und in der Arbeit dieser talentierten Kunsthandwerker haben sich einige der wenigen Verbindungen zwischen dem zeitgenössischen und dem vergangenen Florenz erhalten.

Der Zahn der Zeit und der Fortschritt haben im Stadtviertel Oltr'arno weniger Schaden angerichtet als in den Gebieten nördlich des Flusses. Viele der Häuser an der Via San Niccolò, die von der Porta San Niccolò (S. 23) zur Porta San Giorgio (S. 37) führt, wurden zur Zeit Brunelleschis (1377–1446) errichtet. Diese Gebäude bilden eine nahezu hundert Meter lange, solide und geschlossene Fassade aus Backstein und Stuck. Jedes Wohngebäude hat jedoch seine eigene Physiognomie, seine besonderen Maße und seinen speziellen Charakter. Die Fassaden sind hoch und schmal, manche nicht mehr als drei oder viereinhalb Meter breit, aber ihre drei oder vier Stockwerke überragen die Straße um fünfzehn Meter und mehr. Von der Porta San Giorgio aus blickt man auf die Rückseiten dieser Häuser, die an die Stadtmauer angrenzen. Sie bieten ein verblüffendes Bild gebrochener Linien und unregelmäßiger Formen, alter, schäbiger Dachkammern, baufälliger Schornsteine oder Ziegeldächer und verwitterter Backsteinflächen, von denen der Verputz abgeplatzt ist.

Die Anatomie des «typischen» Florentiner Hauses der Renaissance läßt sich am besten vom Nordufer des Arno aus erkennen, in der Nähe des Ponte alle Grazie, wenn man nach Süden über den Fluß schaut. Hier steigt das Gelände vom Ufer des Arno aus steil an und bietet so dreidimensionale Ansichten dieser Wohnhäuser. Die Florentiner Häuser haben die Form und einiges vom Charakter ihres architektonischen Vorfahren, des mittelalterlichen Wohnturms, bewahrt. Sehr hoch und schmal, oft fünf Stockwerke hoch, erstreckten sie sich von der Straße aus beträchtlich in die Tiefe. Ihre Tiefe betrug oft das Dreifache der Fassadenbreite. Die wenigen Fenster waren klein und boten den unteren Stockwerken nur ein äußerstes Minimum an Licht und Luft. Besonderes Merkmal dieser Häuser war die überdachte Loggia im obersten Stockwerk, die sich zur Straße hin öffnete und den Bewohnern die Möglichkeit verschaffte, dem düster-stickigen Inneren zu entfliehen. Diese Loggien und die «sporti», die überkragenden oberen Stockwerke, sind der besondere Beitrag der Stadt zur Hausarchitektur in Italien.

Die meisten Florentiner Familien wohnten in Häusern dieses Typs, aber auch in kleineren, bescheideneren Unterkünften; aristokratische Familien hingegen konnten sich elegantere und geräumigere Behausungen leisten. Viele Nachkommen alter Familien lebten auch weiterhin in den primitiven Wohntürmen, die sie von ihren Vorfahren geerbt hatten und deren Stümpfe bis heute erhalten sind, vor allem im Bereich nördlich der Piazza della Signoria. Das bemerkenswerteste dieser altehrwürdigen Relikte, die Torre Donati (S. 40), steht noch heute an der Piazza di San Piero Maggiore im Osten der Altstadt. Dieser Turm war der städtische Wohnsitz der aufrührerischen adeligen Familie der Donati, die so intensiv in die Kämpfe der Faktionen zu Dantes Zeit verwickelt war. In der zweiten Hälfte des 14. Jahrhunderts bildeten sich neue Formen des Wohnbaus heraus, sie kündigten Veränderungen im aristokratischen Lebensstil des Quattrocento an. Der Palazzo Davanzati (S. 41, S. 43), den die Familie Davizzi im 14. Jahrhundert baute und der in ein Museum verwandelt wurde, bietet ein anschauliches Beispiel für den Architekturgeschmack der Florentiner Aristokratie im späten 14. Jahrhundert. Von der äußeren Erscheinung her ist er traditionell: eine hohe, schmale Fassade, gekrönt von einer offenen Loggia, strenge einfache Linien, die an die Unzugänglichkeit der primitiven Wohntürme erinnern. Es ist das Innere, an dem der Fortschritt in Richtung auf einen neuen Lebensstil sichtbar wird. Ein kleiner offener Hof ließ nur begrenzt Licht und Luft ein, jene beiden raren Annehmlichkeiten städtischen Wohnens im Mittelalter. Das Erdgeschoß war für Geschäfte vorgesehen und für die Lagerung der Produkte, die von den Ländereien der Familie stammten. Wohnbereich waren die beiden über dem Erdgeschoß liegenden Stockwerke. Beide Stockwerke verfügten über alle Räume, deren ein Haushalt bedurfte, denn in der Florentiner Oberschicht war es üblich, daß Väter mit ihren verheirateten Söhnen unter einem Dach lebten. Die Haupträume dieser Wohnungen lagen zur Straße hin. Diese geräumigen, eleganten Hallen nahmen die gesamte Breite des Palazzo ein und wurden für offizielle Anlässe benutzt: für Bankette, Empfänge und Familienzusammenkünfte, die im gesellschaftlichen Leben von Florenz eine so wichtige Rolle spielten. Neben dem Hauptraum lag ein kleineres Speisezimmer, dahinter reihten sich in der Tiefe des Hauses Schlafzimmer für die Mitglieder des Haushaltes. Toiletten waren in Vorräumen neben den Schlafzimmern untergebracht, sie hatten zwar kein fließendes Wasser, aber waren doch Zeichen für die verfeinerten Sitten in aristokratischen Kreisen, die sich von den primitiveren hygienischen Gebräuchen, die in den unteren Klassen immer noch üblich waren, abgewandt hatten. Der Palazzo war üppig und farbenprächtig dekoriert. Fresken und Gobelins schmückten die Wände, und die Möbel wären auch in nordeuropäischen Königsschlössern nicht fehl am Platz gewesen.

Für die Beschreibung der aristokratischen Lebensweise im Florenz der Renaissance liefern die erhaltenen Dokumente und Gebäude aus-

Der Wohnturm der Familie Donati

Palazzo Davanzati

reichend Hinweise, zu den Wohnverhältnissen der unteren Klassen aber gibt es nur spärliche und fragmentarische Quellen. Die Unterkünfte, die die Armen der Stadt bewohnten, waren primitiv und baufällig, sie haben die Zeiten nicht überdauert. Einigen Aufschluß über die Wohn- und Lebensverhältnisse in der unteren Schicht der Florentiner Gesellschaft bieten die Steuerakten. Die meisten Handwerker und Arbeiter lebten in kleinen Häusern mit zwei oder drei Stockwerken (ein Raum pro Stockwerk) oder in Hütten mit nur einem Raum. Eine typische Arbeiterunterkunft war das Häuschen in der Pfarre San Piero Maggiore, an der östlichen Peripherie der Stadt, das dem Schulmeister Girolamo di Bartolo gehörte, der 1427 von seinem Pächter Neri, einem Arbeiter in einer Seifenmanufaktur, drei Florin* Jahresmiete erhielt. Die Steuerakten enthalten ein paar Hinweise auf Gebäude, in denen Räume oder Stockwerke an verschiedene Einzelpersonen oder Familien vermietet wurden, Miethäuser aber gab es im Florenz des 15. Jahrhunderts nur sehr selten. In der Steuererklärung von Alessandro Borromei aus dem Jahr 1427 findet sich jedoch ein böses Omen für die Zukunft. Borromei war ein reicher Einwanderer aus Pisa mit großem Landbesitz, er hatte einen Palazzo gekauft, der einst der adeligen Familie Amieri gehört hatte. Er verwandelte dieses Gebäude in eine Unterkunft mit vielen Einheiten, vermietete im Erdgeschoß Geschäftsräume an Händler und Handwerker und in den oberen Stockwerken einzelne Zimmer als Wohnungen. Sein Hausbesitz brachte diesem Prototyp des modernen städtischen Mietsherrn jährliche Einkünfte von fast 1000 Florin ein.

Ein auffälliges Merkmal des Florenz der Renaissance war die soziale und ökonomische Heterogenität jedes Stadtviertels und jeder Nachbarschaft. Kein Stadtteil war ausschließlich den Reichen vorbehalten,

---

* In Florenz existierten zwei Währungen, die eine in Gold (der Florin) und die andere in Silber. Silbergeld beruhte auf der mittelalterlichen Währung des Lire, der Soldi und Denari: 12 Denari waren ein Soldo, 20 Soldi eine Lira. Goldmünzen wurden im allgemeinen in Silber geschätzt; 1400 war ein Florin etwa 75 Soldi wert oder 3 ¾ Lire. Der Florin enthielt 3,536 Gramm Gold, er war beim heutigen Preis von etwa 70 DM pro Unze etwa 8 DM wert, seine Kaufkraft lag aber sehr viel höher. Die Tageslöhne für Arbeiter und Handwerker lagen zwischen sieben Soldi für ungelernte Arbeiter und 20 Soldi (1 Lira) für Meister. Der durchschnittliche Monatslohn eines kleinen Beamten in der Bürokratie der Stadt betrug etwa 6 Florin. Hohe Beamte in der Regierung und würdige Universitätsprofessoren konnten jährlich bis zu 300 Florin oder mehr verdienen. Der Preis für einen Scheffel («staio») Getreide betrug zwischen 15 Soldi (in guten Zeiten) und 60 Soldi in Hungerzeiten.

Die sog. Sala dei pappagalli im Palazzo Davanzati

ebensowenig gab es Gettos, die ausschließlich von Armen bewohnt wurden. Jedes Viertel war eine Mischung aus Hütten und Palästen, Tuchmanufakturen und Kleinhandel. Damals wie heute wurden die Erdgeschosse eleganter Palazzi an Kaufleute und Handwerker vermietet; reiche Bankiers und Besitzer großer Betriebe lebten in Straßen, die von Schuhmachern, Steinmetzen, armen Tucharbeitern und Prostituierten bewohnt wurden. Dieses Muster war Ergebnis der ungeregelten Expansion von Florenz, aber auch einer gesellschaftlichen Tradition. Jede angesehene Familie – deren Mitglieder zum gegenseitigen Schutz sich eng zusammenschlossen – wurde mit einer bestimmten Nachbarschaft identifiziert, in der sich die erste Generation, die in der Stadt lebte, im 12. oder 13. Jahrhundert niedergelassen hatte. Um 1400 war die Bedrohung durch tätliche Übergriffe eines rivalisierenden Hauses oder einer gegnerischen Faktion zwar geschwunden, aber der Druck, in der angestammten Nachbarschaft zu bleiben, war noch sehr stark, denn in ihrem eigenen Stadtteil konnte eine Familie mit der Unterstützung von Verwandten, Abhängigen und Freunden rechnen und dadurch politisches Gewicht in der Stadt gewinnen.

In gewissem Sinn war diese städtische Gesellschaft deshalb ein Gebilde aus Hunderten von kleinen Einheiten, den Familien, von denen jede einen Kern von Macht und Einfluß in der jeweiligen Nachbarschaft darstellte. Am Borgo degli Albizzi südöstlich des Doms standen mehrere Palazzi, die den Albizzi gehörten; die Piazza dei Peruzzi in der Nähe der Franziskanerkirche Santa Croce war der öffentliche Hof jenes prominenten Kaufmannshauses, der Peruzzi, deren Palazzi den Platz umstanden. Die Machtbasis der Bankiersfamilie Bardi lag am Südufer des Arno entlang der Via de' Bardi. Die Medici waren die führende Familie in der Pfarre San Tommaso, die an den Alten Markt angrenzte, obwohl einige Mitglieder der Familie auch Besitz in der Nähe der Kirche San Lorenzo hatten. Eine der größten Familien der Stadt, die Strozzi (zu der 1378 über 35 städtische Haushalte gehörten), hatte sich im Quartier um das nahe am Arno gelegene Kloster Santa Trinità niedergelassen. Ein angesehenes Bankhaus im Florenz des späten 14. Jahrhunderts führten die Alberti, sie bewohnten den schmutzigen, lauten Stadtteil um die Franziskanerkirche Santa Croce, in dem Wollefärber und Wollewäscher ihre Werkstätten betrieben. Die Alberti hätten vielleicht eine attraktivere Lage für ihre eleganten Paläste vorgezogen, weit weg vom Krach und Gestank der Tuchherstellung. Aber sie konnten den Herd ihrer Ahnen nicht verlassen, die Nachbarschaft, die Bollwerk ihrer politischen Macht war.

In bestimmten Stadtbezirken gab es ein gewisses Maß an Spezialisierung, was die Berufe und die wirtschaftliche Funktion anging. Werkstätten, die bestimmte Stadien der Tuchherstellung übernahmen, waren in jedem Teil der Stadt angesiedelt, aber sie konzentrierten sich vor allem in zwei Zonen: an der Via Maggio im Viertel Santo Spirito und im Bezirk San Martino in der Nähe des Doms. Subsidiäre Gewerbe wie das Färben und Waschen der Wolle sowie die Seifenherstellung gediehen am Ufer des Arno bei Santa Croce. Die Werkstätten und Schmieden von Handwerkern, die Schwerter, Schilde und Rüstungen herstellten, lagen vor allem im Viertel San Giovanni im Norden und Osten des Doms. Städtische Gesetze verfügten, daß Schlachtereien und Gerbereien am Stadtrand angesiedelt sein sollten, wo außerdem auch Ziegeleien und Walkmühlen lagen.

Die Mieten für Häuser und Werkstätten waren im Zentrum natürlich höher, tendenziell nahmen sie zur Peripherie hin ab. Sehr hohe Preise

Palazzo dei Peruzzi, ein Gemeinschaftspalast vom Beginn des 14. Jahrhunderts

wurden für Läden verlangt, die in der Nähe der Piazza della Signoria und der Piazza del Duomo lagen oder an den Straßen, die diese Plätze verbanden. Ein Einzelhandelsgeschäft für Tuche in der Nähe des Orsanmichele brachte im Jahr 1427 118 Florin Miete; ein Barbier an der Piazza della Signoria zahlte dem Hauseigentümer das hübsche Sümmchen von 27 Florin im Jahr. Für Häuser im Zentrum von Florenz waren Mieten von 25 Florin üblich, in den Außenbezirken zahlten die Mieter hingegen selten mehr als 10 Florin, gewöhnlich weniger. Einen bestimmten Prozentsatz von Armen gab es zwar in jedem Stadtteil, am Stadtrand jedoch wohnten die meisten Tucharbeiter, Dienstboten und Gelegenheitsarbeiter. Die Steuerakten zeigen, daß in der Pfarre San Frediano im Viertel Oltr'arno südlich des Flusses Wollekrempler, Walker und Kämmer den Großteil der Bevölkerung ausmachten. In diesem Slumgebiet waren die Mieten sehr niedrig (1 oder 2 Florin im Jahr), und die Qualität der Unterkünfte war bestimmt nicht besser. San Frediano ist noch heute nach fünf Jahrhunderten vor allem eine Arbeitergegend.

Florenz verändert sein Gesicht
1350–1450

Unsere Kenntnis von Bauformen und Baugeschichte im Florenz des späten 13. und frühen 14. Jahrhunderts beruht auf Hinweisen in sehr unterschiedlichen Quellen – Chroniken, Akten von Notaren und kirchlichen Instanzen, Gesetzen und Statuten – und auf der Untersuchung ganz oder in Teilen erhaltener Bauwerke. Wir besitzen zwar nur wenige und fragmentarische Angaben, sie belegen aber ausreichend, daß in dieser Zeit eine intensive öffentliche wie auch private Bautätigkeit herrschte. Die Zunftregierung, die im Jahr 1282 die Macht übernahm, setzte ein wichtiges Bauvorhaben nach dem anderen ins Werk: 1294 die Erweiterung der alten Badia und den Bau des dritten Mauerrings, 1296 den Dom, 1299 den Palazzo della Signoria. Die Arbeiten am Dom und an der Ummauerung schritten im frühen 14. Jahrhundert nur sehr langsam voran, in den dreißiger Jahren aber, als die Mauern schließlich vollendet waren, beschleunigte sich das Tempo der

Bautätigkeit. Die Fundamente des Campanile am Dom und der Loggia des Orsanmichele wurden 1334 und 1337 gelegt; der Wiederaufbau des Ponte Vecchio begann unmittelbar nachdem er bei der Überschwemmung von 1333 eingestürzt war, er wurde 12 Jahre später abgeschlossen. Inzwischen wurden die großen Basiliken der Bettelorden, Santa Maria Novella und Santa Croce, vollendet, dank der Spenden frommer Florentiner und gelegentlicher Zuschüsse aus dem Stadtsäckel.

In sogar noch größerem Umfang als öffentliche und von Gemeinschaften getragene Bauten entstanden in diesen Jahrzehnten Privathäuser; Unterkünfte für 100000 Einwohner (Giovanni Villanis Schätzung der Einwohnerzahl im Jahr 1338), und waren sie auch noch so armselig und unzureichend, bedeuteten eine massive Investition von Geld, Arbeit und Material. Die Besitzer großer Manufakturen und Geschäfte konkurrierten um diese Ressourcen, die für den Bau von Häusern benötigt wurden, sie brauchten Kapital, um ihre Manufakturen und Lagerhallen zu bauen. Selbst in diesem Zeitalter primitiver Technologie und niedriger Löhne erforderte die Errichtung von Tuchmachereien, Walkmühlen, Spannhallen und Färbereien beträchtliche Investitionen von einem Gewerbezweig, der in den dreißiger Jahren des 14. Jahrhunderts über 30000 Arbeiter beschäftigte. Ursache für den Bauboom waren außerdem die Brände, die immer wieder Teile der Stadt in Schutt und Asche legten. Dem Chronisten Giovanni Villani zufolge zerstörte ein einziger Brand in der Innenstadt im Jahr 1303 1700 Gebäude. Auch politische Konflikte spielten bei der Erneuerung der Stadt eine Rolle. Die Guelfen, die 1260 ins Exil getrieben wurden, kehrten sechs Jahre später zurück und mußten feststellen, daß über 600 ihrer Häuser von ihren ghibellinischen Feinden beschädigt oder zerstört worden waren. Daraufhin demolierten die Guelfen die Palazzi und Wohntürme der ghibellinischen Familien und beschlagnahmten deren Besitz, den sie entweder verkauften oder der Parte Guelfa, der politischen Gesellschaft der siegreichen Faktion, übergaben.

In der Mitte des 14. Jahrhunderts ließ die Bautätigkeit in der Stadt jedoch beträchtlich nach. Die Epidemien von 1340 und 1348 hatten die Bevölkerung von Florenz um die Hälfte reduziert, und nur ein Teil dieses Verlustes, vielleicht ein Drittel, war in der zweiten Hälfte des Jahrhunderts ausgeglichen worden. Dieser Bevölkerungsrückgang hatte die Nachfrage nach neuen Behausungen drastisch vermindert. Villani erwähnt bei der Schilderung des blühenden Wohlstandes seiner

Heimatstadt in den 1330er Jahren, daß die Bürger ihre Gebäude «fortwährend erneuern, um sie bequemer und luxuriöser zu gestalten, wobei sie für alle möglichen Arten von Verbesserungen Entwürfe aus dem Ausland beziehen». Aber in den vierziger Jahren konnten zahlreiche Bauarbeiter keine Arbeit finden. Zwei Zimmerleute schrieben 1344 an einen Bekannten in Avignon, um in Erfahrung zu bringen, ob es dort Arbeit für sie gäbe, und erklärten, «die Lage der Handwerker und niederen Klassen in Florenz ist heutzutage erbärmlich, denn sie können nichts verdienen». Zum erstenmal in vielen Jahrzehnten erfreute sich die Stadt eines Überschusses an Wohnraum. In den vierziger Jahren fielen die Mieten, erst nach 1360 stiegen sie wieder an.

Die private Bautätigkeit hörte in den Jahrzehnten nach dem Schwarzen Tod nicht vollkommen auf, aber ihre Ziele und ihr Charakter änderten sich signifikant. Vor der Epidemie war die Bebauung in den Bezirken, die an die Stadtmauer angrenzten, sehr dicht; dort hatten sich die Zuwanderer niedergelassen, die innerhalb der Stadtbefestigung Zuflucht suchten. Nach 1348 wurden diese Randbereiche nicht mehr als Wohnquartiere für die geschrumpfte Bevölkerung benötigt. Nun bedeckten über weite Flächen Obst-, Wein- und Gemüsegärten, ja sogar Weizenfelder dieses Gebiet. Der Schmied Antonio di Giovanni beschrieb in seiner Steuererklärung seinen Landbesitz innerhalb der Mauern, der ihm zehn Scheffel Getreide im Jahr einbrachte. Die Abnahme der Bevölkerung veränderte auch die Bebauung und ihre Struktur in der Innenstadt. Die meisten der billigeren und ziemlich baufälligen Wohngebäude und Hütten wurden abgerissen; um 1400 waren so viele Holzkonstruktionen durch Steingebäude ersetzt worden, daß Brände keine ernsthafte Gefahr mehr darstellten. Weitere Veränderungen ergaben sich aus den Vermögenseinbußen vieler adeliger Familien, denen wirtschaftliche Krisen und politische Verfolgungen zusetzten. Die wuchtigen Komplexe aus Türmen und Palästen, die einst die Amieri, Donati und Pulci bewohnten, wurden infolge von Konfiskationen und Erbteilungen in mehrere Einheiten aufgeteilt. Ein Teil dieses Besitzes geriet in die Hände jener Handelsfamilien, deren Vermögen nicht unter Wirtschaftsflauten und Bankrotten gelitten hatte, oder wurde von Neureichen erworben, die einen Teil ihres Geldes in Grundstücken und Gebäuden in der Stadt anlegten.

Nach dem Schwarzen Tod konzentrierte die Kommune ihre Aufmerksamkeit und ihre Mittel auf drei Aspekte ihrer Topographie. Zunächst setzte sie, und zwar sogar in noch größerem Umfang als zuvor, ihre Bemühungen fort, einen einheitlichen Plan für die Stadtentwicklung auszuarbeiten. Zweitens verabschiedete sie ein Programm zur Erweiterung und Verschönerung der Piazza della Signoria. Und schließlich investierte sie große Geldsummen in das dahinsiechende Dombauprojekt, das wie der Palazzo della Signoria und der Platz davor zu einem Symbol für Größe und Pracht der Stadt geworden war.

Die Ursprünge der Stadtplanung in Florenz liegen nachweislich in der Zeit Dantes, am Ende des 13. Jahrhunderts. Im Jahr 1299 war der Dichter Mitglied einer städtischen Kommission, die damit beauftragt war, die Straßen der Stadt zu verbreitern und zu begradigen. Ein Jahrzehnt zuvor, 1288, genehmigte die Kommune den Erwerb von Grundbesitz, um den Platz vor der Dominikanerkirche Santa Maria Novella zu vergrößern. Der Drang, die Stadt konkret und in ihrer äußeren Erscheinung zu planen und zu kontrollieren, wurde also schon frühzeitig offenkundig, ebenso wie die erklärten Absichten der Stadtplanung: die Vereinfachung der Verkehrswege und die Schaffung einer attraktiveren Umgebung für die Bewohner. Eine Verlautbarung aus Siena vom Jahr 1309 geht besonders deutlich auf das zuletzt genannte Ideal ein: «Jene die mit der Regierung der Stadt beauftragt sind, sollten ihrer Verschönerung besondere Aufmerksamkeit widmen. Ein wichtiger und wesentlicher Bestandteil einer gesitteten Gemeinschaft ist ein Park oder eine Wiese zum Vergnügen von Bürgern und Fremden. (...) Die Städte der Toskana (...) sind mit diesen Annehmlichkeiten wohl versorgt.»

In den Jahren des stärksten Wachstums von Florenz strebte die Kommune danach, das städtische Chaos durch ein gewisses Maß an Ordnung und Einheitlichkeit zu bändigen. Ein vorrangiges Ziel war die Durchsetzung öffentlicher Zuständigkeit für das Gewirr von kleinen Straßen und Gassen in Privatbesitz. Die Aufgabe insgesamt aber war ungeheuer umfangreich, und die Mittel waren begrenzt; in Krisenzeiten wurden die Einkünfte, die für Stadterneuerung bestimmt waren, oft umverteilt, um den Bau von Mauern und Befestigungen zu finanzieren. Die Kommission Dantes von 1299 hatte zwar weitreichende Vollmachten erhalten, um die Durchgangsstraßen zu verbessern, aber das Geld, das damals zur Verfügung stand, um enteigneten Besitz zu erwerben und Straßen neu anzulegen, reichte nur für eine Strecke von ein paar Metern. Diese erste Phase der Umgestaltung der Stadt gewann jedoch besonders in den ersten Jahrzehnten des 14. Jahrhunderts an Schwung. Die städtischen Akten jener Jahre stecken voller Beschreibungen von Straßenerneuerungen und anderer öffentlicher Bauvorhaben. In den zwanziger Jahren zum Beispiel stellte die Kommune Gelder bereit für den Neubau der Via San Gallo nördlich vom Baptisterium, «um die Schönheit und die nützlichen Einrichtungen der Stadt Florenz zu mehren und insbesondere, um die Straßen zu begradigen und anziehender zu gestalten und damit die Händler, die Getreide aus dem Mugello und aus der Romagna [Regionen nördlich von Florenz] herbeischaffen, den Markt in der Loggia des Orsanmichele schneller erreichen können». Eine Bittschrift, die im September 1317 bei der Signoria eingereicht wurde, beschrieb das Gebiet, das an die Kirche Carmine anschloß, als «einen verkommenen, schmutzigen Ort, einen Morast und eine Abfallgrube», der die gesamte Nachbarschaft vergifte. Die Bittsteller appellierten an die Kommune, dieses Terrain zu erwerben und es in einen öffentlichen Platz umzuwandeln, «so daß, was nun unansehnlich und gemein ist, für die Vorübergehenden anziehend gemacht wird».

Es ist nicht anzunehmen, daß diese Projekte der Stadterneuerung immer vollendet wurden oder daß die Ziele der Stadtplaner vollständig verwirklicht wurden. Die Sprache der Gesetze, die die Bautätigkeit regulierten, läßt auf eine Entschlossenheit und Zielstrebigkeit von offizieller Seite schließen, die nicht immer in Einklang mit der Wirklichkeit stand. Ein Gesetz von 1324 beschreibt die Via de Panzano als «gemein, schmutzig und laut», obwohl zu ihrer Verbesserung bereits 7500 Lire ausgegeben worden waren, aber es wurden weitere 150 Florin benötigt, um das Projekt zu vollenden. 1351 genehmigte die Kommune den Bau einer Loggia auf der Piazza della Signoria und ernannte vier Beamte, die die Arbeiten überwachen sollten. 25 Jahre vergingen, bis der Bau endlich begonnen wurde. Der umfangreiche Gesetzeskorpus, der der Stadtplanung gewidmet war, trug zu dem Mythos bei, es habe eine spektakuläre Metamorphose von Unordnung, Chaos und Schmutz in Ordnung, Symmetrie und Schönheit gegeben. Die Gesetzgebung war in hohem Maß restriktiv, bei Baubehörden unserer Zeit könnte sie Bewunderung und Neid hervorrufen. Viele Bestimmungen erforderten jedoch derart intensive Untersuchungen und Kontrollen, daß sie wahrscheinlich nicht durchzusetzen waren. Ein Beispiel dafür ist das Gesetz, das verfügte, es müsse bei der Errichtung eines neuen Hauses ein Minimum von 100 Florin ausgegeben werden; ein anderes enthielt die Bestimmung, daß alle Gebäude an öffentlichen Straßen bis zu einer Höhe von zwei Metern mit Stein verkleidet sein müssen. Die Kommune führte einen langwierigen Kampf gegen die «sporti», jene überall anzutreffenden oberen Stockwerke, die in die Straßen der Stadt kragten. Zuerst wurden sie von den wichtigsten Durchgangswegen verbannt – der Via Maggio zum Beispiel –, mit der berechtigten Begründung, daß sie den Verkehr behinderten und den unteren Stockwerken Licht und Luft nähmen. Viele Hausbesitzer aber zahlten lieber Strafe, als ihre «sporti» abzureißen. Giovanni Villani berichtete, daß diese Strafen im Jahr 1338 bis zu 7000 Florin betrugen.

In ihren Bemühungen, eine geordnete und attraktive städtische Umgebung zu schaffen, hatte die Kommune am Ende des 14. Jahrhunderts beträchtliche und sichtbare Fortschritte gemacht. Aber das Ausmaß dieser Leistung wurde von einigen zeitgenössischen Autoren in übertrieben leuchtenden Farben beschrieben und noch einmal durch unsere Projektion moderner Maßstäbe in die Vergangenheit verzerrt. Die Beschreibung Salutatis in seinen *Invektiven gegen Antonio Loschi* (1430) kann als typisches Beispiel humanistischer Lobrednerei gelten: «Welche andere Stadt, nicht nur in Italien, sondern in der ganzen Welt, ist sicherer innerhalb ihres Mauerrings, besitzt stolzere Palazzi, schmücken schönere Kirchen, zeigt schönere Architektur, hat imposantere Tore, ist reicher an Piazzas, glücklicher mit ihren breiten Straßen, größer durch ihr Volk, ruhmreicher durch ihre Bürgerschaft, unerschöpflicher in ihrem Reichtum, fruchtbarer in ihren Feldern?»

Das Florenz des Jahres 1400 war – in architektonischer Hinsicht – eine uneinheitlichere und unordentlichere Stadt, als wir uns heute vorstellen. Leider sind uns die Berichte des «Amtes der Türme», dem Aufsichtsamt über kommunale Rechte (Steuern, Mühlen, Schiffahrt, städtische Infrastruktur) nicht in ausreichend großer Zahl erhalten geblieben, denn sie hätten uns genauere Angaben über konkrete Leistungen auf dem Gebiet der Stadtplanung liefern können. Aus den noch vorhandenen Fragmenten erhalten wir einen ungefähren Eindruck von den Tätigkeiten der Kommission; über ihre weitreichenderen Ziele und über ihre Erfolge geben sie jedoch kaum Aufschluß. Im Juni 1397 belegte das Amt drei Männer mit Geldstrafen von jeweils 10 Lire, die der Anweisung, eine Senkgrube auszuheben, um zu verhindern, daß Wasser und Abwässer auf die Straßen liefen, nicht nachgekommen waren. Vier Jahre später beauftragte die Behörde ihren Chefingenieur, die Via Benedicta in der Pfarre San Paolo zu begradigen und zu pflastern, und erlegte drei Anwohnern der Straße, die diese Arbeit behindert hatten, Bußgelder auf. Im August 1415 gewährte die Kommission dem Recco Capponi eine Gnadenfrist von dreißig Tagen, um das baufällige Dach seines Hauses entweder zu reparieren, abzureißen oder Strafe zu zahlen. Im selben Jahr wurden den Gastwirten auf dem Alten Markt 100 Lire Strafe angedroht, wenn sie nicht innerhalb eines Monats das Dach ihrer Loggia reparierten. 1421 überwachte die Kommission ein ehrgeiziges Projekt der Stadterneuerung: den Bau eines Platzes zwischen der Kirche San Simone und dem Stadtgefängnis. Die Kommune hatte dieses Unternehmen ins Leben gerufen «für die Schönheit und zum Nutzen der Stadt und der Kirche San Simone, und für die Erhaltung des städtischen Gefängnisses». Ein Haus in der Via dell' Anguillaia war so baufällig, daß es für Vorübergehende eine Gefahr darstellte; in einem Erlaß der Kommission vom Mai 1432 wurden seine Besitzer angewiesen, es abzureißen oder zu erneuern. Gelegentlich brauchte das Amt der Türme einen Anstoß von oben. Im Juli 1436 warf die Signoria der Kommission vor, sie habe zwei Straßen in der Nähe des Alten Marktes nicht ausgebessert, die Via Vecchietti und Via del Cocomero, und drohte ihren Mitgliedern Bußgelder an, wenn sie dieser Aufgabe nicht noch während ihrer Amtszeit nachkäme.

Aus derart lückenhaften Quellen läßt sich nur mit Schwierigkeiten erschließen, wie sich das Idealbild der Stadt im 14. Jahrhundert entwickelte und wie die Zukunftsvisionen der Florentiner von ihrer Stadt aussahen. Seit Dantes Zeiten wurde die Verschönerung von Florenz bei jedem kommunalen Bauvorhaben als vordringlicher Grund genannt. Die Bestandteile dieser Schönheit der Stadt – Ordnung, Symmetrie, Geräumigkeit, Sauberkeit – veränderten sich vom späten 13. Jahrhundert bis zum 15. Jahrhundert nicht. Zwar wurden diese Ziele von der Kommune nach 1350 wohl intensiver angestrebt als zuvor, aber dies läßt sich anhand der Quellen nicht belegen. Die Vollendung bestimmter Bauten schlug sich jedoch anregend in allgemeinen Anstrengungen nieder, eine noch ästhetischere Umgebung zu schaffen, denn den Bürgern standen nun Beispiele urbaner Schönheit vor Augen. Der Bau des Doms kam im 14. Jahrhundert zwar nur im Schneckentempo voran, die Behörden aber wurden durch dieses Unternehmen ermutigt, die Umgebung dieses Symbols der Florentiner Macht und Herrlichkeit attraktiver zu gestalten. Gebäude wurden abgerissen, um einen ungehinderten Blick auf die Kirche zu schaffen, und die angrenzenden Durchgangsstraßen wurden auf 20 Meter verbreitert, «so daß dieser Dom von schönen und geräumigen Straßen umgeben sein wird (...) und zur Ehre und zum Nutzen der Florentiner Bürger beiträgt». Die beabsichtigte Neugestaltung des Innenraums von San Lorenzo regte eine Gruppe von Bürgern dazu an, im Jahr 1436 bei der Signoria mit einem Gesuch vorstellig zu werden, in dem sie forderte, auch das Äußere der Kirche zu verschönern. Dazu sollten unansehnliche Behausungen abgerissen und der Platz vor der Kirche vergrößert werden. Von einem größeren Platz aus, so argumentierten die Bittsteller, ließen sich Schönheit und Größe der Kirche besser bewundern. Außerdem behaupteten sie, dies käme der Moral der Nachbarschaft zugute, da die Häuser, die für die Zerstörung vorgesehen waren, von Prostituierten und anderen Angehörigen der Florentiner Unterwelt bewohnt würden.

Die Umgestaltung der Piazza della Signoria, des politischen Zentrums der Stadt, war ebenfalls ein langwieriger Prozeß; es dauerte über ein Jahrhundert, bis er abgeschlossen war. Die beiden ältesten Elemente in diesem Ensemble waren der Palazzo della Signoria – er wurde 1314 vollendet – und der Platz; er war entstanden, als die Gebäude abgetragen worden waren, die einer ins Exil getriebenen ghibellinischen Familie, den Uberti, gehört hatten. Der Platz wurde 1330 gepflastert und der Palazzo 1342–1343 erweitert, aber erst im letzten Viertel des Jahrhunderts wurde ein zusammenhängender Plan für dieses Gebiet entwickelt. Mit der Errichtung der Loggia dei Lanzi (1376–1382) neben dem Palast entstand ein würdiger Rahmen für offizielle Zeremonien, wie der Vereidigung der neuen Signoria und dem Empfang ausländischer Botschafter. Aber der Bau der Loggia machte außerdem die Enge und Unregelmäßigkeit des Platzes deutlich, und die Kommune ließ ihn in den achtziger und neunziger Jahren des 14. Jahrhunderts erweitern, indem sie Gebäude an der südlichen Peripherie des Platzes abreißen ließ. Ein Gesetz vom Dezember 1372 gab dem Amt der Türme die Vollmacht, die nördliche Seite der Piazza zu erneuern, die Höhe einiger Gebäude zu reduzieren und andere Gebäude aufzustocken sowie eine Mauer zu errichten, so daß die Platzbegrenzung dort «schön und dekorativ und mindestens neun Meter hoch werden würde». 1377 erließ die Kommune eine Verfügung «betreffend die Vollendung der Loggia (...) und die Säuberung der Piazza della Signoria (...) und außerdem die anderen Straßen der Stadt (...), die schwerwiegend vernachlässigt worden sind». Zum «Supervisor» der Loggia wurde Romolo Bianchi mit einer einjährigen Amtszeit bestellt, er war verantwortlich dafür, daß der Platz und die Straßen der Stadt in sauberem und hygienischem Zustand gehalten wurden. Offenbar wurde dieses Amt nicht zu einer festen Einrichtung, und seine Auswirkungen auf die sanitäre Situation der Stadt waren vermutlich recht begrenzt und nur vorübergehend. Aber die Gesetzgebung läßt auch in der Folgezeit ein andauerndes Interesse der Kommune an der Verschönerung der Piazza und ihrer Umgebung erkennen. Zum Beispiel verbot ein Erlaß vom Dezember 1385, mit Karren über den Platz zu fahren, und untersagte außerdem Kürschnern und Gerbern, auf dem Platz Abfälle liegen zu lassen.

Der Bau des Domes, der Bischofskirche, war das ehrgeizigste Bauvorhaben der Stadt. Dieses Unternehmen beanspruchte Gefühl und Verstand von acht Generationen von Florentinern ebenso wie ihre Ressourcen. Die riesigen Ausmaße, die Marmorverkleidung des Äußeren und vor allem die spektakuläre Kuppel waren sichtbare Beweise für die Entschlossenheit von Stadt und Bürgern, «die schönste und ehrwürdigste Kirche in der Toskana zu bauen», wie es zum erstenmal in einer Entschließung von 1299 formuliert wurde. Die Bautätigkeit verzögerte sich im 14. Jahrhundert immer wieder durch die Umleitung von Mitteln und Materialien auf andere Bauvorhaben, durch Streitereien über die Baupläne sowie durch geringes öffentliches Interesse und Trägheit. Der Dom war in erster Linie ein Unternehmen der Stadt, nicht der Kirche, die Kommune brachte den größten Teil des Geldes für das Projekt auf und übergab die Verantwortung für das Gebäude an die Arte della Lana, die Zunft der Tuchhersteller. Die Zunft bestimmte vier ihrer Mitglieder als «operai», die die Arbeiten während ihrer Amtsperiode von sechs Monaten zu überwachen hatten. Diese Operai erbaten sich häufig Rat von Bürgern, die über Spezialwissen verfügten – Baumeister, Bildhauer, Maler, Goldschmiede –, bei einigen wenigen Gelegenheiten organisierten sie auch Abstimmungen über die Baupläne, an denen «jede Person in der Stadt, unabhängig von Stand und Rang» eingeladen war teilzunehmen. Der Bau begann zu Anfang des 14. Jahrhunderts mit der Fassade gegenüber dem Baptisterium und schritt langsam nach Osten fort. Der Rohbau der Fassade und die Wände des Kirchenschiffs waren 1355 vollendet, die Gliederpfeiler im Inneren und die Gewölbe über den Schiffen ein Jahrzehnt später. 1366 und 1367 stimmten die Operai Plänen für ein viertes Joch und eine achteckige Vierung zu. Die Verwirklichung dieser Pläne nahm jedoch weitere fünfzig Jahre in Anspruch, bevor das letzte und schwierigste Problem gelöst werden konnte: die Konstruktion einer Kuppel über der Vierung, die die riesige Öffnung von 42 Metern im Durchmesser überspannen sollte.

Die Entscheidung, eine Kuppel von derartig gewaltigen Dimensionen zu bauen, wurde 1367 getroffen; ein etwa 1365 gemaltes, der Zukunft vorgreifendes Fresko der vollendeten, von einer Kuppel gekrönten Kirche befand sich für alle sichtbar in der Spanischen Kapelle von

Der Dom in einer Darstellung aus dem Codex Rustici von 1448

Das Innere des Florentiner Doms gegen Osten

Santa Maria Novella. Vor Brunelleschi gelang es jedoch keinem Architekten und Baumeister, die mit dem Bau einer Kuppel von derartigen Ausmaßen verbundenen technischen Probleme zu lösen, sie konzentrierten ihre Bemühungen statt dessen auf andere Teile des Domes. Als der Unterbau der Kuppel, der Tambour, 1413 schließlich vollendet war, mußte man sich der Herausforderung stellen, das riesige Achteck zu überwölben. Die Öffnung war so groß, daß sie nicht von einem hölzernen Lehrgerüst überspannt werden konnte, wie es die mittelalterlichen Architekten beim Bau kleinerer Kuppeln benutzt hatten. Außerdem hätte der schon gebaute Tambour das Gewicht der Kuppel nicht tragen können. Brunelleschis Projekt der Kuppel sah zwei miteinander verankerte Schalen vor, die den Druck auf das Fundament verminderten. Außerdem entwickelte er eine Methode, nach der die Kuppel in ringartigen Schichten gemauert werden konnte, wobei jede neue Schicht mit der vorhergehenden verbunden wurde, sie verstärkte und so als Basis für die folgende dienen konnte. Die Arbeit am Dom wurde die gesamten zwanziger Jahre des 15. Jahrhunderts über fortgesetzt, bis auf die Laterne war er im wesentlichen vollendet, als Papst Eugen IV. die Bischofskirche 1436 weihte.

Der Dom verschlang jedoch nicht alle für Sakralbauten vorgesehenen öffentlichen Mittel. Seit dem späten 13. Jahrhundert unterstützte die Kommune den Bau von Kirchen, die von den Bettelorden und anderen religiösen Gemeinschaften gebaut wurden: Santa Maria Novella, Santa Croce, Santo Spirito (Augustinereremiten), Santa Maria del Carmine (Karmeliter) und Santa Maria de' Servi (Serviten). Die Zuschüsse gingen im allgemeinen direkt dem Ordenskapitel oder den Mönchsgemeinschaften zu, in der zweiten Hälfte des Jahrhunderts entwickelte sich jedoch eine andere Form der Unterstützung dieser Bauvorhaben durch die Stadt. Die Kommune griff im Juni 1361 unmittelbar in den Bau der Franziskanerkirche Santa Croce ein, der nur sehr langsam fortschritt. Diese Kirche, so wurde verfügt, «wurde von der Kommune Florenz gegründet, und wenn sie nicht vollendet wird, wird das dem Ansehen der Stadt ernsten Schaden zufügen». Damit wurde den Mönchen indirekt ihr Versagen, die Kirche zu vollenden, vorgeworfen, und die Zunft der Calimala wurde eingesetzt, um hinfort die Verantwortung für den Bau zu übernehmen. Bald erkannten andere religiöse Gemeinschaften, welche finanziellen Vorteile es bot, Laien an ihren Bauvorhaben zu beteiligen. Im Juni 1383 baten die Vallombrosanermönche von Santa Trinità die Kommune um die Genehmigung, sechs Männer aus der Nachbarschaft zu bestimmen, die Geld sammeln und den Bau ihres Klosters überwachen sollten. Fünfzig Jahre später (im Februar 1422) ernannten die Dominikanermönche von Santa Maria Novella ihr erstes Baukomitee, das sich aus Laien zusammensetzte, «nach dem Vorbild anderer Kirchen, und um an der Verschönerung des Klosters zu arbeiten».

Brunelleschi, dessen guter Ruf durch seine Arbeit an der Domkuppel noch gewonnen hatte, arbeitete an vielen dieser kirchlichen Neubauten mit. In den entscheidenden Stadien des Kuppelbaus zwischen 1419 und 1423 war er federführend bei zwei weiteren wichtigen Projekten: dem Findelhaus der Zunft, der er angehörte, den Seidenherstellern und Goldschmieden, sowie dem Neubau der Kirche San Lorenzo. Für die Loggia des Findelhauses führte Brunelleschi jene Prinzipien aus der klassischen Antike wieder ein, die die Florentiner – und die gesamte italienische – Architektur im 15. Jahrhundert revolutionierten. Bei San Lorenzo war Brunelleschis Bauherr der reiche Bankier Giovanni di Bicci de' Medici, er bezahlte den Bau der Alten Sakristei, die dann der Familie als Grabkapelle diente. Die Sakristei war 1428 vollendet, der Bau der Kirchenschiffe aber wurde mehrere Jahre unterbrochen, bis Cosimo de' Medici im Jahr 1441 beschloß, die Arbeit zu unterstützen. Brunelleschi erlebte die Vollendung von San Lorenzo und die seines letzten, bedeutsamen Werkes, der Augustinerkirche Santo Spirito, nicht mehr. Die Operai, die gewählt worden waren, um den Bau zu überwachen, führten die Arbeit in jenem bedächtigen und ungleichmäßigen Tempo fort, das offenbar für alle architektonischen Unternehmen Brunelleschis wie überhaupt für viele Florentiner Bauvorhaben jener Jahre kennzeichnend ist. Die Arbeit an der Kirche Santo Spirito, schleppte sich derart langsam dahin, daß erst eine Säule stand, als der Architekt im Jahr 1446 starb; fertiggestellt war die Kirche erst im Jahr 1462. Von Brunelleschis Bauten führten nur zwei – die Kuppel des Doms und das Findelhaus – zu bedeutenden Veränderungen in der Stadtlandschaft, wobei das Findelhaus als Anregung und beherrschender Bau die wunderschöne Piazza SS. Annunziata prägte. Der Hauptteil des Werkes des großen Architekten versteckt sich hinter Kirchen- oder Klostermauern oder hat nur in den Entwürfen für jene Projekte überlebt, die, wie die Kirche Santa Maria degli Angeli, nie vollendet wurden.

Mit dem 15. Jahrhundert setzt in Florenz der Bau von Stadtpalästen in großem Umfang ein. Vielleicht zwanzig Palazzi aus dem Quattrocento sind erhalten, die nicht durch den Geschmack späterer Generationen oder durch Vernachlässigung derart radikal verändert wurden,

Das Findelhaus mit der Loggia Filippo Brunelleschis

San Lorenzo

daß sie als Renaissance-Schöpfungen nicht mehr zu erkennen sind. Eine Handvoll davon – darunter der Palazzo Medici, der Palazzo Pitti, der Palazzo Rucellai – wurden entweder durch den Ruf ihrer Besitzer oder ihrer Architekten berühmt. Über den Bau der Palazzi unterrichten uns jedoch nur spärliche Quellen; private Familienpapiere sind nicht in dem Umfang erhalten wie die Akten der Stadt, die – wenn auch unvollständig – Aufschluß geben über die Durchführung der großen öffentlichen Bauvorhaben. Einige dieser Palazzi aus dem frühen Quattrocento wurden durch die Verbindung und Umgestaltung bereits existierender Gebäude geschaffen; die Stadtpaläste der Lapi und Spinelli sind Beispiele dafür. Im allgemeinen aber war der Bau eines neuen Palazzo ein langwieriger und komplexer Vorgang. Zunächst war Geduld erforderlich, um Grundbesitz zu erwerben, dann mußten bereits existierende Gebäude abgerissen werden, schließlich konnte der eigentliche Neubau beginnen. Agnolo und Carlo di Messer Palla Strozzi brauchten über zwanzig Jahre (von 1435 bis 1457), um das Land für ihren Palazzo, den Strozzino, zu erwerben, bevor der Grundstein gelegt werden konnte. Anschaulich beschrieb der Apotheker Luca Landucci Leben und Treiben auf einer Großbaustelle im späten 15. Jahrhundert. Sein Geschäft lag auf der anderen Straßenseite, gegenüber der Baustelle des Palazzo Strozzi:

«[20. August 1489] Die Fundamente auf dieser Seite, gegen die Piazza de Tornaquinci, sind nun gelegt. Und die ganze Zeit über rissen sie die Häuser ab, wofür zahlreiche Aufseher und Arbeiter eingestellt wurden, die Straßen waren daher ringsum verstopft mit Stein- und Abfallhaufen und dem herbeigebrachten Kies, so daß kaum jemand sie benutzen konnte. Wir Geschäftsleute wurden fortwährend belästigt vom Staub und von der Menschenmenge, die sich versammelte, um zuzuschauen, und von denen, die mit ihren Lasttieren nicht weiterkommen konnten.»

Der Bau dieser Palazzi führte in zweierlei Hinsicht zu wichtigen Verwandlungen der Stadt. Mit dem Abriß der alten Wohntürme und Häuser wurden Reste mittelalterlichen Durcheinanders und Gerümpels entfernt; dies trug zur Entwicklung eines geordneten und ansehnlicheren – wenn auch weniger pittoresken – Stadtbildes bei. Außerdem führten die Palazzi des Quattrocento einen neuen Stil in den Wohnbau ein: Er griff auf die klassischen Prinzipien von Regelhaftigkeit, Symmetrie und Proportion zurück und bediente sich antiker Motive wie Säule, Rundbogen und Kapitell. Brunelleschi hatte diesen Stil als erster für die Loggia

Palazzo Strozzino

Palazzo Strozzi; Kupferstich von Giuseppe Zocchi, 1744

Palazzo Medici an der Via Cavour

des Findelhauses und die Alte Sakristei von San Lorenzo entwickelt. Sein Name wurde mit mehreren Palazzi in Verbindung gebracht – dem der Busini, der Medici, der Pitti –, es gibt jedoch keinen stichhaltigen Beweis dafür, daß er für private Bauherren arbeitete. Einer Anekdote zufolge, die Vasari berichtet, fertigte er für Cosimo de' Medici ein Modell für seinen Palazzo an, dieser aber lehnte den Entwurf ab mit der Begründung, er sei zu prunkvoll und zu angeberisch. Michelozzo aber, den Cosimo mit dem Bau seines Hauses in der Via Larga (heute Via Cavour) beauftragte, nahm viele der Ideen Brunelleschis in seinen Entwurf auf. Wie allen Renaissancepalästen liegt auch diesem Gebäude die traditionelle Bauform zugrunde, die der Palazzo Davanzati aus dem späten 14. Jahrhundert beispielhaft vertritt. Die strukturellen Unterschiede zwischen dem Palazzo Davanzati und dem Palazzo Medici sind unbedeutend, die architektonischen aber sind von großer Tragweite. Ordnung, Harmonie und Geräumigkeit waren über ein Jahrhundert die erklärten Ziele der Florentiner Stadtplaner, im Stadtpalast der Medici und im Innenraum von San Lorenzo wurden diese Ziele verwirklicht.

Die Bevölkerung

Die uns erhaltenen Gebäude und Baudenkmäler vermitteln ein Bild davon, wie Florenz zur Zeit der Renaissance ausgesehen haben mag; über die Stadt als Schauplatz menschlichen Lebens aber sagen sie nur wenig aus. Zeitgenössische Kunstwerke und die Literatur bieten flüchtige Einblicke, Vignetten, vage Eindrücke vom Alltag der Menschen, im allgemeinen aber geben sie uns nur ein verschwommenes, kein genaues und klares Bild. In seinem Freskenzyklus mit der Geschichte des Petrus in Santa Maria del Carmine malte Masolino eine Florentiner Straßenszene mit einem von Häusern umstandenen Platz. Die architektonischen Details sind mit großer Genauigkeit wiedergegeben, dennoch ist die Szene stilisiert und künstlich: Ihr fehlt die menschliche Dimension. Der Platz ist bis auf die biblischen Personen nahezu menschenleer, man sieht nur zwei elegant gekleidete Aristokraten und ein paar vereinzelte Gestalten weit im Hintergrund. Am Tag waren die Straßen von Florenz in der Renaissance überfüllt und voller Bewegung, in ihnen pulsierte

Masolino: *Die Auferweckung der hl. Tabita,* Fresko in der
Brancacci-Kapelle in Santa Maria del Carmine

das Leben. Heute läßt sich weniger in Florenz mit seinen Touristenscharen und der im allgemeinen ruhigen Atmosphäre erleben, was das öffentliche Leben in jener Zeit ausmachte, sondern eher in den volkstümlichen Vierteln süditalienischer Städte, dem Trastevere in Rom oder der Spacca in Neapel.

Das Leben im Florenz der Renaissance richtete sich nach der Sonne. Waren bei Sonnenuntergang die Tore geschlossen worden und damit das Ausgangsverbot in Kraft getreten, durfte niemand, der nicht ausdrücklich dazu befugt war, auf die Straße gehen. Beamte besaßen die Erlaubnis, sich auch nachts in der Stadt zu bewegen, aber bis auf diese privilegierten Bürger und die Mitglieder der Polizeistreifen waren die

Straßen von der Abenddämmerung bis zum Morgengrauen leer. Nächtliche Verbrechen waren recht selten. Für Ungesetzlichkeiten während der Stunden der Sperrzeit schrieben die Gesetze das doppelte Strafmaß vor. Abschreckender als die Strafverschärfung wirkten jedoch möglicherweise die Mauern und die gesperrten Tore, die ein Entkommen aus der Stadt vereitelten, und die verschlossenen Türen der Geschäfte und Häuser, die den Gelegenheiten zu Diebstahl und Gewalt buchstäblich Riegel vorschoben.

Der Tagesanbruch wurde vom Geläut der Kirchenglocken verkündet und von der Öffnung der Tore, die die Verbindung der Stadt mit der Außenwelt wiederherstellte. Die ersten, die durch die Tore kamen, waren Bauern von den Bauernhöfen aus dem Umland, die Eselskarren mit ihren Erzeugnissen zum Markt lenkten. Zwischen die Karren und Packtiere auf den Straßen mischten sich fromme Seelen auf dem Weg zur Frühmesse und die Bummler, die lieber die ganze Nacht hindurch getrunken und gespielt hatten, als eine Geldstrafe wegen Mißachtung der Sperrzeit zu riskieren. Die Morgenmesse war sowohl eine religiöse Zeremonie als auch ein bedeutsames gesellschaftliches Ereignis im Alltag der Florentiner. In jenen entspannten Augenblicken nach der Konsekration der Hostie und bevor das tägliche Einerlei begann, konnten die Männer zwanglos politische Ereignisse besprechen, austauschen, was sie an Nachrichten aus dem Ausland erhalten hatten und sogar Geschäfte abschließen. Für respektable Florentiner Damen war die Messe eine willkommene Abwechslung und ein kostbares Stück Freiheit in ihrem ansonsten auf das Haus beschränkten, klösterlichen Tag, der ihnen nur wenig Gelegenheit bot, auszugehen und ihren häuslichen Pflichten zu entkommen.

Wenn die Sonne höher stieg über die Hügel im Osten der Stadt, nahmen Geschäftigkeit und Lärm in den Straßen zu. Aus den Arbeiterbezirken San Frediano und Camaldoli kamen die Arbeiter, die von Sonnenaufgang bis Sonnenuntergang in den Tuchmanufakturen arbeiteten. Andere eilten die Straßen entlang, um ihr Tagwerk in einem der Bekleidungsgeschäfte an der Calimala zu beginnen oder in der «bottega» eines Goldschmieds in der Via delle Oche. Aus den dunklen Werkstätten der Waffen- und Hufschmiede stieg der Rauch der Feuer, die sie in den Essen entfacht hatten; die ersten Schläge des Hammers auf dem Amboß waren zu hören, die den ganzen Tag über nicht verhallen sollten. Am Vormittag quollen die engen Straßen über vor Menschen und Tieren. Bauern kehrten mit leeren Karren heim zu ihren Höfen, Händler aus Pisa und Bologna brachten Tuch- und Gewürzfrachten in die Stadt, Angestellte der Tuchmanufakturen beförderten Lieferungen von Wolle, Garn, Färbemitteln und Tuch von einem Geschäft zu einem anderen. Der Alte Markt war einer der geschäftigsten und übervölkertsten Orte von Florenz; der Dichter Antonio Pucci hat ihn im 14. Jahrhundert anschaulich beschrieben. Sein Blick wurde angezogen von der ungeheuren Vielzahl der Produkte, die auf dem Markt verkauft wurden, und der buntgemischten Menge, die den Platz füllte. Was die Toskana an Nahrungsmitteln hergab, fand seinen Weg auf den Markt: Gemüse und Obst den Jahreszeiten entsprechend, Fleisch, Fisch und Wild jeder Art, außerdem Delikatessen, die aus dem Ausland importiert wurden. Marktfrauen mit ihren Körben voller Maronen oder Birnen traten in Wettbewerb mit den Händlern, die feste Stände mieteten: Fleischer, Fischhändler, Geflügelhändler, Verkäufer von Porzellan und Glaswaren, Tuch und Küchenutensilien.

> Jeden Morgen ist die Straße verstopft
> mit Packpferden und Karren auf dem Weg zum Markt.
> Man schiebt und drängt sich, und viele stehen herum und gaffen,
> Herren begleiten ihre Gattinnen,
> die mit den Marktfrauen handeln wollen.
> Es gibt Spieler, die vom Spieltisch kommen,
> Prostituierte und Bummler.
> Auch Straßenräuber, Träger und Tölpel,
> Jammergestalten, Raufbolde und Bettler.

Der einzelne in der Menge verriet Herkunft, sozialen Rang und Beschäftigung durch Sprache und Kleidung. Unter die Bauern aus dem Contado, unter die Handwerker und Arbeiter mischten sich die Angehörigen der Florentiner Unterwelt: Prostituierte und Zuhälter, Bettler und Diebe, Beutelschneider und Hexenmeister. Nüchterner und respektabler waren die Mitglieder der Kaufmannschaft von Florenz – Bankherren, Kaufleute und Gewerbetreibende –, deren einfache Kleidung und unauffälliges Betragen die Tatsache verhüllte, daß sie das beherrschende Element in dieser Gesellschaft darstellten.

Zu der Vielfalt und Heterogenität der Menge in der Straße trugen auch die Geistlichen in ihren unterschiedlichen Gewändern bei sowie die Beamten der Kommune, deren Funktion an ihrer Kleidung abzulesen war. Vielleicht ritt auch gerade ein Feudalherr, der die Stadt besuchte, durch die Straßen, der Herr von Poppi oder der Graf von Dovadola, in Begleitung einer riesigen Schar von Gefolgsleuten, die seinen gesellschaftlichen Rang demonstrierten. Die Soldaten, die zur Verteidigung der Stadt angeworben wurden, kamen aus allen Teilen der italienischen Halbinsel, außerdem auch aus Deutschland und Ungarn. Sie waren vor allem in Krisenzeiten allgegenwärtig, standen Wache auf den Plätzen der Stadt und handelten mit Kaufleuten um den Nachschub an Waffen und Nahrungsmitteln. Für eine Stadt im Binnenland, über achtzig Kilometer vom Meer entfernt, war Florenz sehr kosmopolitisch. Kaufleute aus Katalonien, Südfrankreich und den Hafenstädten der Adria, aber auch aus einigen entfernteren Orten bildeten vorübergehend einen Teil der Bevölkerung. Die Tuchindustrie lockte Hunderte von Arbeitern aus Deutschland und den Niederlanden an, von denen sich viele auf Dauer in der Stadt niederließen. Am stärksten fielen die Sklaven aus der Region am Schwarzen Meer auf. Ihre Gesichter und Hautfarbe verrieten ihre tartarische und mongolische Herkunft, aber auch ihr bizarres und gewalttätiges Verhalten und ihre seltsamen religiösen Sitten brandmarkten sie als geheimnisvolle und gefährliche Ausländer. Sklaven, die freigelassen worden oder ihren Herren davongelaufen waren, gerieten leicht in die Florentiner Unterwelt.

Der Alte Markt war das Handelszentrum; die Geschäfte dort umfaßten eine große Bandbreite von Transaktionen, von dem Erwerb eines Kohlkopfes bei einem Bauernmädchen bis hin zu Verhandlungen über eine Fracht englischer Wolle im Wert von Tausenden von Florin. Auch andere Dinge wurden hier besprochen, private und intime, öffentliche und allgemeine, das Hauptthema aber waren die Geschäfte. Die Gespräche, die im politischen Zentrum der Stadt, auf der Piazza della Signoria, zu hören waren, spiegelten sehr viel genauer das weite Spektrum der Interessen und Sorgen der Florentiner. Dieser Platz bot sich geradezu an als Ort politischer Diskussionen von Beamten und Ratsmitgliedern auf dem Weg zu Versammlungen im Palazzo della Signoria, aber auch für andere, die einfach neugierig oder besorgt waren. Der Gerichtshof der Händler (Mercanzia) und der Amtssitz von zwei Beamten, dem Capitano und dem Esecutore degli Ordinamenti, lagen an diesem Platz, der als Treffpunkt diente für Richter, Polizeibeamte und Personen, die in zivilrechtliche Streitigkeiten verstrickt waren. Zwar war nur eine Minderheit der Bevölkerung regelmäßig in politische Angelegenheiten oder Gerichtsverhandlungen einbezogen, die Mehrzahl aber mußte Steuern zahlen und so häufig dem Einzieher der Warensteuer, der «gabella», Besuche abstatten, den Beamten, die Zwangsanleihen eintrieben und jenen, die für die Anleihen der Stadt verantwortlich waren, die «monte». Auf der Piazza della Signoria versammelten sich Bürger, um politische Fragen zu diskutieren, außerdem aber um Geschäfte abzuschließen, Eheschließungen auszuhandeln und Hilfe oder Mitgefühl bei persönlichen Problemen zu finden. Glücksspiele waren auf dem Platz verboten, und Prostituierte wurden in einem Umkreis von hundert Metern um den Palazzo della Signoria nicht geduldet. Einige Zerstreuungen aber wurden toleriert, wie Leon Battista Alberti in seinen Kommentaren über den Nutzen der Loggia für die Gesellschaft vermerkte: «Eine der großartigsten Zierden (...) ist ein hübscher Portikus, in dem die alten Männer sich während der Hitze des Tages aufhalten oder sich gegenseitig zu Diensten sein können; abgesehen davon kann die Gegenwart der Väter die jungen Männer, die sich anderswo auf dem Platz ihre Zeit vertreiben und sich vergnügen, im Zaum halten und an den Mutwilligkeiten und Überspanntheiten hindern, die für ihr Alter natürlich sind.»

Der Charakter und das Tempo der Geschäftigkeit in den Straßen und auf den Plätzen von Florenz, in den Loggias und öffentlichen Gebäuden veränderten sich mit den Jahreszeiten. Die Winter in Florenz sind kalt, feucht und windig. Die Florentiner, die an das Klima gewöhnt waren, schränkten ihre Aktivitäten ein und blieben, wenn möglich, zu Hause. Das Herannahen des gefeierten toskanischen Frühlings brachte neue Energie, weckte die Lebensgeister und ließ außerdem den Strom ausländischer Besucher anschwellen: Pilger auf dem Weg nach Rom, Kaufleute auf der Suche nach Geschäften, Vagabunden und Taschendiebe, die von den nun großen Menschenansammlungen und prall gefüllten Börsen angelockt wurden. Seit dem 14. Jahrhundert haben die Florentiner Patrizier ihre Sommer in Landhäusern verbracht, weit weg von der erstickenden Hitze und den Übelkeit erregenden Gerüchen der Stadt. Im späten September und Oktober kehrten sie in ihre Stadthäuser zurück, um das milde und angenehme Herbstwetter zu genießen vor dem Einbruch der eisigen Winterregen.

Auch der Zyklus religiöser Feste prägte das Leben der Florentiner. In protestantischen Ländern ist heute der Einfluß des religiösen Kalenders auf das Leben und die Arbeit begrenzt auf die gelegentliche und oberflächliche Heiligung des Sonntags als Tages der Ruhe und von Weihnachten als allgemeinem Feiertag. Protestanten, die in Italien leben, stellen bald fest, wie viele religiöse Feste es gibt: die Feiertage des heiligen Joseph, der Heiligen Peter und Paul, der unbefleckten Empfängnis, dann Himmelfahrt, Allerheiligen usw. Das Dutzend kirchlicher Feiertage, die in Florenz auch heute noch eingehalten werden, stellt aber nur einen Bruchteil dar der vierzig Feiertage, deren sich die Stadt zur Zeit der Renaissance neben den Sonntagen erfreute. Die zahlreichen Festtage, die die Unterbrechung der Arbeit erzwungen und die Teilnahme an öffentlichen Kulthandlungen erforderten, waren mit der Grund für einen unregelmäßigen Lebensrhythmus, der sich von den standardisierten Alltagsmustern der Industriegesellschaften sehr stark unterscheidet. Besonders ausgeprägt war der religiöse Eifer während der Fastenzeit und zwischen Weihnachten und Epiphanias (6. Januar).

Während der Fastenzeit strömten Tausende Abend für Abend in den Dom, um die Ansprachen berühmter Prediger zu hören, die speziell für diese Zeit von der Stadt in Dienst genommen wurden. Jeder religiöse Feiertag war verbunden mit einer öffentlichen Zeremonie, an der sowohl Geistliche wie auch Laien teilnahmen. Ein Höhepunkt im Festzyklus der Stadt war das Fest des Schutzheiligen der Stadt, Johannes des Täufers (24. Juni). Die Feiern begannen am Vorabend des Feiertages mit einer riesigen Prozession durch die Straßen. Der feierliche Zug wurde angeführt von den Mitgliedern der Signoria und anderen Inhabern öffentlicher Ämter, den Geistlichen, die die Reliquien ihrer Kirchen trugen, und Vertretern der religiösen Bruderschaften. Eine zweite Prozession mit Honoratioren – städtische Beamte und Würdenträger der Zünfte, Abgesandte der Landgemeinden, Feudalherren, die der Stadt verpflichtet waren – brachte Wachskerzen als Geschenke in das Baptisterium.

Neben diesen zyklisch wiederkehrenden Abwechslungen im städtischen Alltag gab es zahlreiche besondere Anlässe und Begebenheiten, die dem Florentiner Alltag Farbe und Spannung verliehen. Chroniken und Tagebücher sind unschätzbare Quellen für diese Ereignisse. Im Jahr 1386 zum Beispiel vermerkte ein anonymer Chronist alle öffentlichen Vorkommnisse, die seine Aufmerksamkeit erregten. Als der neue Bischof, Bartolomeo Uliari aus Padua, am 28. Januar in die Stadt einzog, wurde er mit dem herkömmlichen Pomp empfangen, danach von einer Gruppe städtischer Beamte und verdienstvoller Bürger feierlich zu seinem Palast neben dem Baptisterium geleitet. In seiner Schilderung des Empfangs eines Botschafters aus Ungarn am 8. Februar beschrieb der Chronist die Feierlichkeiten bei diesem offiziellen Anlaß:

«Die Ritter der Parte Guelfa ritten dem Gesandten entgegen auf Pferden, die mit wunderschönen Schabracken geschmückt waren. Sie geleiteten den Botschafter zur Piazza della Signoria, dort hielten sie ein Turnier ab, brachen Lanzen und entfalteten ihre Banner auf dem Platz. (...) Danach zogen sie unter ausgiebigen Lustbarkeiten zum Palast der Parte Guelfa. In dieser Nacht entzündeten die Signoria, die Parte Guelfa und die gesamte Bürgerschaft Freudenfeuer zu Ehren König Karls.»

Mit ähnlichen Umzügen und Feierlichkeiten wurden ein päpstlicher Gesandter geehrt, der die Stadt am 15. Dezember besuchte, und der Florentiner Söldnerhauptmann Giovanni degli Obizzi, am 12. Juli, der einen kurzen, aber erfolgreichen Feldzug gegen den Herrn von Urbino, Antonio da Montefeltro, geführt hatte.

Diese Feierlichkeiten waren vorbereitete und strukturierte Ereignisse, sie wurden von der Kommune organisiert, um das Bedürfnis der Bevölkerung nach Brot und Spielen zu befriedigen und um darüber hinaus den Stolz der Stadt auf sich selbst und ihre Leistungen zu demonstrieren. Außerdem wurde das tägliche Einerlei des Lebens unterbrochen von unerwarteten und seltsamen Vorkommnissen, über die in den Chroniken berichtet wurde. Die Geburt zweier Löwenjungen am 15. Dezember 1386 war Anlaß für allgemeine Lustbarkeiten, denn der Löwe war Symbol der Treue der Florentiner zur guelfischen Sache; und da das Schicksal der Tiere mit dem der Stadt verknüpft wurde, galt dieses Ereignis als gutes Omen. Am 20. August schilderte der anonyme Chronist die Ankunft der abgeschnittenen Köpfe von drei Männern aus Ungarn, die in das Attentat auf König Karl von Ungarn (im Februar) verstrickt gewesen waren. Diese grausigen Exempel kamen in das Haus eines Ladenbesitzers in der Via degli Spadai, «der sie jedem zeigte, der sie zu sehen begehrte». Öffentliche Hinrichtungen waren zwar derart üblich und kamen so häufig vor, daß sie von den Tagebuchschreibern kaum zur Kenntnis genommen wurden, fanden aber beim Volk unverändert Interesse und sorgten für Aufregung. Aus der Überzeugung, einem entsetzlichen Schauspiel beizuwohnen, könne zur Abschreckung vor Verbrechen dienen, sorgten die Behörden bei Exekutionen für soviel öffentliches Aufsehen wie nur möglich. Im August 1379 schilderte der Chronist die letzte Stunde eines Sklavenmädchens namens Lucia, die ihren Herrn vergiftet hatte. Sie wurde nicht direkt zur Richtstätte gebracht, sondern auf einem Karren durch die Hauptstraßen der Stadt gefahren, wobei sie mit glühenden Zangen gemartert wurde, bevor sie auf dem Scheiterhaufen verbrannt wurde.

Aus den Schilderungen der Chronisten und Tagebuchschreiber, aber auch aus offiziellen Dokumenten, sind wir gut darüber unterrichtet, wie die Florentiner auf die wichtigsten Krisen jener Jahre reagierten. Dabei handelt es sich um zwei Arten von Krisen: um Krisen, die aus inneren Unruhen oder aus äußerer, militärischer Bedrohung folgten, und um Naturkatastrophen – Überschwemmungen, Hungersnöte und Heimsuchungen durch die Pest.

Im Schutz der Mauern war Florenz vor dem Angriff feindlicher Truppen relativ sicher. Gelegentlich plünderten marodierende Soldatenhorden die unbefestigten Dörfer und Anwesen der Bauern im Umland der Stadt, aber selten überwand eine organisierte militärische Macht den äußeren Ring der Befestigungen auf den Hügeln, die Florenz umgeben. Jede drohende Invasion führte jedoch Scharen von Flüchtlingen in die Stadt, beladen mit ihrem Hab und Gut. Im allgemeinen war die Gefahr in ein paar Tagen vorüber, so daß das Leben in der Stadt nicht langfristig durch eine ungewöhnliche Bevölkerungsmassierung oder durch Preisauftrieb gestört wurde. Eine größere Gefahr stellten die inneren Unruhen dar – politische Verschwörungen und Aufstände hungriger Arbeiter –, sie bedrohten die öffentliche Ordnung und Sicherheit und führten manchmal sogar zum Sturz einer Regierung. In der Zeit von Juni 1342 bis August 1343 wurde die kommunale Regierung dreimal gewaltsam abgesetzt, und im Sommer 1378 kam es zu einem weiteren Ausbruch revolutionärer Gewalt beim Aufstand der Tucharbeiter, der Ciompi.

Diese proletarische Revolte ist die bekannteste innere Krise in der Geschichte der Stadt.* Sie soll als Beispiel für das allgemeine Phänomen öffentlicher Unruhe und Massengewalt dienen, obwohl der Aufstand der Ciompi traumatisierender wirkte und von weitreichenderen Folgen war als andere revolutionäre Tumulte, die die Stadt erlebte. Bei den ersten Anzeichen von Unruhe im Juni 1378 schlossen Geschäfte, Werkstätten und Manufakturen, alle Geschäftsaktivitäten hörten auf. Viele prominente Bürger flohen auf ihre Landsitze, und wer in Florenz ausharrte, blieb zu Hause und ließ sich nicht blicken. Handwerker und Arbeiter versammelten sich in den Straßen, um über die jüngsten Ereignisse zu diskutieren und um ihre Befürchtungen, Ansichten und Hoffnungen für die Zukunft zu äußern. Da Geschäfte, Werkstätten und Manufakturen verriegelt und verrammelt blieben, vervielfachte sich die Zahl unbeschäftigter Arbeiter, und die Bedrohung für die öffentliche Ordnung wuchs. Arbeitslosigkeit war den ganzen Sommer über ein schwerwiegendes Problem und damit die Gefahr einer Hungersnot. Denn trotz der angestrengten Bemühungen der städtischen Behörden war der übliche Zustrom von Lebensmitteln in die Stadt unterbrochen. Die revolutionäre Atmosphäre stellte für jeden, der mit der Verteilung von Lebensmitteln zu tun hatte, eine Bedrohung dar: von den Großhändlern für Getreide und Fleisch bis hin zu der Bauersfrau, die ein Dutzend Eier oder einen Korb Salat auf den Markt brachte.

* Die ökonomischen Aspekte des Aufstands der Ciompi werden im zweiten Kapitel erörtert.

In jenen spannungsgeladenen Wochen wurden viele Florentiner – und besonders wohlhabende Männer – von dem Schreckgespenst der Anarchie heimgesucht. Die Voraussetzungen waren da, unheilverkündend und unabweislich: die Massen arbeitsloser und hungriger Armer, von denen viele Waffen besaßen, die Atmosphäre von Angst und Spannung, eine schwache und unsichere Regierung, die nur sehr eingeschränkt die Kontrolle über die Stadt und die in ihr verbliebenen Einwohner besaß. Bei drei Anlässen – Mitte Juni, Mitte Juli und Ende August 1378 – erschien ein vollständiger Zusammenbruch der öffentlichen Ordnung wahrscheinlich. Am 22. Juni legte eine Horde von Handwerkern und Tucharbeitern Feuer an die Palazzi eines Dutzends aristokratischer Familien. Weitere Ausschreitungen und Plünderungen wurden allerdings von den Behörden unterdrückt, die als abschreckendes Beispiel für potentielle Störenfriede zwei flämische Plünderer im Schnellverfahren aburteilen und auf der Straße hinrichten ließen. Einen Monat später (am 21. und 22. Juli) kam es zu einem neuerlichen Ausbruch von Gewalt: Mehrere Palazzi gingen in Flammen auf, Akten der Kommune und der Zünfte wurden vernichtet, ein Polizeibeamter vom Mob gelyncht. Aber die Gewalt breitete sich nicht weiter aus; eine neue Regierung, die von dem Wollkämmer Michele di Lando angeführt wurde, versuchte verzweifelt, die Spannungen zu verringern und die Unzufriedenen zu besänftigen. Sechs Wochen später jedoch versammelten sich wieder Scharen arbeitsloser Tucharbeiter auf den Straßen, um gegen das Versagen der Regierung zu protestieren, der es nicht gelungen war, sie mit Arbeit und Nahrungsmitteln zu versorgen. Wilde Gerüchte liefen um, die Arbeiter hätten vor, die Stadt zu plündern. Sie wurden einigermaßen glaubwürdig durch die wirre und ziellose Geschäftigkeit von Arbeitern auf den Straßen, die feurigen Ansprachen proletarischer Redner und die Bildung des Komitees der «Acht Heiligen», die den vagen Plan verfolgten, die Regierung ihren Bedürfnissen entgegenkommen zu lassen. Diese aufrührerischen Arbeiter wurden jedoch am 31. August in Straßenkämpfen von Angehörigen der Zünfte besiegt, die entschlossen waren, ihrem Drängen auf eine möglichst egalitäre politische Ordnung Widerstand zu leisten.

Die einzige Naturkatastrophe, die ähnliche Verheerungen in der Stadt anrichtete wie dieser Aufruhr, war die Pest. Im 14. Jahrhundert kam es zwar auch recht häufig zu Hungersnöten, aber sie waren normalerweise nur von kurzer Dauer, und ihre Wirkungen wurden durch Getreideeinfuhren gemildert, die die Kommune veranlaßte. Die Pest jedoch suchte die Stadt immer wieder heim, von 1340 an im Durchschnitt einmal in zehn Jahren. Nicht jede Seuche war so furchtbar wie der Schwarze Tod von 1348, aber bei jeder Epidemie kamen mehrere tausend Einwohner ums Leben; die Pest ließ die soziale und ökonomische Ordnung zusammenbrechen und bedrohte – wenn auch in geringerem Maß – die politische Struktur.

Wie schwer Florenz vom Schwarzen Tod heimgesucht wurde, wird von drei Autoren anschaulich geschildert: den Chronisten Matteo Villani und Marchionne Stefani und von Giovanni Boccaccio am Anfang seines *Dekameron*. Die unmittelbarste Auswirkung der Pestepidemie war, daß Geschäfte und Werkstätten geschlossen blieben und das Wirtschaftsleben der Stadt brachlag. Selbst die Tavernen stellten den Ausschank ein, nur ein paar Arztpraxen und Apotheken waren in der schwer geprüften Stadt geöffnet. Der Zusammenbruch der Nahrungsversorgung erhöhte zweifellos die Sterblichkeit unter den Armen, denen Lebensmittel und medizinische Versorgung fehlten und denen nichts anderes übrigblieb, als in ihren übelriechenden, übervölkerten Slums auf den Tod zu warten. Reicheren Bürgern standen mehrere Möglichkeiten zur Wahl, sie konnten in ihre Landhäuser fliehen oder in andere, gesündere Gegenden ausweichen. Zu den wenigen Lebenszeichen in den stillen, verlassenen Straßen gehörten die Wagen und Pferde der Reichen auf der Flucht. Die Stadt ähnelte einem riesigen Spital und Leichenhaus. Als die Pest immer mehr Opfer forderte, nahm die Sorge um Lebende wie Tote rapide ab. Ärzte, Apotheker und die überlebenden Lebensmittellieferanten forderten exorbitante Preise für Versorgung und Pflege der Kranken. «Wohl dem», schrieb Stefani dazu, «der nach eintägiger Suche in der ganzen Stadt drei Eier auftreiben konnte.» Boccaccio verfaßte einen finster-realistischen Bericht über die Behandlung, die die Opfer der Pest erfuhren:

«Meistens hielten sich die Nachbarn an dieselbe Maßregel, wozu sie die Furcht, daß ihnen die Verwesung der Leichname schaden könnte, nicht weniger antrieb als die Barmherzigkeit, die sie mit den Toten hatten: sie zogen die Leichname entweder allein oder, wann sie Träger haben konnten, mit deren Hilfe aus den Häusern und legten sie vor die Türen, so daß einer, der dort, sonderlich am Morgen, vorübergegangen wäre, eine Unzahl von Leichen hätte sehen können; dann ließen sie Bahren kommen oder legten sie auch, wenn es an diesen gebrach, auf irgendein Brett. Und es war nichts Außergewöhnliches, daß eine Bahre zwei oder drei auf einmal trug, und es geschah nicht etwa nur einmal, sondern man hätte eine Menge Bahren zählen können, wo Frau und Mann, zwei oder drei Brüder oder Vater und Sohn oder dergleichen beisammen lagen. Und unzählige Male geschah es, daß sich, wenn zwei Priester mit einem Kreuze einen holten, drei oder vier Bahren, die von Trägern getragen wurden, anschlossen, und hatten die Priester einen zu begraben geglaubt, so hatten sie nun sechs oder acht und bisweilen noch mehr. Freilich wurden diese weder durch eine Träne noch durch Lichter noch durch ein Geleite geehrt, vielmehr war es so weit gekommen, daß man sich um die Menschen, welche starben, nicht anders kümmerte, als man es heute bei Ziegen täte.»*

Wer die Pest überlebte, beklagte ihre verheerenden Auswirkungen auf das Verhalten der Menschen. Sowohl Stefani als auch Boccaccio merkten an, daß manche ihre Tage und Nächte trinkend und zechend mit Freunden zubrachten. Noch erschütternder war, daß Eltern ihre Kinder und Männer ihre Frauen verließen; ganze Familien flohen in der Nacht und lieferten angesteckte Verwandte ohne Pflege einem einsamen Tod aus. Aber die Furcht und die Panik demoralisierten nicht alle Mitglieder des Gemeinwesens, einige heroische Männer und Frauen opferten ihr Leben im Dienst anderer auf. Es gab sicherlich viele Eltern wie den Sieneser Chronisten Agnolo di Tura, der schrieb, er habe fünf seiner Kinder mit seinen eigenen Händen begraben. Die Prüfung der Überlebenden hörte mit dem Ende der Epidemie nicht auf. Außer daß sie ihre private Welt wiederaufbauen mußten, die durch den Verlust von Eltern, Kindern, Verwandten und Freunden vernichtet worden war, mußten sie auch jene Institutionen wiederherstellen – Kommune, Zunft, Kirchengemeinde, Bruderschaft –, die von Auflösung bedroht waren. Das Entmutigendste bei diesen Aufbauarbeiten war vermutlich die Erkenntnis, daß die Pest wiederkehren würde, daß die Anstrengungen des Neubeginns umsonst sein könnten. Welche Gedanken mögen diejenigen bewegt haben, die die Pest in ihrer Jugend überlebt hatten und in der Blüte ihres Lebens von der nächsten Epidemie bedroht wurden? Oder jene, die es noch schlimmer traf, die mit ansehen mußten, wie ihre Kinder einer Krankheit erlagen, der ein Jahrzehnt zuvor ihre eigenen Eltern zum Opfer gefallen waren? In jener Zeit, die ohnehin an Elend, Schmerz und Tod gewöhnt war, brachte die geheimnisvolle und heimtückisch tötende Pest ihre besondere Form von Furcht und Schrecken über fünf Generationen in Florenz.

* Giovanni Boccaccio: Das Dekameron, Frankfurt am Main 1980, S. 17.

ZWEITES KAPITEL

DIE WIRTSCHAFT

Die Grundlagen

Die wichtigste Quelle für die Geschichte von Florenz vor dem Schwarzen Tod ist die Chronik von Giovanni Villani (gest. 1348), die das Wachstum der Stadt von einem bäuerlichen Dorf zu einer Metropole von 100 000 Seelen beschreibt. Villanis Schilderung folgt der Chronologie, sie schreitet systematisch von Jahr zu Jahr und von Monat zu Monat fort. Aber mitten in der Beschreibung von Kriegen, Faktionsstreitigkeiten und städtischen Bauvorhaben der dreißiger Jahre des 14. Jahrhunderts unterbricht Villani seine Chronik und gibt seinen Lesern einen statistischen Überblick über seine Heimatstadt. Nur ein Kaufmann, der große Erfahrung mit Zahlen und ein Gefühl für ihre Bedeutung besaß, konnte sich an eine derartige Analyse wagen. So verdanken wir diesen wertvollen und informativen Überblick nicht nur dem Patriotismus des Chronisten, sondern auch seiner Herkunft aus dem Kaufmannsstand. Denn er rechtfertigte seinen statistischen Exkurs mit pragmatischen Gründen: «(...) damit unsere Nachkommen in späteren Tagen den Aufstieg, die Beständigkeit und den Niedergang des Ansehens und des Reichtums, die unsere Stadt erleben mögen, erkennen und außerdem damit... [unsere Nachkommen] danach streben, die Macht der Stadt zu mehren, angesichts unseres Berichts und Beispiels in dieser Chronik.»

Die statistischen Daten, die Villani aufzeichnet, sind wahrhaft eindrucksvoll. 1338 gehörte Florenz zu den fünf einwohnerstärksten Städten Europas; nur Paris, Venedig, Mailand und Neapel waren größer. Jeden Tag verbrauchten die Einwohner mehr als 2300 Scheffel Getreide und ließen 70 000 Viertel Wein durch ihre Kehlen rinnen. Etwa 4000 Rinder und 100 000 Schafe, Ziegen und Schweine wurden jedes Jahr geschlachtet, um die Stadt mit Fleisch zu versorgen. Ein großer Teil der Bevölkerung lebte unmittelbar von der Tuchherstellung, in der 30 000

Arbeiter beschäftigt waren, die jedes Jahr Wolltuche im Wert von 1 200 000 Florin (etwa 15 Millionen DM beim gegenwärtigen Goldpreis) herstellten. Tuch im Wert von 350 000 Florin wurde von den Arbeitern der Zunft der Calimala bearbeitet und veredelt. Villani gibt zwar keine Schätzung ab über die Zahl der Kaufleute, die in den Mauern der Stadt lebten und ihren Geschäften nachgingen, aber er errechnete, daß über 300 Florentiner an Geschäften im Ausland beteiligt waren. Die finanziellen und rechtlichen Angelegenheiten dieser großen Handelsgemeinschaft verwalteten etwa 80 Bankhäuser und Geldwechslerfirmen und 600 Notare.

Eine Dimension der Geschichte von Florenz, die aus der Chronik Villanis nicht eindeutig ersichtlich wird, ist das rapide Wachstum der Stadt. Florenz entwickelte sich viel später als die Seehäfen Pisa, Genua und Venedig, im Vergleich zum großen Zentrum der Lombardei, Mailand, war es sogar recht zurückgeblieben. Als im 12. Jahrhundert Kaufleute aus dem benachbarten Pisa ihre Seeherrschaft im westlichen Mittelmeer begründeten, wobei sie sich am profitablen Transport der Kreuzfahrer beteiligten und Niederlassungen in der Levante errichteten, war Florenz noch eine provinzielle Kleinstadt. Es war stark geprägt vom bäuerlichen, feudalen Charakter der Toskana; seine wirtschaftlichen Aktivitäten beschränkten sich im wesentlichen auf das Umland. Bis zum Ende des 12. Jahrhunderts übertraf Pisa seine im Binnenland liegende Nachbarin an Größe, Einwohnerzahl und Reichtum. Als Florenz im Jahr 1172 mit dem Bau eines neuen Mauerrings begann, maß das ummauerte Gebiet nur etwa 200 Morgen, zwei Drittel der Fläche, die Pisas Befestigungen umschlossen. Bis zur Mitte des 13. Jahrhunderts aber hatte Florenz seine Rivalin überflügelt. 1284 begann es mit dem Bau einer dritten Ringmauer, einem ungeheuren Projekt, das noch ein halbes Jahrhundert später nicht vollendet war und das über 1500 Morgen einschloß, etwa viereinhalb Quadratkilometer.

Die Anfänge der wirtschaftlichen Expansion der Stadt sind nicht sehr gut dokumentiert. Wir können annehmen, daß Florentiner einen kleinen Teil jener Gemeinschaft bildeten, die im 11. und 12. Jahrhundert schubweise italienische Kaufleute und Seefahrer über die Handelswege des Mittelmeers in die Levante, ins Schwarze Meer und an die nordafrikanische Küste aussandte. Zu den Pionieren, die Italien zur Wirtschafts- und zur vorherrschenden Seemacht aufsteigen ließen, gehörten die Florentiner allerdings nicht; bis zum 13. Jahrhundert wurden ihre Leistungen und Erfolge überschattet von denen der Handelsgemeinschaften in Pisa, Genua, Venedig und Mailand. Die Lage der Stadt im Binnenland bedeutete in dieser frühen Phase des wirtschaftlichen Aufbruchs in Italien einen schwerwiegenden Nachteil. Tatsächlich war Florenz weder durch seine Lage noch durch natürliche Ressourcen besonders begünstigt. Die wichtigste Verkehrsader von Nordeuropa nach Rom, die Via Francigena, lief im Westen zwischen Lucca und Siena an der Stadt vorbei; die Pilgerscharen, die zu den Heiligtümern der Ewigen Stadt reisten, brachten Florenz nur wenig Gewinn. Das Land um Florenz versorgte die wachsende städtische Bevölkerung mit Nahrung, aber der Boden war nicht besonders fruchtbar und das hügelige Gelände besser für Wein und Olivenbäume geeignet als für den Getreideanbau, von dem die Ernährung der Stadtbevölkerung abhing.

Für das Wachstum der Stadt im 13. Jahrhundert waren zwei bedeutsame Entwicklungen ausschlaggebend: die Aufnahme enger Beziehungen zum Papsttum und zum Anjou-Königreich Neapel sowie der Aufstieg ihrer Wolltuchherstellung zur beherrschenden Position auf dem europäischen und asiatischen Markt. Dies waren die entscheidenden Faktoren, die es den Bürgern von Florenz ermöglichten, ungeheure Reichtümer aufzuhäufen. Das auf diese Weise erworbene Vermögen wurde verwendet, um Behausungen für die Flut von Zuwanderern zu bauen und um die Kriege zu führen, die die Florentiner Hegemonie in der Toskana begründeten. Die Baudenkmäler der mittelalterlichen Vergangenheit der Stadt – der Palazzo Vecchio, der Dom, die Kirchen Santa Croce und Santa Maria Novella – wurden mit den Profiten finanziert, die der Verkauf Florentiner Tuchs und die Transaktionen der Florentiner Kaufleute und Bankiers in Rom und Neapel, Venedig und Palermo abwarfen.

Die Wirtschaftsbeziehungen der Stadt zum Papsttum und zum Königreich Neapel wurden in den letzten Jahrzehnten des 13. Jahrhunderts aufgenommen. Sie kamen erst nach Jahren erbitterter Kämpfe zwischen den Faktionen der Guelfen (papsttreu) und der Ghibellinen (kaisertreu) in der Stadt zustande, als die guelfischen Mächte auf der Halbinsel schließlich über ihre ghibellinischen Rivalen triumphiert hatten. Die Beendigung dieser langwierigen und verwickelten Auseinandersetzung bedeutete den Sieg einer Gruppe aggressiver Kaufmannsfamilien in Florenz, die ihre guelfischen Verbindungen nutzten, um ihre Feinde am Ort zu vernichten und darüber hinaus danach strebten, von ihren Verbündeten auf der gesamten Halbinsel und anderswo wertvolle wirtschaftliche Zugeständnisse zu erhalten. Sie nahmen ihren Rivalen in Siena das päpstliche Bankmonopol ab und etablierten sich in der gesamten römisch-katholischen Christenheit als Steuereintreiber für den Heiligen Stuhl. Der Anteil der Florentiner an den Erträgen dieses lukrativen Unternehmens war beträchtlich, diese Kaufleute benutzten ihre geschützte Position außerdem dazu, um in den Ländern jenseits der Alpen das internationale Handels- und Bankwesen zu monopolisieren. Das späte 13. und frühe 14. Jahrhundert erlebte den Aufstieg großer Florentiner Handelshäuser – der Scali, Amieri, Bardi, Peruzzi, Acciaiuoli –; sie alle verfügten über Kapitalreserven, die die aller früheren Handelsfirmen weit überstiegen, und darüber hinaus über ein Netzwerk von Tochtergesellschaften, das den römisch-katholischen Teil der Welt überspannte. In Brügge, London und Paris, in den Hafenstädten Barcelona, Marseille und Tunis und auf den Märkten der Levante kauften und verkauften Florentiner Handelsherren, sie investierten und wechselten Geld und schickten die Profite aus ihren vielfältigen Aktivitäten nach Hause. Das Königreich Neapel wurde von diesen Unternehmern besonders intensiv ausgebeutet. Florentiner Handelsfirmen besaßen ein Monopol im Getreidehandel der Region, ihre Angestellten trieben Steuern ein und stiegen in den Bürokratien bis in hohe Ränge auf. Im 14. Jahrhundert war das Königreich Neapel für Florenz, was Indien 500 Jahre später für England werden sollte.

Kaufleute und Bankiers, die sich im internationalen Handel betätigten, trugen bedeutend zum Wohlstand von Florenz bei, der wichtigste Faktor für das wirtschaftliche Wachstum der Stadt und die Vervierfachung ihrer Bevölkerungszahl im 13. Jahrhundert waren ihre Aktivitäten jedoch nicht. Dieses Wunder verdankte sich der Herstellung von Wolltuch, die Tausenden von Arbeitern Beschäftigung bot. Die Qualität des Tuchs erlaubte es, auf Märkten und Messen Europas und in den Bazaren Asiens und Afrikas Höchstpreise zu verlangen. Wie schon beim Handel kamen die Florentiner erst spät zu diesem Gewerbe, lange nachdem sich andere Regionen – Flandern und die Lombardei zum Beispiel – fest als Zentren der Tuchherstellung etabliert hatten. Die Florentiner entwickelten zunächst die Technik, Wolltuche, die von auswärts eingeführt wurden, zu veredeln. Ihr handwerkliches Geschick wuchs schnell bei diesem Versuch, und ebenso schnell wuchs ihre Gier: Sie erfanden bald ein eigenes System, aus importierter Wolle Tuch herzustellen. In ihrem Kampf um die Vormachtstellung kam den Florentinern das Glück zu Hilfe. Die flämische Tuchindustrie ging im späten 13. Jahrhundert zurück, gerade als die Produktion in Florenz anstieg.

Außerdem trugen die Handelsverbindungen der Stadt bei zum Wachstum der Tuchindustrie, denn sie sorgten für Kapital, schufen die Bedingungen für den Kauf hochwertiger Wolle in England und Spanien und für die Entwicklung wirksamer und aggressiver Verkaufstechniken für die Fertigware. Diese günstigen Umstände können jedoch nicht von der bemerkenswerten Leistung ablenken, die letztlich auf der unternehmerischen Begabung der Manufakturbesitzer sowie auf den handwerklichen Fähigkeiten ihrer Arbeiter beruhte.

Die Pfeiler der Florentiner Wirtschaft – das Handelsimperium und die Tuchindustrie – kamen in den ersten Jahrzehnten des 14. Jahrhunderts häufig ins Wanken, aber sie brachen nicht zusammen. Eine Reihe von Katastrophen in den vierziger Jahren des 14. Jahrhunderts ließen die Tendenz zu wirtschaftlicher Expansion, die nahezu drei Jahrhunderte ungebrochen war, rückläufig werden. Der Bankrott der Handelshäuser der Bardi und der Peruzzi, den beiden größten Handelsorganisationen, bedeuteten schwere Schläge für die Wirtschaft der Stadt und erschütterten die Zuversicht der Unternehmerklasse. Und doch waren die Auswirkungen dieser geschäftlichen Krisen unbedeutend im Vergleich zu den verheerenden Folgen des Schwarzen Todes im Jahr 1348. Die Pest war unbestritten die größte Katastrophe der europäischen Geschichte, sie war todbringender als jeder Krieg oder jede Naturkatastrophe. Den jüngsten Schätzungen zufolge starben in diesem Pestjahr 40000 Florentiner. Die Pest von 1348 war schon für sich genommen ein schreckliches Verhängnis, in ihrem Gefolge aber suchten eine Reihe weiterer Plagen die Stadt heim: Epidemien und Hungersnöte, Kriege, politische und soziale Unruhen.

Die wirtschaftliche Situation, mit der sich die Florentiner, die die Pest überlebt hatten, konfrontiert sahen, veränderte sich in den folgenden hundert Jahren wesentlich. Die Stadt hatte die Hälfte ihrer Bevölkerung verloren und vielleicht ein Drittel ihrer Absatzmärkte eingebüßt. In der Folge wurde jeder Anstieg der Einwohnerzahl durch eine neue Epidemie wieder zunichte gemacht. Zwischen 1350 und 1430 wurde die Stadt siebenmal von der Pest heimgesucht. Die Zuwanderung glich einen Teil der Verluste nach den Epidemien aus, die Einwohnerzahl der Stadt pendelte zwischen 50000 und 70000. Erst im 18. Jahrhundert erreichte Florenz wieder die Größe, die es zu Giovanni Villanis Lebzeiten hatte. Das Unglück der Stadt war das ganz Europas: Europa hatte ein Drittel seiner Bevölkerung eingebüßt, der Markt schrumpfte, die Wirtschaft stagnierte. Zu diesen ungünstigen

Palazzo dell' Arte della Lana, vollendet 1308

Getreidehändler und Kunden; aus dem Codex *Il Bidaiolo*,
erste Hälfte des 14. Jahrhunderts

Wirtschaftsbedingungen trat noch ein weiterer negativer Faktor: die immer heftigeren politischen Unruhen. Überall in Europa war der Kaufmann, der seinem Gewerbe nachzugehen versuchte, bedroht von bewaffneten Banden von Soldaten und Abenteurern. Sie waren Ausgeburten der Kriege, die immer häufiger losbrachen und immer grausamer geführt wurden. Die beständige Gefährdung durch feudale Gesetzlosigkeit war im 13. Jahrhundert zwar weitgehend aus Europa verschwunden, aber auf sie waren Plünderungen durch bewaffnete Horden gefolgt, die für den Kaufmann und seine Kunden eine nicht minder ernste Bedrohung darstellten.

Florenz hat die Katastrophen überlebt, die die Stadt in den vierziger Jahren des 14. Jahrhunderts zu überwältigen drohten, und tatsächlich gelang es der Stadt, ihre Position als führendes Handels- und Gewerbezentrum zu behaupten. Eine unerschrockene Gruppe von Unternehmern, die die Pest und die Bankrotte überstanden hatten, manche von ihnen hatten Pestopfer beerbt und waren noch reicher geworden, arbeitete hart und erfolgreich daran, den wirtschaftlichen Schaden auszugleichen. Wichtige Bereiche der ökonomischen Struktur der Stadt waren unversehrt geblieben: der größte Teil der Kapitalanlagen, das unternehmerische und technische Können von Kaufleuten und Handwerkern, der Wettbewerbsgeist und der Wunsch, Profit zu machen, der durch das Elend der Pestjahre nicht geringer geworden war. Durch diese Aktivposten gestärkt, öffneten die Tuchhersteller wieder ihre Manufakturen, lockten zugewanderte Arbeiter in ihre «botteghe» und produzierten Tuch für einen Markt, der träge und unberechenbar geworden, aber nicht völlig verschwunden war. Die Aussichten und Gelegenheiten, Geschäfte zu machen, waren zwar nicht mehr glanzvoll, aber sie waren auch zu keiner Zeit vollkommen trübe. Manche Wirtschaftsbereiche prosperierten mehr als andere, einige Märkte expandierten, andere gingen zurück. In diesem unsicheren ökonomischen Klima zahlten sich Intelligenz, Verschlagenheit und Unternehmergeist aus, und die Florentiner Geschäftsleute waren mit diesen Eigenschaften reich gesegnet. Durch den vollen Einsatz ihrer Talente gelang es ihnen selbst in diesen Jahren, ein relativ hohes Maß an Produktivität und Wohlstand aufrechtzuerhalten. Ihre Bemühungen sicherten die Unabhängigkeit der Stadt und schufen die Grundlagen für die überragenden kulturellen Leistungen des 15. Jahrhunderts.

Die Vielfalt der Geschäfte: die Tuchherstellung

Wenn in Lehrbüchern das städtische Wirtschaftsleben im Europa des Mittelalters und der Renaissance beschrieben wird, betonen die Verfasser mit Nachdruck die strenge Steuerung und Kontrolle der ökonomischen Aktivitäten durch weltliche und kirchliche Instanzen. Diese Darstellungen heben hervor, daß die Geschäfte eines jeden Kaufmanns und Handwerkers von den Zünften genau überwacht und geregelt wurden, sie kontrollierten die Produktion, setzten Löhne und Preise fest und versuchten, jedem Zunftmitglied einen gerechten Anteil an einem begrenzten Markt zu garantieren. In dieser hierarchisch organisierten Geschäftswelt ging jeder sein Leben lang einem einzigen Gewerbe oder Beruf nach – als Anwalt, Arzt, Kaufmann, Apotheker, Bäcker oder Wirt. Er arbeitete sich in seinem Metier Schritt für Schritt nach oben, vom Lehrling zum Gesellen und schließlich zum Meister. Sein Geschäft lag normalerweise in dem Stadtviertel, das seinem Gewerbe vorbehalten war, so daß mittelalterliche Städte sich geographisch in verschiedene Bezirke unterteilen lassen, in denen sich jeweils bestimmte wirtschaftliche Aktivitäten konzentrierten. Aber der Handel, der Austausch von Gütern und das Gewerbe wurden in den Städten nicht nur von den Zunftoberen, sondern auch von den städtischen Behörden überwacht. Zu diesen weltlichen Autoritäten gesellten sich dann noch die Beamten des bischöflichen Gerichts, die eifrig bestrebt waren, Wucher und andere illegale Geschäfte aufzudecken und zu bestrafen.

Die Wirklichkeit des Wirtschaftslebens in Florenz unterschied sich recht stark von diesem reinlichen, stereotypen Bild. Die weltlichen und kirchlichen Regelungen waren weder so eng gefaßt noch so rigide, wie die Zunftstatuten oder die Formulierungen des Kanonischen Rechts es vielleicht vermuten lassen. Die erhaltenen Unterlagen einzelner Geschäftshäuser zeigen, daß deren Geschäfte nicht ernsthaft behindert wurden durch den imponierenden Korpus gesetzlicher Regelungen in den Statuten der Stadt.

Die Geschäftspraxis in Florenz wich in noch einer anderen Hinsicht von der Norm ab. Die Beschäftigungen und Aktivitäten der Kaufmannschaft wurden durch die Zugehörigkeit zu einer Zunft weder eng begrenzt noch unwiderruflich festgelegt. Die meisten Florentiner Unternehmer beteiligten sich an einer Vielzahl von Geschäften, oft schrieben sie sich gleichzeitig in zwei, drei oder mehr Zünfte ein. Ihre wirtschaftlichen Interessen galten häufig sowohl Handels- als auch Bankgeschäften, sie schlossen den Besitz einer Tuchmanufaktur ebenso ein wie Anteile an den Anleihen der Stadt (den «monte»). Das Geld, das ein Kaufmann in Grundbesitz angelegt hatte, steckte vielleicht in einem Palazzo und mehreren Geschäften in der Stadt, in einem Landhaus und einem Weingut im nahen Settignano, in einigen Häusern in Prato, in Ackerland im Arnotal in der Nähe von Empoli und vielleicht in ein paar Parzellen Wald und Weideland in den Bergen oberhalb von Pistoia.

Ein bekannter Anwalt im späten Trecento, Messer Alessandro dell' Antella, beschränkte seine Aktivitäten nicht auf die Politik und die Rechtsprechung, er war außerdem Partner einer Handels- und Ban-

Zwei Florentiner Kaufleute mit Wollballen und fertigem Tuch, auf dem die Gütemarke zu sehen ist; um 1490

kenfirma in Avignon. Als der Ausbruch eines Krieges dem Unternehmen im Jahre 1375 ein Ende setzte, gründete er ein anderes Konsortium, um in großen Mengen griechischen Wein zu kaufen und ihn en détail in Florenz zu verkaufen. Es ist wahr, daß Handwerker und Ladenbesitzer meist nur einem einzigen Gewerbe nachgingen und ihr Metier an ihre Söhne weitergaben. Aber die Steuerakten belegen, daß es sogar in diesen konservativen Gruppen einige Mobilität gab. Luca di Niccolò zum Beispiel, ein Getreidehändler, wurde «lanaiuolo», und Piero di Nardo ging zwei Berufen nach, er war Strumpfmacher und Tuchhersteller.

Die Geschwindigkeit und die Richtung der Geschäftsaktivitäten in der Florentiner Kaufmannschaft änderten sich fortwährend; dies war abhängig von Neigungen, Gelegenheiten und Umständen. Ein Kaufmann gab vielleicht vorübergehend seinen Geldwechslertisch auf dem Mercato Vecchio auf, um sein Kapital in einem Fernhandelsunternehmen anzulegen. Oder er beschloß, sich von der Herstellung wollenen Tuchs zurückzuziehen, um sich auf die profitablere Produktion von Seide zu konzentrieren. Sich verändernde Marktbedingungen oder Krankheit konnten ihn dazu veranlassen, allen unternehmerischen Interessen zu entsagen und von den Einkünften aus Bodenbesitz und seinen Beteiligungen an kommunalen Anleihen zu leben. Selten waren die ökonomischen Interessen der Florentiner Kaufleute – besonders in den höheren Rängen – unwiderruflich festgelegt. Die Geschäftswelt war in fortwährendem Fluß.

In keiner mittelalterlichen Stadt waren sämtliche ökonomische Aktivitäten in den Zünften erfaßt. In großen städtischen Zentren wie Florenz entgingen wichtige Teilbereiche der Wirtschaft ihrer Kontrolle. Steinmetze und Tischler besaßen zum Beispiel ihre eigenen Zünfte, aber für die Arbeiter in Ziegeleien und für die Straßenpflasterer gab es keine Körperschaft. Getreidehändler und Bankiers waren in Zünften organisiert, die Betreiber von Getreidemühlen entlang dem Arno und seinen Nebenflüssen jedoch nicht. Geldwechsler, die ihre Tische auf dem Mercato Vecchio aufschlugen, unterstanden der Rechtsprechung der Zunft des Cambio; ihre Kollegen, die außerhalb der Stadt lebten und arbeiteten, waren aber von der Überwachung durch die Zunft ausgenommen. Ein bemerkenswerter Katalog spezialisierter Gewerbe und Tätigkeiten, die in keinem Zunftstatut erscheinen, läßt sich aus den Steuerakten der Kommune zusammenstellen. Zu den ungewöhnlichsten Berufen, die 1427 in den Steuererklärungen, dem «catasto»*, angegeben wurden, gehören ein Fechtlehrer, der Direktor einer Schauspielschule und ein Handwerker, der Glasfenster anfertigte. Ein Domenico di Lorenzo stellte Schießpulver für Kanonen her. Aber in keiner dieser Steuerakten noch in irgendeiner Immatrikulationsliste der Zünfte kommen die Mitglieder eines anderen wichtigen Berufs vor, die Prostituierten. Allerdings enthüllen die Bände des Catasto die Namen von Bordellbesitzern, wie Rosso di Giovanni de' Medici, der sechs Räume für 3 oder 4 Florin im Monat an «femine mondane» vermietete – ein Preis, der der Miete eines kleinen Hauses für ein ganzes Jahr entsprach.

Das Zunftsystem erlegte der Vielfalt der Tätigkeitsfelder und wirtschaftlichen Ziele keine ernsthaften Einschränkungen auf, noch zog es eine klare Grenzlinie zwischen den ökonomischen «Klassen» in Florenz. In den sieben größeren Zünften gab es natürlich reiche Kaufleute und Industrielle, in der ökonomischen Hierarchie standen unter ihnen Handwerker und kleine Ladenbesitzer, die zu den vierzehn niederen

---

* Der Catasto wurde 1427 eingeführt; als System der Steuerveranlagung beruhte er auf einem detaillierten Bericht über den Besitz jedes einzelnen Bürgers von Florenz. Jeder Haushaltsvorstand mußte ein vollständiges Verzeichnis seines Eigentums anfertigen (Grundbesitz, Investitionen in Geschäfte, städtische Anleihen, Bargeld und Darlehen) sowie seiner Schulden und Verpflichtungen. Auf dieser Grundlage wurde der Steuerbetrag berechnet, der 0,5 % seiner Vermögenswerte betrug, abzüglich der Obligationen und Ausgaben für Abhängige und Unterkunft. Die Steuer beruhte also auf dem Wert des Eigentums, nicht auf dem Einkommen.

Geschäft eines Geldwechslers auf einem Fresko der zweiten Hälfte des 14. Jahrhunderts in Prato

Zünften gehörten; den unteren Abschluß der Skala bildeten Tucharbeiter, Hausierer, Dienstboten und Bettler, die in keinerlei Körperschaft zusammengeschlossen waren. Aber diese Kategorien geben nur eine grobe Unterteilung wieder, jede Kategorie umfaßte ein breites Spektrum hinsichtlich des Reichtums und des Status der einzelnen. Einige der reichsten Florentiner gehörten keiner Zunft an und gingen keinerlei Gewerbe nach, sondern lebten von den Erträgen ihrer Investitionen. In die Zunft der Tuchmacher (Lana) und die der Bankiers (Cambio) waren Männer eingeschrieben, die ein großes Vermögen erworben hatten, aber auch solche, die völlig mittellos waren. Und unter den Handwerkern und Einzelhändlern in den niederen Zünften fanden sich reiche Wein- und Eisenwarenhändler, die ihren Wohlstand entweder glücklichen Umständen, einer Erbschaft, auch einer günstigen Anlage verdankten oder der langsamen und geduldigen Akkumulation von Kapital. In den Catastoakten von 1427 lassen sich die vermögenden Vertreter des Kleinbürgertums ausmachen: Männer wie der Gerber Antonio di Antonio und die Weinhändler Salvestro und Piero di Leonardo, deren Bruttovermögen 6000 Florin überstiegen.

Ein Delikatessenhändler aus dem *Stratto delle Porte*, einer Liste der an den Stadttoren erhobenen Zölle; zweite Hälfte des 14. Jahrhunderts

Zusammengehalten wurden die Einheiten dieses ökonomischen Systems durch ein riesiges und komplexes Netzwerk von Beziehungen, das ein großes geografisches Gebiet überspannte und Männer aus allen Ständen und sozialen Schichten miteinander verband. Die großen Handelskompanien operierten im gesamten katholischen Europa sowie an den Mittelmeerküsten Afrikas und Asiens. In den Büchern des Kaufmanns Francesco Datini aus Prato sind Geschäfte mit 200 Städten verzeichnet zwischen Edinburgh und Stockholm im Norden, Beirut, Alexandria und der Hafenstadt Tana am Kaspischen Meer im Süden und Osten. Aber auch die Wirtschaftsbeziehungen der kleinen Kaufleute reichten viel weiter, als häufig angenommen wird. Ein Altkleiderhändler, der in den niederen Zünften eingeschrieben war, Giovanni di Goggi, war auch im Getreidehandel mit Neapel aktiv. Der Beruf des Eisenwarenhändlers scheint auf den ersten Blick im wesentlichen auf den Heimatort begrenzt zu sein. Aber in den siebziger Jahren des 14. Jahrhunderts taten sich Lorenzo di Giovanni und Francesco Pas-

Allegorische Darstellung
der Metallverarbeitung;
Flachrelief von Andrea Pisano
vom Campanile des Doms, um 1340

quini als Partner in diesem Metier zusammen, wobei Lorenzo in Florenz blieb, um das Geschäft zu führen, und Francesco ins Ausland ging, «um Waren zu kaufen, die für dieses Gewerbe notwendig sind, und die Güter zu verkaufen, die in ihre Hände gelangten». Francescos Wanderschaft auf der Suche nach Geschäftsmöglichkeiten führte ihn bis nach Genua, über 250 Kilometer von Florenz entfernt.

Die kompliziertesten Beziehungen im Florentiner Wirtschaftssystem herrschten in der Tuchherstellung. Hier waren Kapitaleigner, Geschäftsführer, Faktoren, Färber, Walker, Weber und Spinner aufeinander angewiesen, Männer (und Frauen), die zu der höchsten und zu der niedrigsten Schicht der Florentiner Gesellschaft gehörten. Die Schlüsselrolle im Produktionsprozeß hatte der Lanaiuolo inne, der das Kapital für die Einrichtung der Manufaktur stellte. Die meisten der 200 Tuchmanufakturen entstanden aus der Verbindung von zwei oder mehr Lanaiuoli. Nur selten leiteten die Wolltuchhersteller auch selbst die täglichen Arbeitsvorgänge in der Werkstatt, diese Aufgabe erfüllte normalerweise ein dafür angestellter Faktor. Er war verantwortlich für die Verarbeitung des Rohmaterials – die Vliese, die aus England oder Spanien eingeführt wurden – in fein gewobenes, leuchtend gefärbtes Tuch, für das auf den Märkten Europas und der Levante Höchstpreise gezahlt wurden.

Der verwickelte Aufbau dieser Industrie und das weitgespannte Netz ökonomischer Beziehungen, das für die Wolltuchherstellung geknüpft und über sie erhalten wurde, läßt sich am Ablauf der einzelnen Stadien des Produktionsprozesses demonstrieren. Bei der Ankunft in der Werkstatt des Lanaiuolo wurde die Wolle zuerst für das Spinnen vorbereitet. Diese Arbeit wurde weitgehend in der Werkstatt selbst ausgeführt, von Arbeitern, die von Aufsehern überwacht wurden. Das Spinnen besorgten meist Frauen im Contado. Diese bäuerlichen Gebiete um Florenz gerieten damit in den Sog der Wolltuchherstellung. Zwischen den Lanaiuoli und den Spinnerinnen vermittelten Faktoren, die die Wolle auslieferten, das Garn abholten und die Frauen nach einem Stückpreis bezahlten. Das Garn wurde Webern übergeben, die Webstühle in Werkstätten oder in ihren Wohnungen stehen hatten. Das fertiggestellte Tuch wurde an wieder andere Subunternehmer geschickt, die Walker, die ihre Mühlen entlang der Wasserläufe in den Außenbezirken betrieben. Die letzten Phasen des Produktionsprozesses – Färben, Scheren und Ausbessern – wurden zumeist ebenfalls in kleinen Werkstätten von unabhängigen Meistern übernommen. Jeder dieser Kleinunternehmer stellte ein Zentrum ökonomischer Aktivität dar, denn häufig heuerten sie für die Arbeit in ihren Werkstätten Lehrlinge oder Arbeiter an. Jeder ernährte außerdem bestimmte Zulieferbetriebe, ein subsidiäres Handwerk oder einen Markt. Die Wollwäscher wurden von den Seifensiedern beliefert, die ihrerseits ihren Nachschub von den Ölhändlern bezogen. Die Färber kauften Färberwaid und andere Färbemittel direkt bei der Zunft der Lana oder aber bei Händlern, die mit diesen Waren handelten. Schmiede und Eisenwarenhändler lieferten die für die Produktion notwendigen Werkzeuge, während andere Florentiner ihr Brot damit verdienten, die Spanntücher, Webstühle, Spinnräder, Kämme und anderen Werkzeuge für diese primitive Industrie herzustellen.

Die erhaltenen Geschäftsunterlagen erlauben uns, die internen Abläufe in den Tuchmanufakturen zu analysieren. So ist das Geschäftsbuch, in dem Einnahmen und Ausgaben verzeichnet wurden, des Niccolò di Nofri Strozzi und des Giovanni di Credi auf uns gekommen. Sie unterhielten von Oktober 1386 bis Januar 1390 eine «bottega» für Wolltuch. Das Hauptbuch verzeichnet zwar nicht die Produktionszahlen, aber diese Sozietät muß eine der größten Wolltuchmanufakturen in Florenz betrieben haben, sie stellten mindestens 200 Ballen Tuch im Jahr her. Die jährlichen Ausgaben für Arbeit, Wolle und andere Produktionsmittel betrugen durchschnittlich mehr als 9000 Florin. Die interessantesten Eintragungen in diesem Geschäftsbuch beziehen sich auf die Arbeitslöhne; sie verzeichnen Zahlungen an ein veritables Heer von Angestellten und Zulieferern, die an den unterschiedlichen Stadien des Produktionsprozesses beteiligt waren.

Viele Zahlungen wurden an Zulieferer geleistet, die ihre eigenen «botteghe» betrieben und pro Stück bezahlt wurden. Regelmäßig erhielt aber zum Beispiel auch ein Wollekrempler Geld, der nur als «Fruosino» geführt wurde, ihm wurden 10 Soldi bezahlt pro Lieferung («salma») gekrempelter Wolle, die er in seiner Werkstatt herstellte. Er verdiente bei der Firma Strozzi im Jahr 100 Florin brutto, eine sehr respektable Summe für einen kleinen Geschäftsmann. Andere Zahlungen gingen an die Betreiber von Färbereien, Webstühlen, Spannhallen und Waschbecken. Die Firma stellte eine große Zahl von Webern ein, darunter auch mehrere Frauen, sowie drei Deutsche, Anichino (Hänschen) und Gherardo aus Köln und Ermanno (Hermann) Dati. Die unterste Kategorie von Arbeitern, die für die Firma Strozzi tätig wurden, waren die Spinnerinnen. An einem einzigen Tag bekamen über zwanzig Frauen ihren Hungerlohn für die Wolle, die sie versponnen hatten. So verdiente Monna Nicolosa 2 Lire, 13 Soldi für 43 Pfund gesponnener Wolle; Monna Margherita, eine Witwe, erhielt den Gegenwert für 3 Scheffel Getreide (2 Lire) für die Aushändigung von 10 Pfund. In diesen Abrechnungen nicht enthalten sind die Löhne der ungelernten Arbeiter, die in der eigentlichen Werkstatt arbeiteten, denn diese Zahlungen wurden in einem gesonderten Buch, dem «Buch der Arbeiter», aufgeführt. Die Löhne für Aufseher, Faktor, Geschäftsführer und Lehrlinge jedoch sind im Geschäftsbuch verzeichnet. So zum Beispiel die Zahlung von 8 Florin an Giovanni di Neri, einen «Ladenjungen», und von einem Florin an Antonio di Bonsignore, «der Lehrling, der für die Gelegenheitsarbeiter zuständig ist».

Wir verfügen zwar über recht ausführliche Kenntnisse der Gesellschaften, die Manufakturen unterhielten, über die Zulieferer aber wissen wir nur wenig, noch weniger allerdings über die Arbeiter, die sie beschäftigten, denn ihre Tätigkeit wird in den Quellen nur selten erwähnt. Ein Hauptbuch aus einem Zulieferbetrieb ist erhalten geblieben, es gibt wertvollen Aufschluß über die Aktivitäten dieses Teils der Florentiner Geschäftswelt.

In den siebziger Jahren des 14. Jahrhunderts taten sich Lippo di Dino und Francesco di Vanni zusammen und stellten Webkämme («pettini») her, mit denen die Wolle für die Webstühle vorbereitet wurde. Nach dem Rechnungsbuch der Firma wurden diese Werkzeuge überwiegend an die Betreiber von Webstühlen verkauft. Fast alle Pettini waren für den lokalen Markt bestimmt, 1377 aber reiste einer der Partner nach Pisa, um dort eine Lieferung an den Mann zu bringen. Offensichtlich wurden für die Herstellung dieser Werkzeuge wie auch für die anderer Kämme Ziegenhörner verwendet, denn die Firma kaufte mehrere Hundert Paar von Ser Simone, einem Geistlichen an San Miniato al Monte, und stellte einen Arbeiter ein, der die Hörner reinigen sollte. Auffällig an dieser Sozietät war ihre Interessenvielfalt. Lippo und Francesco hatten ihre Finger in den unterschiedlichsten Geschäften. Sie kauften, verkauften und tauschten Wolltuch, obwohl sie weder der Zunft der Lana noch einer anderen Körperschaft angehörten. Einmal erhielten sie eine Lieferung Äpfel und Honig von einem Geschäftspartner in Pisa und verkauften sie weiter. Außerdem betrieben sie auch Geldgeschäfte, denn sie verliehen kleinere Summen gegen Zinsen. Zu ihren Kunden zählte ein Schmied aus Pistoia namens Guccio di Grazino, ein unbemittelter Arzt, Maestro Francesco, und der Geschäftsführer («fattore») einer großen «bottega» für Wolltuch, Vieri di Masino. Die Geschäfte dieser kleinen Unternehmer waren fast so vielfältig und flexibel – und offensichtlich ebenso wenig durch Zunftbestimmungen eingeschränkt – wie die der international tätigen Handelsherren und Bankiers.

Die Zunft der Lana, der Zusammenschluß der Hersteller von Wolltuch, schuf ein gewisses Maß an Einheitlichkeit und Ordnung in diesem riesigen, dezentralisierten Gewerbe. Die Zunft besaß die Gerichtsbarkeit über alle in der Wollindustrie Tätigen, ihre Mitgliedschaft jedoch beschränkte sich auf die Lanaiuoli; die Zulieferer und bezahlten Arbeiter wurden rigoros ausgeschlossen. Die Zunft erfüllte viele Funktionen. Sie besaß weitreichende Vollmachten, um das Wohlergehen des Gewerbes zu fördern, und das konnte heißen, daß sich die Konsuln für eine günstige Rechtsprechung in der Kommune einsetzten oder den Einkauf solch notwendiger Güter wie Öl und Waid en gros arrangierten. Zum Vorteil ihrer Mitglieder besaß und betrieb sie auch Färbereien und Spannhallen. Sie griff häufig und bei den unterschiedlichsten

Anlässen regelnd und kontrollierend ein. Der Zunft war wohl bewußt, welche Bedeutung die gute Qualität der Erzeugnisse aus der Florentiner Wolltuchindustrie besaß, sie überprüfte daher die fertigen Tuchpartien, um sicherzustellen, daß die hohen Anforderungen auch erfüllt wurden. Normalerweise erlegte sie der Produktion keine Einschränkungen auf, aber sie war darauf vorbereitet, in Krisenzeiten direkt in die inneren Abläufe der «botteghe» einzugreifen, um die Produktion einzuschränken oder die Arbeitskräfte gleichmäßig unter die Lanaiuoli aufzuteilen. Einen großen Teil ihrer Zeit widmeten die Zunftkonsuln der Schlichtung von Auseinandersetzungen zwischen ihren Mitgliedern und den von ihnen Abhängigen («sottoposti»): Streitigkeiten über Schulden, Partnerschaftsabkommen, Arbeitsverträge. Eine wichtige Aufgabe der Zunft war die Aufrechterhaltung der Disziplin. Ein von auswärts geholter Zunftbeamter, der «ufficiale forestiere», ging mit Geldbußen und anderen Strafen bis hin zum Ausschluß aus der Zunft gegen diejenigen vor, die die Statuten und Regeln verletzten. Am häufigsten wurden die Färber und andere Zulieferer bestraft, aber auch die Lohnarbeiter, die in der Zunft nicht vertreten waren und keine rechtliche Handhabe gegen die Urteile des Beamten besaßen.

Wissenschaftler, die die Zunft der Lana untersuchten, haben betont, daß diese Organisation ein Monopol der Lanaiuoli darstellte, mit dessen Hilfe sie die Industrie kontrollierten und die Untergebenen ausbeuteten. Außerdem wiesen sie darauf hin, daß die Zunft umfassende Autorität über Lanaiuoli und Sottoposti besaß und sich ihre Kontrolle bis in die kleinsten Details des Produktionsprozesses erstreckte. Im großen und ganzen ist diese Auffassung zwar richtig, aber sie muß doch differenziert werden.

Den Beleg für dieses Bild umfassender Überwachung und rigider Kontrollen liefern die Statuten und Dekrete der Zunft. Diese Quellen beschreiben ein System, in dem jede Phase der Produktion, vom ersten bis zum letzten Arbeitsgang, vom Reinigen der Wolle bis zum Ausbessern des fertigen Tuchs, von den Zunftbeamten festgelegt und überwacht wurde. Löhne, Arbeitsbedingungen, finanzielle Transaktionen, Beziehungen zwischen Lanaiuoli und Untergebenen, alles war Regelungen unterworfen. Auf dieses Ideal zielten die Statuten, die Wirklichkeit jedoch sah anders aus. Die Häufigkeit, mit der die Zunft widerspenstigen Mitgliedern und Untergebenen Strafen auferlegte, läßt darauf schließen, daß ihre Bestimmungen oft, vielleicht systematisch, von Herstellern, Zulieferern und Arbeitern verletzt wurden. Die bemerkenswerte Bandbreite dieser «Vergehen» offenbart, wie schwierig es war, eine so große, dezentralisierte Industrie zu überwachen. Immer wieder wurden Lanaiuoli bestraft, weil sie im Contado Tuch herstellen ließen, um den Kontrollen der Zunft zu entgehen, weil sie mehr als die ihnen vorgeschriebene Quote hergestellt oder weil sie Tuch statt in Ballen stückweise verkauft hatten. Wenn es nicht genug Arbeitskräfte gab, versuchten sie Arbeiter ihrer Konkurrenten abzuwerben, indem sie ihre Schulden beglichen und ihnen Löhne versprachen, die über dem von der Zunft festgelegten Betrag lagen. In Zeiten der Depression hingegen bezahlten skrupellose Tuchhersteller ihre Angestellten mit Falschgeld oder mit Tuch, Praktiken, die die Zunftstatuten verboten. Die Zulieferer wurden im allgemeinen mit Geldstrafen belegt, weil sie die Qualitätsmaßstäbe mißachtet hatten. Wollwäscher wurden bestraft, weil sie an Seife gespart hatten, Färber, weil sie minderwertige Farbstoffe verwendeten, Weber, weil sie einen Teil des Garns, das ihnen geliefert worden war, gestohlen oder weil sie schlechte Ware geliefert hatten.

Möglicherweise trug die Zunft selbst dazu bei, daß fortwährend gegen ihre Gesetze verstoßen wurde, weil sie sie nicht streng genug anwandte und systematisch die Strafen, die von den auswärtigen Beamten festgesetzt wurden, abmilderte. Implizit wird in den Entscheidungen der Konsuln deutlich, daß sie wohl erkannten, wie unmöglich oder auch wenig wünschenswert es war, eine so umfassende Kontrolle auszuüben, wie sie von den Statuten vorgesehen wurde. Die Urteile der auswärtigen Beamten, die sich strikt an den Buchstaben der Zunftgesetze hielten, wurden von den Konsuln häufig aufgehoben; die Konsuln verschlossen sich meist auch nicht den Appellen derjenigen, die von Armut getrieben gegen die Gesetze verstoßen hatten, und erließen ihnen ihre Strafen. Hinter der Fassade eng gefaßter Vorschriften und Kontrollen existierte also ein relativ freies Gewerbe, dessen ökonomische Funktion ebenso stark von den Erfordernissen und Zwängen des Marktes bestimmt wurde wie von den autoritären Anordnungen der Zunftkonsuln.

Aber auch wenn die Kontrolle der Zunft über die Tuchproduktion nicht ganz so umfassend war, die Arte della Lana blieb ein machtvolles Werkzeug in den Händen der Tuchhersteller gegenüber den niedriger gestellten Angehörigen dieses Gewerbes. Um ihre Autorität aufrechtzuerhalten, weigerte sie sich, diejenigen, die untergeordnete Beschäftigungen verrichteten, als Mitglieder aufzunehmen, ihnen wurde jedoch auch nicht gestattet, eigene, unabhängige Organisationen zu bilden. Manchmal sah sich die Zunft jedoch gezwungen, vorübergehend kleine Zugeständnisse zu machen, besonders an Zulieferer (Färber, Spanner, Walker, Ausbesserer), die als unabhängige Unternehmer ihre eigenen Werkstätten betrieben. Um die Ehrgeizigeren dieser Handwerker zu besänftigen, ließ die Zunft zu, daß sich eine kleine Zahl von Sottoposti in der Zunft einschrieben und damit Lanaiuoli wurden. In den mittleren Jahrzehnten des 14. Jahrhunderts waren die Färber, die militanteste Gruppe unter den Sottoposti, im Zunftkonsulat vertreten. Die Zunftprotokolle zeigen außerdem, daß die Konsuln sich gelegentlich mit Zulieferern auf Verhandlungen über Preise und andere Angelegenheiten von gegenseitigem Interesse einließen. Zu bestimmten Zeiten ließen sich die wirtschaftlichen Differenzen zwischen den Lanaiuoli und den von ihnen Abhängigen jedoch nicht ausgleichen: 1370 weigerten sich die Färber, die Preistabelle für das Färben von Tuch zu akzeptieren, die ihnen von den Lanaiuoli angeboten wurde, und streikten. Die Hersteller kritisierten diese Taktik, aber schließlich wurde eine Schlichtung ausgehandelt. 1378 machten sich die Sottoposti politische Unruhen in der Stadt zunutze, um aus der Bevormundung der Zunft auszubrechen, sie bildeten eine unabhängige Körperschaft, die sie, wenn auch unter Schwierigkeiten, drei Jahre lang am Leben hielten. Ein weiterer politischer Aufstand im Jahr 1382 beendete dies kurze Zwischenspiel der Freiheit allerdings wieder, danach blieben sie fest unter der Kontrolle der Hersteller.

Die Lanaiuoli ließen nur wenig Besorgnis um die Tausende von ungelernten und angelernten Lohnarbeitern erkennen, die die untergeordneten Aufgaben des Schlagens und Kämmens der Wolle in ihren Werkstätten erledigten. Im Gegensatz zu den Färbern, Walkern und Ausbesserern, die immerhin eine gewisse wirtschaftliche Bedeutung in der Gesellschaft besaßen, waren diese Arbeiter den Unternehmern vollkommen ausgeliefert. Sie verdienten mit ihrer Arbeit nur das Lebensnotwendigste; die ökonomischen Wechselfälle, die das Gewerbe heimsuchten, trafen sie deshalb besonders hart. Sie besaßen keinerlei wirtschaftliche Macht, verfügten über keine Verhandlungsposition, aber ihre Zahl (möglicherweise 15 000 in den siebziger und achtziger Jahren des 14. Jahrhunderts) machte sie zu einer ständigen Bedrohung für das Gewerbe und die Sicherheit der Stadt. In Hungerzeiten arbeiteten Zunft und Kommune zusammen, um diese arbeitende Masse zu ernähren und um jeden Versuch zu unterdrücken, der auf eine Organisation der Arbeiter zielte. Der Zusammenschluß zu religiösen Bruderschaften, die in anderen Schichten der Gesellschaft so beliebt waren, wurde den Arbeitern in Tuchmanufakturen streng verboten. 1345 wurde der Versuch eines Wollkämmers namens Ciuto Brandini, eine Vereinigung unter seinesgleichen zu bilden, von den Behörden niedergeschlagen, Brandini wurde hingerichtet. Im Urteil des Gerichts wird er beschrieben als ein Mann, «der von allen gehaßt wird wegen seiner elenden Lage, seiner Machenschaften und seines schlechten Rufs». Ihm wurde insbesondere vorgeworfen, Arbeiter gezwungen zu haben, seiner «Gewerkschaft» beizutreten, und Gelder bei seinen Genossen gesammelt zu haben, «damit sie ihren Meistern stärkeren Widerstand entgegensetzen» könnten. Diese Bewegung scheiterte, aber dreißig Jahre später organisierten Tucharbeiter im Aufstand der Ciompi von 1378 einen großangelegten Angriff gegen ihre Meister. Diese berühmte Revolte markiert den Höhepunkt der Arbeitskämpfe in Florenz. Einige Historiker halten sie für den bedeutendsten städtischen sozialen Aufstand im mittelalterlichen Europa.

Diese revolutionäre Episode war nicht nur einfach eine Revolte der Tucharbeiter, sie wies mehrere andere Dimensionen auf. In ihr kulminierte eine lange Periode der Zwietracht zwischen feindlichen Faktionen in der herrschenden Gruppe. An diesem Streit beteiligten sich die unzufriedenen Gruppen der Handwerker aus den niederen Zünften, die einen größeren Anteil von Ämtern für sich beanspruchten. Die rebellischen Elemente in der Tuchherstellung teilten sich in zwei Hauptgruppen: Auf der einen Seite standen die Zulieferer und die Faktoren, die über ein begrenztes Maß an ökonomischem und gesellschaftlichem Status verfügten, auf der anderen die große Masse der armen, besitzlosen Arbeiter, die keinerlei gesellschaftlichen Einfluß besaßen und nur wenig Hoffnung hegten, ihrer elenden Lage jemals zu entkommen. Diese unzufriedenen Elemente taten sich zusammen und stürzten im Juli 1378 die Regierung. Sie führten eine egalitärere politische Ordnung ein, in der Kaufleute, Handwerker und Arbeiter jeweils einen festgelegten Anteil an den öffentlichen Ämtern zugeschrieben bekamen und ein garantiertes Maß politischer Macht. Diese Volksregierung konnte sich jedoch nicht halten. Die Allianz zwischen den disparaten Gruppen löste sich schnell auf, und dieser Prozeß wurde noch beschleunigt durch die Lanaiuoli, die ihre Werkstätten schlossen, um die Arbeiter daran zu hindern, ihrem Broterwerb nachzugehen. Ende August erhoben sich die unzufriedenen Arbeiter noch einmal, aber ihr Aufstand wurde niedergeschlagen von einer hastig organisierten Koalition von Kaufleuten, Industriellen und Handwerkern, die allesamt diese hungrigen, verzweifelten Scharen von Wollkämmern und Wollschlägern fürchteten und ihnen zutiefst mißtrauten. Die Zunft der Arbeiter wurde aufgelöst, sie wurden wieder der Rechtsprechung ihrer Arbeitgeber unterstellt.

Marxistische Historiker haben diese revolutionäre Episode als hochbedeutsame, wenn auch verfrühte und noch unreife Manifestation des Antagonismus zwischen zwei neuen Klassen, der Bourgeoisie und dem Industrieproletariat, interpretiert. In ihrer Analyse ist der Aufstand der Ciompi ein Vorbote der erbitterten Klassenkämpfe zwischen Kapitalisten und Arbeitern, die im Zeitalter der Industriellen Revolution ausbrachen. Wissenschaftler dieser Schule verweisen auf die «modernen» Bedingungen in der Tuchindustrie, die diesen Aufstand hervorbrachten: Besitz und Betrieb großer Manufakturen durch kapitalistische Unternehmer, die nach hohen Profiten strebten, eine gegängelte und ausgebeutete Arbeiterschaft, deren Entlohnung nur das nackte Überleben sicherte und die fortwährend von Arbeitslosigkeit und Hunger bedroht war. Die Marxisten zeigen sich außerdem beeindruckt von dem revolutionären Programm der Ciompi. Wie ihre Nachfahren im 19. Jahrhundert forderten die Wolltucharbeiter das Recht, sich zu organisieren und ihre eigene Zunft oder Interessenvertretung zu bilden. Außerdem beanspruchten sie einen Anteil an den Ämtern in der Verwaltung der Stadt und forderten die Erlassung von Gesetzen, die ihren Interessen entgegenkamen. Dazu gehörte eine Steuerreform, die Abschaffung finanzieller Privilegien, deren sich die Reichen seit jeher erfreuten, ein zweijähriges Moratorium bei kleinen Schulden und die Einschränkung der Strafvollmachten der Justizbehörden.

Eine genauere Untersuchung des Ablaufs dieser Revolution zeigt, daß die marxistische Analyse korrigiert werden muß. Die Florentiner Tuchfabrikation war nicht Vorläufer des modernen Fabriksystems: Die grundlegende Produktionseinheit war die kleine Bottega, die eine Handvoll Männer beschäftigte, und nicht die große Fabrik, die mit einer Masse unterdrückter Arbeiter betrieben wurde. Die Arbeitskräfte in der Tuchherstellung bildeten keine monolithische Gruppe; sie gehörten mehreren voneinander getrennten Kategorien an, deren jeweilige Interessen recht unterschiedlich waren. Unternehmer, die kleine Werkstätten betrieben und, wenn auch im bescheidenem Maßstab, Kapitalisten waren, hatten wenig gemein mit den Lohnarbeitern – und tatsächlich wendeten sie sich in den letzten Tagen der Revolte gegen sie. Diese Sottoposti waren ein konservatives, stabilisierendes Element in der Wirtschaft wie in der Gesellschaft. Wäre die Tuchherstellung stärker zentralisiert gewesen, wäre die Kluft zwischen Lanaiuoli und Arbeitern nicht teilweise von diesen Zwischengruppen ausgefüllt worden, hätte Florenz häufigere und heftigere soziale Unruhen erlebt.

Aber auch das Programm der Arbeiter war nicht so revolutionär, wie manche Autoren meinen. Gefordert wurde nicht die Vergesellschaftung der Tuchmanufakturen, die Umverteilung von Vermögen oder die Abschaffung von Privateigentum. Soweit die Arbeiter überhaupt ein ökonomisches Programm hatten, lag dem die Wiederbelebung eines zünftischen Ideals zugrunde, die Rückwendung zu jener vergangenen Zeit, als die Zünfte mächtiger waren und die ökonomischen Interessen ihrer Mitglieder wirksamer schützten. Die Ciompi glaubten außerdem, daß sie in Frieden mit ihren früheren Meistern würden leben und arbeiten können und daß der Aufstand ihre wirtschaftliche Lage entscheidend verbessern würde. Keine dieser naiven Hoffnungen wurde erfüllt; und die Ernüchterung, die sich nach dem Zusammenbruch der Regierung der Ciompi in den Reihen der Arbeiter ausbreitete, war einer der Gründe, weshalb die Unruhen unter den Arbeitern in der Florentiner Tuchherstellung zurückgingen.

Die Welt des internationalen Handels

Trotz ihrer Kompliziertheit war die wirtschaftliche Situation des Lanaiuolo und des am Ort tätigen Kaufmanns in gewisser Weise stabil und sicher. Sie war geprägt von den Traditionen, Sitten und Arbeitsgewohnheiten der toskanischen Gesellschaft und – wenigstens theoretisch – den Bestimmungen der Kommune und der Zünfte unterworfen. Das exotische Milieu des Geschäftsmanns, der sich in internationalen Handels- und Bankgeschäften betätigte, stand zu dieser fest verankerten Ordnung in scharfem Gegensatz. Diese Kaufleute bildeten die Elite der Florentiner Geschäftswelt. Sie hatten im Ausland gelebt und gearbeitet: in Rom und Venedig, in Paris und London, in Konstantinopel und Damaskus. Verglichen mit ihren ortsansässigen Kollegen waren

Florentiner Kaufmann und Bankier;
Holzschnitt von Ende des 15. Jahrhunderts

die Geschäftsaktivitäten dieser Unternehmer ungleich vielseitiger, ihre Gewinnspannen höher, die Risiken zahlreicher und bedrohlicher.

Der junge Anfänger, der ein Mann des internationalen Handels zu werden hoffte, mußte eine lange Ausbildung durchlaufen. Am Anfang stand der Elementarunterricht, in dem die Grundzüge des Lesens und Schreibens gelehrt wurden. Im Alter von zehn Jahren wurde der Junge in eine besondere Schule für Mathematik geschickt. Hier lernte er einfache Arithmetik, außerdem Bruchrechnen, Zinsberechnungen und Buchhaltung. Danach folgte die Lehrzeit im Kontor eines Kaufmanns oder Bankiers, wo der junge Mann Botengänge zu erledigen hatte und die komplizierten Abläufe des Gewerbes kennenlernte. Donato Velluti (gest. 1370) schilderte die Ausbildung seines Sohnes, der am Beginn einer vielversprechenden Karriere als Kaufmann starb: «Ich schickte ihn zur Schule. Nachdem er lesen gelernt hatte, und da er Intelligenz besaß, ein gutes Gedächtnis und Begabung, aber auch einiges Redetalent, bemühte er sich und machte gute Fortschritte. Dann ließ ich ihn Mathematik lernen, und in kurzer Zeit war er darin sehr bewandert. Ich nahm ihn von der Schule und schickte ihn in das Geschäft von Ciore Pitti, dann in das von Manente Amidei. (...) Ihm wurde das Rechnungsbuch über Schulden und Außenstände anvertraut, und er ging damit um, als sei er ein Mann von vierzig Jahren.»

Aber die Ausbildung eines jungen Kaufmanns war nicht abgeschlossen, solange er nicht in der Fremde gelebt und gearbeitet hatte. Meist wurde er in die Auslandsniederlassung einer Florentiner Firma geschickt, als «fattore» oder Agent angestellt, normalerweise unter der Aufsicht eines älteren Angestellten. Diese Erfahrung machte Remigio Lanfredini, der in mehreren Firmen eine lange Lehre absolvierte. Er hatte für Giovanni de' Medici in Venedig und für einen anderen Florentiner Kaufmann in Genua gearbeitet, dann war er bei einer Pisaner Firma tätig, bevor er nach Florenz zurückkehrte, um eine Stelle in der Handelskompanie von Rodolfo Peruzzi anzutreten. Manche Lehrlinge jedoch begaben sich auch auf aufregendere Reisen. Buonaccorso Pitti hinterließ uns eine Schilderung seines ersten Aufenthalts im Ausland, als er «jung und unerfahren» war und «begierig, etwas von der Welt zu sehen». Er begleitete einen erfahrenen Kaufmann, Matteo Tinghi, auf zwei Reisen über die Alpen. Die erste Reise führte ihn nach Genua, Nizza und Avignon, wo er und sein Begleiter ins päpstliche Gefängnis geworfen wurden. Seine Abenteuerlust war mit dieser Episode jedoch nicht gestillt, Pitti begleitete Tinghi noch auf einer weiteren Geschäftsreise und beförderte eine Ladung Safran über Venedig und Zagreb nach Buda in Ungarn.

Während seiner langen Lehrzeit und während seiner Laufbahn als Geschäftsmann erwarb der Kaufmann einen ungeheuren Wissensschatz, der für den Erfolg in seinem Beruf unabdingbar war. Dazu gehörten die flüssige Beherrschung einer oder mehrerer Fremdsprachen, fundierte Kenntnisse der Währungssysteme, der Zolltarife, der Maße und Gewichte sowie der Marktbedingungen in den Gebieten, auf die sich seine Geschäftsinteressen konzentrierten. Der erfolgreiche Kaufmann nahm Kontakte zu anderen in- und ausländischen Kaufleuten auf, die in derselben Gegend tätig waren wie er. In seinem Gedächtnis, wenn nicht auch schwarz auf weiß, bewahrte er umfassendes Wissen auf über ihre wirtschaftliche Situation, ihre Ehrlichkeit und Vertrauenswürdigkeit, ihre Gewitztheit und Intelligenz. Zum Bekanntenkreis eines Kaufmanns gehörten außerdem Statthalter, Steuereintreiber und Richter seines Wohnortes. Die Freundschaft dieser Männer konnte immer nützlich für ihn sein, im Fall einer Krise war sie von hohem Wert.

Die wenigen erhaltenen Exemplare von Handbüchern für Kaufleute lassen die Zielrichtung und die Vielschichtigkeit des Wissens erkennen, das im internationalen Handel tätige Kaufleute benötigten. Francesco

Pegolotti, der im frühen 15. Jahrhundert drei Jahrzehnte lang in der Handelsgesellschaft der Bardi gedient hatte, stellte ein Handbuch mit praktischen Informationen zusammen, das sich einer weiten Verbreitung erfreute. Die Firma Bardi war im gesamten Mittelmeerraum aktiv, aber auch auf dem europäischen Kontinent westlich des Rheins. So ist das Buch ein riesiges Kompendium der Daten und Fakten, die ein Kaufmann kennen mußte, wenn er Handel treiben wollte mit der Levante, mit den Ländern um das Schwarze Meer, an der afrikanischen Küste oder in Spanien, Frankreich, England oder Skandinavien. Der Autor führt den genauen Wert der Währungen an, er stellt Tabellen mit Maß- und Gewichtseinheiten auf und informiert über Zollabgaben, wichtige Handelsgüter und darüber hinaus über allgemeine Handelsbestimmungen und Profitmöglichkeiten. Bei genauer Durchsicht seines Handbuches gewinnt man Einblick in die unglaubliche Vielfalt der Vorschriften, Regelungen, Maß-, Währungs- und Gewichtssysteme, die sich von Stadt zu Stadt und von Region zu Region unterschieden, zum Verdruß des Kaufmanns, den sie zwangen, einen klaren Kopf zu behalten. Pegolotti listet 288 verschiedene Handelsgüter (beziehungsweise Warengruppen) im Handel mit der Levante auf, von Anis bis zu Terpentin und Zinn. Er legte eine Berechnung der Transportkosten für einen Sack Wolle von London nach dem provenzalischen Hafen Aigues-Mortes vor, die bis zum letzten Pfennig genau war. Eine der interessantesten Passagen in diesem Werk ist die Beschreibung der Handelswege nach China, denen Marco Polo und andere unerschrockene Kaufleute auf der Suche nach Gewinn gefolgt waren, sowie eine Handvoll Missionare, die darauf brannten, Heiden zum Christentum zu bekehren. Pegolotti berichtete, daß «die Straße, die von Tana [im Kaukasus] nach Kathay führt, am Tag, aber auch in der Nacht recht sicher ist, nach Aussage der Kaufleute, die sie benutzt haben». Obwohl er diese strapaziöse Reise nie selbst unternommen hatte, legt sein Bericht nahe, daß in der Welt des internationalen Handels, der er angehörte, diese Reise nicht als Herkulestat galt.

Die Geschäftskorrespondenz bietet besonders wertvollen Aufschluß über die Kaufleute im Fernhandel und die Welt, in der sie lebten und arbeiteten. Diese Briefe enthalten durchweg Berichte über Geschäftsabschlüsse, über Warenlieferungen und den neuesten Stand der Wechselkurse. Aber gelegentlich finden sich wichtige Hinweise auf politische Ereignisse, auf Persönlichkeiten und Naturkatastrophen sowie auf die Einstellungen und Ansichten des Briefschreibers.

Die reichste Fundgrube für Quellenmaterial zur Wirtschaftsgeschichte des Mittelalters, das Datini-Archiv in Prato, enthält über 100 000 Briefe dieser Art. Einige zufällig herausgegriffene Schreiben, die Francesco Datini (gest. 1410) von seinen Geschäftspartnern im Ausland erreichten, sollen den Wert dieser Quelle veranschaulichen. Briefe aus Hafenstädten enthielten selbstverständlich Berichte über Schiffsbewegungen. So wird Datini in einem Brief aus dem Jahr 1400 von seinem Agenten in London davon unterrichtet, daß drei Genueser Schiffe Southampton mit 1200 Sack Wolle und 271 Ballen englischen Tuchs verlassen hatten. Aus Brügge schrieben Datinis Agenten, daß sie 232 Stück Tuch, das in Mecheln hergestellt worden war, nach Paris geschickt hatten, von dort würde es nach Montpellier weiterbefördert, um dann übers Meer nach Pisa und von dort nach Prato geliefert zu werden. Außerdem war es üblich, daß Agenten die Wechselkurse der führenden europäischen Währungen angaben. Ein Korrespondent der Firma Datini in Lucca schickte die Wechselkurse (in lucchesischem Geld) des Florentiner Florin, des Genueser, Bologneser und Pisaner Gulden, aber auch des Brügger «écu», des Pariser «livre» und des venezianischen Dukaten. Häufig enthielten die Briefe Angaben zu alternativen Handelswegen, einen Vergleich der Transportkosten und der Zollgebühren sowie Hinweise auf das Risiko eines Überfalls durch Banditen und Piraten. Bei seltenen Gelegenheiten ging der Briefschreiber auch über die Einzelheiten der Geschäfte hinaus und erörterte die wirtschaftliche Lage im allgemeinen. So setzte im Jahr 1396 Datinis Repräsentant in Avignon diesem seine Sicht des Mailänder Marktes auseinander: «Vor einiger Zeit (...) schrieb ich, daß, wenn kein Krieg ausbricht zwischen uns und dem Conte [Giangaleazzo Visconti, Herzog von Mailand], mir Mailand eine gute Stadt für den Handel zu sein scheint. Denn in diesem Gebiet können wir mehr Waren kaufen und mehr Gewinn machen als in jeder anderen Stadt, in der wir uns niederlassen. Mailand handelt in großem Umfang mit Genua, Venedig, Florenz und Pisa, so daß wir einen sehr vernünftigen Profit machen können, wenn wir kaufen und verkaufen.» Der Agent schlug dann vor, in Mailand 1000 Florin in Spekulationsobjekte zu investieren, vor allem in Waffen und Barchent.

Diese Quellen lassen erkennen, was für einen im internationalen Handel tätigen Kaufmann charakteristisch war: die große Bandbreite der Geschäftsaktivitäten und -interessen, die Vielfalt der Investitions- und Profitmöglichkeiten. Ein Kaufmann dieses Schlages handelte mit jeder Ware, die menschlichen Bedürfnissen diente, von kostbaren Edelsteinen und Sklavenmädchen bis hin zu so prosaischen Gütern wie Alaun, Fellen und Wolle. Er konnte sich dazu entschließen, unter den Ungläubigen zu leben und zu handeln, wie Remigio Lanfredini, der 1408 aus Ancona an seinen Bruder in Florenz schrieb: «Ich habe entschieden, mich ein paar großen Kaufleuten anzuschließen, entweder Genuesern, Katalanen oder Venezianern, und nach Rumänien oder Alexandria zu reisen, oder nach Syrien oder Pera oder Akkon oder Konstantinopel oder Kaffa.»

Die vielleicht ungewöhnlichste Karriere eines Kaufmanns ist die des Buonaccorso Pitti, der in einer lebendigen und dramatischen Chronik seine Erfahrungen schilderte. Nach seinen ersten Reisen ins Ausland mit Matteo Tinghi zog Pitti aus, um auf eigene Rechnung Handel zu treiben. Er wurde professioneller Spieler und maß seine Geschicklichkeit und seine glückliche Hand mit Karten und Würfeln an französischen Grafen und Baronen sowie an anderen Kaufleuten. Seine Gewinne investierte er in Spekulationsobjekte wie Pferde oder Wein oder in Darlehen an Adlige, die am Spieltisch in Geldverlegenheit geraten waren. Diese Form kaufmännischer Unternehmungen war äußerst risikoreich. Pitti erhielt ein großes Darlehen, das er dem Herzog von Savoyen gewährt hatte, niemals zurück; er kam einmal sogar einem Duell mit einem französischen Adligen gefährlich nahe, als dieser über das phänomemale Glück des Florentiners im Würfelspiel in Wut geriet. Aber die Profite waren beträchtlich, und im Jahr 1400 konnte Pitti es sich leisten, das Glücksspiel aufzugeben und sein Geld in weniger gefährlichen Unternehmungen anzulegen. In vorgerückteren Jahren ließ er sich in Florenz nieder und investierte sein Geld in einer Tuchmanufaktur; er reiste nur noch im Auftrag der Kommune ins Ausland. Als er endgültig seine Wanderjahre aufgab, hatte er vierzehn Reisen außerhalb Italiens unternommen, darunter zehn nach Paris, zwei nach London und zwei nach Deutschland.

Gelegentlich wurde ein Fernhandelskaufmann durch widrige Geschäftsbedingungen oder persönliches Unglück gezwungen, mit ungewöhnlichen Methoden Gewinn einzustreichen. Das war das Schicksal von Francesco Davizzi, der zur Zeit der Jeanne d'Arc in Frankreich gestrandet war, wo sich die englische Armee, das Heer des französischen Dauphin und die Burgunder bekämpften. In einem Brief vom Dezember 1431 (sechs Monate nach dem Feuertod der Jungfrau von Orleans) beschrieb er die trostlose Wirtschaftslage, die damals in Frankreich herrschte. Er stellte fest, daß die Engländer einiges von dem

Gebiet wiedererobert hatten, das «in der Zeit der Jungfrau» verlorengegangen war, aber dieser Feldzug war sehr teuer gewesen, er hatte über eine Million Pfund verschlungen. «Wenn die Engländer dieses Land nicht verlassen», prophezeite er, «werden sie ihr eigenes Land ein für allemal zerstören.» Seine Aussichten auf Geschäfte waren trübe, es gab keine Gelegenheit, Geld zu verleihen, denn «der König [Karl VII.] und alle adligen Herren sind wegen des Krieges äußerst sparsam». Aber Davizzi bewies dann, wie ein gewitzter Kaufmann sogar noch inmitten von Armut und Zerstörung Profit machen konnte, denn er schrieb, der König habe ihm und einem Kompagnon das Amt des Münzmeisters von Pont Saint-Esprit verliehen. Obwohl die Hälfte der Einkünfte aus diesem Amt dem Grafen von Vendôme zukam, blieb genug Gewinn übrig, um den beiden Florentinern den Lebensunterhalt zu sichern. Davizzi hoffte auf bessere Zeiten, «wenn dieses Königreich nicht in einen noch schlimmeren Zustand gerät».

Es gab Kaufleute, die wie Davizzi unabhängig im Ausland arbeiteten, auf eigene Rechnung handelten, ihr Kapital verliehen und Kommissionen von anderen Händlern annahmen. Die meisten Florentiner, die auswärts Geschäften nachgingen, standen im Dienst von Zweigniederlassungen großer Florentiner Firmen. Die besten Gewinnaussichten besaßen natürlich die Gesellschaften, die in mehreren Städten Niederlassungen unterhielten, wie zum Beispiel die Handelsimperien, die Francesco Datini und Giovanni de' Medici aufgebaut hatten. Nach sehr bescheidenen Anfängen als Einzelhändler in Avignon etablierte sich Datini in der Toskana und gründete dann Zweigfirmen in Pisa, Genua, Valencia und auf Mallorca. Obwohl er eine Bank und eine Tuchmanufaktur besaß, stammte der Löwenanteil seines Reichtums aus den Gewinnen seiner Handelsunternehmungen. Bei seinem Tod im Jahr 1410 wurde sein Vermögen auf 70 000 Florin geschätzt (etwa 600 000 DM). Noch spektakulärer war der Aufstieg von Giovanni di Bicci de' Medici, dessen Vater mühsam seinen Lebensunterhalt aus einer bescheidenen Erbschaft bestritten hatte und aus den Zinsen für kleine Darlehen an Bauern im Contado. Giovanni begann seine Karriere als Angestellter eines entfernten Vetters, gründete jedoch bald seine eigene Handelsgesellschaft, zuerst in Rom und Florenz, später auch in Venedig und Neapel. Die Profite Giovannis stammten zum größten Teil aus dem Geldverleih; Handel und Tuchherstellung waren für ihn weniger bedeutende Gewinnquellen. Bei seinem Tod im Jahr 1429 wurde sein Besitz auf 180 000 Florin geschätzt (über 1,5 Millionen DM).

Eine Bank in Florenz; Holzschnitt des späten 15. Jahrhunderts

Die Annalen des Florentiner Handels zieren in beträchtlicher Anzahl Namen und Taten von Kaufleuten und Bankiers, die große Reichtümer anhäuften. Angesichts ihrer Karrieren könnte man versucht sein zu glauben, daß der geschäftliche Erfolg sich von selbst einstellte und alle Florentiner die Gabe des Midas besaßen. Aus den Quellen geht jedoch auch hervor, mit welch niederschmetternder Häufigkeit wirtschaftliche Verluste und Fehlschläge eingesteckt werden mußten. Zwar stimmt es, daß es im 15. Jahrhundert seltener zu spektakulären Bankrotten großer Handelsgesellschaften kam als früher, es gab keinen Zusammenbruch, der der Katastrophe der Handelshäuser Bardi und Peruzzi in den 1340er Jahren gleichkam. Aber die Gerichtsakten zeigen, daß jedes Jahr eine Anzahl von Kaufleuten für bankrott erklärt und ihr Eigentum eingezogen wurde, um die Gläubiger auszuzahlen. Typisch war in gewisser Weise das Schicksal von Jacopo Guidalotti, der für zwei Jahre im Gefängnis landete, bevor seine Gläubiger sich schließlich mit ihren Verlusten abgefunden hatten und seiner Freilassung zustimmten. In einem Brief, mit dem er um Steuererleichterung nachsuchte, heißt es, ihm sei «nichts auf der Welt geblieben, was ihm gehört, und er hat nichts zum Leben». Da ein Kaufmann unbegrenzt haftbar war, konnte all sein Hab und Gut, soweit es aufgespürt wurde, verkauft werden, um seine Schulden zu tilgen.

Wenn die Häufigkeit von Bankrotten steil anstieg, war dies Indiz für eine schwierige wirtschaftliche Lage und machte auf eindringliche Weise die Gefahren bewußt, die zur Laufbahn eines Geschäftsmannes gehörten. Jede geschäftliche Transaktion war mit einem gewissen Maß an Risiko verbunden; die Geschäftskorrespondenzen sind voller Schilderungen von Schiffbrüchen, Überfällen durch Piraten und Banditen, nicht eingehaltenen Abmachungen und Diebstählen. Die Florentiner Kaufleute waren bemüht, diese Verluste so gering wie möglich zu halten, indem sie Versicherungen abschlossen, ihre Waren auf unterschiedlichen Wegen verschickten und nur mit vertrauenswürdigen Geschäftsleuten handelten. So mancher Verlust war das Ergebnis eines Fehlurteils, wie ein ernüchterter Unternehmer, Marco Pagnini, zugeben mußte, der die Geschäfte der Zweigniederlassung seines Handelshauses in Genua schlecht geführt hatte, nicht mit betrügerischer Absicht, vielmehr «in Anbetracht seiner Jugend und Unerfahrenheit». Jugendliche Unbesonnenheit war auch der Grund einer anderen Krise, die die Geschäftswelt im Jahr 1387 erschütterte. Eine Gruppe Florentiner Faktoren und Angestellter in Venedig hatte um hohe Einsätze gespielt und schnell ihr gesamtes Bargeld verloren. Damit das Spiel weitergehen konnte, wurde vorgeschlagen, daß die Spieler Kreditbriefe einsetzten, die auf die Hauptsitze ihrer Firmen in Florenz ausgestellt waren. Im Nu hatte der Faktor der Handelsgesellschaft Pecora Wechsel über die Gesamtsumme von 1500 Florin ausgeschrieben und die wirtschaftliche Situation seiner Arbeitgeber damit ernsthaft in Gefahr gebracht. Diese einfallsreiche Form der Veruntreuung wurde von der Kaufmannschaft mit schärfsten Worten verurteilt. Goro Albizzi schrieb aus Venedig an einen Florentiner Geschäftspartner: «Alle ehrlichen Männer und Kaufleute wo auch immer sollten zusammenhalten, um diese Männer aus der Geschäftswelt auszuschließen, die für die Zerstörung dieser Gesellschaft, die immer eine der ersten in der Stadt gewesen ist, verantwortlich sind.»

Geschäftsleuten, die in Schwierigkeiten geraten waren, wurde selten die Chance gegeben, ihre Verluste wieder wettzumachen; im allgemeinen begannen die Gläubiger beim ersten Krisenzeichen ihr Geld einzufordern. Häufig war der Tod eines Kaufmanns Ursache für einen massiven Andrang von Gläubigern, die von den kampfbereiten Erben Geld einzutreiben versuchten, wie die Erfahrung von Domenico Lanfredini bezeugt. Nach dem Tod seines Vaters wurde am erzbischöflichen Gericht Klage erhoben, der Hingeschiedene sei ein Wucherer gewesen.

Darüber hinaus mußte er auch noch die Gläubiger befriedigen, «die mit Briefen und Dokumenten so viel von mir forderten, daß nur wenig [von der Erbschaft] übrigbleiben wird».

Schulden, die nicht eingetrieben werden konnten, waren wohl der wichtigste Grund für geschäftliche Schwierigkeiten. Die erhaltenen Rechnungsbücher von Handelsfirmen zeigen, wie schwer Schulden das Konto belasteten und wie gefährdet die Existenz eines Kaufmanns in einem Wirtschaftssystem war, das in vieler Hinsicht noch recht primitive Züge aufwies. Handbücher und Briefwechsel sind voll von Warnungen vor Kreditvergaben mit unberechenbarem Risiko, aber entweder wurden diese Ermahnungen nicht befolgt, oder der Charakter des Wirtschaftsunternehmens machte die Vorfinanzierung durch Kredite in großem Umfang notwendig. Die Steuererklärung eines im internationalen Handel tätigen Kaufmanns, Andrea Lamberteschi, veranschaulicht dieses Problem, denn er führte darin all seine Schuldner auf und versah ihre Namen mit Anmerkungen über die Wahrscheinlichkeit, mit der sie ihre Schulden zurückzahlen würden. Die Gesamtsumme der zweifelhaften Forderungen berechnete er mit 1082 Florin. Die Erben eines Kaufmanns aus Ferrara, Luigi Manticho, schuldeten ihm 52 Florin, und er erwartete, nicht mehr als die Hälfte davon wiederzusehen, «denn sie sind niederträchtig und ohne Anstand». Manche Ausstände wurden als Verluste abgeschrieben: 74 Florin, Schulden von Taddeo di Piero, verstorben; 67 Florin von Michele Bonichi, bankrott; sowie weitere kleine Summen, die ihm arme Tuchmacher schuldeten und die nicht einzutreiben waren. Jacopo di Bartolomeo da Carmignano, der in Ungarn lebte, hatte sich geweigert, eine Schuld von 150 Florin zu begleichen. Ein Garnmakler, Daddo d'Ippolito, schuldete Lamberteschi 83 Florin, er entzog sich der Rückzahlung durch Flucht. Außerdem waren unter seinen Schuldnern Francesco di Bindo da Carmignano, «der in Bulgarien lebt und nicht zahlen wird», und ein venezianischer Adeliger, Giacomo Dandolo, dessen Schuld von 350 Lire als Verlust gebucht wurde. Die beiden Söhne Lamberteschis hatten 5000 Florin von ihm geliehen, um in Ungarn Handel zu treiben, weigerten sich jedoch, irgendwelche Verpflichtungen anzuerkennen. Die steife, gespreizte Sprache der Steuererklärung verhüllt kaum die Bitterkeit und die Wut des Vaters gegenüber seinen undankbaren Sprößlingen, die sich «gegen ihn aufgelehnt haben... ihm keine Achtung entgegenbringen, noch kann er irgendwelche Hilfe von ihnen erwarten».

Den Unternehmer, der im Ausland Handel trieb, bedrohten außer-

Florentiner Bankiers teilen große Silbermünzen; um 1490

dem die Wechselfälle der Politik. Der plötzliche Ausbruch eines Krieges, die Verhängung eines päpstlichen Banns oder wirtschaftliche Repressalien konnten zur Einkerkerung ausländischer Kaufleute und zum Verlust von Hab und Gut führen. Im Krieg zwischen Florenz und Papst Gregor XI. (1375–1378) wurden die Bürger von Florenz in der gesamten katholischen Christenheit für vogelfrei erklärt; ihr Besitz wurde konfisziert, sie selbst wurden ins Gefängnis gesteckt oder vertrieben. Vierzig Jahre später wurde die Stadt in einen Konflikt mit König Ladislaus von Neapel verstrickt, die wichtigen Geschäftsverbindungen mit Süditalien und Rom erlitten dadurch schwere Einbußen. Die dauerhafteste Bedrohung der Stellung von Florenz als internationalem Handelszentrum kam jedoch aus dem Osten. Diese Gefahr schildert ein Brief, den Rosso Orlandi 1396 an einen Geschäftspartner in der Levante nach der Katastrophe von Nikopolis schrieb, wo die osmanischen Türken ein Kreuzfahrerheer vernichtend geschlagen und damit den Krieg um die endgültige Eroberung des Byzantinischen Reiches eröffnet hatten. Der Verfasser des Briefes schrieb, diese Schlacht sei die schlimmste aller erdenklichen Nachrichten, und stellte Vermutungen darüber an, ob die Florentiner Kaufleute in Dalmatien nicht gezwungen sein könnten, ihre Handelsniederlassungen zu räumen angesichts des unaufhaltsamen Vormarschs der Türken.

Die Gefahren, mit denen sich die Kaufleute konfrontiert sahen und die ihre Sicherheit bedrohten, kamen manchmal unerwartet, hielten bisweilen nur kurz vor, in einigen Fällen entwickelten sie sich jedoch langsam aber stetig, und ihre Auswirkungen waren erst später zu spüren. Beispiel für den ersten Typus ist ein Gerichtsprozeß, der in den Akten des Gerichtshofs der Händler protokolliert ist. Er schildert die leidvollen Erfahrungen von zwei Florentinern, die 1376 ein Geschäft in der Emilia, in Faenza, unterhielten. Faenza gehörte zum Kirchenstaat und wurde damals von einem französischen Geistlichen regiert, zu dem die Kaufleute Bartolomeo Petriboni und Francesco Bernadetti freundschaftliche Beziehungen unterhielten. Dieser Beamte hatte den Kaufleuten einen Sack Münzen in Verwahrung gegeben, aber als Faenza von einer Florentiner Armee belagert wurde (die Republik lag damals im Krieg mit dem Papst), wollten sie dem Gouverneur das Geld zurückgeben. «Sie sind der Herr der Stadt», sagten sie, «und sie haben tausend Möglichkeiten, dieses Geld zu verwahren, die uns nicht zur Verfügung stehen.» Der Geistliche wollte seinen Schatz jedoch nicht zurücknehmen und teilte den Florentinern mit, der päpstliche Condottiere, John Hawkwood, sei auf dem Vormarsch, um die Belagerung aufzuheben und die Stadt zu retten. Hawkwood befreite Faenza, aber seine Rettung sah anders aus als erwartet. Seine Truppen plünderten die Stadt und töteten mehrere Kaufleute, darunter auch den Faktor der beiden Florentiner Partner. Ihre Waren wurden samt und sonders konfisziert und sie selbst ins Gefängnis geworfen. Petriboni wurde der Spionage für Florenz angeklagt, und Hawkwood befahl, ihn nach Bologna zu überführen, wo er vor Gericht gestellt werden sollte. Er entkam diesem Schicksal, möglicherweise durch Schmiergelder, und machte sich auf den Weg in seine Heimatstadt. Das Haus von Bernadetti wurde durchsucht und geplündert; seinem Bericht zufolge waren da «kein Garten oder Stall, kein Obstgarten und keine Zisterne, kein Schrank im Haus und drumherum, die nicht umgegraben, untersucht oder aufgebrochen wurden». Die Plünderer fanden das Geld, das dem Franzosen gehörte, und darüber hinaus die persönliche Habe Bernadettis. In den Akten ist eine rührende Szene auf dem Hauptplatz von Faenza beschrieben, wo die Frau Bernadettis vor dem Gouverneur auf die Knie fiel und ihn anflehte, sich bei Hawkwood für ihren Gatten einzusetzen. Der Gouverneur brach in Tränen aus, er befahl der Frau aufzustehen und versprach ihr, «alle Verluste, die Cecco [Francesco] erlitten hat, werde ich selbst tragen». Bernadetti gelang es, aus dem Gefängnis zu fliehen, mit Unterstützung des Gouverneurs entkam er seinen Verfolgern und kehrte nach Florenz zurück. Aber der französische Beamte vergaß schnell das Versprechen, das er der Frau des Kaufmanns gegeben hatte, denn drei Jahre später brachte er die Partner vor Gericht: Sie sollten ihm die Gelder ersetzen, die er ihnen anvertraut hatte.

Fast ebenso bedrohlich wie der plötzliche, unerwartete Schicksalsschlag, der die beiden Kaufleute in Faenza getroffen hatte, waren die Gefahren, denen sich jeder Unternehmer, der in der Fremde lebte, ausgesetzt sah. Bernardo Davanzati trieb dreißig Jahre lang Handel in der dalmatischen Hafenstadt Spalato (Split). Einer seiner Freunde, Rosso Orlandi, beschrieb in einem Brief an seinen Sohn Piero in Venedig seine schwierige Lage. Orlandi zufolge war die bedrückendste Gefahr, mit der Davanzati zu kämpfen hatte, die Feindseligkeit der örtlichen Bevölkerung und besonders des slawischen Adels im Hinterland, dem Davanzati Geld geliehen hatte. Orlandi war davon überzeugt, Davanzati würde nicht gestattet werden, Spalato mit seinen Besitztümern zu verlassen. «Man darf kaum überrascht sein, wenn sie eine solche Haltung annehmen», schrieb er, «denn fast in jedem Land sind die Einheimischen und besonders die mächtigen Bürger (...) dem Kaufmann, der seine Gewinne anderswo hinbringen will, feindlich gesonnen, und wenn es ihnen gelingt, werden sie ihn daran hindern und ihm die Gewinne mutwillig abnehmen». Orlandis Befürchtungen sollten sich nicht ganz bewahrheiten, vielleicht weil Davanzati es vorzog, in Spalato zu bleiben bis zu seinem Tod im Jahr 1412. Fünfzehn Jahre später sah sich sein Enkel Rinieri jedoch gezwungen, sein dalmatisches Erbe als Geschäftsverlust abzuschreiben. Er setzte die Florentiner Steuerbehörden davon in Kenntnis, daß er seinen Grundbesitz in Spalato wegen der Armut der Einwohner nicht verkaufen könne. Außerdem hatte er versucht, einige der Schulden, die noch aus der Zeit seines Großvaters stammten, einzutreiben, aber ohne Erfolg. Einige dieser zahlungsunwilligen Schuldner, schrieb er, «sind Herren und Grafen jener Gebiete und haben niemanden über sich, und wer immer sich dort hinwagt, um sein Glück zu machen, tut das auf eigene Gefahr; er wird wahrscheinlich statt einer Rückzahlung Schläge erhalten, wird ausgeraubt oder getötet, so ist es manch einem ergangen».

Wandel der Wirtschaft, 1380–1450

Das Wirtschaftsleben in Florenz kennzeichneten große Vielfalt und Flexibilität, es reagierte aber auch sehr empfindlich auf äußere Einflüsse und Veränderungen und war starken Schwankungen unterworfen. Kurze Phasen mit Produktionssteigerungen und blühendem Wohlstand wechselten mit Perioden der Stagnation, denn die Wirtschaft der Stadt war abhängig von den sich verändernden Marktbedingungen in Europa und der Levante, außerdem von Hungersnöten, Pestepidemien und Kriegen.

1380 steckte Florenz in einer tiefen Wirtschaftskrise. Grund dafür war unter anderem eine ganze Serie Naturkatastrophen von ungewöhnlicher Heftigkeit, sie hatten auch die sozialen und politischen Unruhen in der Stadt verschärft, die sich ihrerseits negativ auf Handel und Gewerbe auswirkten. Auf eine Pestepidemie im Jahr 1374 folgte im Jahr 1375 eine Hungersnot, im selben Jahr ließ sich die Republik auch auf einen langen und die Kräfte der Stadt erschöpfenden Krieg mit dem Papst ein. Der Beendigung dieses Konflikts im Jahr 1378 folgte der Aufstand der Ciompi, in dem sich die Unzufriedenheit der Arbeiter entlud. Die Jahre im unmittelbaren Anschluß an diese Revolte waren für die Wolltuchindustrie außerordentlich schwierig; der Markt für Tuch lag derart danieder, daß die Produktion im Jahr 1380 auf 2000 Ballen fiel (im Vergleich zu 90000 Ballen im Jahr 1338). Die Akten der Zunft der Lana aus dieser Zeit sind voller Klagen über den schlechten Zustand der Zunft und voller Hinweise auf Streitigkeiten zwischen den Manufakturbesitzern und ihren Zulieferern. Zu der Wirtschaftsmisere trugen auch die unsicheren politischen Verhältnisse in Florenz bei. Die Volksregierung, die die Stadt zwischen 1378 und 1382 regierte, wurde von radikalen Arbeitergruppen angegriffen, die nach dem Aufstand der Ciompi ins Exil gehen mußten, außerdem von unzufriedenen Mitgliedern des Patriziats. In diese Jahre fielen die ausgedehnten Streifzüge von Soldatenbanden, die große Teile der Halbinsel verwüsteten und die italienischen Staaten zwangen, Truppen zur Verteidigung anzuwerben oder Lösegelder zu zahlen. Die Einsetzung einer eher konservativen Regierung im Jahr 1382 wendete die Geschicke der Stadt nicht zum Guten, denn im folgenden Jahr suchte eine weitere Pestepidemie Florenz heim und forderte Tausende von Opfern.

Die späten achtziger Jahre des 14. Jahrhunderts standen dagegen im Zeichen von relativer Ruhe und von Wohlstand. Der Republik gelang es, ein gewisses Maß an innerer Stabilität aufrechtzuerhalten; und jene Teile Europas, die am häufigsten von Florentiner Kaufleuten bereist wurden (Lombardei, Venedig, Frankreich, die Niederlande), erfreuten sich einer kurzen Atempause, in der sie von Bürgerkriegen und Invasionen verschont blieben. Der Erwerb Arezzos und seines Contado im Jahr 1384 erwies sich als Segen für die Florentiner Unternehmer, sie konnten aus diesem Markt unter dem Schutz ihrer Regierung Kapital schlagen. Die Handelsgesellschaften Francesco Datinis erzielten in jenen Jahren unerhörte Gewinne. Seine Tochterfirmen in Avignon und Pisa verzeichneten Profite, die sich im Durchschnitt jährlich auf über 20 Prozent des investierten Kapitals beliefen.

In den neunziger Jahren waren alle Teile der Florentiner Gesellschaft unmittelbar betroffen von den angespannten Beziehungen der Republik zu Giangaleazzo Visconti, dem Herren von Mailand. Die Expansionspolitik des Despoten führte zu einem Konflikt mit Florenz. Um 1400 hatten sich die beiden Staaten in einen erbitterten Kampf ums Überleben verbissen, der ihre Mittel aufs äußerste belastete. Einige Florentiner – Soldaten, Waffenschmiede, Festungsbaumeister – profitierten zwar von dem bewaffneten Konflikt, der ein Jahrzehnt währte, die meisten Wirtschaftszweige aber hatten darunter zu leiden, daß Bauernhäuser verwüstet und Handelswege blockiert wurden und Kapital aus Handel und Gewerbe in die Kriegskasse floß. Giangaleazzo führte Neuerungen in die diplomatische und militärische Strategie ein, durch ihn erreichte das Kriegshandwerk in Italien eine neue Stufe des Raffinements. Er forschte nach verletzlichen Stellen in der Florentiner Wirtschaft und fügte der Tuchindustrie schwere Schäden zu, indem er ein Exportverbot für Draht verhängte, der für Werkzeuge zum Kardieren von Wolle benötigt wurde. Durch eine schlaue Kombination von diplomatischem und militärischem Druck isolierte der Herzog Florenz im Jahr 1402 und schloß es ein. Die Gefahr einer wirtschaftlichen Strangulation verschwand jedoch mit dem unerwarteten Tod Giangaleazzos im September 1402 und der Auflösung seines lombardischen Staates.

Die Briefe von Kaufleuten im Datini-Archiv schildern die zunehmende Bedrängnis der Florentiner Wirtschaft im Verlauf dieses Krieges. Die Krise spitzte sich besonders um die Jahrhundertwende zu, als eine Wiederkehr der Pest die Situation der Wirtschaft, die ohnehin schon unter den großen Belastungen durch Militärausgaben litt, zusätzlich beeinträchtigte. 1398 besetzten Giangaleazzo Viscontis Truppen Pisa, und die Florentiner Kaufleute konnten den Hafen nicht mehr benutzen. In einem Brief vom Februar 1400 schrieb Francesco Datini: «Wir sind in einer sehr schlimmen Lage, denn wir zahlen ungeheure Steuern, und es gibt keinen Handel wegen der Pest.» Zwei Jahre später, im Januar 1402 dann: «Es gibt hier kein Geschäft, alles ist tot.» Obwohl nach Giangaleazzo Viscontis Ableben ein paar Monate später die unmittelbare Bedrohung für die Sicherheit von Florenz gewichen war, ging der Krieg mit Mailand weiter, eine fühlbare Verbesserung der wirtschaftlichen Situation blieb aus. Die Enttäuschung, die die Verlängerung des Konflikts hervorrief, läßt sich an einem Brief Datinis vom Februar 1404 ablesen: «Gott gebe uns baldigen Frieden, so daß wieder Waren kommen und gehen können, wie sie sollten; es kommt mir vor wie tausend Jahre [, daß wir uns im Krieg befinden]!»

Im Jahr darauf wurde der Frieden mit Mailand unterzeichnet, aber er machte den Kriegszeiten und ihren negativen Auswirkungen auf die Wirtschaftstätigkeit kein Ende. Im Süden zeigte sich eine neue Bedrohung für die Sicherheit von Florenz in der Person des Königs von Neapel, Ladislaus. Nachdem er seine Macht im eigenen Herrschaftsgebiet gefestigt hatte, wendete Ladislaus seine Aufmerksamkeit dem Norden zu, dem verletzlichen Kirchenstaat und der Toskana. Der Krieg zwischen dem König und der Republik Florenz brach 1408 aus, nachdem neapolitanische Truppen Rom besetzt hatten. Im Januar 1411 wurde ein Waffenstillstand unterzeichnet, aber Ladislaus gab seine Expansionsträume nicht auf. Seine Karriere und die Bedrohung für Florenz endeten mit seinem plötzlichen Tod 1414, ein paar Wochen nachdem er einen weiteren Friedensvertrag mit der Republik geschlossen hatte.

In gewisser Hinsicht wirkte sich der Konflikt mit Ladislaus auf die Wirtschaft der Stadt verheerender aus als der Krieg mit Mailand. Seit dem 13. Jahrhundert waren Florentiner Kaufleute in Handels- und Bankunternehmen in Neapel, Tarent, Bari und anderen Städten des angevinischen Königreichs aktiv gewesen. Süditalien war seit jeher ein wichtiger Markt für toskanisches Wolltuch. Als es zu Spannungen zwischen Ladislaus und Florenz kam, beklagte sich die Florentiner Regierung beim König über die schlechte Behandlung der Kaufleute aus Florenz: Willkürlich würden Steuern erhoben, Waren konfisziert und einige Kaufleute sogar gefangengenommen. Als Ladislaus Rom im Jahr 1413 zurückeroberte, befahl er die Einziehung des gesamten Vermögens der dort ansässigen Florentiner. Die Verluste, die die Florentiner

Kaufleute in Rom erlitten hatten, lassen sich abschätzen an der großen Zahl von Bittschriften um Steuererleichterung, die bei der Signoria von Bürgern eingereicht wurden, deren Eigentum konfisziert worden war. Ähnlich verheerend für die Wirtschaft war die Blockade von Pisa durch neapolitanische und Genueser Galeeren im Jahr 1409. Die Flotten bemächtigten sich florentinischer Waren im Wert von 80000 Florin. Außerdem erhöhte die Blockade die Lebensmittelpreise und führte zu Arbeitslosigkeit im Tuchgewerbe, da die Stadt von sizilianischem Getreide und englischer Wolle abgeschnitten war. In einer Phase, als dieser Konflikt besonders aussichtslos erschien (Oktober und November 1410), äußerte Rinaldo Rondinelli, «unser Volk ist vollkommen erschöpft und [seine Finanzmittel] verbraucht, denn niemand verdient etwas, und die Wirtschaft steht still».

Der Tod von Ladislaus und das Ende des Kriegs mit Genua bezeichneten den Beginn eines Jahrzehnts des Friedens und des Wohlstands. Erstmals seit den 1350er Jahren konnte sich Florenz in einer längeren Atempause von Krieg und schweren Steuerbelastungen durch militärische Verwicklungen erholen. Ein plötzlicher Ausbruch der Pest im Jahr 1417 brachte die Wirtschaft vorübergehend ins Stocken, aber das war auch das einzige derartige Unglück. Obwohl die zunehmende Macht des Mailänder Despoten Filippo Maria Visconti einige Besorgnis erregte, hielt der Frieden mit dem nördlichen Rivalen. Im Rückblick erschien dieses Jahrzehnt später als goldenes Zeitalter. Der Kaufmann Giovanni Rucellai schätzte, daß im Jahr 1423 die Florentiner Kaufleute über ein Vermögen von mehr als 2 Millionen Florin in Bargeld und Waren verfügten, die Investitionen in Grundbesitz oder Kommunalanleihen nicht mitgerechnet. Dieser Wohlstand, behauptete Rucellai, verdanke sich ausnahmslos der Beendigung des Krieges. «Von 1413 bis 1423 lebten wir in Ruhe und Frieden und ohne jede Furcht; die Kommune mußte nur wenig für Truppen ausgeben, und die Steuern, die erhoben wurden, waren niedrig, so daß dieser Landstrich reich wurde.»

Das friedliche Zwischenspiel endete im Jahr 1424. In diesem Jahr brach erneut Krieg mit Mailand aus. Zwar wurden immer wieder Waffenstillstände geschlossen, die Auseinandersetzung endete jedoch erst mit dem Tod Filippo Maria Viscontis, des Herrschers von Mailand, im Jahr 1447. Die frühen Phasen dieses Konflikts trafen Florenz jedoch besonders hart. Die Steuerbelastungen stiegen gewaltig. Große Teile des Florentiner Herrschaftsgebietes wurden von feindlichen Truppen verwüstet, die Florenz untertänige Bevölkerung wurde widerspenstig und begehrte auf. Bei den Ratssitzungen beklagten Sprecher, die Kassen der Kommune seien leer, die finanziellen Belastungen, die der Krieg forderte (fast 100000 Florin im Jahr), kaum zu ertragen. Von 1429 an verzeichnen die Akten einen signifikanten Anstieg der Bankrotte. Im Jahr 1431, als die Lage besonders verzweifelt war, führte der Geldmangel in der Stadt zu dem Vorschlag, Juden zu gestatten, sich als Geldverleiher in Florenz niederzulassen. Das bedeutete eine entschiedene Abkehr von der traditionellen Politik, denn bisher hatte sich die Kommune geweigert, Juden in Florenz leben und Handel treiben zu lassen.

Weitere Indizien für eine Wirtschaftskrise lassen sich aus einer Reihe von Maßnahmen erschließen, die 1424 getroffen und regelmäßig wiederholt wurden. Ein Gesetz aus jenem Jahr versprach Landarbeitern aus dem Contado, die das Florentiner Herrschaftsgebiet verlassen hatten, eine Steuerbefreiung auf 25 Jahre und die Erlassung persönlicher Schulden, wenn sie zurückkehrten, um den Boden zu bestellen. Dieses Angebot wurde 1427 wiederholt und im Jahr 1431 noch einmal. Im Jahr 1431 wurden die Vorteile dieser Steuerbefreiung auf alle Anwohner des Contado und des Florentiner Gebiets ausgedehnt, ob sie das Land bebauten oder nicht. Auf diese Bestimmungen folgte ein weiteres Gesetz, das allen Ausländern, die sich in der Stadt niederließen, Steuerbefreiung für zwanzig Jahre gewährte. Diese Verfügungen belegen einen allgemeinen Arbeitskräftemangel in jenen Jahren, der das Land am härtesten traf, aber auch in den Städten fühlbar wurde. Der Bevölkerungsrückgang schuldete sich mehreren Faktoren: Heimsuchungen durch die Pest, dem Exodus von Bauern aus Gebieten, die von den Heeren verwüstet worden waren oder unter schweren Steuerbelastungen litten. Der Mangel an Arbeitskräften war ein entscheidendes Hemmnis für den Wohlstand der Stadt und vielleicht der wichtigste Grund für die krisenhafte Wirtschaftssituation in den mittleren Jahrzehnten des 15. Jahrhunderts.

Die Akten des Catasto, die im Jahr 1427 zum erstenmal zusammengestellt und dann 1430 und 1433 revidiert wurden, liefern den greifbarsten Beweis für diese Krise. In den ersten Vermögenserklärungen, die im Jahr 1427 eingingen, finden sich nur vereinzelte Hinweise auf Verluste, die Florentiner Kaufleute erlitten hatten. Die meisten Rückschläge mußten sie in Süditalien hinnehmen. Zum Beispiel hatte Jacopo di Vannozzo de' Bardi fast 7000 Florin in seine Handelsgesellschaft in L'Aquila gesteckt und mußte nun ein Drittel dieses Betrages als Verlust abschreiben, «wegen der schlechten Bedingungen in dieser Gegend». Ein anderer Kaufmann, Jacopi de' Ruote, gab Verluste an in Höhe von 3200 Florin aus verloren gegebenen Forderungen in Apulien. Ein Handelskonsortium, dem Maestro Francesco di Ridolfo vorstand, verlor 4800 Florin in Geschäften mit Neapel und Apulien, als Getreidefrachten von königlichen Beamten konfisziert wurden. Im Jahr 1430 wurde in den Angaben für die Steuerbehörden häufiger auf «schlechte Zeiten» verwiesen, drei Jahre später jedoch, als die Stadt nahezu zehn Jahre lang Krieg geführt hatte, sind die Zeichen für wirtschaftliche Probleme in den Erklärungen des Catasto eindeutig.

Die Angaben über geschäftliche Verluste in Steuererklärungen müssen immer mit Vorsicht betrachtet werden, aber die Hinweise in diesen Akten sind so detailliert und zahlreich, daß sie nicht unberücksichtigt gelassen werden können. Im Bericht über seine Investitionen in eine Tuchmanufaktur, die von der Familie Alessandri betrieben wurde, merkte Guidetto Monaldi an, diese Firma habe starke Verluste hinnehmen müssen, anstatt Gewinn zu machen, «wegen der schlechten Zeiten». Tommaso Popolani, der vier Läden besaß, die von Bankiers und Geldwechslern benutzt wurden, setzte die Steuerbehörden davon in Kenntnis, daß nur einer dieser Läden vermietet worden war. Die Seidenhersteller waren in jenen Jahren aktiver und wohlhabender als die Hersteller von Wolltuch, aber Francesco della Luna versicherte, daß seine Manufaktur ihre Tätigkeit eingestellt hatte und daß er keine Seidenstoffe auf fremden Märkten verkaufen konnte. Die Kaufleute beklagten sich über schleppenden Absatz und magere Profite bei allen auswärtigen Niederlassungen. In den Angaben über seine Geschäfte in Brügge mußte Benedetto Alberti einräumen, daß die Krise des Handels in Flandern jede Aussicht auf Gewinn unmöglich machte. Die Brüder Niccolò und Bernardo Giugni schilderten eine ähnliche Situation für ihren Handel mit Palermo und Syrakus, wo sie Verluste im Wert von 2500 Florin hinnehmen mußten. Ridolfo Bardi trieb Handel mit Katalonien, aber er verlor 3000 Florin, als eine Warensendung von den Genuesen beschlagnahmt wurde. Bernardo Venture zufolge war Südfrankreich «der Friedhof der Kaufleute», er hatte 1000 Florin in eine Firma in Montpellier investiert, die bankrott ging. Andere Kaufleute, die in Avignon und Narbonne ihren Geschäften nachgingen, berichteten von ähnlichen Verlusten und machten den heruntergekommenen Zustand der Region dafür verantwortlich. Nur für zwei Handelszentren, Venedig und Rom, ließen sich die Geschäftsbedingungen und Gewinnaussichten noch als normal bezeichnen.

Von diesem kurzzeitigen Auf und Ab der Wirtschaft ein klares Bild zu zeichnen, ist recht einfach, da Aufschwung und Rückgang der Wirtschaft von unmittelbar wirksamen Wechselfällen wie Krieg oder Pest beeinflußt wurden. Komplexer und schwieriger zu beschreiben sind die langfristigen Veränderungen, die allmählichen Verschiebungen und Wandlungen der Wirtschaftstätigkeit. Unsere Kenntnisse der Florentiner Wirtschaft im 15. Jahrhundert stecken noch in den Anfängen.

Seit dem späten 14. Jahrhundert hatten sich in der Zusammensetzung der Unternehmerklasse signifikante Veränderungen ergeben. Einige Handelsfamilien starben aus, andere gingen bankrott oder wurden von widrigen Umständen gezwungen, sich aus der Führung von Handels- und Gewerbeunternehmen zurückzuziehen. Von den prominenten Familien, die im Jahr 1380 in der vordersten Reihe der Florentiner Wirtschaftswelt standen – die Albizzi, Ricci, Strozzi, Alberti, Guasconi, Rinuccini, Del Palagio –, spielten im Jahr 1430 nur noch die Albizzi und Strozzi eine wichtige Rolle in Handel, Geldgeschäften und Gewerbe. Die Rinuccini und Alberti hatten von der herrschenden politischen Faktion schwere politische Niederlagen hinnehmen müssen, viele Mitglieder der Familie Alberti lebten im Exil und gingen in Venedig, Brügge und London ihren Geschäften nach. Andere Familien, wie die Medici und die Corbinelli, nahmen nach einer Phase des Rückzugs ihre unternehmerischen Aktivitäten wieder auf. Den Pazzi gelang in jenen Jahren ein spektakuläres Entree in die Wirtschaftswelt. Vor 1400 hatte kein Mitglied dieses alten adligen Hauses eine Laufbahn im Handel eingeschlagen; im Jahr 1450 behaupteten die Pazzi unter den Bankiersfamilien der Stadt hinter den Medici den zweiten Rang. Mit diesen Kaufleuten aus Florentiner Familien traten Männer in Wettbewerb, die aus den Nachbarstädten kamen und sich in Florenz niedergelassen hatten. Zu den wohlhabenderen eingewanderten Familien gehörten die Panciatichi aus Pistoia und die Borromei aus Pisa, die in den dreißiger Jahren des 15. Jahrhunderts überaus reich waren, wie die Akten des Catasto belegen. Immer noch standen dem talentierten und durchsetzungsfähigen Individuum die Tore zur Unternehmerklasse offen, auch ohne den Rückhalt einer Abstammung aus guter Familie oder eines großen Vermögens. Aus den Akten des Catasto geht hervor, wer diese Männer waren, die, wie Gregorio Dati und Lorenzo Lenzi, trotz ihrer Herkunft aus einfachen Verhältnissen in jenen Jahren beträchtliche Vermögen erwarben.

Eine bedeutsame Entwicklung in der Wirtschaft des 15. Jahrhunderts war der rasche Aufschwung der Seidenherstellung und der Rückgang der Wolltuchproduktion. Da keines dieser beiden Gewerbe bisher sorgfältig und systematisch untersucht wurde, können keine Vergleiche angestellt werden im Hinblick auf Umfang der Produktion, Kapitalinvestitionen, Arbeitskräfte und Erträge. Aber allem Anschein nach erweiterte sich der Markt für Seidenstoffe und Brokat, während die Nachfrage nach dem Haupterzeugnis der Stadt, wollenem Tuch, stetig zurückging. Wie schon bei vielen anderen Fragen liefern die Catastoakten auch bei diesem Problem nützliche Angaben. Sie zeigen zum Beispiel, daß im Jahr 1420 reihenweise Tuchmanufakturen leer standen und ihre Eigentümer nicht einmal «um jeden Preis» Pächter finden konnten. Das war keine vorübergehende Erscheinung; viele Immobilienbesitzer reichten Erklärungen ein wie Jacopo Acciaiuoli im Jahr 1427, der die Steuerbehörden davon in Kenntnis setzte, daß drei seiner vier Tuchmanufakturen «verschlossen und nicht vermietet sind, seit über acht Jahren habe ich kein Einkommen aus ihnen bezogen». Aber obwohl Manufakturen leer standen und die Produktion gedrosselt wurde, war der Gewinn der Hersteller gering, er betrug nur 3 oder 4 Florin pro Ballen. Auf der Grundlage des Steuerberichts einer Unternehmerfamilie, der Fortini, lassen sich die beiden Gewerbe grob vergleichen. Andrea Fortini hatte im Jahr 1417 fast 6000 Florin in eine Wolltuchmanufaktur gesteckt. Zehn Jahre später betrug sein Gewinn netto 2467 Florin, das heißt pro Jahr weniger als 4 Prozent seiner ursprünglichen Investition. Andreas Neffe Bartolomeo war Partner einer Seidenfirma, sein Kapital betrug 2200 Florin, nach zwei Jahren und vier Monaten belief sich sein Anteil an den Erträgen auf 600 Florin, das sind pro Jahr fast 12 Prozent seiner Einlage.

In dem äußerst ungleichen Schicksal dieser beiden Industrien spiegeln sich Entwicklungstendenzen des internationalen Markts, über die die Florentiner Unternehmer keine Kontrolle besaßen. Die Verfügungen der Arte della Lana im 15. Jahrhundert lassen die Besorgnis über den verschärften Wettbewerb erkennen und die verzweifelten Versuche, die Interessen der Zunft zu verteidigen, indem sie die Tuchherstellung im Herrschaftsgebiet von Florenz einschränkte oder verbot. Aber nicht nur aus Italien kam harte Konkurrenz, auch die blühenden Industrien in England und Spanien machten Florenz die Märkte streitig. Eine Bestimmung von 1472 stellte fest, daß jedes Jahr im Gebiet von Florenz Tuch aus Perpignan im Wert von 40000 Florin verkauft wurde. Die Seidenherstellung dagegen litt nicht unter gesunkener Nachfrage.

Die luxuriösen Brokat- und Seidenstoffe, die mit Goldfäden durchwirkt waren, fanden an den Fürstenhöfen in Italien, Frankreich, den Niederlanden und in England, aber auch in entfernteren Gegenden, wo eine kleine, jedoch reiche herrschende Schicht sich derartige Luxusgüter leisten konnte, ein kaufwilliges Publikum. Der Aufbruchsgeist, der in diesem Gewerbe herrschte, läßt sich an den Verfügungen ablesen, die für die Seidenherstellung erlassen wurden; sie unterscheiden sich im Ton deutlich von den Dekreten der Wollzunft mit ihren Prophezeiungen von wirtschaftlichem Niedergang und ihren Versuchen, ein verfallendes Monopol zu erhalten. Typisch ist die Bestimmung von 1429, die den Arbeitern in der Seidenindustrie, die in die Stadt zurückkehrten, Steuerbefreiung und Schuldenstundung gewährte. Das Gesetz sollte, so die Präambel, das Wohlergehen «dieser einzigartigen und hervorragenden Zunft» befördern, die «verdientermaßen ihren Platz unter den ersten in unserer Stadt einnimmt und Seidenstoff herstellt mit wunderbarer Geschicklichkeit, feiner und kostbarer als anderswo (...)».

Eine andere wichtige Entwicklung für die Wirtschaft von Florenz war der Aufstieg der Stadt zur Seemacht. Mit der Einnahme von Pisa im Jahr 1406 besaß Florenz zum erstenmal in seiner Geschichte direkten Zugang zum Meer. Die Entscheidung der Republik, als Seemacht aufzutreten, beeinflußten politische wie wirtschaftliche Gründe. Die Florentiner hatten die Strategie des Herzogs von Mailand, Giangaleazzo Visconti, der die Stadt im Jahr 1402 eingeschlossen hatte und sie durch die Blockade ihrer Handelswege zur Unterwerfung zwingen wollte, niemals vergessen. Der Feldzug der Republik gegen Pisa war Ausdruck der Entschlossenheit, einen Stützpunkt am Meer zu erobern und zu behaupten. In den zwanziger Jahren des 15. Jahrhunderts begann Florenz mit dem Aufbau einer Flotte und schickte Galeeren nach Flandern und England, aber auch in die Levante nach Beirut und Alexandria. Diese Fahrten sicherten den regelmäßigen Nachschub von Wolle für die Tuchindustrie der Stadt und den Zugang zu den ausländischen Märkten, aber sie führten auch zu Verdruß und Feindseligkeiten, besonders bei den Genuesen, die den Wettbewerb der Toskaner im Seehandel fürchteten. Ob Florenz wesentliche wirtschaftliche Vorteile aus den Seeunternehmungen zog, deren Einrichtung teuer und deren Verteidigung und Unterhaltung kostspielig waren, läßt sich wohl kaum nachweisen. Die Florentiner betrachteten diese Ausgaben jedoch als Investition in ihre Sicherheit, nicht als gewinnträchtiges Unternehmen.

Die Wirtschaftsbilanz der Stadt in den mittleren Jahrzehnten des

15. Jahrhunderts zeigte eine seltsame Mischung von Licht und Schatten, von positiven und negativen Faktoren. Die ökonomischen Aktivposten waren gewaltig: eine zahlreiche und fleißige Bevölkerung, große Gewerbebetriebe, unternehmerisches Wissen, ein riesiges kommerzielles und finanzielles Netzwerk. Gemessen an den Maßstäben jenes Zeitalters war Florenz eine reiche Stadt. Mit Vermögen, die 100000 Florin weit überstiegen, waren Cosimo de' Medici und Giovanni Rucellai zwei der reichsten Männer Europas. Abgesehen von diesen beiden Midasgestalten gab es eine Gruppe von immerhin an die 200 Bürger, die als «mittelreich» bezeichnet werden können, Männer von beträchtlichem Vermögen, das ihnen einen komfortablen, wenn auch nicht gerade luxuriösen Lebensstil erlaubte. Ein wertvoller Vorzug war auch die Handwerkstradition in Florenz. Aus den Werkstätten der Goldschmiede, der Sticker, Bildhauer und Maler kamen einige der besten Erzeugnisse der europäischen Handwerkskunst. Die Geschicklichkeit und der Ruf dieser Handwerker brachte ihnen beträchtliche Einkommen ein und ließ die Wirtschaftskraft der Stadt weiter wachsen.

Aber der äußere Schein von Reichtum und Wohlstand, der die Besucher der Stadt so stark beeindruckte, verdeckte einige schwerwiegende Probleme. Die bedeutsamste Tatsache im Hinblick auf die Wirtschaft war, daß sie – wie die Bevölkerungszahl der Stadt auch – aufgehört hatte zu wachsen. Kurze Perioden des Wohlstandes und des wirtschaftlichen Aufschwungs in den frühen zwanziger und in den sechziger Jahren des 15. Jahrhunderts änderten nichts an diesem Gesamtbild wirtschaftlichen Stillstands. Die zurückgehenden Absatzmöglichkeiten erklären viele, wenn auch nicht alle Schwierigkeiten, unter denen die Geschäftswelt litt. In vielen Regionen, wo Florentiner – und andere Italiener – sich fast schon eines Monopols für Bank- und internationale Handelsgeschäfte erfreut hatten, traten einheimische Kaufleute und Bankiers an die Stelle der Ausländer. Die Erzeugnisse von Florenz, insbesondere Wolltuch, waren Ausverkaufswaren. In England und den Niederlanden, in Spanien und der Levante wurde der Wettbewerb stärker, die Aussichten auf Gewinn geringer. In den folgenden Kapiteln dieses Buches werden bestimmte Entwicklungslinien in der beruflichen Orientierung erörtert, die sich zum Teil mit der unsicheren Wirtschaftslage erklären lassen: die geringe Lust, als Unternehmer aktiv zu werden, die Vorliebe für ein Rentiersdasein oder das Herrenleben auf dem Land, die wachsende Attraktivität einer juristischen und humanistischen Ausbildung und einer Laufbahn in der Verwaltung.

DRITTES KAPITEL

DAS PATRIZIAT

Die Struktur der patrizischen Gesellschaft

In der vorangehenden Analyse der Florentiner Wirtschaft wurde der Schwerpunkt besonders auf die Tätigkeit jener Kaufleute und Bankiers gelegt, die über einen großen Teil der Kapitalressourcen in der Stadt verfügten und die große Unternehmen kontrollierten. Bei dieser Konzentration auf das «große Geschäft» wurden andere wichtige Aspekte der Wirtschaft außer acht gelassen: die kleinen, ortsansässigen Unternehmen der Einzelhändler und Handwerker, die Tätigkeiten der Arbeiter in den Tuchmanufakturen und auf den Baustellen sowie die unermüdliche Arbeit der Bauern, von deren Schufterei buchstäblich die Existenz und das Überleben der Stadt abhingen. Um diese Akzentuierung zu rechtfertigen, reicht die Behauptung nicht aus, die Tätigkeit der reichen Bankiers und Kaufleute sei besser dokumentiert (obwohl dies der Wahrheit entspricht), noch daß sie vielfältiger und interessanter sei als die eines Schweinemetzgers oder Schafscherers. Allerdings kann vorgebracht werden, daß Größenordnung und Bedeutung der internationalen Handels- und Bankgeschäfte sowie der Tuchproduktion ein Unterscheidungsmerkmal der Wirtschaft Florenz' darstellten gegenüber der kleinerer Städte wie Pistoia, Parma oder Forlì. Mit einem ähnlichen Argument soll in diesem Kapitel die Konzentration auf die sozialen Verhaltensweisen und Wertorientierungen jener Familien gerechtfertigt werden, die das Patriziat von Florenz, den Stadtadel, bildeten. Aufgrund ihres Reichtums, ihrer Abstammung und ihres Ansehens stellten diese Häuser die mächtigste und einflußreichste «Klasse» in der Stadt dar. Außerdem waren ihnen bestimmte Eigenschaften und Züge eigen, besondere Einstellungen und Auffassungen, die sie vom Rest der Florentiner Gesellschaft abhoben und – bis zu einem gewissen Grad – auch von der Aristokratie anderer italienischer Städte. Diese

Patrizier waren es eigentlich, die die Renaissance hervorbrachten: ihren Lebensstil, ihre Wertorientierungen, ihre Denk- und Wahrnehmungsweise. Die folgenden Kapitel dieses Buchs werden der Analyse dieses neuen Stils und dieser Wertvorstellungen gewidmet sein: in der Politik, der Religion, der Erziehung und der Kunst.

Die gesellschaftliche Ordnung der Stadt war einerseits dadurch gekennzeichnet, daß der Status des einzelnen entscheidend von seinem Reichtum bestimmt wurde, andererseits jedoch wurde sie geprägt von der aus dem Mittelalter überkommenen korporativen Struktur und Gesinnung. Diese Merkmale, die sich im Schmelztiegel Florenz vermischt hatten, waren grundsätzlich unvereinbar. Eine kapitalistische Wirtschaftsordnung ist von Risiko, Unsicherheit, Flexibilität und schnellem Wandel gekennzeichnet. Sie fördert den Individualismus und trägt durch die fortwährende Neuverteilung von Reichtum bei zu sozialer Mobilität und gesellschaftlichen Verschiebungen. Im Gegensatz dazu liegt der Schwerpunkt in einer korporativen Gesellschaft auf der Aktivität der Gruppe; die Ziele dieser Gesellschaft sind Stabilität, Sicherheit und Konformismus. Sie gibt ihren Mitgliedern ein Gefühl von Identität, von Zugehörigkeit; sie vermittelt ihnen die Prinzipien einer hierarchischen Gesellschaftsstruktur und ein Gefühl für den gesellschaftlichen Standort eines jeden. Es ist sehr aufschlußreich, sich die Geschichte der Stadt während ihrer dynamischsten Periode als ständigen Konflikt zwischen diesen beiden widerstreitenden Prinzipien vorzustellen. Die Spannung, die durch diesen Gegensatz erzeugt wurde, war möglicherweise eine Quelle von Vitalität und Kreativität. Außerdem erklärt dies ein besonderes Charakteristikum der Florentiner Gesellschaft in der frühen Renaissance: die Koexistenz von Kosmopolitismus im Gefolge der internationalen wirtschaftlichen und politischen Bedeutung der Stadt und engstirnigem Provinzialismus, einer Haltung, die von der korporativen gesellschaftlichen Ordnung unterstützt wurde.

Der Kern der Florentiner Gesellschaft in der Renaissance war die Familie; die Beziehungen zwischen Familienangehörigen waren das stärkste Bindemittel in der Gesellschaftsstruktur der Stadt. Eine der wichtigsten Wurzeln für diesen Familiensinn war die Tradition, die kollektive Erinnerung an eine Vergangenheit, in der die Familienmitglieder, um überleben zu können, gezwungen waren, sich als Gruppe zusammenzuschließen und gemeinsam zu handeln. Der ausgeprägte Familiensinn solch angesehener Sippen wie der Cavalcanti und Buondelmonti wurde gespeist aus den Erinnerungen an die Rolle, die diese

Häuser in der Geschichte der Stadt gespielt hatten – an die auf der Straße ausgetragenen Kämpfe mit rivalisierenden Sippen und an die Großtaten ihrer Vorfahren in den Schlachten gegen die Feinde von Florenz. Äußeres Zeichen für diesen Zusammenhalt war, daß die Haushalte einer Familie sich in einem Stadtbezirk, in einer einzigen Straße oder um einen Platz konzentrierten. Aber wir besitzen auch schriftliche Belege für das Zusammengehörigkeitsgefühl der Sippen: Private Tagebücher verzeichnen, welche Ämter und Würden die Mitglieder einer Familie innehatten, und ergehen sich in stolzgeschwellten Äußerungen über das Alter und die Ehrwürdigkeit der Familie. Bereits 1350 beauftragte ein Mitglied des prominenten Handelshauses der Alberti einen Agenten, nach Dokumenten zu fahnden, die Licht auf den Ursprung der Familie werfen könnten. 65 Jahre später äußerte Doffo Spini sein Erstaunen, daß kein Mitglied seiner Familie je über seine Vorfahren geschrieben hatte, deshalb schrieb er alles auf, an was er sich im Zusammenhang mit den ersten Spini erinnern konnte. Die meisten Tagebuchschreiber hegten ziemlich übertriebene Vorstellungen vom Reichtum und gesellschaftlichen Rang ihrer Vorfahren; nur wenige waren so bescheiden wie der Kaufmann Giovanni Morelli, der 1400 schrieb, seine Ahnen seien arme, aber ehrbare Leute gewesen, die im 13. Jahrhundert vom Land in die Stadt zogen. Als Grund für die Abfassung seiner Familiengeschichte gab Morelli an, er wünsche, seine Söhne über die Vergangenheit ihrer Familie zu unterrichten, und fügte hinzu: «Denn heutzutage gibt jedermann vor, aus einer altehrwürdigen Familie zu stammen, und ich möchte, daß über unsere Familie die Wahrheit bekannt wird.» Kein Stammbaum war allerdings so phantasievoll wie der, den ein Hofhistoriker im 16. Jahrhundert für die Medici anlegte: Er verfolgte die Wurzeln der Familie bis zu einem Hauptmann Karls des Großen zurück, der im 8. Jahrhundert im Gefolge des Kaisers nach Italien gekommen war.

Der einzelne war vor allem der Familie verpflichtet; Rang und Bedeutung der Familie entschieden weitgehend, welchen Verlauf das eigene Leben nehmen sollte. Der Status des Hauses (und der wurde sorgsam gemessen und gewogen) bestimmte den Platz, den das Individuum in der Gesellschaft einnahm. Die Familie stattete den einzelnen mit Reichtum, einer Tätigkeit und politischen Verbindungen aus – den Voraussetzungen, um für ein öffentliches Amt in Betracht zu kommen. Die Braut eines Mannes wurde im allgemeinen vom Vater ausgesucht, wobei die väterliche Wahl sich auf jene Häuser beschränkte, die von vergleichbarem Rang waren. Selbst wenn der Sohn rechtlich vom Vater unabhängig geworden war, er war durch unzählige Bande an seine Verwandten geknüpft. Wenn ein Haushaltsvorstand beabsichtigte, seine Tochter zu verheiraten, beriet er unter allen Umständen die Wahl des zukünftigen Schwiegersohnes mit seinen Verwandten. Für jede wichtige Entscheidung – den Kauf von Land, einen Ehevertrag, das Aufsetzen eines Testaments – wurde der Rat und die Einwilligung von Vater, Onkeln und Vettern eingeholt. Dieses System, das den Handlungsspielraum des einzelnen einschränkte, bot ihm aber auch bestimmte Vorteile. Wenn er in finanzielle Not geriet oder vor Gericht kam, konnte er normalerweise erwarten, von seinen Verwandten unterstützt zu werden. Auch wenn die Vendetta allmählich aus dem gesellschaftlichen Leben verschwand, der Sproß einer großen und mächtigen Familie konnte sich in der Sicherheit wiegen, daß nur ein sehr kühner Mann freiwillig die Feindschaft seiner Verwandtschaft auf sich ziehen würde, indem er ihn angriff.

In einer Gesellschaft, die sich in dieser Weise um die Familie organisierte, war der Ehevertrag ein Dokument von überragender Bedeutung. Der Kontrakt bedeutete zunächst eine wichtige finanzielle Transaktion: Die Höhe der Mitgift war Zeichen für den wirtschaftlichen Rang der Vertragsparteien. Im Jahr 1400 war eine Mitgift von 1000 Florin bei Heiraten im Patriziat durchaus üblich. In seinem Rechnungsbuch schilderte der Seidenhändler Gregorio Dati, wie er das Geld aus der Mitgift in Geschäftsunternehmen steckte und beträchtliche Gewinne aus dem Kapital seiner Frau zog. Eheliche Verbindungen besaßen darüber hinaus auch politische Bedeutung. Es war üblich, daß Familien, die der gleichen Partei oder Faktion angehörten, unter sich heirateten. Eine Verbindung mit einer Familie, die politisch in Ungnade gefallen war, galt hingegen als riskantes und närrisches Unternehmen.

Heiraten waren auch Maßstäbe für den gesellschaftlichen Rang, für den Auf- oder Abstieg einer bestimmten Familie. 1396 schrieb ein Kaufmann aus einer Familie von mittlerem Rang, Francesco Davanzati, an seinen Vater in Venedig, es sei eine Ehe mit den gesellschaftlich bedeutenden Peruzzi arrangiert worden: «Bartolomeo hat eine Braut genommen und ist eine großartige und noble Verbindung eingegangen. (...) Wahrhaftig, keiner unserer Vorfahren hat je eine so ehrenhafte Ehe geschlossen.» Familien, die vom Unglück heimgesucht wurden, waren hingegen häufig gezwungen, Ehen unter ihrem Stand einzugehen. Eines der angesehensten Häuser der Stadt, die Strozzi, verlor 1434, als seine politischen Feinde, die Medici, an die Macht kamen, an Einfluß und Ansehen. 1448 schrieb Alessandra Strozzi an ihren Sohn, der in Neapel im Exil lebte, sie habe eine Ehe zwischen ihrer Tochter und einem jungen Seidenhersteller namens Giovanni Parenti ausgehandelt, der (wie sie schrieb) «nur geringes Ansehen besitzt». In dieser Bemerkung schwingt eine gewisse Ironie mit, denn Parentis Großvater war Handwerker gewesen. Giovannis Ehe mit einer Strozzi war eindeutig ein Zeichen dafür, daß die Parenti «Emporkömmlinge» waren, außerdem war sie Hinweis darauf, daß der Stern eines Strozzi-Haushalts gesunken war.

Berichte über Geburten, Todesfälle und Eheschließungen nehmen in den privaten Aufzeichnungen aller Gesellschaften einen breiten Raum ein, aber in Florentiner Briefen und Tagebüchern beanspruchen sie so viel Platz, daß dies als schlüssiger Beweis dafür gelten kann, welch große Bedeutung diesen Ereignissen in Patrizierkreisen beigemessen wurde. In den Archiven der Familie Del Bene gibt es eine Reihe Briefe von Giovanni del Bene aus dem Jahr 1381, in denen er seinem Vetter Francesco die komplizierten Verhandlungen schildert, in denen er eine Ehe für seine Nichte Caterina und seinen Neffen Amerigo arrangierte. Er berichtete über die langwierigen und detaillierten Diskussionen, die im Kreis der beteiligten Familien sowie zwischen den Familien über eine endlose Reihe von Themen stattfanden: die Höhe der Mitgift, die Auswahl der Kirche, in der das Verlöbnis vollzogen werden sollte, das Brautkleid, die umständlichen Vereinbarungen über Besuche und Ankündigungen. Der Abschluß von Amerigos Ehevertrag wurde zurückgestellt, als der Vater der zukünftigen Braut sich weigerte, 2000 Florin zu zahlen, für den Fall, daß er die Abmachungen verletzte. Sein Argument ist ein beredtes Zeugnis für den intimen Charakter dieser Gesellschaft: «Das Gerücht, das sich verbreitet hat über die große Mitgift, die ich gab, hat mich ruiniert und mir in Hinsicht auf meine Steuern großen Schaden zugefügt. (...) Bei dieser Bürgschaft von 2000 Florin wird jedermann denken, ich würde eine Mitgift in dieser Höhe aussetzen, und das wird mein Untergang sein.» Caterinas Heirat ging leichter über die Bühne, aber der Heiratsvertrag rief bei Francescos Frau Dora Ärger hervor, sie beklagte sich, daß Caterina vor ihrem eigenen Kind Antonia verlobt würde. Als Giovanni Doras Ehemann Francesco diese häusliche Krise schilderte, schrieb er: «Ich habe Dora immer für eine vernünftige Frau gehalten, aber ihr Verhalten in dieser Sache gereicht weder ihr zur Ehre noch uns. (...) Sie ist so melancholisch und zerstreut, daß sie nichts tut, außer weinen und klagen, daß Deine Tochter niemals verheiratet werden wird und Du Dir keine Sorgen darum machst. Sie sagt die empörendsten Dinge, die ich je gehört habe.» Giovanni bedrängte seinen Vetter, der im Dienst der Regierung unterwegs war, seiner Frau einige tröstende Worte zu schreiben.

Gemeinsam mit Reichtum, Alter der Familie und dem Besitz hoher Ämter in der Kommune waren Eheverbindungen die wichtigsten Kriterien für die Definition des gesellschaftlichen Status. Und da zwei dieser Faktoren – Reichtum und politische Macht – in dieser unbeständigen Gesellschaft fortwährend im Fluß waren, lag der Rang einer Familie niemals auf Dauer fest. Der wirtschaftliche Niedergang war meist nur das Vorspiel für ein Abgleiten der Familie in der sozialen Hierarchie, denn in seinem Gefolge kam es zu einem Verlust an politischer Bedeutung, außerdem konnten keine standesgemäßen Heiraten mehr geschlossen werden. Noch bedrohlicher war es, die Feindschaft der herrschenden Gruppe auf sich zu ziehen, denn das bedeutete nicht nur gesellschaftliche Ächtung und den Ausschluß von öffentlichen Ämtern, sondern auch die Gefahr wirtschaftlicher Verluste durch die Konfiszierung von Eigentum und durch nachteilige Besteuerung.

Wie die Verbindung von ökonomischem und politischem Mißgeschick eine mächtige Familie schwächen konnte, wird am Schicksal der Castellani anschaulich. Im gesamten 14. Jahrhundert war dieses Haus, obwohl zahlenmäßig eher klein, eines der wichtigsten in Florenz: vermögend, politisch einflußreich, gesellschaftlich hochangesehen. Sichtbares Zeichen für den Rang der Familie ist der imposante Palazzo Castellani, der noch heute am Arno-Ufer unmittelbar hinter den Uffizien steht. Grundlage für den Reichtum dieser Familie war der Tuchhandel, und ihre Mitglieder konnten eine respekteinflößende, zwei Jahrhunderte währende Tradition im öffentlichen Dienst vorweisen. Die Castellanis hatten die höchsten Ämter der Kommune bekleidet: Sie waren so einflußreich, daß die Botschafter von Siena bei ihnen als privaten Bürgern Rat einholten, wenn es um diplomatische Probleme ging. Die Castellani waren Gründungsmitglieder der Koalition, die nach 1382 die Mehrheit in der Regierung innehatte, sie besaßen alle Mittel und Vorteile, um ihren hohen Rang aufrechtzuerhalten. Ihr Abstieg setzte etwa gegen 1400 ein, er war langsam aber stetig. Im Jahr 1390 gehörten zwei Haushalte der Castellani nach der Höhe ihrer Steuerveranlagung zu den ersten zehn im Viertel Santa Croce. Dreißig Jahre später rangierte das reichste Mitglied der Familie Castellani nur an elfter

Stelle, seine Verwandten standen weit unten auf der Liste, sie gehörten kaum noch zu den hundert reichsten Haushalten. Wir kennen die Umstände für diesen wirtschaftlichen Niedergang nicht, vielleicht lag dem Unstern der Castellani ein Zusammentreffen von mangelndem Geschäftssinn und fehlendem Glück zugrunde. Möglicherweise besaß diese Generation weniger Begabung fürs Geschäft als ihre Vorfahren. In einer Bittschrift um Steuererleichterung im Jahr 1396 machte ein Castellani Umstände für seinen wirtschaftlichen Ruin verantwortlich, die außerhalb seiner Macht lägen. Die letzte und schwerwiegendste Fehlkalkulation dieses vom Unglück verfolgten Hauses war, sich im Jahr 1433 mit den Feinden der Medici zu verbünden. Von dieser Entscheidung hat sich die Familie nie wieder erholt, sie geriet in Vergessenheit wie so viele andere bedeutende Häuser, deren Palazzi und Wappen in Florenz noch heute stummes Zeugnis ablegen für die Vergänglichkeit weltlichen Ruhms und Glücks.

An die Stelle der Familien, die im Dunkel versanken, traten Emporkömmlinge, die durch eine Mischung aus Talent, Gewitztheit und Wagemut in die Ränge des Patriziats aufstiegen. So erneuerte sich die herrschende Klasse ständig, wenngleich die Anzahl der «neuen Männer» von Generation zu Generation sehr unterschiedlich war. Typisch für diese neuen Häuser, die im Quattrocento zu Ämtern und Würden gelangten, sind die Vespucci, deren berühmtestes Mitglied, Amerigo, der Neuen Welt seinen Namen gab. Der moderne Biograph Amerigos, Germain Arciniegas, schrieb den Vespucci eine Abkunft aus dem Feudaladel zu, er wurde jedoch von Amateurgenealogen in die Irre geführt, die mit viel Talent noch aus der niedrigsten Abstammung adlige Ahnen zu konstruieren verstanden. Die Vespucci wanderten aus Peretola zu, einem Dorf, das zehn Kilometer von der Stadt entfernt lag; sie machten aber erst am Ende des 14. Jahrhunderts von sich reden. Der erste in der Stadt ansässige Vespucci war Weinhändler, ein Beruf, der nur geringes Ansehen genoß und weder gesellschaftliches Prestige noch politischen Einfluß verlieh. Simone Vespucci war das erste Mitglied der Familie, das als Seidenhersteller zu Wohlstand, Ansehen und einem bescheidenen politischen Rang kam. Seine Nachkommen wurden reich und besaßen entweder das Glück oder die Geschicklichkeit, ihr Schicksal mit dem der Medici zu verbinden. Nach 1434 bekleideten sie regelmäßig hohe Ämter, im Jahr 1447 versah ein Vespucci das Amt des «Bannerträgers der Gerechtigkeit» («gonfaloniere di giustizia»), das höchste Amt, das die Republik zu vergeben hatte. Der Vater Amerigos war ein

Notar von bescheidenem Wohlstand, durch die enge Verbindung zu den Medici aber standen Amerigo Möglichkeiten offen, die seinen Namen schließlich in die Weltgeschichte eingehen ließen.

Das gesellschaftliche Milieu des Patriziers war nicht auf die eigene Sippe begrenzt, es ging weit über diesen Kern hinaus, schloß die Stadt und ihre Umgebung ein sowie ein gutes Stück der Welt jenseits dieser Grenzen. Die Qualität dieser Beziehungen war von vielen Faktoren abhängig: dem gesellschaftlichen und wirtschaftlichen Status des einzelnen, seinem Beruf und seinen besonderen Begabungen. Männer von der Bedeutung eines Niccolò da Uzzano oder eines Cosimo de' Medici zählten Könige, Päpste und Kardinäle zu ihren Bekannten. Niccolò da Uzzano war Bankier, er unterhielt enge Kontakte zu Florentiner Unternehmern, außerdem zu Kaufleuten und Geldverleihern anderer europäischer Handelszentren. Als einer der führenden Staatsmänner seiner Stadt kannte er die meisten politisch aktiven Bürger, die sich im Palazzo Vecchio versammelten, um über die Angelegenheiten der Republik zu befinden, persönlich und wußte genau über sie Bescheid. Das Amt des Botschafters führte ihn nach Rom, Bologna und Venedig, wo er die geistlichen und weltlichen Führer des christlichen Europa traf. Er wurde von Gemeinden im Florentiner Herrschaftsgebiet zum Statthalter oder zum Richter gewählt, und so gehörten zu seinem Bekanntenkreis auch prominente Bürger dieser Orte. Weniger spektakulär, aber dennoch wichtig war, daß er mit den Bauern, die sein Land im Contado bewirtschafteten, auf vertrautem Fuß stand, mit den Handwerkern, die seine Häuser reparierten, und den Apothekern, Wein- und Tucheinzelhändlern, mit denen er Geschäfte abschloß, deren Freundschaft und Unterstützung jedoch zu seiner Macht und seinem Einfluß im Palazzo Vecchio beitrugen.

Die soziale Welt des Florentiner Patriziats stellte ein Gleichgewicht her zwischen zwei entgegengesetzten Prinzipien: dem aristokratischen und dem egalitären. Der egalitäre Zug war Ergebnis des offenen, flexiblen Charakters dieser Gesellschaft, der konstanten Fluktuation von Vermögen und Status, sowie ihrer politischen Struktur. Seit 1293 waren Magnatenfamilien von den höchsten Ämtern der Kommune ausgeschlossen, und nach 1343 wurde den Angehörigen der niederen Zünfte ein Anteil an diesen Ämtern garantiert. Auf den Straßen und im Ratssaal standen Patrizier Seite an Seite mit Handwerkern und Ladenbesitzern, deren Stimmen und Ansichten in der Politik nicht ohne Bedeutung waren und deren wirtschaftliche Aktivitäten und Interessen sich in

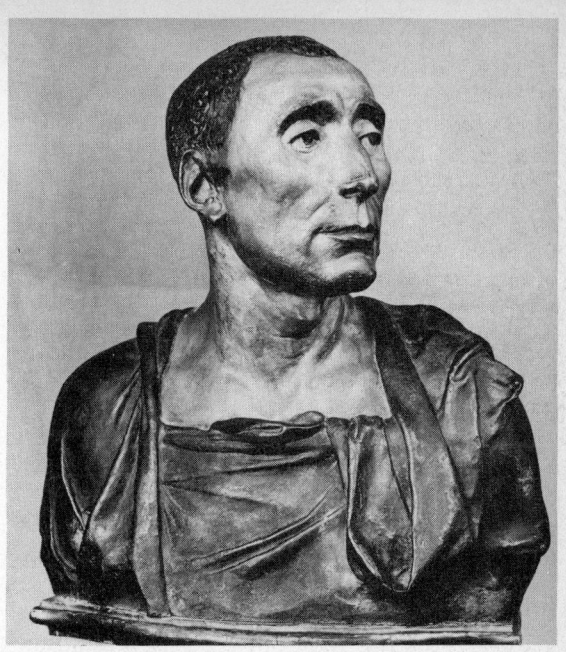
Büste des Niccolò da Uzzano von Donatello

Hunderten von Punkten mit denen der Großkaufleute berührten. Auch Kosmopolitismus war Teil dieser Tendenz. An einem ganz normalen Tag konnte ein Florentiner Kaufmann einem verarmten englischen Soldaten Geld leihen, einen Kreditbrief von einem arabischen Händler in Algier einlösen und einen französischen Kardinal adliger Herkunft anhören, der dem Rat der Stadt eine Botschaft überbrachte. Obwohl die Florentiner Gesellschaft nicht (im institutionellen Sinn) hierarchisch aufgebaut war, ließ der patrizische Anteil jedoch starke aristokratische und elitäre Impulse erkennen. Die gesellschaftlichen Ideale und der Dünkel des europäischen Adels, die die feudalen Familien der Toskana angenommen hatten, starben im urbanen Milieu niemals ganz aus, sie erlebten im 15. Jahrhundert sogar eine bemerkenswerte Wiedergeburt.

Die Hartnäckigkeit, mit der sich der Sinn für Rang und Hierarchien in Florenz am Leben hielt, begünstigte darüber hinaus die Verbreitung einer neuen Erscheinung: der besonderen Beziehung zwischen Patron und Klient, zwischen Schutzherrn und Abhängigem. Diese neofeudalen Bindungen griffen besonders in der Periode der «oligarchischen» Regierung nach 1382 um sich. In gewissem Sinn setzten sie die alte feudale Beziehung zwischen Herr und «fedelis» fort und weiteten sie zugleich aus. Das feudale Abhängigkeitsverhältnis war in der Stadt niemals ganz verschwunden und in ländlichen Gebieten noch recht lebendig. In welcher Form es überdauerte, läßt sich daran ablesen, daß prominente Bürger sich zum Schutz und zur Verteidigung, aber auch für weniger ehrenwerte Zwecke, eine Gruppe von Gefolgsleuten hielten, Vorfahren der «bravi» in Manzonis *I promessi sposi (Die Verlobten)*, die von ihnen ernährt um sich zu sammeln, gekleidet und bewaffnet wurden. Eine solche Bande von Raufbolden, die normalerweise im Contado rekrutiert wurden, war in Zeiten politischer Unruhen eine verbreitete Erscheinung.

Wichtiger für die Entwicklung der Beziehungen zwischen Patron und Klient als dieses anachronistische Überbleibsel war die langsame Auflösung der ständischen Struktur der Florentiner Gesellschaft. In der Vergangenheit hatte nicht nur die Familie dem Individuum Status und Sicherheit geboten, sondern auch die Zugehörigkeit und Identifikation mit einer oder mehreren Körperschaften der Stadt. Von zentraler Bedeutung war die Zunft, die den einzelnen sowohl schützte als auch seine wirtschaftlichen Beziehungen zu anderen definierte. Als Zunftangehöriger war er automatisch Mitglied der Kommune, dem Organ, das die Stadt und ihr Herrschaftsgebiet regierte. Aber er konnte sich auch stärker mit einer besonderen politischen Organisation identifizieren, der Parte Guelfa zum Beispiel oder dem «gonfalone», der Volkskompagnie, in der die Männer eines Nachbarschaftsverbandes seit 1250 militärisch organisiert waren und die bei seltenen Gelegenheiten in Krisenzeiten vom «gonfaloniere» zusammengerufen wurde, um die Stadt zu verteidigen. Um seiner Frömmigkeit Ausdruck zu verleihen, konnte er einer religiösen Bruderschaft beitreten, wie der «Misericordia», die sich der Kranken annahm, oder vielleicht einer der Gesellschaften, die sich von Zeit zu Zeit zu gemeinsamem Gebet und frommen Übungen versammelten.

Gegen Ende des 14. Jahrhunderts verloren diese Körperschaften an Kraft und Lebendigkeit, sie spielten nun eine weniger bedeutsame Rolle im Leben der Florentiner. Die Stadtregierung hatte die Rechte, Privilegien und Immunitäten der Zünfte fortwährend beschnitten. Auch die Bedeutung der einst so mächtigen Parte Guelfa nahm durch die Gleichgültigkeit der Bürgerschaft und die Konkurrenz der Stadtregierung laufend ab. Gleichzeitig mit dem Verlust von Macht und Ansehen dieser Körperschaften lockerten sich auch die Familienbande. Im Quattrocento bildeten Familien nicht mehr so einheitliche und feste Blöcke wie im vorhergehenden Jahrhundert, als das Überleben von ihrer Einigkeit abhing. Manche Familie wurde gespalten durch die Zugehörigkeit zu rivalisierenden politischen Faktionen, aber auch durch ungleiche Vermögensverhältnisse der verschiedenen Haushalte einer Sippe. Immer häufiger gingen bei den Exekutivorganen der Stadt Bittschriften ein wie das Schreiben des Andrea Salterelli. Er beschreibt sich selbst als einen «jungen Mann, der von Natur aus ein ruhiges und friedfertiges Temperament» hat, im Wollhandel beschäftigt ist und den Wunsch hegt, «mit seinen Nachbarn in Eintracht zu leben». Er appellierte an die Signoria, juristisch von seinen Verwandten losgesagt zu werden, «die einem anderen Stand angehören und ein weniger ehrbares Leben führen und an keinerlei Handel Anteil haben». An seiner Bittschrift läßt sich ein bezeichnender Wandel in der Mentalität der Florentiner Patrizier ablesen: Sie wollten ihre Identität und ihren Status nach eigenem Verdienst bemessen wissen und nicht nach dem Rang und dem Verhalten ihrer Sippe. Am stärksten waren die Magnaten motiviert, sich von ihrer Familie loszusagen, denn den Mitgliedern einer Magnatenfamilie konnten Geldbußen für die Missetaten ihrer Verwandten auferlegt werden. Um solchen Nachteilen zu entgehen und das Recht zu erwerben, wichtige Ämter übernehmen zu können, baten viele Magnaten um die Erlaubnis der Kommune, ihre Namen zu ändern und sich so von den Fesseln ihrer Herkunft zu befreien.

In dieser Gesellschaft, in der die Körperschaften viel von ihrer Macht und ihrem Zusammenhalt verloren hatten, war der einzelne besonders angreifbar. Er war nicht mehr in dem Ausmaß wie früher geschützt durch seine Verbindungen mit der Zunft oder der Familie. Um sich gegen Gefahren und Bedrohungen zu verteidigen, mit denen er nun konfrontiert war, suchte er die Unterstützung und Freundschaft von Männern, die mehr Macht und Einfluß besaßen als er selbst. Er legte nach wie vor Wert auf vorteilhafte Verbindungen durch Heiratspolitik und gehörte auch weiterhin einer Zunft, der Parte Guelfa oder einer religiösen Bruderschaft an. Aber er setzte nun mehr Vertrauen in die persönlichen Beziehungen zu wichtigen Männern, denn diese zählten mehr als die Zugehörigkeit zu einer Körperschaft. Dieses Phänomen wird deutlich in dem Rat, den Giovanni Morelli seinem Sohn gab:

«Verbinde Dich durch Heirat mit jenen, die an der Macht sind (...), und wenn Dir das nicht gelingt, dann mache ihn [den Mann von Einfluß] Dir zum Freund, indem Du gut von ihm sprichst und ihm auf jede Dir mögliche Weise dienst. (...) Suche seinen Rat (...), zeige ihm Dein Vertrauen und Deine Freundschaft; lade ihn in Dein Haus ein und verhalte Dich so, wie Du meinst, daß es ihm gefallen und ihn Dir geneigt machen wird. Bleibe immer auf gutem Fuße mit denen, die an der Macht sind: Gehorche und befolge ihren Willen und ihre Befehle; sprich niemals schlecht über sie und das, was sie tun, selbst wenn es schlecht ist. Schweige still und sprich nicht, es sei denn, Du wirst dazu aufgefordert.»

Die Besonderheiten dieses Netzes von Beziehungen lassen sich besser erkennen, wenn man untersucht, was einen Patron mit seinen Klienten verband. Ein gutes Beispiel ist Forese Sacchetti, eine Gestalt von mittlerem Rang und entsprechender Bedeutung im Leben der Stadt im ersten Viertel des 15. Jahrhunderts. Sacchetti gehörte in Florenz zwar nicht zu den mächtigsten Männern, wohl aber zu jener zweiten Ebene einflußreicher Bürger, die regelmäßig Ämter in der Republik bekleideten. Die Korrespondenz von Sacchetti, die zum Teil in den Archiven der «Conventi soppressi» erhalten ist, zeigt, daß der Kreis von «raccomandati», von Männern, die auf ihn zählten, recht groß war und daß Stadt- wie Landbewohner darunter waren. Diese Klienten baten Sacchetti um Steuererleichterung, sie ersuchten ihn, ihnen einen Posten in der Regierung oder eine geistliche Pfründe zu verschaffen, oder (in einem Fall) einen Lehrstuhl an der Universität Perugia. Sie baten ihn um Freilassung aus dem Gefängnis oder wollten von Sacchetti lediglich die Zusicherung, daß er ihre Interessen schützen würde.

Noch bedeutsamer als der Inhalt der Bitten ist die Art der Verpflichtung, auf die sich die Gesuche beriefen. Ein Bittsteller schrieb: «Ich weiß von niemandem, mein Herr, an den ich mich in dieser Stunde der Bedrängnis mit mehr Zuversicht und Vertrauen wenden könnte als an Euch, der Ihr sowohl die Fähigkeit als auch die Bereitschaft besitzt, Euren Freunden und Dienern zu helfen.» Einige Briefschreiber brachten vor, daß sie Sacchetti «in loco parentis» betrachteten, zum Beispiel in dem folgenden Appell: «Ich habe Euch immer als meinen Vater betrachtet, da ich nie einen anderen Vater auf der Welt akzeptierte als Forese Sacchetti.» Häufig schrieben ihm Bittsteller im Namen anderer, so ein Mann, der versuchte, die Freilassung eines Häftlings aus dem Gefängnis zu erreichen, «für den ich tue, was ein Sohn für seinen Vater tun würde, und der mich immer wie einen Sohn behandelt hat». Einige Schreiber beriefen sich in ihren Bittschreiben ausdrücklich auf Freundschaft, andere hingegen strichen die Dienste heraus, die der Bittsteller bereit war, für seinen Schutzherrn zu übernehmen. Aus San Miniato schrieb einer an Sacchetti, «die Leute dieser Stadt wissen, daß ich Euer Diener bin, und deshalb muß ich in ihrem Namen an Euch schreiben». Ein armer Bittsteller allerdings schrieb unbeschönigt die reine Wahrheit, als er feststellte: «Ihr seht, wieviel Glauben ich in Euch setze, ich hoffe, daß Ihr damit zufrieden seid. Ich kann nichts für Euch tun, außer daß ich tue, was mein Gewissen mir vorschreibt.» Ein derartiger Freimut ist erfrischend und läßt vermuten, daß der Patron in manchen Fällen als Lohn für seine Wohltaten nur Dankbarkeit erwartete, im vollen Bewußtsein, daß seine Großzügigkeit allgemein bekannt werden und sein Einfluß wachsen würde, wenn er bewies, was er für seine Schützlinge erreichen konnte.

Jacob Burckhardt behauptete in seiner Beschreibung des sozialen Wandels in der Renaissance, der einzelne sei aus den ständischen Banden der mittelalterlichen Welt befreit worden, er wäre zum freien Mann in einer freien gesellschaftlichen Ordnung geworden. Die Geschichte von Florenz bestätigt diese Schlußfolgerungen des Schweizer Historikers allerdings nicht. Es trifft zwar zu, daß die kollektiven Zwänge, denen das Individuum unterlag, sich abschwächten, aber sie verschwanden niemals ganz. Besonders die familiären Bindungen und Verpflichtungen blieben sehr viel lebendiger, als Burckhardt annahm. Im Widerspruch zu der Vorstellung vom Renaissance-Menschen, der unbekümmert die Fesseln der Tradition abstreift und seiner Freiheit frönt, steht das Bild des Florentiners, der verzweifelt nach neuen Wurzeln für Sicherheit und Identität sucht, die den entschwundenen Halt ersetzen. Er schmiedete Bande der Freundschaft und verpflichtete sich gegenüber Wohltätern und Beschützern, die ihn gegen seine Feinde und vor der wachsenden Macht des Staates schützen sollten. Aber auch der mächtige Bürger, der Schutzherr, war nicht wirklich frei. Er war verstrickt in ein Netz von Verpflichtungen und Bindungen, die seine Handlungsfreiheit einschränkten und definierten. Er konnte sich aus diesen Verpflichtungen nicht lösen, ohne gesellschaftliches Ansehen und politischen Einfluß einzubüßen. Die gesellschaftliche Freiheit des Renaissance-Menschen, die Burckhardt postulierte und die seine Nachfolger weiter ausmalten, ist – wenigstens für das Florenz des 15. Jahrhunderts – ein Mythos.

Gesellschaftliche Wertmaßstäbe
und ihre inneren Widersprüche

In den Verhaltensmustern und Wertmaßstäben des Florentiner Patriziats mischten sich vier verschiedene Traditionen, die oft nicht miteinander harmonierten, häufig sich unversöhnlich gegenüberstanden. Ihrem Alter, nicht aber ihrer Bedeutung nach waren dies die christliche, die feudale, die merkantile und die kommunale Tradition. Jeder Patrizier versuchte in seinen Verhaltensweisen und Idealen diesen Konventionen gerecht zu werden: oft fühlte er sich einer stärker verpflichtet als anderen, und dies verlieh der Persönlichkeit des einzelnen ihre individuelle Prägung. Niemand aber entkam den Spannungen und Widersprüchen dieses pluralistischen gesellschaftlichen Erbes.

Die Unvereinbarkeiten dieser Traditionen sind auffällig. Wie bei allen Europäern standen die Wertvorstellungen des Florentiners unter dem Einfluß der Religion. Von Kindheit an wurden ihm die christlichen Tugenden vermittelt: Nächstenliebe, Mildtätigkeit, Demut und Genügsamkeit. Predigten und religiöse Literatur warnten ihn vor den Todsünden des Stolzes und des Geizes, der Habgier und der Wollust. Ihm wurde beigebracht, nicht Reichtum anzustreben, sondern zufrieden zu sein mit seinem Los in diesem Jammertal, bescheiden aufzutreten und dem Feind die andere Wange hinzuhalten. Die Werte, die er aus der feudalen Vergangenheit erbte, unterschieden sich davon recht stark. Es waren dies größtenteils die Ideale des europäischen Schwertadels; er legte Wert auf Eigenschaften wie Ehre, Stolz, Überlegenheit und Großzügigkeit sowie auf militärische Tugenden wie Angriffslust und Tapferkeit. Von beiden Traditionen, der christlichen wie der feudalen, unterschied sich die Werte, die aus den Geschäftspraktiken abgeleitet waren, die den Wohlstand und die Macht der Stadt begründet hatten. Und schließlich standen die bürgerlichen Werte, die aus der Mitgliedschaft in einer politischen Gemeinschaft und der Loyalität ihr gegenüber stammten, häufig im Widerspruch zu diesen älteren Traditionen. Die Spannungen, die aus dieser besonderen Form von Disharmonie resultierten, sollen im nächsten Kapitel untersucht werden, in dessen Mittelpunkt die Politik steht.

Konflikte zwischen Wertmaßstäben zeigen sich unter anderem in den Einstellungen der Florentiner zu den verschiedenen Beschäftigungen. Die beiden angesehensten Berufsgruppen in der Stadt waren die

Juristen und die international tätigen Kaufleute. Juristen genossen die hohe Achtung, die die Florentiner (wie alle anderen Europäer auch) Männern mit Universitätstiteln zollten. In Florenz jedoch, wo die gesellschaftlichen und wirtschaftlichen Beziehungen von einem komplexen und hochentwickelten Rechtskodex geregelt wurden und wo die Talente der Juristen auch in der Politik von Nutzen waren, wurde die Kenntnis der Gesetze besonders geschätzt. Der herausragende Status, der dem Kaufmann im internationalen Handel zugemessen wurde, unterschied Florenz von anderen Städten, die nicht in diesem Ausmaß mit ganz Europa Handel trieben. Gregorio Dati äußerte eine verbreitete Ansicht, als er schrieb: «Ein Florentiner, der kein Kaufmann ist, der nicht die Welt bereist, fremde Nationen und Menschen gesehen hat und dann mit einigem Vermögen nach Florenz zurückgekehrt ist, ist ein Mann, der keinerlei Achtung genießt.»

Diese Würdigung des Kaufmanns war nicht einfach eine gesellschaftliche Absegnung der Tätigkeit, aus der der größte Teil des gesellschaftlichen Reichtums stammte. Wir haben es hier mit einer komplexeren Haltung zu tun, an der die Evolution der gesellschaftlichen Struktur der Stadt sichtbar wird. Im Jahr 1410 hatte Gregorio Dati vielleicht recht mit seiner Behauptung, ein welterfahrener und erfolgreicher Kaufmann würde allgemein Ansehen genießen, ein halbes Jahrhundert zuvor jedoch wäre eine solche Äußerung nicht in diesem Maß gültig gewesen, denn damals herrschte in den Familien, die vom Feudaladel abstammten (oder vorgaben, von ihm abzustammen), die Überzeugung, der Handel sei ein unwürdiges und erniedrigendes Gewerbe. Luca da Panzano, der Abkömmling eines alten adligen Hauses, das im 12. Jahrhundert vom Kaiser des Heiligen Römischen Reichs in den Freiherrenstand erhoben worden war, schrieb anläßlich seiner Wahl an den Gerichtshof der Händler, «da wir alter Adel sind, hat niemand aus unserem Haus (...) dieses Amt je innegehabt, denn seine Mitglieder waren keine Kaufleute». Der Sproß einer anderen adligen Familie, Bernardo da Castiglionchio, zog eine genauere Grenzlinie zwischen den unterschiedlichen Kategorien der Handelsgeschäfte. Er hielt mit Stolz fest, kein Mitglied seiner Familie sei je durch Armut gezwungen gewesen, sich mit niedrigen Geschäften oder Berufen abzugeben. Er gab zu, einige seiner Ahnen seien Kaufleute gewesen, aber sie hätten «edlen und ehrlichen und nicht niedrigen Handel getrieben, sie reisten nach Frankreich und England, handelten mit Tuch und Wolle wie alle bedeutenden und besseren Männer der Stadt».

In der Hierarchie der Berufe, die sich durch die Vorlieben und Vorurteile der Florentiner etabliert hatte, rangierten Tuchhersteller und Bankiers unmittelbar nach den Juristen und Kaufleuten von internationalem Format. Noch im Jahr 1400 haftete dem Bankgewerbe das Stigma des Wuchers – des illegalen Profits – an. Dem Prateser Kaufmann Francesco Datini wurde 1398 von einem seiner Geschäftspartner geraten, sein Vorhaben, eine Bank zu gründen, aufzugeben, mit den Argumenten, Bankgeschäfte würden weniger Gewinn abwerfen, seien weniger ehrenhaft und weniger gottgefällig, «denn es gibt keinen [Bankier], der nicht Verträge zu Wucherbedingungen abschließt». Weiter unten auf der Skala rangierten Geschäftsleute, die am Ort Handel trieben (Apotheker, Goldschmiede, Gebrauchtkleiderhändler), darunter die kleinen Ladenbesitzer und Handwerker: Steinmetze, Tischler, Weinhändler, Schmiede und Bäcker. Ärzte nahmen eine mittlere Position in dieser Hierarchie ein. Sie standen unter den großen Kaufleuten und Unternehmern, aber über den Ladenbesitzern. Universitätsprofessoren wurde Respekt und Ehrerbietung gezollt, ebenso den humanistischen Gelehrten, die das intellektuelle Leben im 15. Jahrhundert prägten. Lehrer im Elementarbereich hingegen besaßen einen ebenso geringen gesellschaftlichen Status und so wenig Vermögen wie ihre modernen Nachfahren. Die Steuerangaben der «maestri di grammatica» gehörten zu den niedrigsten in der Stadt; es wurde ihnen nicht gestattet, sich in einer Zunft zusammenzuschließen und so für öffentliche Ämter wählbar zu sein.

Eine scharfsichtige Schilderung der sozialen Wertmaßstäbe des Florentiner Patriziats findet sich in den Memoiren von Giovanni Morelli, die zwischen 1393 und 1421 abgefaßt wurden. Morelli war ein reicher Kaufmann aus solider, ehrbarer (aber nicht vornehmer) Familie. In seinen Erinnerungen werden seine Herkunft aus dem Handelsmilieu und seine kaufmännische Gesinnung deutlich, seine Moralvorstellungen sind im wesentlichen die eines erfolgreichen Geschäftsmannes. Als oberste Tugenden galten ihm Sparsamkeit, Besonnenheit, Vorsicht und Zurückhaltung. Morelli sah in der Erhaltung des Familienvermögens ein vorrangiges Lebensziel. Er hatte so viel Angst vor geschäftlichem Mißerfolg, daß er seinen Söhnen riet, allein zu operieren und niemals Faktoren oder Bevollmächtigte einzustellen. Er warnte vor Wucher, aber weniger aus Furcht vor der Strafe Gottes, denn aus Sorge vor dem irdischen Strafrecht. Er stellte fest, daß nicht jedem Sinn fürs Geschäft beschieden ist, und riet deshalb jenen, denen dafür die Begabung fehlte, den Handel aufzugeben, ihr Geld in Grundbesitz zu stekken und als Rentiers zu leben. Wiederholt forderte er seine Söhne auf, niemandem zu trauen, weder Geschäftspartnern und Bauern noch Geschäftsführern und Angestellten im eigenen Geschäft. Diese zwanghafte Furcht vor Betrug könnte als Ausdruck einer paranoiden Persönlichkeit erscheinen, ähnliche Empfindungen artikulierten jedoch auch eine ganze Reihe seiner Mitbürger. Morelli drückte nur die wirtschaftliche Unsicherheit der gesamten Gesellschaft aus.

Morellis Wertvorstellungen werden besonders deutlich in seinem Urteil über andere. Sein Vater Paolo war (nach Ansicht des Sohnes) ein Mann von überragender Begabung und Würde, der auf seinem Weg zum Erfolg viele Hindernisse und Schwierigkeiten überwunden hatte. Er war von seinen Brüdern um einen Teil seiner Erbschaft gebracht worden, aber anstatt ihnen gegenüber deshalb Feindseligkeit zu hegen, behandelte er sie auch weiterhin mit christlicher Liebe: «Er unterhielt enge Beziehungen zu ihnen und bewies seine große Zuneigung, indem er ihnen half, so sehr er konnte, und sie in ihren Angelegenheiten beriet und so seinen Glauben und seine Hoffnung in sie zeigte.» Im Jahr 1363 wurde die Familie vom Unglück heimgesucht, die Pest raffte seinen Bruder dahin, und Paolo war gezwungen, hart zu arbeiten, um das Vermögen der Familie zu erhalten. Dann starb 1374 auch er im Alter von vierzig Jahren an der Pest. Hätte er noch zehn Jahre länger gelebt, schrieb Giovanni, «hätte er ein großes Vermögen von 50000 Florin erworben».

Die Eigenschaften, auf die in der Biographie besonders hingewiesen wird, sind wacher Geschäftssinn, Loyalität der Familie gegenüber und Umgänglichkeit. Diese Persönlichkeitszüge pries Morelli auch in der Beschreibung seines Vetters, Giovanni di Bartolomeo. Als junger Mann war Giovanni «äußerst gefällig, fast schon verschwenderisch, so daß seine Ausgaben leichtsinnig und nicht sehr ehrbar waren». Aber die Ehe brachte ihn zur Vernunft: «Er wurde der sparsamste Mann auf der Welt und ein hervorragender Verwalter seines Vermögens.» Außerdem beschrieb Morelli beifällig das soziale Verhalten seines Vetters: «Er war ein angenehmer Mann, sehr heiter, er suchte die Unterhaltung, war scharfsinnig, liebevoll, freundlich, ein guter Geschichtenerzähler.» Aus anderen Quellen wird ersichtlich, daß diese geselligen Eigenschaften, die Fähigkeit, liebevolle und enge menschliche Beziehungen zu knüpfen, in Florenz sehr geschätzt wurden, sie waren ein Aktivposten, der nicht aus der Geschäftsmoral stammte. Ein anderer Zug, den Morelli hervorhob, war Freigebigkeit. Über seinen Vater Paolo schrieb er: «Er gab viele Almosen, und er weigerte sich nie zu geben, um was er von Reichen oder Armen gebeten wurde, besonders wenn es um Geld ging.» Dennoch betonte Morelli auch die Tugenden der Genügsamkeit und Kargheit in den Lebensgewohnheiten. Unbewußt brachte er damit einen Konflikt zwischen dem bürgerlichen Antrieb zu Sparsamkeit und der aristokratischen Verpflichtung zur Großzügigkeit zum Ausdruck.

Dieser Konflikt zwischen merkantilen und aristokratischen Wertmaßstäben zeigte sich auch auf anderen Ebenen gesellschaftlichen Verhaltens. In ferner Vergangenheit hatte sich das Florentiner Bürgertum ein Bild vom feudalen Großgrundbesitzer geschaffen als einer gewalttätigen, gesetzlosen Gestalt, die gewohnheitsmäßig friedliche Kaufleute und Handwerker ausbeutete und mißhandelte. Als der alte Feudaladel gezähmt und vom städtischen Bürgertum praktisch nicht mehr zu unterscheiden war, hatte dieses Bild nur noch wenig mit der Wirklichkeit gemein. Dennoch hielt sich der Mythos bis ins 15. Jahrhundert. Er fand Ausdruck in zahllosen Anklagen gegen Mitglieder der Magnatenfamilien, die als «grandi e possenti» bezeichnet wurden, so zum Beispiel in einer anonymen Denunziation, die einem Richter im Jahr 1394 zuging: «Ihr sollt wissen, daß die Bardi eine große und anmaßende Familie sind und daß sie sich um niemanden scheren, und jeden Tag wenden sie Gewalt an gegen jedermann [, dem sie begegnen].» Diese Vorstellung schlägt sich außerdem in Bittschriften für die Teilung von Familien nieder, in denen sich die Appellierenden (wie die Familie Velluti im Jahr 1395) selbst samt und sonders als «friedfertige und ruhige Menschen, die mit jedermann friedliche Beziehungen zu pflegen suchen», darstellten und ihre Verwandten als Menschen, die «danach trachten, andere zu beleidigen, und nicht friedlich ihres Weges gehen». Die Sitten des Feudaladels wurden allerdings nicht allgemein verachtet, selbst nicht von den friedliebenden Kaufleuten. Das ostentative Herzeigen von Stärke und Macht, selbst aggressive und anmaßende Äußerungen von Macht, stießen immer noch auf Respekt, Furcht und Bewunderung.

Der Florentiner Patrizier war zutiefst beunruhigt von dem Abgrund zwischen den christlichen Werten und der Wirklichkeit gesellschaftlichen Verhaltens. Der Konflikt wurde besonders auf drei Gebieten akut: in der Vorstellung von «Ehre», in den sexuellen Sitten und im Problem des Reichtums. Die überragende Bedeutung der Ehre stammte großenteils aus dem ritterlichen Kodex des Feudaladels und durchdrang das gesamte System patrizischer Wertvorstellungen. «Ehrbar» zu leben bedeutete, sich nach den Maßstäben der eigenen Klasse zu richten und durchdrungen zu sein von dem Gefühl für persönliche Würde und Verantwortung. «Ehrlos» war jedes Verhalten, das den Status und das Ansehen des einzelnen oder seiner Familie herabsetzte oder beeinträchtigte. In der Biographie eines entfernten Verwandten, die er in die eigene einschloß, schilderte der Jurist Donato Velluti (gest. 1370) Piero di Ciore Pitti, einen Mann, der in den Abgrund der Unehre gefallen war. Nachdem er das väterliche Erbe verschleudert hatte, verdiente Pitti seinen Lebensunterhalt als Soldat und dann als Tagelöhner in einer Tuchmanufaktur. «Er wurde von einem Machiavelli verwundet, entschloß sich aber nie zu einer Vendetta. Er nahm Monna Bartolomea zur Frau, die Enkelin von Bongianni, dem Weinhändler, die die Hure anderer Männer gewesen war und mit der er in elenden Verhältnissen lebte.» Als Pitti in einem Schuppen in der Nähe von San Giorgio gestorben war, kam niemand von seinen Verwandten zu seinem Begräbnis. Die Florentiner bewiesen wenig Nächstenliebe oder Barmherzigkeit gegenüber den Gefallenen, selbst wenn jene nicht allein für ihr Schicksal verantwortlich waren. Giovanni Corsini, das unglückliche Mitglied einer bedeutenden Familie, beschrieb ein Chronist als so «abgesunken in einen überquellenden Pfuhl von Elend und Armut, daß er (...) sogar von seinen eigenen Verwandten verachtet wurde». Das Lob der Demut, das die Kirche verkündete, und ihre Absage an den Stolz machten auf das Florentiner Patriziat nur wenig Eindruck.

Die sexuellen Sitten der oberen Klassen stimmten in einer einzigen Hinsicht mit der christlichen Moral überein: in der allgemein üblichen, umfassenden Sorge um die Keuschheit der Frauen vor und nach der Heirat. Frauen aus guter Familie wurden streng vor Kontakten mit fremden Männern abgeschirmt; sie gingen nur selten aus dem Haus, und wenn, dann zur Messe oder zu Familienfesten. Die engen Beziehungen zwischen jungen Männern und Frauen, die Boccaccio in seinem *Dekameron* beschreibt, sind reine Fiktion. Selbst in der Krisenzeit des Schwarzen Todes wird es nicht zu einem so freizügigen Kontakt zwischen den Geschlechtern gekommen sein. Boccaccio hat mit Sicherheit das Ausmaß unerlaubter Liebe und Untreue innerhalb des Patriziats übertrieben, aber seine Schilderungen zügellosen Verhaltens besaßen eine gewisse Grundlage in der Wirklichkeit. Paolo Sassetti, ein Kaufmann aus ehrbarer Familie, klagte in seinem Tagebuch über seine Cousine Letta, die Tochter von Federigo Sassetti, die vom Pfad der Tugend abgekommen und 1383 im Haus ihres Liebhabers Giovanni Porcellini gestorben war: «Soll der Teufel ihre Seele holen, denn sie hat Schande und Ehrlosigkeit über unser Haus gebracht.» Sassetti tröstete sich damit, daß Menschen nicht wiedergutmachen könnten, was Gott als Strafe für ihre Sünden festgesetzt habe, aber er fügte hinzu: «Wir werden eine solche Vendetta [gegen Porcellini] führen, daß unserem Stolz Genüge getan wird.»

Sexuelle Beziehungen zu anderen Frauen bedeuteten für einen Mann keinen gesellschaftlichen Makel, solange er keine Unehre über die Familie brachte, indem er eine Geliebte von niederer Geburt heiratete. Florentiner Männer suchten ihr Vergnügen mit Frauen, wann immer sie Gelegenheit und Lust dazu hatten, und das war nicht selten. Im allgemeinen waren ihre Dienstboten und die Hausklaven Ziel ihrer Liebesbezeugungen, obwohl es nicht unüblich war, daß sie Verbindungen mit Frauen aus den niedrigeren Klassen der Gesellschaft und auf dem Land eingingen. Giovanni Morellis Bericht über die außerehelichen Beziehungen seines Vetters sind nicht untypisch. «Er hatte keine Kinder von seiner Frau Simona, allerdings hatte er mehrere illegitime Nachkommen, einige von einer Frau aus guter Familie und einige von einer Sklavin, die sehr schön war und die er später mit jemandem aus dem Mugello verheiratete.» Mit ungewohnter Zurückhaltung fügte er hinzu: «Ich möchte den Namen ihres Gatten nicht nennen, denn es wäre nicht recht, seine Familie [zu erkennen zu geben], da sie ein recht hohes Ansehen genießt.» Die Sprößlinge aus solchen ungesetzlichen Verbindungen wurden nicht aus der Gesellschaft ausgeschlossen, aber sie hatten unter Diskriminierungen zu leiden. Normalerweise erhielten sie kein volles Erbteil aus dem Nachlaß ihres Vaters, allerdings bekamen sie häufig eine finanzielle Abfindung. Die Kommune befürwortete gelegentlich Bitten um die Adoption eines unehelichen Kindes, aber nur, wenn der Vater keine männlichen Erben hatte.

Das Problem des Reichtums, der Erwerb und die Verwendung eines Vermögens, schuf den schärfsten Konflikt im ethischen und moralischen System des Florentiner Patriziats. Die herkömmliche, den Reichen gegenüber feindliche Einstellung des Christentums wurde in den Predigten der Geistlichen, in der Erbauungsliteratur und in den Schriften der Theologen ständig wiederholt. Die Bemühungen, den Abgrund zwischen Glauben und Handeln, zwischen Wort und Tat zu überbrücken, durchziehen als eines der wichtigsten Themen die Geschichte dieser Stadt wie die Geschichte Europas im späten Mittelalter überhaupt.

Jeder Florentiner fühlte sich in gewisser Weise schuldig, weil er in einer Gesellschaft lebte, deren materielle Existenz in so scharfem Widerspruch zu ihren geistlichen Idealen stand.

Die Florentiner reagierten auf zweierlei Weise auf dieses Dilemma: Entweder sie gaben ihre Schuld zu und versuchten, sie zu sühnen, oder sie leugneten jegliche Schuld und rechtfertigten den Erwerb von Vermögen. Belege für ein offenes und freimütiges Schuldbekenntnis finden sich am häufigsten in den Testamenten der Kaufleute aus dem 14. Jahrhundert, die vor allem eingestanden, daß ihr Reichtum durch Wucher gewachsen war. Der Großvater von Cosimo de' Medici, Bicci (gest. 1363), verfügte in seinem Letzten Willen, es sollten 50 Lire beiseite gelegt werden, um jene zufriedenzustellen, von denen er unrechtmäßig Geld genommen hatte. Die Gesellschaft stellte den Wucher mit der Verdammung gleich; man glaubte, die Seelen von Wucherern, deren Sünden offenbar wurden, seien unwiderruflich verloren. Wucherern wurde nicht erlaubt, ein Testament aufzusetzen, auch ein christliches Begräbnis wurde ihnen verwehrt. Nach 1437 wurde nur Juden gestattet, Pfandleihgeschäfte zu betreiben. So konnte den Behörden nicht vorgeworfen werden, sie würden zulassen, daß christliche Seelen ewiger Verdammnis anheimgegeben wurden. Zwar existierten genaue Definitionen des Wuchers, und es wurden angestrengte Bemühungen unternommen, zwischen erlaubtem und unerlaubtem Gewinn zu unterscheiden, aber daß die Theologen sich mit diesen Unterscheidungen nicht einverstanden erklären konnten, säte Zweifel in die Herzen der Menschen, der niemals vollkommen zerstreut werden konnte. Normalerweise drückte sich ein stillschweigendes Schuldbekenntnis in großen Zuwendungen an karitative oder religiöse Stiftungen aus. Als Vespasiano da Bisticci anmerkte, Cosimo de' Medici habe «Gewissensbisse gehabt, weil bestimmte Anteile seines Reichtums (...) nicht rechtmäßig [das heißt auf erlaubte Weise] erworben waren», schilderte er die seelische Verfassung vieler Geschäftsleute; und Cosimos Entschluß, das Kloster San Marco neu bauen zu lassen, war eine von vielen ähnlichen Handlungen moralisch verunsicherter Männer. Kunstwerke im Florenz des Mittelalters und der Renaissance verdanken sich weitgehend den Schuldgefühlen des Patriziats.

Zwei aufs Geratewohl herausgegriffene Beispiele sollen veranschaulichen, auf welche Weise manche Individuen auf die Spannungen zwischen dem christlichen Ideal und den Realitäten der Geschäftswelt reagierten. Donato Velluti beschrieb einen denkwürdigen Vorfall im

Leben seines Vetters Bernardo, der den in der Kaufmannschaft üblichen Weg eingeschlagen hatte, als Lehrling in eine Tuchmanufaktur eingetreten war und dann eine eigene Gesellschaft gegründet hatte. In der Fastenzeit des Jahres 1350 machte er eine religiöse Krise durch und zog sich in das Kloster Certosa zurück. Dort verbrachte er ein Jahr als Novize; er schlug alle Bitten seiner Verwandten ab, in die Welt zurückzukehren, und blieb in seinem Entschluß «fest wie ein Fels, dort zu weilen bis zu seinem Tod». Bevor er schließlich die Gelübde ablegen wollte, ordnete er seine weltlichen Angelegenheiten und wurde dabei in eine Auseinandersetzung mit seinem Onkel über eine umstrittene Erbschaft verwickelt. Aus Sorge, seine verwaisten Geschwister könnten um ihr Erbe gebracht werden, änderte er schlagartig seinen Entschluß und teilte dem Abt mit, daß er das Kloster verlasse. Bernardo setzte sich über das Flehen und die Warnungen des Mönchs hinweg, er würde seine Seele in Gefahr bringen, kehrte zu seinen Geschäften in Florenz zurück und nahm die Fäden seiner unterbrochenen Karriere als Kaufmann wieder auf.

Weniger dramatisch war die Lösung, die Gregorio Dati zur Besänftigung seines Gewissens fand, aber sie ist nicht weniger aufschlußreich für die Spannungen, in denen ein Kaufmann lebte und arbeitete. In seinem «geheimen Buch» beklagte Dati sein Unvermögen, den Vorschriften seiner Religion Genüge zu tun. «Für unsere Sünden», schrieb er, «sind wir vielen geistigen Prüfungen und körperlichen Leiden in diesem elenden Leben unterworfen, und wenn uns nicht die Gnade Gottes zuteil würde, (…) würden wir täglich zugrunde gehen.» Er bekannte, er habe zeit seines Lebens regelmäßig gegen die Gebote Gottes verstoßen, und fügte hinzu: «Da ich nicht das Vertrauen in mich habe, daß ich mein Verhalten bessern kann, muß ich langsam anfangen, Schritt für Schritt.» Dati gelobte, sich an Feiertagen aus allen Geschäften zurückzuziehen und nicht zu erlauben, daß andere «um des Gewinns oder weltlichen Vorteils willen» für ihn arbeiteten. Aber der Kaufmann stellte fest, daß das Fleisch schwach war und die Umstände ihn zwingen könnten, seinem Entschluß untreu zu werden. So versprach er, einen Florin an die Armen zu geben, sollte er die Regeln verletzen, «und ich habe dies niedergeschrieben, um es fest im Gedächtnis zu behalten, und zu meiner Beschämung, wenn ich dagegen verstoße». Dati versuchte außerdem, sich vor religiösen Strafen zu schützen, indem er erklärte, diese Entschlüsse seien nicht in strengem Sinn als Gelübde zu betrachten, «vielmehr treffe ich sie, um mich zu ermutigen, diese guten Lehren zu befolgen, soweit es für mich möglich ist». Wie es einem einsichtigen Kaufmann zukommt, schränkte er seine Verpflichtungen und Bindungen ein und versuchte einen vernünftigen Weg zwischen weltlichen und geistlichen Anforderungen zu finden. Er erkannte und akzeptierte die Gefahren dieses Kompromisses, der sowohl Mut als auch Glauben erforderte.

Soziale Beziehungen: Freundschaft und Feindschaft

Form und Beschaffenheit der sozialen Beziehungen im Florenz jener Jahre tritt am deutlichsten in privaten Briefen hervor, die in beträchtlicher Anzahl erhalten sind. Das Auffälligste an diesen Briefen ist ihre Intimität. Die Männer äußerten sich freimütig und offen, sie waren in bemerkenswerter Weise zur Selbstbeobachtung fähig. Sie schilderten ihre Gefühle und Leidenschaften, ihre Wünsche und Ideale, ihre Vorlieben und Abneigungen, und sie fällten scharfe und scharfsichtige Urteile über andere. Die Meinungen wurden mit überraschender Offenheit niedergeschrieben, wenn man in Betracht zieht, wie häufig Briefe abgefangen und von Gegnern gelesen wurden. Sogar Geschäftsbriefe oder persönliche Bitten um Unterstützung von Fremden tragen diesen Stempel der Intimität und Anteilnahme. Was den Florentiner Briefen (und dem Florentiner Charakter) fehlte, sind Gleichgültigkeit und Gefühllosigkeit.

Dem glücklichen Umstand, daß mehrere hundert Briefe des Florentiner Notars Lapo Mazzei (gest. 1421) an den in Prato lebenden Kaufmann Francesco Datini (gest. 1410) erhalten sind, ist es zu verdanken, daß sich die Beziehung der beiden Briefschreiber rekonstruieren läßt. Mazzei und Datini kamen beide aus bescheidenen Verhältnissen, aber sie waren unterschiedliche Wege gegangen. Mazzei wurde Notar, er erwarb nur ein bescheidenes Vermögen und keinen besonderen Status; Datini hingegen stand im Ruf, der reichste Kaufmann in Prato zu sein. Datini hatte den jungen Mazzei unterstützt, als dieser in Bologna studierte, und dieser Akt der Großzügigkeit war das Fundament ihrer Freundschaft. Datini bestimmte den Notar häufig zu seinem Prokurator oder juristischen Vertreter in Florenz. Mazzeis Bemühungen zugunsten seines Freundes blieben nicht ohne Lohn, häufig wurden ihm ein Faß Wein oder eine Schachtel Käse nach Hause gebracht. Datini fand in einem seiner Handelsunternehmen einen Platz für Lapos Sohn und lieh seinem Freund Geld, damit dieser Grundbesitz erwerben konnte. Im wesentlichen aber verband Zuneigung diese beiden Männer, sie überdauerte die Widrigkeiten der Zeit und sogar die schwierige Persönlichkeit Datinis. Denn der Kaufmann war schnell dabei, wenn es darum ging, Freunde um Hilfe zu bitten, ähnlich rasch war er beleidigt, wenn er sie nicht sofort erhielt. Verdrossen über die Wut, die Datini bei einem bestimmten Anlaß zeigte, versuchte der Notar ihre Beziehung zu definieren:

«Francesco, ich bin für Euch nicht, was Orest für Pylades war oder Damon für Pythias, die aus Freundschaft für den anderen ihr Leben zu opfern bereit waren. Noch bin ich wie die Männer von Sardanapolis, die nur aus Gier und Gewinnsucht befreundet waren. Aber ich bin nicht der schlechteste unter den lauen Freunden, die heutzutage herumlaufen, und Gott bewahre Euch vor Mißgeschick, so daß ich nicht unter den ersten sein werde, die Euch im Stich lassen. Es ist nicht recht, daß jedermann Euren kleinsten Grillen entgegenkommen soll, und unmittelbar darauf sagt Ihr mir dann: ‹Ich habe keine Freunde›.»

Für Datini und Lapo Mazzei bedeutete Freundschaft Verpflichtungen und Dienste, das Recht, Forderungen an den anderen zu stellen, und die Bereitschaft, Belastungen, Probleme und Verantwortung zu teilen. Ihr Briefwechsel geht auf alle Aspekte ihres Privat- wie ihres Berufslebens ein. Datini fragte den Freund in geschäftlichen Angelegenheiten um Rat und bat ihn um seine Meinung über das Personal, das er in seinen Gesellschaften beschäftigte. Er baute stark auf die Vertrautheit des Notars mit den Verhältnissen in Florenz und auf seine Bekanntschaft mit einflußreichen Florentinern. «Ich weiß ein bißchen etwas über die Regierung dieser Stadt», schrieb Lapo an seinen Freund, «und Ihr könnt meinem Urteil trauen. Ich habe mehr mit den Männern zu tun, die in diesem Staat das Sagen haben, als viele andere Notare hier.» Als Datinis Bevollmächtigter verteidigte der Notar die Interessen des Kaufmanns bei Prozessen und setzte seine Bitten um Steuererleichterung bei der Finanzbehörde durch. Lapos guten Diensten war es zu verdanken, daß Francesco die Bekanntschaft so angesehener Bürger wie Guido del Palagio, Niccolò da Uzzano und Messer Rinaldo Gianfigliazzi machte.

Die enge Verbindung zwischen den beiden Männern zeigt sich auch in den hartnäckigen Bemühungen Mazzeis, zwischen Datini und dessen Frau Margherita zu vermitteln. Das Verhältnis der Ehegatten war nie allzu gut gewesen; Datini war brüsk und ungeduldig, seine Frau hatte eine spitze Zunge, war fordernd und zänkisch. Zu ihren Eheschwierigkeiten trug auch die räumliche Trennung bei, denn Francesco war oft auf Geschäftsreisen. Margherita konnte keine Kinder bekommen, und die Seitensprünge ihres Mannes, aus denen mindestens zwei uneheliche Kinder hervorgingen, belasteten ihre Ehe nur noch stärker. Mazzei drängte Datini wiederholt, seiner Gattin gegenüber mehr Nachsicht zu zeigen, Margherita hingegen riet er, ihre Zunge in Zaum zu halten und mehr Geduld für das reizbare Naturell ihres Mannes aufzubringen. Zu anderen Zeiten und unter anderen gesellschaftlichen Bedingungen wäre Mazzeis Verhalten als unerträgliche Einmischung abgelehnt worden. In dieser Freundschaft jedoch, die ganz sicher nicht untypisch war, wurde Lapos Fürsorge als angemessen und berechtigt akzeptiert.

Nach Lapos Urteil war der beunruhigendste Aspekt im Leben seines Freundes die übertriebene Beschäftigung mit weltlichen Dingen und seine Gleichgültigkeit gegenüber seinem Seelenheil. Mazzei selbst war ein Mann von tiefer Frömmigkeit, er konnte den zwanghaften Drang des Kaufmanns, immer mehr Vermögen anzuhäufen, seine materiellen Interessen noch weiter auszudehnen, nicht verstehen. In einem Brief formulierte Mazzei offen und beredt seine Zweifel und Befürchtungen:

«Francesco, ich habe hundertmal über Euch nachgedacht, beim Spazierengehen, im Bett, in meinem Arbeitszimmer, wann immer ich ganz allein war: und die Nächstenliebe zwingt mich, Euch die Wahrheit zu sagen, die mich das Kostbarste dünkt, was es unter Freunden gibt. (...)

Wenn ich nur an den Verdruß denke, den Ihr mit dem Haus habt, das Ihr baut, mit den Filialen, die Ihr in fernen Ländern unterhaltet, mit den Gastmählern, die Ihr ausrichtet, mit der ganzen Buchführung, die immer stimmen muß, und mit vielem anderen mehr, so scheint mir das alles das nötige Maß derart zu übersteigen, daß ich eingesehen habe, daß es Euch nicht möglich ist, Euch auch nur eine Stunde der Welt und ihrer Fallstricke zu entziehen. Doch Gott hat Euch überreich mit der Gnade irdischer Güter beschenkt und Euch dazu viele warnende Zeichen zukommen lassen. (...) Kurzum, deshalb wünschte ich, Ihr würdet so klug sein, mit vielen Eurer Angelegenheiten abzuschließen, von denen Ihr selbst sagt, daß sie noch nicht geregelt sind, und noch schneller könntet Ihr das Bauen einstellen und von diesen Euren Reichtümern und Einkünften noch mit der warmen Hand Almosen spenden. (...) Ich sage ja nicht, daß Ihr ein Mönch oder ein Priester werden sollt, aber daß Ihr Ordnung in Euer Leben bringen müßt.»*

In einem anderen Brief, den er im Jahr 1405 an seinen Freund schrieb, schilderte Mazzei eine Szene, die mit besonderer Deutlichkeit die Innigkeit der Beziehungen in Florenz erkennen läßt. Seit Monaten hatte der Notar Datini in einem Prozeß verteidigt, den die Mutter eines verstorbenen Geschäftspartners gegen den Kaufmann angestrengt hatte, um die Geschäftsanteile zurückzuerhalten, die diesem angeblich gehört hatten. Der Prozeß war langwierig, erbittert und kompliziert, er reizte Datini häufig zu Wutanfällen. Nachdem der Gerichtshof der Kaufleute Francescos Gegner 1000 Florin zuerkannt hatte, traf Mazzei dessen Rechtsvertreter, Bartolo Pucci, in einer Kirche. Dort erzählte ihm der Notar, wieviel Ärger Pucci Datini und ihm selbst bereitet hatte, «und wie Bartolo Francesco mit einer einzigen Forderung mehr aus der Fassung brachte, als dies all seine Freunde in einem Monat hätten bewerkstelligen können». Nachdem er beschworen hatte, es sei für Bartolo nutzlos, den Fall weiter zu verfolgen, bat Mazzei seinen Gegner um «einen einzigartigen Gefallen in dieser Kirche, das war, daß er mich jeden Tag seines Lebens, angefangen vom heutigen Tag, als seinen Freund betrachten solle». Dieser Appell hatte die erwünschte Wirkung, und der von Reue gepackte Pucci ergriff Lapos rechte Hand «und sagte, um diese Freundschaft zu besiegeln, Dinge zu mir, die ich nicht schreiben möchte, denn sie waren übertrieben, und er dankte mir so innig, daß ihm fast die Tränen kamen». Bartolo führte Mazzei dann zum Altar der Kirche, ergriff ein Buch, auf das er das Kreuzeszeichen machte, und schwor dann, Francesco oder seine Partner niemals mehr anzugreifen und den Prozeß, der immer noch anhängig war, zu beenden.

Diese Szene ist vielleicht nicht gerade typisch, aber sie zeigt, wie stark der Impuls war, persönliche Beziehungen in genauen, unzweideutigen Begriffen festzulegen. Wenn nicht Freundschaft, dann Feindschaft – und die Florentiner beschäftigten sich mit ihren Feinden ebenso stark wie mit ihren Freunden. Feindschaft war unerbittlich, dauerhaft und allumfassend. Sie entstand aus einer Vielzahl von Anläs-

---

* Iris Origo: «Im Namen Gottes und des Geschäfts». Lebensbild eines toskanischen Kaufmanns in der Frührenaissance, München 1985, S. 197f.

sen: Auseinandersetzungen über Geschäfte, politische Streitigkeiten, alter Familienzank, persönliche Abneigungen und Beleidigungen. Zu dieser haßerzeugenden Atmosphäre trug noch der extrem wettbewerbsorientierte Charakter des Wirtschaftslebens in Florenz bei. In dieser locker strukturierten, pluralistischen Gesellschaft gab es zahllose Anlässe für Uneinigkeit und Auseinandersetzungen.

Wo die persönlichen Beziehungen am engsten waren, wie in der Familie, war auch die Wahrscheinlichkeit am größten, daß es zu Reibereien kam. Die Spaltungen in den Familien trugen zum fortschreitenden Bedeutungsverlust der Blutsbande als Bindemittel in der Florentiner Gesellschaft bei. Anlaß für Konflikte gaben Erbteilungen, die Aussetzung einer Mitgift, die Regelung der Besitzverhältnisse eines Waisenkindes. Glaubt man dem Zeugnis von Giovanni Morelli, retteten Waisen selten mehr als ein Zehntel ihres eigentlichen Erbes für sich, der Rest wurde ihnen von raubgierigen Vormündern gestohlen. In den Gerichtsakten finden sich jedes Jahr mehrere Fälle, wo Witwen versuchten, den Familien ihrer Ehemänner ihre Mitgift zu entreißen. Daß es zu solchen Familienstreitigkeiten kam, ist wohl weniger überraschend als die Intensität des Hasses, den sie hervorriefen. Baldetta Manetti schrieb in einem Appell an das Zunftgericht, in ihrer Sache gegen ihren Sohn ein günstiges Urteil zu fällen: «Um Gottes willen empfehle ich mich Euch [den Zunftkonsuln], denn Ihr wißt, daß arme Witwen begünstigt werden sollten, und besonders gegenüber ihren mißratenen Söhnen, die sie zu berauben versuchen.» Niccolò Bastari bat seinen Bruder, der sich in Ragusa aufhielt, nach Florenz zurückzukehren und ihm zu helfen, einen Vermögensstreit mit ihren Verwandten zu schlichten: «Wir bitten dich, Giovanni, um Gottes, des Kreuzes und der Rettung unserer Familie sowie um deiner eigenen Interessen willen heimzukehren. Wenn nicht, werden wir erleben müssen, wie die anderen, deren Seelen so voller Boshaftigkeit und Sünde sind, Lügen und falsche Geschichten verbreiten in einem solchen Ausmaß, daß wir niemanden finden werden, der in diesem Streit Recht sprechen kann. Angelo und ich, wir sind beide bereit, eher zu sterben, als mitanzusehen, wie meine Kinder durch Unrecht an den Bettelstab gebracht werden.»

Diese Aussagen stecken wahrscheinlich voller Übertreibungen, aber der giftige Haß, mit dem Remigio Lanfredini seinen Vater Lanfredino in einem Brief bedachte, den er 1395 aus Venedig an seinen Bruder Orsino schrieb, läßt sich weder übersehen, noch kann man einfach darüber hinweggehen. Remigio war wütend über die Entscheidung seines

Vaters, der mit einem Feind der Familie Frieden geschlossen hatte, ohne zuvor seine Verwandten gefragt zu haben. Als Remigio davon erfuhr, stellte er seinen Vater zur Rede, «der wie Kain anfing zu weinen, Verräter der er ist, und ich werde ihn nie wieder meinen Vater nennen, sondern als bösen und üblen Verräter bezeichnen». Zu seiner Verteidigung brachte der Vater vor, er wäre vom Fürsten von Ferrara angewiesen worden, Frieden zu schließen, und fügte hinzu: «Sieh, Remigio, Du bist mein Sohn, und Du solltest zufrieden sein mit dem, was ich tue. Ich tat es zum Besten.» Aber selbst die Frau des armen Mannes stimmte in den Chor der Schimpfenden ein: «Lanfredino, Verräter Deiner eigenen Familie, Du hast solche Schande über unsere Kinder gebracht, indem Du diesen Frieden geschlossen und niemandem davon erzählt hast. Nun hast Du ihnen ihr Gut genommen, ihre Ehre und alles, was sie auf dieser Welt besitzen!» Remigio konnte diese Entwürdigung offenbar nicht ertragen, er verließ Ferrara, um in Venedig ein neues Leben zu beginnen, und nahm dort den Namen Bellini an. Aber er konnte seine Erbitterung nicht vergessen. «Wir erkennen nun, daß Lanfredino sich nicht einen Deut um uns schert und weder an Ehre noch an Schande denkt. (...) Und wenn er vor meinen Augen in Stücke gehauen würde, ich würde mich nicht von meinem Sitz erheben!»

Diese häuslichen Zwistigkeiten machten sich in Schmollen und Klagen im Privatbereich Luft; daß sie in Briefen und Gesprächen geäußert wurden, diente gewiß auch als Sicherheitsventil. In manchen Fällen aber nahm die Feindseligkeit auch ernstere Formen an und fand ihren Ausdruck in Streitereien und gelegentlich auch in Gewalttaten. Die Gerichtsakten aus dieser Zeit attestieren den Florentinern ein streitsüchtiges Naturell mit einem Hang zum Prozessieren. Die privaten Aufzeichnungen des Kaufmanns Antonio Rustichi, die zwischen 1420 und 1435 entstanden, enthalten Beschreibungen einer Reihe von Prozessen, in die er verstrickt war. Die Menge dieser Berichte läßt vermuten, daß Rustichi – wie viele seiner Nachbarn – geradezu Streit suchte, um vor Gericht zu gehen. Die erste Auseinandersetzung, von der er berichtet (1420), betraf eine Petition, die sein Bruder Giovanni bei der Kommune einreichte, mit der Bitte, Antonio zum Magnaten zu ernennen, was bedeutete, daß er nicht mehr in hohe Ämter gewählt werden konnte. Laut Antonio gab es dazu keinerlei Anlaß, der einzige Grund war, «mich zugrunde zu richten». Anlaß für diesen Streit war das Vermögen, das die Brüder geerbt hatten; und die Kommune war eifrig bemüht, den Streit zu schlichten, sie ernannte Schiedsrichter, die den

Fall untersuchen und eine Entscheidung fällen sollten. Diese Auseinandersetzung zog sich über fünf Jahre hin, bevor es schließlich zu einer Einigung kam. Ein anderer Konflikt entwickelte sich aus dem Streit zwischen Antonio und Simone Buonarroti. Rustichi erhob Anklage gegen den Vorfahr Michelangelos, weil ihn dieser angegriffen habe, ohne provoziert worden zu sein (wie Antonio behauptete), als er auf einer Bank vor dem Haus eines Nachbarn saß. Als Simone «in Gegenwart meiner Verwandten und Freunde» vor Antonio erschien, um sich für diesen Angriff zu entschuldigen und zu erklären, er sei vom Bösen überwältigt worden, zog Antonio gnädig seine Klage zurück. Die Gerichtskosten beliefen sich auf fast einen Florin, aber Buonarrotis öffentliche Entschuldigung und Demütigung war Balsam auf Antonios Wunden, und die Genugtuung war ihm diese Ausgabe wert.

Antonio war offenbar ebensosehr der Anstifter wie das Opfer von körperlicher Gewalt, denn im Jahr 1427 wurde er vor einen Richter geladen, um sich auf die Anklage hin zu rechtfertigen, er habe eine Dienerin namens Chiara angegriffen. Die Klage war von dem Arbeitgeber der Frau vorgebracht worden, und Antonio wurde zu einer Geldstrafe von 100 Lire verurteilt, außerdem hatte er zusätzlich 40 Lire Gerichtskosten zu tragen. Er beharrte auf seiner Unschuld und fügte der Schilderung dieses Falles in seinem Tagebuch den Kommentar hinzu: «Ich verfasse diesen Bericht, damit ich nicht vergesse, sollte ich je Gelegenheit haben, es ihnen mit gleicher Münze heimzuzahlen.» Ein Jahr später erschien er wieder vor Gericht mit der Klage, er sei das Opfer eines Wuchervertrags geworden. Er überredete den Richter, seine Verpflichtung um 3 Florin herabzusetzen, obwohl er für die Kosten der Gerichtsverhandlung wahrscheinlich noch mehr Geld ausgab. Im Jahr 1431 wurde er wegen einer Schuld von 300 Florin ins Gefängnis geworfen und gewann seine Freiheit erst wieder, als er geschworen hatte, die Summe mit Zinsen innerhalb von sechs Monaten zurückzuzahlen. Zwei kleinere Prozesse beendeten Rustichis ständigen Kampf um Gerechtigkeit. Ein Urteil sprach ihm 20 Lire von einem Tischler zu, der eine Werkstatt von ihm gemietet hatte; in einem anderen Verfahren verteidigte er sich mit Erfolg gegen den Vorwurf, er habe Bäume gefällt, die seinem Nachbarn gehörten.

Wie die Karriere Antonio Rustichis belegt, zeigten die gesellschaftlichen Beziehungen im Patriziat gelegentlich einen Anflug von Gewalt – nicht nur die kollektive Unruhe eines politischen Aufstandes, sondern auch die privaten Feindseligkeiten. Ein zentrales Thema in der

Geschichte von Florenz war der Dauerkonflikt zwischen dem primitiven Impuls, seine Wut und Frustration durch Gewalt zum Ausdruck zu bringen, und den Bemühungen der Kommune, diese Ausbrüche durch Rechtsprechung, Gerichtsstrafen und Friedenskommissionen einzudämmen. Der Versuch, die Gesetzlosigkeit und das anmaßende Verhalten der mächtigsten Sippen zu beschneiden, wurde 1293 in den «Verfügungen der Gerechtigkeit» («ordinamenti di giustizia») institutionalisiert. In dieser Verfassung wurde von den Mitgliedern namentlich bezeichneter Magnatenfamilien gefordert, Bürgschaften zu stellen, die das einwandfreie Verhalten ihrer selbst und ihrer Verwandten garantieren sollten. Allmählich zwang diese Kombination von harten Gerichtsstrafen und ruinösen Geldstrafen diese Familien zu zivilisiertem sozialem Verhalten. Männer suchten nun häufiger vor Gericht Genugtuung für Beleidigungen, dort wurde ihnen im allgemeinen wirksamer und unparteiischer Recht zuteil.

Die aus den Akten der Strafprozesse zusammengestellten Statistiken sind zwar nicht vollkommen vertrauenswürdig, aber tendenziell bestätigen sie das Bild, daß die Gewaltanwendung und das Gefühl, außerhalb der Ordnung zu stehen, im Patriziat nachließ. Zwischen 1343 und 1378 wurden Mitglieder der Familie Medici (zu der über fünfzig erwachsene Männer gehörten) wegen zwanzig Gewaltverbrechen verurteilt, davon waren sechs Morde. Von 1378 bis 1434 wurden sie nur sechsmal verurteilt (alle Urteile vor 1396), und nicht ein einziges Mal wegen Mordes. Die Häufigkeit von Verbrechen bei den Strozzi, der größten Familie in der Stadt, weist eine ähnliche Tendenz auf. Zwischen 1382 und 1384 wurden neun Mitglieder der Strozzi wegen Verbrechen abgeurteilt, im folgenden halben Jahrhundert aber standen nur zehn Mitglieder der Familie wegen Straftaten vor Florentiner Gerichten. Nicht all ihre kleinen Sünden blieben im Netz der Justiz hängen, und ohne Zweifel bewahrte sie ihr politischer Einfluß und gesellschaftlicher Rang mehrmals vor Strafverfolgung. Aber selbst mit diesen Einschränkungen zeigt ihre Akte, daß sie im Verlauf eines Jahrhunderts gelernt hatten, ihre gewalttätigen Impulse zu beherrschen.

Aufruhr und Unordnung, die die sozialen Beziehungen zu Zeiten Dantes geprägt hatten, waren bis 1400 weitgehend abgeklungen; das 15. Jahrhundert erscheint zumindest an der Oberfläche als ein ruhigeres und zivilisierteres Zeitalter. In aller Öffentlichkeit ausgetragene Streitigkeiten zwischen Familien oder politischen Faktionen waren in Florenz praktisch von der Bildfläche verschwunden. Daß Patrizier Gewaltverbrechen begingen, kam zwar durchaus noch vor, aber sie waren nicht vorsätzlich, sondern Folge eines Streits, einer unbeabsichtigt zugefügten Kränkung, einer realen oder eingebildeten Beleidigung. Gelegentlich erinnert ein Delikt, das in den Akten der Strafprozesse geschildert wird, an die primitiveren Zustände in der weniger zurückhaltenden Vergangenheit. In seinen Erinnerungen berichtete Luca da Panzano freimütig von seinem Besuch in Neapel im Jahr 1420, den er mit der erklärten Absicht unternahm, Nanni di Ciechi zu töten, einen «Verräter», der die Feindschaft der Sippe Panzano auf sich gezogen hatte. Auch Mord auf Bestellung war nicht unbekannt, die Gerichtsakten von 1396 beschreiben die Einzelheiten eines Mordes, der von einem Mörder begangen wurde, den Angelo Ricoveri gedungen hatte, um für 300 Florin seinen Feind zu töten. Aber solche Vorfälle waren selten, sie ereigneten sich keineswegs tagtäglich, wie die historischen Romane genüßlich ausmalen.

Die Befriedung der Florentiner Aristokratie verdankte sich einem wirksameren Rechtssystem und schärferem polizeilichem Einschreiten. Ein weiterer wichtiger Faktor aber war die Veränderung der Verhaltensregeln, die im Patriziat galten. In seinen zwischen 1320 und 1330 verfaßten Memoiren schilderte der angesehene Magnat Simone della Tosa die vielen Verbrechen, die seine Verwandten begangen hatten, und die schweren Geldstrafen, die gegen sie verhängt worden waren. Er läßt nicht erkennen, daß er deren Verhalten mißbilligte, obwohl die wirtschaftlichen Verluste, die die Tosinghi hinnehmen mußten, ihn geschmerzt haben müssen. Gegen Ende des Jahrhunderts offenbaren die privaten Aufzeichnungen eines anderen Patriziers, Luigi Guicciardini, eine vollkommen andere Haltung. Luigi schildert die Vergehen seines Verwandten Simone, der ihn aus dem städtischen Gefängnis um Hilfe gebeten hatte. Simones kriminelle Karriere war kurz, aber eindrucksvoll. Zuerst hatte er einen anderen Lehrling angegriffen, mit dem er in einer Seidenmanufaktur arbeitete, daraufhin warfen ihn seine Arbeitgeber hinaus. Dann folgte eine Serie von Streitereien und hitzigen Auseinandersetzungen, in denen Simone seine Gewandtheit im Umgang mit Waffen bewies, denn er ging mit einem Messer, einer Keule, aber auch mit bloßen Händen auf seine Widersacher los. Er griff sogar einen Trauernden bei einer Beerdigung an. Mit einer Bande von Marodeuren, die er im Contado um sich geschart hatte, terrorisierte er einen Haushalt der Macchiavelli derart, so daß der Vater sich beklagte, die Frauen seiner Familie könnten nicht einmal wagen, sich am Fenster zu zeigen.

Er kam ins Gefängnis, weil er einen Bauern mit einer Schurschere angegriffen hatte; später wurde er bei einem Fluchtversuch geschnappt, für den er eine Gefängnisstrafe von fünf Jahren erhielt. Ein Jahrhundert zuvor wären die Unbesonnenheiten Simones von seinen Verwandten möglicherweise entschuldigt worden, und mit Sicherheit hätten sie versucht, seine Freilassung aus dem Gefängnis zu bewirken. Im Jahr 1396 jedoch besiegelte Luigi Guicciardini das Schicksal seines mißratenen Verwandten mit dem Kommentar: «Die unerhörten Taten dieses Mannes sind ohne Zahl.»

Der Wandel gesellschaftlicher Wertvorstellungen: vom Trecento zum Quattrocento

Einige Wertmaßstäbe und Verhaltensweisen des Patriziats blieben während der Renaissance stabil, andere machten bedeutsame Veränderungen durch. Art und Ausmaß dieser Veränderungen werden erkennbar, wenn man die Laufbahnen prominenter Florentiner, die in den Jahrzehnten vom späten Trecento bis zum Zeitalter der Medici in der Mitte des 15. Jahrhunderts lebten, miteinander vergleicht. Ein angesehener Vertreter des Florentiner Stadtadels im letzten Viertel des 14. Jahrhunderts ist der Kaufmann Guido del Palagio (gest. 1399). Seine Karriere ist lehrreich, nicht weil sie typisch ist, sondern weil er einer der würdigsten Vertreter des Patriziats ist. Sein Leben kann als Verwirklichung eines gesellschaftlichen Ideals betrachtet werden, außerdem verkörperte er jene traditionellen Werte und Einstellungen, die zu verschwinden begannen.

Die Del Palagio waren eine alte und geachtete Familie, wenn sie, was Reichtum oder Alter angeht, auch nicht zu den angesehensten gehörten. Guido war ein erfolgreicher Tuchhersteller; der Grund für das Ansehen, das er in der Gesellschaft genoß, lag jedoch nicht in seinem Vermögen oder Geschäftssinn, sondern in seiner politischen Begabung und seinem Ruf als frommer Mann. Er war ein enger Freund von Giovanni delle Celle, einem Eremiten, der der geistliche Ratgeber einer kleinen Gruppe frommer Florentiner geworden war. Guido verhielt sich genau so, wie es von einem frommen Christen erwartet wurde, er gab Almosen und ließ ein in Trümmern liegendes Kloster in Fiesole wiederaufbauen. Aber wie sein guter Freund Lapo Mazzei strebte er außerdem danach, sein Leben im Einklang mit den Prinzipien seines Glaubens zu leben.

Guidos Frömmigkeit trieb ihn nicht dazu, sich von der Welt zurückzuziehen, vielmehr gab sie seinem Handeln in der Öffentlichkeit eine bestimmte Färbung. Er war vielleicht der einzige prominente Staatsmann seiner Zeit, der nicht zu einer Clique oder Faktion gehörte. Die Unabhängigkeit seiner politischen Parteinahme erklärt möglicherweise seine allgemeine Beliebtheit beim Wahlvolk. Er bekleidete hohe Ämter in den Regierungen, die vor und nach dem Aufstand der Ciompi in Florenz die Macht hatten. Bei der Wahlprüfung von 1391 zur Vorauswahl derer, die in die Signoria gewählt werden konnten, erhielt Guido die meisten Stimmen aller Kandidaten, 144 von 149 abgegebenen Stimmen. Ein weiteres bedeutsames Zeichen für seinen politischen Einfluß war seine häufige Wiederwahl in den Ausschuß der «Zehn des Krieges», einem Gremium, das in Krisenzeiten ernannt wurde und das militärische und diplomatische Vorgehen der Republik leitete. Als bescheidener Mann vermied Guido, sich politisch zu exponieren, in Ratssitzungen ergriff er nur selten das Wort. Aber seine Ansichten und sein Urteil wurden hoch geschätzt, denn seine persönliche Integrität und sein Patriotismus standen außer Zweifel.

Das hohe Ansehen Guidos belegen zahlreiche Dokumente, und die Erinnerung an ihn blieb in Florenz noch Jahrzehnte nach seinem Tod lebendig. Der Humanist Poggio Bracciolini nannte ihn einen Mann «der größten Heiligkeit», und ein Memoirenschreiber aus der Mitte des 15. Jahrhunderts beschrieb ihn folgendermaßen: «Ein berühmter Florentiner Bürger, der kaum seinesgleichen fand, zu seinem Ansehen kamen Güte und Nächstenliebe, denn er war wohlversorgt mit den Dingen dieser Welt und gab überreichlich Almosen.» Aber das aufschlußreichste Zeugnis für den Ruf Guidos findet sich in zwei Briefen von Lapo Mazzei an Francesco Datini. Bei einer Gelegenheit gratulierte Lapo seinem Freund für seinen Scharfblick, «denn in dieser großen Stadt habt Ihr von allen anderen den Mann ausgewählt [Guido], der nie etwas von Euch erwarten oder fordern wird, es sei denn zur Ehre und Rettung Eurer Seele und zur Zufriedenheit Eurer Person». Der zweite war ein Antwortbrief an Datini, dem offenbar Gerede zu Ohren gekommen war, das Guido diffamierte und seine Stellung in der Kommune herabsetzte. «Sagt Eurem Freund», schrieb der aufgebrachte Lapo, «daß er entweder niederträchtig ist, und das sagt, um Euch zu beunruhigen, (...) oder er kennt die Lage in der Stadt nicht.» Und er schloß mit einem Tribut an Guido: «Jeden Tag wird die Zuneigung der Großen, der Mittleren und der Kleinen zu ihm größer, und ich will Euch außerdem sagen, daß sowohl die guten wie die schlechten [Bürger] ihn mehr als jemals zuvor in Worten und Taten ehren. (...) Er genießt den besten Ruf aller Bürger aller Städte in der Toskana!»

Guido del Palagios Ansehen gründete auf einer Verbindung traditioneller Tugenden: Ehrgefühl, Rechtschaffenheit, Frömmigkeit, Verantwortlichkeit für das Wohl der Stadt. In zeitgenössischen Schilderungen von Cosimo de' Medici, dem bekanntesten Bürger jener Generation, die im frühen 15. Jahrhundert ins Mannesalter kam, werden diese Eigenschaften nicht betont. Vespasiano da Bisticcis Biographie von Cosimo ist unkritisch und voller Lob, aber er ist aufrichtig in der Einschätzung dieses Mannes. Vespasiano schilderte Cosimo so, wie er von der Mehrheit seiner Mitbürger gesehen wurde. Keinem modernen Biographen gelang es bisher, hinter die Maske Cosimos zu schauen, den Menschen hinter der öffentlichen Fassade sichtbar zu machen. Wir können uns dieser Fassade jedoch bedienen, um einige der Veränderungen im Lebensstil des Patriziats zu erkennen.

Die Autorität Cosimos gründete auf seinem großen Reichtum und auf seiner Führungsrolle in einer Faktion. Vespasiano da Bisticci beschrieb ein Gespräch zwischen Cosimo und einem politischen Rivalen, in dem Cosimos Auffassung von Politik deutlich wurde: «Nun erscheint es mir nur gerecht und ehrenhaft, daß ich den guten Namen und die Ehre meines Hauses dem Euren vorziehe, daß ich für meine eigenen Interessen arbeite, anstatt für die Euren. So werden Ihr und ich uns verhalten wie zwei große Hunde, die sich beschnuppern, wenn sie einander begegnen, und dann, weil sie beide Zähne haben, ihrer Wege gehen. Weshalb Ihr Euch nun Euren Angelegenheiten widmen könnt und ich mich den meinen.» Er zeigte eine besondere Begabung, hinter den Kulissen zu arbeiten, und erreichte seine Ziele, indem er andere manipulierte. Seine Werkzeuge waren die Verpflichtungen, mit denen er diejenigen an sich band, die ihn unterstützten. Vespasiano schrieb: «Er belohnte diejenigen, die ihn [aus dem Exil] zurückbrachten, indem er dem einen eine große Geldsumme lieh und dem anderen ein Geschenk machte, um ihm zu helfen, seine Tochter zu verheiraten oder

Cosimo de'
Medici;
Marmorrelief

Land zu kaufen (...).» Seine politischen Feinde ließ er nicht töten, er schickte sie ins Exil; die Weigerung, Blut zu vergießen, war charakteristisch für diesen vorsichtigen Politiker, der seine Ziele durch weniger auffällige Methoden erreichte. In gewissem Sinn stellt sein Stil einen Sieg der Mentalität des Kaufmanns dar. Er war das typische Beispiel für einen rationalen und rechnenden Unternehmer, ein schlauer, unsentimentaler Realist, der Leidenschaften und Gefühle aus der Politik verbannte.

An der materiellen Ausgestaltung von Cosimos Leben lassen sich bedeutsame Neuerungen im Lebensstil des Patriziats ablesen. Sein klotziger Palazzo in der Via Larga wurde zum Schauplatz eines verfeinerten und luxuriöseren Lebensstils, der zum Vorbild für die Florentiner Oberschicht wurde. Obwohl Cosimo bewußt so tat, als sei er ein altmodischer Kaufmann von schlichtem Geschmack, war sein Lebensstil Zeichen dafür, daß Tugenden wie Genügsamkeit, Sparsamkeit und schmucklose Strenge preisgegeben wurden – Prunken galt nun als ge-

Die Villa Careggi der Medici, um 1457 von Michelozzo erbaut

sellschaftlich erwünschte Eigenschaft. Die neue Moral wurde politisch sanktioniert mit dem Außerkraftsetzen bzw. der laschen Durchführung der Luxusgesetze, die für die kommunale Politik früherer Zeiten charakteristisch gewesen waren. Sieben Jahre nach Cosimos Tod stellte sein Enkel Lorenzo fest, daß die Medici seit 1434 über 600000 Florin für öffentliche Zwecke ausgegeben hatten, und er bemerkte, daß diese Ausgabe «ein glänzendes Licht auf unseren Rang in der Stadt wirft». Das Leben im Palazzo Medici war luxuriöser, als es Cosimos Vorfahren je gekannt hatten. Die Ausgaben für großartige Dekorationen, teure Möblierung und elegante Kleidung dienten dazu, einen beeindruckenden Rahmen für prominente Gäste zu schaffen und Reichtum wie Geschmack der Medici (und der Stadt Florenz) zu demonstrieren. Cosimo war Gastgeber des deutschen Kaisers Friedrich III. und des byzantinischen Kaisers Johannes VIII. Paläologus, aber auch anderer, weniger berühmter kirchlicher und weltlicher Fürsten, die im Palast in der Via Larga oder in den Villen in Careggi und Cafaggiuolo speisten und logierten. Die Medici waren nicht die einzige Florentiner Familie, die mit großzügiger Gastfreundschaft aufwartete, aber Fülle und Erlesenheit der Vergnügungen, die sie boten, erhoben die Medici in den Rang der glanzvollsten Familie der Stadt. Ein Besuch im Haushalt der Medici war ein beeindruckendes Erlebnis, wie der junge Galeazzo Maria Sforza, der Sohn des Herzogs von Mailand, in Briefen an seinen Vater Francesco bezeugte. Dieser Sproß eines höfischen Milieus pries die Schönheiten und den Zauber der Villa in Careggi und lobte die musikalischen und dramatischen Darbietungen, die zu seiner Unterhaltung aufgeführt wurden.

Der Hang zu Luxus und Prunk, der im Privatleben der Medici nicht zu übersehen ist, zeigte sich auch in den Zeremonien, mit denen sie in der Öffentlichkeit auftraten. Begräbnisse wie Hochzeiten waren zu förmlicheren, teureren und genau geplanten Ereignissen geworden. Die Versuchung, diese Gelegenheiten zu benutzen, um den Reichtum und den Rang der Familie in der Öffentlichkeit zu demonstrieren, war stark, in der Vergangenheit war sie eingeschränkt worden von Luxusgesetzen und der für die Florentiner typischen Abneigung gegenüber Verschwendung. Im Quattrocento fielen diese Einschränkungen. Die Chroniken der Familie Medici schildern, wie sorgfältig diese Ereignisse inszeniert wurden, aber auch, was sie kosteten: schwarzes Tuch für die Familie des Dahingeschiedenen, Wachskerzen und Fackeln, Dekorationen für die Totenbahre und die Pferde des Trauerzugs, Verköstigung der Trauergäste. Auch bei Hochzeitsfeierlichkeiten wurde verschwenderischer Aufwand zur Regel, wie ihn das bekannte Gemälde einer Hochzeitszeremonie auf dem Adimari-Cassone zeigt.

Zu den auffälligsten Extravaganzen des Patriziats gehörten die Turniere im Lanzenstechen, die im 15. Jahrhundert sehr beliebt wurden. Diese atavistischen Überbleibsel aus der Ritterzeit hatten eigentlich keine Wurzeln in Florenz. Sie wurden im letzten Viertel des 14. Jahrhunderts von Adligen eingeführt, die zu Besuch in der Stadt weilten, unter ihnen König Peter von Zypern und Luchino Visconti. Im allgemeinen wurden diese Schaukämpfe auf dem Platz vor Santa Croce abgehalten, und sie zogen scharenweise Zuschauer an. Es war Sitte, daß sich auswärtige Ritter im Lanzenstechen mit jungen Männern aus Patrizierfamilien maßen, deren Vorfahren gegen den Feudaladel in der Stadt und aus dem Umland gekämpft hatten. Den wohlhabenden Bürgern boten diese Turniere die Gelegenheit, mit ihren Reichtümern zu prunken, denn die Wettkämpfer und ihr Gefolge wurden in den Farben der Familie gekleidet, saßen auf teuren Pferden und wurden in die Arena geschickt, um für den Ruhm ihres Hauses zu kämpfen.

Hochzeitszeremonie auf dem Adimari-Cassone

Für den immer stärkeren Drang des Patriziats, sich durch materiellen Aufwand wie übermäßig hohe Mitgiften oder herausfordernde Verschwendung darzustellen, läßt sich keine einfache Erklärung finden. Ausschließlich als Folge größeren Reichtums ist diese Erscheinung nicht zu verstehen; das Florenz der Medici war nicht reicher als das Florenz Giottos oder Boccaccios. Auch sollte diese Entwicklung nicht als vollkommene Absage an die traditionellen Wertvorstellungen betrachtet werden. Die Neigung zum Luxus hatte es im Patriziat immer gegeben, am stärksten in den alten Magnatensippen, aber sie wurde eingeschränkt durch asketische Impulse, die zum Teil religiös, zum Teil kaufmännisch motiviert waren. Dieses empfindliche Gleichgewicht wurde im 15. Jahrhundert zerstört. Mit ihren Extravaganzen und der Zurschaustellung ihres Reichtums demonstrierten die Patrizier ihre Unabhängigkeit von den Beschränkungen, die der Egalitarismus ihnen auferlegt hatte; sie machten mit Nachdruck ihren besonderen, hervorragenden Platz in der Florentiner Gesellschaft geltend.

An der Karriere Cosimos läßt sich diese aristokratische, elitäre Tendenz ablesen. Er nahm die Pose des einfachen Kaufmanns an, gab vor,

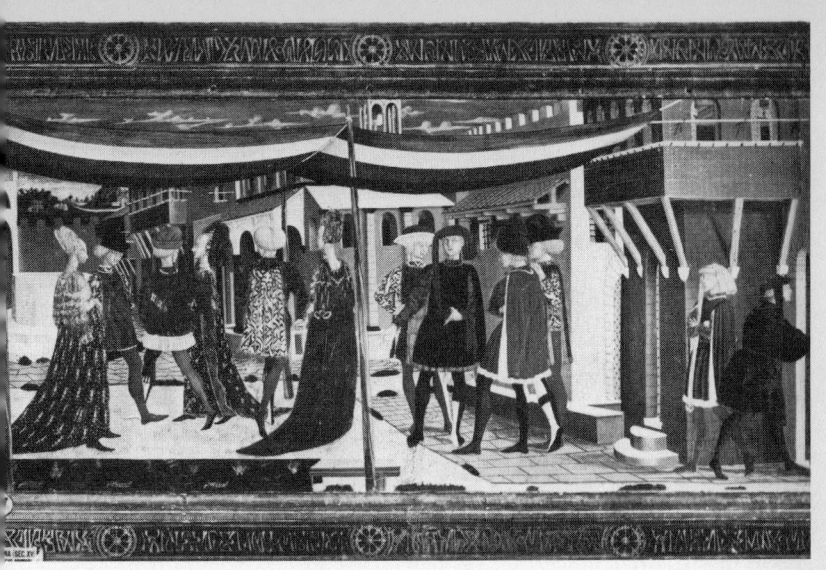

nicht bedeutender zu sein als jeder andere Bürger, aber damit täuschte er niemanden. Er vernichtete seine Feinde und verschaffte seinen Freunden und Unterstützern Vorteile und Posten. Der Handwerker oder Ladenbesitzer, der Cosimo auf der Straße begegnete, fand möglicherweise Gefallen daran, mit dem großen Mann von gleich zu gleich zu verkehren, aber er wußte auch, daß der Bankier über sein Schicksal bestimmen konnte. Der Vater Cosimos, Giovanni, war auf den Straßen und Plätzen und in den Kirchen der Stadt zu Hause; er hatte seine Geschäfte in seinem Laden auf dem Alten Markt geführt. Cosimo errichtete einen riesigen Palazzo, der seine Macht versinnbildlichte, aber auch den Abstand von seinen Mitbürgern. Dort, in seiner Privatkapelle, die Benozzo Gozzoli mit großartigen Fresken geschmückt hatte, hielt er allein seinen Gottesdienst ab. Dort, in seinem Arbeitszimmer, traf er wichtige Entscheidungen, die den Kurs der Florentiner Politik bestimmten. Vor seinem Tod hatte Cosimo die Grundlagen für jenes esoterische Milieu geschaffen, das mit seinem Enkel Lorenzo aufblühen sollte.

Cosimo war ein schweigsamer Mann, er behielt seine Gedanken gewöhnlich für sich. Wenn er je über die politischen und gesellschaftlichen Veränderungen in Florenz während seiner Lebenszeit nachgedacht hatte, so hat er seine Ansichten nicht niedergelegt. Er und seine Zeitgenossen waren vielleicht zu eng verwoben mit diesen Veränderungen, um ihre Bedeutung würdigen zu können oder die Unterschiede zwischen dem eigenen Lebensstil und dem der Vorfahren deutlich wahrzunehmen. Die folgende Generation, zu der Cosimos Sohn Piero (gest. 1469) gehörte, war schon eher an aristokratisches Auftreten und die Wertmaßstäbe ihrer Zeit gewöhnt; sie hatte weniger Hemmungen, sie zu beschreiben. Die Erinnerungen eines Vertreters dieser Generation, Giovanni Rucellai (gest. 1481), reflektieren diese elitäre Art zu denken und sich zu verhalten, aber sie zeigen auch, mit welcher Hartnäckigkeit sich traditionelle Gewohnheiten und Werte nach wie vor behaupteten.

Rucellai wurde in der Mitte des Quattrocento zum Sprecher des Florentiner Patriziats, seine Referenzen sind ohne Makel. Als Mitglied einer angesehenen Kaufmannsfamilie betätigte er sich als Geschäftsmann und stieg zu einem der reichsten Männer der Stadt auf. Er war durch Heirat mit den führenden Familien verbunden, seine Frau war die Tochter des angesehenen Politikers und Humanisten Palla Strozzi, sein Sohn Bernardo heiratete Cosimos Enkelin Nanina. Rucellai wetteiferte mit Cosimo und baute einen Palazzo für die Familie im neuen, «klassischen» Stil, allerdings ließ er ihn von Leon Battista Alberti (und nicht von Cosimos Favoriten Michelozzo) entwerfen. Seine Memoiren sind in der typischen, unstrukturierten Form des Tagebuches eines Kaufmanns abgefaßt; der Inhalt ist in vielem recht alltäglich und konventionell. Fragmente einer Chronik sind darunter, Nachrichten über Geburten, Todesfälle und Heiraten in der Familie Rucellai und Ratschläge an Giovannis Söhne, die er in sehr traditioneller Sprache formulierte. In einer Art, die an Giovanni Morelli erinnert, belehrte er seine Erben über die fortwährenden Bedrohungen für ihr Vermögen, besonders über Steuerbelastungen sowie über die Wechselfälle und Fallstricke einer Kaufmannskarriere. Das Vorbild, das er beschreibt und dem nachzueifern er seine Söhne drängte, ist typisch für Florenz: Es ist das Bild des vorsichtigen und gewitzten Kaufmanns, der ständig auf der Hut ist und seine wirtschaftlichen Interessen schützt, des soliden Haushaltsvorstands, der um das Vermögen und den Ruf der Familie besorgt ist, des bewußten Bürgers, der dem öffentlichen Wohl dient, wenn er zu politischen Aufgaben gerufen wird.

Von diesem Wust konventioneller Ansichten und Standpunkte heben sich die neuen Elemente im Wertsystem Rucellais sehr deutlich ab. Am bemerkenswertesten ist, was er über Reichtum sagt – seine Vorfahren wären entsetzt darüber gewesen: «Ich glaube, ich habe mir mit dem Ausgeben von Geld mehr Ehre erworben als mit seinem Erwerb. Ausgeben vermittelte mir tiefere Befriedigung (...).» Auffällig ist auch seine Verteidigung der Freigebigkeit, seine Ansicht, daß «der reiche Mann großzügig sein muß, denn Freigebigkeit ist die edelste und anziehendste Tugend, die er besitzen kann». Er riet seinen Söhnen, ihre Handelsgesellschaft nach seinem Tod zu liquidieren, es sei denn, sie hätten vor, die Führung der Geschäfte selbst in die Hand zu nehmen. Besonders aufschlußreich sind seine politischen Ansichten. «Ich würde Euch nicht raten», schrieb er für seine Söhne, «Ämter oder politischen Einfluß zu suchen oder zu begehren. Es gibt nichts, das ich für geringer erachte oder was mir weniger ehrenhaft zu sein scheint, als in öffentliche Angelegenheiten verwickelt zu sein (...) wegen der Gefahren, den unehrenhaften Handlungen, den Ungerechtigkeiten (...) und weil sie weder verläßlich noch dauerhaft sind.» Diese Feststellungen definieren und rechtfertigen eine aristokratische Lebensform, sie verweisen auf ein Milieu von Muße und Vergnügen, auf den Rückzug aus den Geschäften und auf die Befreiung von ihnen. In seinem Tagebuch finden sich nur wenige Spuren für die Antriebe und Impulse unternehmerischen Handelns, für die aktive Beteiligung an Geschäften und den Erwerb von Reichtum, die die Karrieren (und die Memoiren) der Florentiner Patrizier des 14. und frühen 15. Jahrhunderts kennzeichneten.

Die hervorstechendste Eigenschaft Rucellais war seine Selbstzufriedenheit: Er war im reinen mit der Welt und seinem Platz in ihr. Im Jahr 1464 und noch einmal 1473 zog er Bilanz: Er besaß ein großes Geschäftsvermögen, ausgedehnte Besitzungen, eine hingebungsvolle Gattin und begabte Kinder, die Freundschaft der Medici und anderer angesehener Familien, und er genoß die Vorteile, Bürger von Florenz zu sein, «das für die beste und schönste Stadt gehalten wird – nicht nur in der Christenheit, sondern in der gesamten Welt». Rucellai war ein frommer Mann. Er dankte Gott für die Guttaten, die ihm zuteil wurden. Er unternahm eine Pilgerfahrt nach Rom und bedachte Kirchen und Klöster in seiner Nachbarschaft mit großen Schenkungen. Aber er war nicht von den Ängsten und Befürchtungen geplagt, die Guido del Palagio und Francesco Datini heimsuchten; er machte sich keine Sorgen um seine Seele. Anderen Florentinern seiner Generation, die weniger üppig mit Besitz ausgestattet und vom Glück begünstigt waren, wurde nicht das gleiche Maß an Zufriedenheit zuteil. Dennoch wären die meisten mit Rucellai einer Meinung gewesen, daß die Gefahren und Unsicherheiten früherer Zeiten weniger geworden waren. Unter der Schirmherrschaft der Medici erfreute sich Florenz über vierzig Jahre lang inneren Friedens, ein erstaunlicher Gegensatz zu den politischen Unruhen und den sozialen Aufständen, die die Stadt in den ersten Jahrzehnten des Jahrhunderts erschüttert hatten. Außerdem schrieb Rucellai: «Wir hatten seit zwanzig Jahren keinen Krieg mehr, von 1453 bis 1473, mit Ausnahme eines Jahres – 1467 –, als wir mit Venedig in der Romagna kämpften (...).»

Giovanni Rucellai hatte keine humanistische Bildung erhalten, er konnte sich deshalb nicht voll und ganz am Kult der Antike beteiligen, zu dessen Jüngern auch sein Schwiegervater Palla Strozzi zählte und – in geringerem Maß – Cosimo de' Medici. Und doch ist der Einfluß klassischer Bildung auf seine Denkweise eindeutig und unmißverständlich; das unterscheidet ihn am deutlichsten von der Generation Guido del Palagios. Seine Memoiren verraten die Bekanntschaft mit einer großen Zahl antiker Autoren (Cicero, Titus Livius, Seneca, Sallust, Aristoteles, Epiktet, Lukan), die er in Übersetzung gelesen hatte. Außerdem führte er intellektuelle Diskussionen mit klassischen Philologen, zu denen er persönliche Kontakte unterhielt: Gianozzo Manetti, Donato Acciaiuoli und Marsilio Ficino. Seine Aufzeichnungen zeigen außerdem, daß er vor allem um moralische Werte besorgt war. So war der Schwerpunkt seiner Lektüre und seiner Studien dem von Guido del Palagios und dessen Freunden Francesco Datini und Lapo Mazzei recht ähnlich. Aber Rucellai war nicht mehr zufrieden mit ausschließlich christlichen Lösungen für moralische Probleme; wie viele seiner Zeitgenossen suchte er in den Schriften der antiken Dichter, Historiker und Philosophen nach Verhaltensrichtlinien. In seinen intellektuellen Aktivitäten wird eine Mischung aus Traditionen und neuen Orientierungen deutlich, die seinen eigenen Lebensstil und den der Florentiner Aristokratie in der Zeit der Medici charakterisiert.

VIERTES KAPITEL

POLITIK

Von der Stadt zum Staat

Die vorhergehenden Kapitel geben einen Überblick über die Topographie von Florenz, außerdem beschreiben sie einige Aspekte der wirtschaftlichen und gesellschaftlichen Entwicklung der Stadt vom 13. bis zum 15. Jahrhundert. Dabei wurde deutlich, wie rasch und kräftig die Stadt gewachsen war, wie dynamisch und vital, wie pluralistisch und flexibel sie sich entwickelte. Im frühen Quattrocento jedoch liegen Anzeichen vor für einen Wachstumsstillstand; die Lebendigkeit des Gemeinwesens nahm ab, die Betätigungen der Menschen wurden systematischer und strenger kontrolliert, die Strukturen verfestigten sich. An der Geschichte des Florentiner Regierungssystems jener Jahre lassen sich ähnliche Muster und ähnliche Entwicklungslinien ablesen. Nach einer Phase in der Frühzeit ihrer Geschichte, in der die Institutionen und das Territorium der Stadt wuchsen, wurde die politische Ordnung stabiler, sie war nun weniger nachgiebig und anpassungsfähig. Um das Jahr 1400 war das politische Leben in Florenz geprägt von klar definierten Institutionen und festen politischen Überzeugungen, die die Kommune zwar vor radikalen Veränderungen schützten, aber die Wahlmöglichkeiten und Alternativen begrenzten, die der regierenden Klasse zur Verfügung standen.

In gewisser Weise verläuft die Geschichte des Florentiner Staats parallel zu der anderer italienischer Städte, in denen sich im 11. und 12. Jahrhundert unabhängige kommunale Regierungen durchgesetzt hatten. Bestimmte Aspekte der Florentiner Politik waren jedoch ohne Parallele in anderen Städten. Im Mittelpunkt dieses Kapitels sollen die atypischen Eigenschaften und Merkmale stehen, die diesen Stadtstaat von anderen italienischen Stadtstaaten unterschieden. Die außergewöhnliche Größe und der Reichtum von Florenz führten fast zwangsläufig dazu, daß die Stadt auf der politischen Bühne Italiens eine führende Rolle spielte und stärker in die europäische Diplomatie verwoben war als kleinere Städte wie Siena, Perugia oder Rimini. Die politischen Interessen der Stadt reichten so weit, wie die Kaufleute reisten; sie verhandelten mit Kaisern, Königen und Fürsten, mit Päpsten, Kardinälen und Bischöfen, mit Städten und Klöstern. In der «Innenpolitik» der Stadt spiegelten sich die Vielfalt und Unterschiedlichkeit der Florentiner Gesellschaft und Wirtschaft, nur selten ging es um langweilige oder triviale Fragen, vielmehr verliefen die politischen Auseinandersetzungen meist stürmisch und kontrovers, und sie schlossen alle grundlegenden Probleme des städtischen Lebens ein. Konflikte zwischen Individuen, Familien und Faktionen waren ein grundlegender Bestandteil der Florentiner Politik, sie bilden weitgehend das Gerüst für dieses Kapitel. Dante glaubte, die Parteiungen und die Instabilität, die sie hervorbrachten, seien für seine Geburtsstadt besonders kennzeichnend, aber alle anderen italienischen Städte wurden ebenfalls von internen Streitigkeiten heimgesucht. Die Besonderheit der Stadt Florenz lag vielmehr darin, daß es ihr gelang, diese Auseinandersetzungen in Schranken zu halten, die republikanische Verfassung nicht aufzugeben und jene Unabhängigkeit zu bewahren, die die Stadt am deutlichsten von anderen Stadtstaaten unterscheidet.

Am sichtbarsten sind die Ähnlichkeiten zwischen der Florentiner Politik und der Politik anderer italienischer Städte in den ersten Jahrhunderten kommunaler Selbstregierung. In den stark urbanisierten Regionen Lombardei und Toskana waren die Städte Zentren politischer Gärung, sie kämpften um ihre Unabhängigkeit von feudalen und kirchlichen Oberherren und letztlich darum, die angrenzenden Landgebiete unter ihre Herrschaft zu bringen. Im Brennpunkt dieser Entwicklung steht der Aufstieg der Kommune, die ursprünglich ein privater Zusammenschluß von Städtern war, die sich zum Schutz ihrer Interessen zusammentaten. Diese städtischen Gesellschaften übernahmen die Verantwortung für bestimmte öffentliche Aufgaben (Verwaltung, Justiz, Verteidigung, Sicherung der Versorgung mit Lebensmitteln), die von den regulären Behörden nicht wirksam wahrgenommen wurden. Sie besaßen zunächst keinen offiziellen juristischen Status, wurden dann aber zu den eigentlich regierenden Körperschaften der Städte und übernahmen die Macht, die vorher die herrschaftlichen und kirchlichen Verwaltungen innehatten, die Grafen und Bischöfe. Sie erkannten theoretisch die Souveränität des deutschen Kaisers oder des römischen Papstes an; faktisch aber und in der Praxis ignorierten sie diese Autorität, wann immer es ihnen möglich war.

Die Frühgeschichte dieser städtischen Regierungen ist gekennzeichnet von Flexibilität und Spontaneität, von der Fähigkeit, sich neuen Problemen und unbekannten Situationen zu stellen und Lösungen für sie zu finden. Die Kommune stellte eine Bürgerwehr auf, um den Angriff einer Nachbarstadt oder eines Feudalherrn abzuwehren, sie schuf ein System der Besteuerung und des Einzugs von Steuern, um ihre militärischen Operationen zu finanzieren. Wenn die städtische Bevölkerung von einer Hungersnot bedroht war, fand sie Mittel, im Contado Getreide zu requirieren, Mehl zu rationieren und Nahrungsmittel mit Preiskontrollen zu belegen. Die Kommunen regierten die Städte mit größerem Erfolg als die Bischöfe und Grafen; noch wichtiger aber ist, daß sie eine breitere politische Basis schufen. Die Kommunen waren die ersten weltlichen Institutionen seit der Römerzeit, die die Anerkennung und die Loyalität der italienischen Stadtbewohner gewannen, sie bildeten den politischen Rahmen für den schöpferischen Aufbruch im Gefolge des wirtschaftlichen Wiederauflebens Italiens.

In ihren Anfängen formten die Kommunen vor allem zwei Institutionen aus: eine gesetzgebende Versammlung, die die städtische Wählerschaft vertrat, und einen Exekutivausschuß, der für die Verwaltung zuständig war. In der Geschichte dieses Regierungssystems ist eine Entwicklungsrichtung spürbar, die ihre deutlichste Ausprägung im 13. Jahrhundert fand: die Tendenz zu Regierungen auf breiterer, größere Teile der Bevölkerung einbeziehender Basis, als neue Gruppen – Zugewanderte vom Land, emporgekommene Unternehmer, reiche Handwerker – mit Ellbogen ihren Weg in die herrschende Klasse erkämpften. Diese politischen Veränderungen begleiteten normalerweise Veränderungen in der Verfassung: die Einrichtung neuer gesetzgebender Organe oder Exekutivausschüsse, die die älteren Institutionen ergänzten oder ersetzten. Außerdem griff die Verwaltung in weitere Bereiche über, um den Bedürfnissen einer komplexeren wirtschaftlichen und gesellschaftlichen Ordnung zu genügen.

Die lückenhafte Quellenlage gestattet es leider nicht, die ersten Jahrhunderte der Geschichte Florenz' unter der Kommune detailliert darzustellen. Reformen der institutionellen Struktur lassen auf wichtige politische Veränderungen schließen und auf ihnen zugrunde liegende wirtschaftliche und gesellschaftliche Wandlungen, aber wir wissen nicht genau, welche Veränderungen dies waren. Mit jedem Jahrzehnt

Florentiner Truppen vor Pistoia, Darstellung aus der
Chronik Giovanni Villanis

verbessert sich die Quellenlage, und für das Ende des 13. Jahrhunderts ergibt sich ein recht präzises und detailliertes Bild. In sehr unterschiedlichem Stil und mit unterschiedlichen Absichten beschreiben Dino Compagni (gest. 1324) und Giovanni Villani (gest. 1348) die politische Gemeinschaft in ihren verschiedenen Aspekten und Dimensionen. Sie zeichnen die territoriale Expansion von Florenz nach: die Unterwerfung des Feudaladels im Contado, die Eroberung des benachbarten Fiesole, die Kriege, die gegen andere toskanische Stadtstaaten geführt wurden – Pistoia, Arezzo, Pisa, Siena. Gelegentlich bietet ihre Beschreibung von Gesetzesverabschiedungen, einer Hungersnot oder eines Bauvorhabens auch Hinweise auf manche gefährlichen Probleme des städtischen Wachstums, mit denen die Kommune in jener Zeit konfrontiert war. Aber aus diesen prosaischen Berichten läßt sich wenig über das Leben der Menschen damals herauslesen. Dantes glänzende Schilderungen sind hier wesentlich aufschlußreicher. Das *Inferno* entwirft ein dramatisches Bild der erbitterten Kämpfe zwischen den Faktionen, der persönlichen Feindschaften, des Dranges, Gegner innerhalb wie außerhalb der Stadtmauern zu vernichten. Diese Dichtung muß für Dante eine heilsame Katharsis bedeutet haben, die Befreiung von den Leidenschaften, die in ihm brodelten. Im achten Gesang des *Inferno* wünscht sich Dante sehnlichst, mit eigenen Augen ansehen zu können, wie sein Feind, Philipp Argenti (Filippo Cavicciuli), in den sumpfigen Wassern des Styx sein Verderben findet:

> Alsbald so sah ich einen Schwarm ihn plagen
> Von denen aus dem Schlamme bis aufs Blut,
> Daß Gott ich heut noch Lob und Dank muß sagen.*

So schreibt ein christlicher Dichter. Aber in einer ruhigeren, nachdenklicheren Stimmung versuchte Dante zu verstehen, warum die Florentiner derart streitsüchtig und parteiisch waren, warum sie einander mit solcher Heftigkeit haßten. Er fand eine Reihe von Antworten auf diese Fragen, wobei er jede Antwort in Verbindung brachte mit einem bestimmten Stadium des Aufstiegs der Stadt vom Bauerndorf zur Handels- und Gewerbemetropole. Ein Grund für Zwietracht waren für ihn die unterschiedlichen Rassen. Der Dichter glaubte, jedes fortschrittliche Moment in der Geschichte Florenz' sei römischen Ursprungs, die Kolonisten zu Caesars Zeiten hätten es eingepflanzt, und ihre Nachkommen hätten es gepflegt. Die Neigung zu Zwietracht und Gewalt im Florentiner Charakter stamme hingegen von den Angehörigen germanischer Stämme, die während der Invasion der Barbaren Fiesole gegründet hatten. Die Unvereinbarkeit dieser beiden Rassen sei der Hauptgrund des Parteienstreits; Dante fand jedoch weitere Erklärungen in der Art und Weise, wie die Stadt gewachsen war. Der Dichter idealisierte die frühen Jahrhunderte von Florenz, als die Gesellschaft klein und homogen und die Moral noch nicht verdorben war. Dieses idyllische Zeitalter aber habe sein Ende gefunden, als massenhaft Zuwanderer vom Land in die Stadt kamen, als, wie Dante im 16. Gesang des *Paradies* beschreibt, die ursprüngliche Bevölkerung förmlich überwältigt wurde von den übelriechenden Bauern aus Aguglione und Signa, aus Figline und Certaldo. Die Neuankömmlinge seien angelockt worden von den besseren Lebensbedingungen in der Stadt, sie hätten zur Auflösung einer gesellschaftlichen Ordnung beigetragen, die weitgehend auf Landbesitz gründete. Dante sorgte sich um die moralischen Auswirkungen dieser Revolution, er schrieb den Zusammenbruch der

---

* Dantes Göttliche Komödie. Deutsch von Friedrich von Falkenhausen, Leipzig 1947, Die Hölle, Achter Gesang, S. 40.

alten Werte der menschlichen Habsucht zu, die, wie er meinte, unter den Emporkömmlingen besonders ausgeprägt war. Bei ihrer Begegnung im dritten Kreis der Hölle bittet Dante den Vielfraß Ciacco, ihm das Schicksal ihrer beider Heimatstadt zu offenbaren und ihm zu sagen, «Was nährte / Die Zwietracht, daß sie dort so grimmig ringt?» Ciacco prophezeit den Ausbruch von Gewalt zwischen den rivalisierenden Faktionen, den Schwarzen und den Weißen, und erzählt dem Dichter, es gäbe nur zwei ehrliche Männer im Land, wo «Stolz, Neid, Habgier sind die Brände, / Davon die Herzen allesamt entbrannt»*.

Dante, der aristokratische Konservative, erkannte und beklagte die Entwicklung in Florenz zu einer Regierung mit breiterer sozialer Basis, in der «neue Männer» die alte herrschende Klasse herausforderten und einen größeren Anteil an Ämtern und Macht erhielten. Unter diesem Druck entstanden anhaltende Spannungen und Konflikte, die noch verschärft wurden von den Besonderheiten, die dieser Gesellschaft eigen waren: einer von Risiko und Spekulation gekennzeichneten Wirtschaft, der starken Fluktuationen von Reichtum und Einkommen, einem hohen Maß an sozialer Mobilität. Dennoch war der vielseitige, pluralistische Charakter dieser wirtschaftlichen und sozialen Ordnung auch einer der Gründe für die Stärke und Vitalität der populanen Regierungen. Die große Spannweite und die Vielfalt der Geschäfte brachten eine Unternehmerklasse mit andersartigen Interessen und Bedürfnissen hervor. Wolltuchhersteller stellten zwar die mächtigste Interessengruppe in der Kommune dar, aber sie genossen kein politisches Monopol. Sie teilten ihre Macht mit Bankiers, Kaufleuten und Apothekern sowie mit Angehörigen anderer Berufe (Richtern, Notaren, Ärzten), mit Rentiers und ein paar Handwerkern – und deren wirtschaftliche Interessen stimmten keineswegs immer mit denen der Textilhersteller überein. Außerdem war die Größe der Wählerschaft ein Mittel, um den Ambitionen potentieller «signori» einen Riegel vorzuschieben. Reichtum, gesellschaftlicher Rang und politischer Einfluß teilten sich unter so vielen auf, daß es für eine einzige Familie schwierig war, den Visconti in Mailand oder den Gonzaga in Mantua nachzueifern und ein despotisches Regime zu errichten.

Das Überleben des republikanischen Regierungssystems in Florenz verdankte sich aber auch dem Glück. Dreimal übergaben die Bürger im 14. Jahrhundert freiwillig einen Teil ihrer Freiheit einem fremden Für-

---

* Dante, a.a.O., Die Hölle. Sechster Gesang, S. 33.

sten. 1313 wurde König Robert von Neapel für eine Periode von fünf Jahren zum Signore gewählt, er besaß die Machtbefugnisse eines Diktators, war aber mit seinem eigenen Königreich zu sehr beschäftigt, um seine Macht in dem weit entfernten toskanischen Gemeinwesen auch wirksam auszuüben. In den zwanziger Jahren des 14. Jahrhunderts ernannte die Kommune angesichts der Bedrohung durch den Despoten von Lucca, Castruccio Castracani, den Sohn von König Robert, Karl von Kalabrien, für zehn Jahre zum militärischen Oberbefehlshaber und Gouverneur. Karl gelang es schnell, die Stadt in die Hand zu bekommen; er wollte sich auf Dauer als Signore in Florenz etablieren, aber er starb im November 1328, zwei Monate nach dem Ableben seines Widersachers Castruccio. 1342 rief die Kommune ein weiteres Mal einen militärischen Abenteurer mit politischen Ambitionen zur Lösung ihrer Probleme um Hilfe an – den fahrenden französischen Ritter Walter von Brienne. Walter versuchte, sein Abkommen mit der Kommune, ein Jahr Signore der Stadt zu sein, in eine Diktatur auf Lebenszeit umzuwandeln und sein reiches Lehen zu genießen, aber ein Volksaufstand im Juni 1343 vertrieb ihn aus der Stadt.

Die Zunftherrschaft, die sich nach dem Abgang Walters etablierte, war populärer und besaß eine breitere Basis als jede vorhergehende Regierung, aber sie war nicht demokratisch. Nur Mitglieder der einundzwanzig Zünfte waren für die Ämter zugelassen, ausgeschlossen waren die Tausende von Arbeitern in der Textilherstellung, ebenso wie andere Arbeiter, deren Rollen im Wirtschaftsleben sie nicht für die Mitgliedschaft in einer Zunft qualifizierten. Auch Mitglieder der Magnatenfamilien wurden von den höchsten ausführenden Ämtern ferngehalten, ihnen hatten die «Ordnungen der Gerechtigkeit» im Jahr 1293 die Bürgerrechte entzogen.* Die Zünfte wiesen in der zweiten Hälfte des 14. Jahrhunderts zwar etwa 5000 bis 6000 Mitglieder auf, aber nur eine Minderheit – vielleicht ein Drittel – bekleidete je einen Posten in der

---

* Die «Ordnungen der Gerechtigkeit» («ordinamenti di giustizia»), die 1293 erlassen und bis 1295 mehrmals revidiert wurden, richteten sich gegen bestimmte namentlich aufgeführte, mächtige und angesehene Familien, die im Ruf standen, sich über Gesetze hinwegzusetzen und ihre Macht zu mißbrauchen. Außer dem Ausschluß von Ämtern wurde von den Magnaten verlangt, Bürgschaften für die Achtung der Gesetze zu stellen. Angehörige dieser Familien erhielten für bestimmte Gewaltverbrechen die doppelte Strafe, außerdem wurden sie für Delikte, die ihre Verwandten begingen, zur Verantwortung gezogen. Einige Bestimmungen der «ordinamenti» wurden später modifiziert und abgemildert, aber sie blieben insgesamt in Kraft.

Verwaltung oder saß in einer gesetzgebenden Körperschaft. Um diese privilegierte Gruppe von der Masse der Nichtwählbaren zu trennen, bediente man sich genauer Prüfungen. Eine Prüfungskommission wurde eingesetzt, die die Eignung der Zunftmitglieder beurteilte, die für ein bestimmtes Amt nominiert worden waren. Wer zwei Drittel der Stimmen auf sich vereinigen konnte, wurde für wählbar erklärt; die Namen der Kandidaten wurden in Beuteln gesammelt, aus denen im Losverfahren die Namen derjenigen gezogen wurden, die die Ämter dann besetzten. Die Untersuchungen der Signoria liefern einige Anhaltspunkte, mit deren Hilfe sich die Größe dieser Gruppe schätzen läßt. Im Jahr 1343 wurden nur 10 Prozent von 3000 Nominierten zur Wahl für eines der höchsten exekutiven Ämter der Kommune zugelassen. Die Zahl der geeigneten Bürger stieg 1361 auf 500; zwanzig Jahre später (1382) erhielten über 750 Florentiner von 5000 Nominierten die Zustimmung der Prüfungskommission.

Nach dem Prinzip kurzer Amtszeiten, das alle kommunalen Regierungen in Italien kennzeichnete, hatten die neun Mitglieder der Signoria (die auch «Prioren» genannt wurden) ihre Ämter nur zwei Monate lang inne, dann wurden sie von einer anderen Gruppe abgelöst. Zwei Körperschaften oder Gremien, die zwölf «Buonuomini» und die sechzehn «Gonfalonieri», berieten die Signoria in der Politik, außerdem verkündeten sie gemeinsam mit den Prioren Erlasse und Bestimmungen und wählten Beamte für untergeordnete Posten in der kommunalen Verwaltung. Etwa 15 Magistratsämter mit einer unterschiedlichen Anzahl von Mitgliedern füllten die weniger bedeutenden Ränge in der Verwaltungshierarchie, sie waren für verschiedene Aufgaben zuständig: die Überwachung der Burgen und Befestigungen im Contado, die Verwaltung der Finanzen, die Aufdeckung von Verschwörungen und Anschlägen, die Kontrolle über die Anmusterung und Ausbildung der Truppen. «Die Zwölf» hatten ihr Amt drei Monate inne, «Die Sechzehn» hingegen vier Monate. Diese kurzen Amtszeiten besaßen Vor- und Nachteile. Jedes Jahr kam eine beträchtliche Anzahl von Bürgern (54 in der Signoria und 96 in den beratenden Gremien) in den Genuß der Macht und des Prestiges der höchsten Ämter, die die Kommune zu vergeben hatte, aber das System schuf keine Kontinuität in der Verwaltung, es stand auch der Formulierung und Verwirklichung einer langfristigen Politik im Weg. Diese Nachteile waren jedoch nicht so gravierend, wie sie auf den ersten Blick erscheinen mögen. Die Signoria konnte sich auf das Fachwissen einer kleinen Gruppe fester städtischer

Beamter verlassen, außerdem auf die Erfahrungen älterer Politiker, die regelmäßig konsultiert wurden, wenn es um Probleme der Besteuerung, der Außenpolitik oder der inneren Sicherheit ging. Überdies bildete sich die Praxis heraus, bestimmte ausführende Kommissionen («balìe») zu ernennen, die die Verantwortung übernahmen, wenn Kriege erklärt, Zwangsanleihen erhoben oder die Wahlstatuten der Kommune verbesssert werden sollten. Daß die Verantwortung mehr und mehr an diese Kommissionen delegiert wurde, besonders in Kriegszeiten, war eine bedeutsame Entwicklung in der Verfassungsgeschichte der Stadt nach 1350.

Die Signoria trug die allgemeine Verantwortung für die Verwaltung der Stadt und leitete die äußeren Angelegenheiten, außerdem besaß sie das Initiativrecht für Gesetzesvorlagen. Dieser Aspekt ihrer politischen Rolle ist gut dokumentiert; auf den Akten über Gesetzesvorlagen basiert die Geschichtsschreibung über die Kommune im 14. Jahrhundert. Von besonderer Bedeutung sind die Bände der *Consulte e Pratiche*, die die Protokolle der Sitzungen der Signoria mit ihren Gremien enthalten, zu denen verdiente Bürger hinzugezogen werden konnten, die bei Problemen der Gesetzgebung und der Verwaltung Rat gaben. Ein anderes Korpus mit dem Titel *Libri Fabarum*, «Bücher der Bohnen», verzeichnet die Anzahl der Stimmen, die die Ratsmitglieder für und gegen die einzelnen Gesetzesvorschläge abgaben. Außerdem sind in ihnen die Titel – aber nicht die Texte – all jener gesetzlichen Maßnahmen aufgeführt, die in beiden Ratsversammlungen keine Zweidrittelmehrheit fanden und deshalb nicht Gesetzeskraft erlangten. Die Vorlagen, die die Gremien annahmen, wurden auf Pergament geschrieben und in umfangreiche Bände gebunden, die *Provvisioni*. Sie bildeten die Gesetzessammlung, mit der das Gemeinwesen regiert wurde.

Die beiden gesetzgebenden Versammlungen, der «Rat des Volkes» und der «Rat der Kommune», umfaßten insgesamt 500 Mitglieder (300 im Volksrat, 200 im Gemeinderat), die für sechs Monate gewählt wurden. Da sie kein eigenes Initiativrecht für Gesetze besaßen, sondern auf Vorlagen der Signoria, der Buonomini wie der Gonfalonieri angewiesen waren, spielten diese Räte in der Florentiner Politik im wesentlichen eine passive Rolle. Trotzdem übten sie eine gewisse Kontrolle über die Exekutive aus. Sie wiesen häufig Gesetzesvorschläge, die ihnen von der Signoria unterbreitet wurden, zurück. Im allgemeinen gelang es jedoch einer entschlossenen Gruppe von Prioren, die widerspenstigen Räte dazu zu überreden, einer umstrittenen Vorlage zuzustimmen. Einige Vorlagen jedoch erhielten nie die für ein Gesetz notwendigen Stimmen; vor allem wenn sie neue Steuerbelastungen oder Zwangsanleihen vorsahen, war es wahrscheinlich, daß sie in den Ratsversammlungen abgelehnt wurden.

Dieser kursorische Überblick über die Institutionen der Stadt zeigt, wie kompliziert dieses politische und administrative System beschaffen war mit seiner schwerfälligen Bürokratie und seinen umständlichen Methoden, Amtsträger auszuwählen. Dennoch war es eine bemerkenswerte Leistung der Regierung von 1343, die republikanischen Institutionen, die ihr aus der Vergangenheit überkommen waren, zu erhalten, als anderswo in Italien die Kommunen nach und nach durch die Herrschaft der Signori verdrängt wurden. Für die Stadt und ihre Regierung waren dies spannungsgeladene und angstvolle Zeiten; marodierende Soldatenhaufen suchten die Stadt heim, Kriege mit Nachbarstaaten und soziale Unruhen, die aus Hungersnöten aufflammten, die Pest und eine Wirtschaftskrise. In den sechziger Jahren verschärfte die Bildung von zwei rivalisierenden Faktionen die Schwierigkeiten der Regierung noch zusätzlich. Die eine Clique, angeführt von der Familie Albizzi, leitete ihre Grundsätze und ihre politische Linie von der Parte Guelfa her.* In der Außenpolitik befürwortete sie die Fortführung der alten guelfischen Allianz mit dem Papsttum und mit Neapel, in der Innenpolitik setzte sie sich für eine entschieden aristokratische Regierung ein, die von Emporkömmlingen gesäubert werden sollte. Die rivalisierende Faktion, angeführt von der Familie Ricci, war für eine Regierung, in der Handwerker und die «neuen Männer» stärker vertreten sein sollten als bisher. In der Außenpolitik war sie eher flexibel und pragmatisch orientiert und weniger den guelfischen Grundsätzen verpflichtet. Die inneren Spannungen erreichten im Jahr 1378 ihren Höhepunkt, sie waren das Vorzeichen für den Aufstand der Ciompi. Dann, nach drei unruhigen Jahren unter einer populanen Zunftregierung, aus der Mitglieder der alten Familien weitgehend ausgeschlossen waren, wurde im Jahr 1382 eine neue Regierung gebildet, die von konservativen Patriziern dominiert wurde.

---

* Die «Parte Guelfa» entstand im 13. Jahrhundert als politische und militärische Organisation der Florentiner Guelfen in ihrem Kampf mit den Ghibellinen, die den deutschen Kaiser unterstützten. Mit dem Sieg der Guelfen wurde die Partei zu einem wichtigen Machtfaktor in der Politik der Kommune. Die Hauptleute der Partei bildeten ein Ratskollegium, sie berieten die Signoria, außerdem nahmen sie an Wahlen und den Prüfungen für kommunale Ämter teil. Autorität und Einfluß der Partei nahmen im späten Trecento ab.

Diese Regierungskonstellation blieb 52 Jahre an der Macht, bis 1434 mit der Rückkehr von Cosimo de' Medici aus dem Exil ein neues Kapitel in der Florentiner Politik aufgeschlagen wurde. Die Historiker bezeichneten die Regierung zwischen 1382 und 1434 im allgemeinen als «oligarchisch», treffender aber wäre wohl der Begriff «konservativ». Ihre Einsetzung bedeutete das Ende einer jahrhundertealten Entwicklung hin zu einem offen politischen Regiment, das die Mittelklassen (populo minuto) einschloß, und den Beginn einer neuen Ära in der Politik der Stadt: Die herrschende Gruppierung war nun kleiner, und die Macht konzentrierte sich in wenigen Händen. Die Veränderungen nach dem Ende der Ciompi-Zeit setzten nicht abrupt ein, sie entwickelten sich langsam und allmählich, denn die führenden Patrizier griffen sehr vorsichtig nach der Macht. Sie ließen es nicht darauf ankommen, sich die Handwerker und Einzelhändler in den niederen Zünften zum Feind zu machen, indem sie sie von Ämtern ausschlossen. Auch weiterhin erhielten sie ihren traditionalen Anteil von zwei Sitzen in jeder Signoria. Aber die Patrizier führten ein ausgeklügeltes System von Kontrollen der Wahlfähigkeit ein, die die Auslese loyaler Beamter sicherstellen sollte; überdies erließen sie Gesetze, die den Zugang zu kommunalen Ämtern auf Männer von gesellschaftlichem Rang und Vermögen beschränkten: auf jene, die (oder deren Väter) seit dreißig Jahren ohne Unterbrechung Steuern gezahlt hatten. Unter dem Eindruck der Erschütterungen durch den Ciompi-Aufstand verhielt sich diese Regierung zu Anfang sehr defensiv und war verletzlich, sie sorgte sich um die innere Sicherheit und reagierte ängstlich auf jedes Vorkommnis und jede Entwicklung, die eine Gefahr für ihre Stabilität darstellen konnte. Aber diese Ängste und die Maßnahmen, die ergriffen wurden, um ihnen zu begegnen, verwandelten diese Regierung nicht in ein reaktionäres, autoritäres Regime. In bestimmten Grenzen ließ sie Kritik und abweichende Meinungen zu; auch weiterhin diente sie als Ort, wo wirtschaftliche, soziale, ideologische und persönliche Konflikte ausgetragen und gelöst werden konnten. In den Jahren zwischen 1382 und 1434, in denen dieses Regierungssystem herrschte, spielte sich in ihm der dramatische Konflikt ab zwischen jenen Kräften, die die Institutionen und Traditionen der republikanischen Regierungsform zu erhalten versuchten, und gegenläufigen Entwicklungen, die die politische Ordnung sprengten und die Bindungen schwächten, die die städtische Gesellschaft zusammenhielten. Dieser Kampf ist das Hauptthema dieses Kapitels.

Die Hegemonie der Patrizier (1382–1434): Gemeinwohl und Privatinteresse

Dem modernen Beobachter fällt vor allem der unterdrückerische und ausbeuterische Charakter dieser patrizischen Regierung auf; sie nutzte ihre Macht zum Vorteil der Reichen und Mächtigen und häufig zum Schaden der Armen und Geringen. Patrizier bekleideten die meisten kommunalen Ämter, sie erfreuten sich des Monopols auf die lukrativsten Verwaltungsstellen und Statthalterämter im Herrschaftsgebiet: in Pisa und Arezzo, in Volterra und Cortona. Weniger unmittelbar profitierte das Patriziat (oder seine reicheren Mitglieder) auch vom Steuersystem. Ein Teil der Einkünfte der Republik stammten aus direkten Abgaben, die den Städten und bäuerlichen Bezirken im Herrschaftsgebiet der Stadt auferlegt wurden, und aus den «gabelle», den Zöllen auf Nahrungsmittel, die in die Stadt eingeführt wurden. Diese Steuern drückten am schwersten auf den unterworfenen Gebieten sowie auf den Armen innerhalb der Stadtmauern. Die Reichen der Stadt kamen um direkte Abgaben herum, denn sie zahlten keinen vergleichbaren Anteil an den «gabelle» auf Wein, Fleisch und Getreide, da ihre Familien während der «villegiatura» im Sommer die Erzeugnisse ihrer Besitzungen auf dem Land verzehrten. Um die Defizite im Haushalt auszugleichen, erhob die Kommune bei der Stadtbevölkerung Zwangsanleihen («prestanze»), aber auch dieses System kam den Reichen zugute. Diese Anleihen wurden in Anteile an den Anleihen der Stadt (Monte) verwandelt, für die niedrige, aber regelmäßige Zinsen gezahlt wurden; Investitionen in den Monte waren für die Patrizier im 15. Jahrhundert eine wichtige Einkommensquelle. Im Jahr 1427 betrugen Palla Strozzis Anteile am Monte insgesamt fast 100 000 Florin, aus denen er ein jährliches Einkommen von 1000 Florin bezog, genug, um bei bescheidenen Ansprüchen fünfzehn Haushalte zu erhalten.

Dennoch wäre es eine grobe Verzerrung, die patrizische Regierung einfach als Instrument der Ausbeutung der Armen und Geringen durch die Reichen und Mächtigen zu betrachten. In einem für die politische Geschichte Italiens sehr turbulenten Zeitalter war die Beständigkeit dieser Regierungsform in der Tat bemerkenswert. Ihre Stabilität und Langlebigkeit verdankte sie einerseits ihrer Fähigkeit, die Ordnung aufrechtzuerhalten und abweichende Ansichten zu unterdrücken, ähnlich wichtig für ihren Erfolg war aber andererseits auch, daß es ihr gelang, öffentliche Unterstützung zu finden, sogar unter der um ihre Rechte gebrachten Bevölkerung. Einige dieser Gruppen akzeptierten die Regierung wohl nur, weil sie sich nicht in der Lage fühlten, die politischen Zustände zu verändern, oder weil ihre Energien restlos vom Kampf um den Lebensunterhalt in Anspruch genommen wurden, andere aber waren der Republik, dem politischen Symbol ihrer Identität als Bürger, treu ergeben. Diese Staatstreue erwies sich als stärker und dauerhafter als die – oft sehr unbeständige – persönliche Beliebtheit, deren sich Despoten bei ihren Untertanen und später im 15. Jahrhundert die Medici bei vielen ihrer Mitbürger erfreuten. Viele Handwerker und Kaufleute waren offenbar zufrieden damit, daß sie symbolisch in der Regierung vertreten waren; ihr Einfluß war minimal, aber sie gehörten zum politischen Establishment. Noch das geringste Mitglied der Bäckerzunft konnte hoffen, eines Tages als für die Signoria geeignet befunden zu werden, und sogar unter den rechtlosen Arbeitern gab es viele, die die Regierung nach Kräften unterstützten. Von derartigen patriotischen Empfindungen am wenigsten berührt waren noch die Bewohner des Herrschaftsgebietes der Stadt, wo noch immer lokale Loyalitäten lebendig waren und starken Einfluß ausübten, besonders in den erst kürzlich eroberten Gemeinden (Pisa, Cortona, Arezzo), in denen die Feindseligkeit gegenüber Florenz manchmal in offene Rebellion umschlug.

Der Florentiner Regierung des späten 14. und frühen 15. Jahrhunderts gelang es weit besser als anderen Städten oder früheren Regierungen, jenes empfindliche Gleichgewicht zwischen individuellen und kollektiven Bedürfnissen, zwischen Privatinteresse und Gemeinwohl zu erhalten, das die Voraussetzung wirksamer Politik bildet. Wie wir noch sehen werden, beschäftigten sich die Patrizier vor allem damit, Vorteile für sich und ihre Familien herauszuschlagen, aber die meisten besaßen außerdem ein ausgeprägtes Gefühl für ihre Verpflichtungen der Kommune gegenüber und akzeptierten bereitwillig die Verantwortung, die sie ihnen auferlegte. Den politisch aktiven Bürgern wurden ihre Dienste materiell, aber auch in Form von Anerkennung und Ansehen entlohnt, dafür jedoch mußten sie hart arbeiten und viel Zeit opfern – und nicht immer zahlten sich ihre Bemühungen aus. Die Florentiner dienten nicht mehr in der Miliz, wie ihre Urgroßväter zu Dantes Zeiten. Vielmehr finanzierten sie mit Steuern und Zwangsanleihen Söldner zur Verteidigung der Stadt. In Krisenzeiten hallten die Ratssäle wider von Appellen, finanzielle Opfer zu bringen. Alessandro Alessandri verkündete einmal, er sei bereit, seine Kinder zu verkaufen, um die Kasse der Kommune aufzufüllen. Weniger dramatisch war das Angebot von Matteo Tinghi (1388), sein gesamtes Vermögen in Raten von 500 Florin der Kommune zu übergeben. Derartig übertriebene Behauptungen sind für moderne Ohren eine Beleidigung, sie klingen allzu gekünstelt und unaufrichtig. Aber diese Männer brachten damit ihre zutiefst empfundene Überzeugung zum Ausdruck, daß die Forderungen des Gemeinwohls Vorrang vor privaten Belangen besaßen und daß sie bereit waren, jedes Opfer auf sich zu nehmen, um ihre Freiheit zu erhalten. «Unsere Stadt ist wichtiger als unsere Kinder», behauptete 1413 Messer Rinaldo Gianfigliazzi unverblümt. «Und für ihr Wohl sollte alles Erdenkliche getan werden, um für die Nachwelt zu erhalten, was wir von unseren Vorfahren empfangen haben.»

Die Ehrfurcht vor der Vergangenheit, die in Gianfigliazzis Äußerung deutlich wird, ist ein besonderes Kennzeichen dieser Regierung; in ihr offenbaren sich patrizische Ansichten und Ziele. Natürlich pflegten vor allem alte Familien mit besonderer Begeisterung die Tradition, denn ihre Vorfahren hatten die Geschichte der Stadt buchstäblich geschaffen. Ihr Blut war vergossen worden in den Schlachten, die im Gedächtnis der Stadt bewahrt wurden: Montaperti, Campaldino, Altopascio.* Die Nachkommen dieser alten Geschlechter waren außerdem davon überzeugt, sie allein verfügten über das Wissen, die Ausbildung und die Erfahrung, die Stadt richtig zu regieren. Diese Überzeugung des Patriziats, es sei zum Regieren geboren, war eine wichtige Quelle für seine Stärke und ein Bollwerk seiner Vorherrschaft. Die Vergangenheit diente so als Rechtfertigung einer aristokratischen Regierungsform und als Ursprung politischer Stabilität. Das Festhalten an der Tradition erklärt, warum sich die Struktur der Verfassung während der Zeit dieser Regierung so wenig veränderte. Die Vergangenheit sorgte außerdem für Kontinuität in der Politik, zum Beispiel für die allgemein wohlwollende Haltung gegenüber der örtlichen Kirche und dem Papsttum, die der guelfischen Tradition entsprach. In der politischen Debatte zählte vielleicht kein anderes Argument so schwer wie die Feststellung, daß eine bestimmte Maßnahme oder Politik im Einklang mit der tradi-

---

* Die Florentiner wurden 1260 von den Sienesen bei Montaperti besiegt, 1289 gewannen sie eine Schlacht gegen Arezzo bei Campaldino. 1325 schlug ein Lucchesisches Heer unter Castruccio Castracani die Florentiner bei Altopascio.

tionellen Praxis stehe. 1430 sprach sich Palla Strozzi gegen einen Vorschlag aus, das System der Zwangsanleihen zu verändern, mit der Begründung, Neuerungen seien immer gefährlich, denn ihre Folgen seien nicht abzusehen; deshalb könnten Verfahren eingeführt werden, die, auch wenn sie zunächst durchaus erwünscht und nützlich erschienen, sich im Lauf der Zeit aber als schädlich erweisen könnten. In der Vergangenheit, so behauptete er mit Nachdruck, hätten die Florentiner nicht fortwährend das Steuersystem verändert, sondern hätten einige Jahre daran festgehalten, bevor sie irgendeine Änderung in Erwägung zogen. «Und sind wir etwa der Ansicht, sie seien weniger sachverständig gewesen als wir, weniger weise, weniger besorgt um die Regierung unserer Stadt? Eine solche Ansicht läßt sich nicht aufrechterhalten! Unsere Ahnen waren klüger und dem Gemeinwohl bedingungsloser ergeben als unsere eigene Generation. Ihre Leistungen sind Beweis für diese Feststellung, denn unter ihrer Führung verwandelte sich ein schwacher Staat in eine bedeutende Macht!»

Ein weiterer patrizischer Charakterzug, der in der öffentlichen – wie in der privaten – Sphäre sichtbar wurde, war die Abneigung gegen übereiltes Handeln und eine starke Verpflichtung zu sorgfältigen und langen Diskussionen über die einzelnen Fragen. Der Chronist Matteo Villani bemerkt dazu, die Florentiner brauchten immer lange für ihre Entscheidungen, denn sie diskutierten jede Frage mit schwerfälliger Gründlichkeit. In ihrer hartnäckigen Suche nach Zustimmung und Konsens legten die Prioren ein und dasselbe Problem häufig den verschiedenen Ratskollegien oder ausgewählten Bürgern vor, Sitzung für Sitzung. Viele dieser Auseinandersetzungen sind in den *Consulte e Pratiche* zusammenfassend protokolliert, sie wiederholen sich fortwährend und sind langweilig. Aber in schwierigen Zeiten und bei großer Uneinigkeit zeigen diese Beratungen die Stärken und Tugenden dieses Patriziats: seinen Mut, seine Entschlossenheit und seine hartnäckige Zielstrebigkeit. In solchen Zeiten erschienen die Schläue, der Scharfsinn und die starke Realitätsbezogenheit, die für die Florentiner auch in ihren Privatangelegenheiten typisch waren, in günstigem Licht.

Krieg und Frieden, die Erweiterung des Herrschaftsgebietes, die Besteuerung und die Kriterien für Wahlberechtigung, das waren die wichtigsten Probleme, vor denen diese Regierung stand. Ihre Beschlüsse bei diesen Fragen wirkten sich in sehr einschneidender Weise auf die gesamte Gesellschaft aus. Und doch widmeten die Florentiner Politiker ebensoviel Zeit, wie sie mit der Diskussion über ein Bündnis mit dem

Papst oder über die Einführung einer neuen «gabella» auf Wein verbrachten, den persönlichen Angelegenheiten ihrer Verwandten, Freunde und Klientel. Keine Analyse der Politik der Republik ist vollständig ohne genauere Untersuchung dieser nur lückenhaft dokumentierten Sphäre privater Interessen, Begünstigungen und Durchstechereien. Die Entscheidungen und Kompromisse, die in dieser Sphäre getroffen wurden, besaßen häufig Einfluß auf die Art und Weise, wie wichtige Fragen von öffentlichem Interesse gelöst wurden.

Eine Episode, die in der Korrespondenz der Familie Del Bene berichtet wird, illustriert die enge Verbindung zwischen der öffentlichen und der privaten Sphäre im politischen Leben der Stadt. In einer Reihe von Briefen an seinen Vetter Francesco, geschrieben im Frühling des Jahres 1381, schildert Giovanni del Bene die Umstände eines Prozesses zwischen seinem Neffen Amerigo und einem einflußreichen Politiker, Filippo Alamanni. Der Streit hatte sich entzündet an dem Anspruch, den Amerigo auf den Besitz eines Minderjährigen erhob, als dessen Vormund Alamanni eingesetzt war. Giovanni unterstützte seinen Neffen in diesem unbedeutenden Prozeß, gleichzeitig wurde er aber in ein undurchschaubares Labyrinth politischer Manöver verwickelt, das ihn mehrere Tage in Anspruch nahm und seine Geduld und seinen guten Ruf auf eine harte Probe stellte.

Die Del Bene baten zunächst einen Richter, beide Parteien förmlich aufzufordern, eine Einigung auszuhandeln oder seine Einwilligung zu geben, daß Schiedsrichter ernannt würden, die einen für beide Parteien verpflichtenden Kompromiß aushandeln sollten. Offensichtlich fühlten sie sich so sicher und im Recht, daß sie einen Schiedsspruch nicht fürchteten. Die Hauptsorge der Del Bene im Anfangsstadium des Prozesses war offenbar die Bestellung eines kompetenten Anwalts mit nützlichen Verbindungen. Sie erörterten die jeweiligen Verdienste von Donato Aldighieri (der in einer diplomatischen Mission fortgerufen wurde), Giovanni Ricci (der als ungeeignet beurteilt wurde, da er mit den Del Bene blutsverwandt war) und Baldo da Figline, der schließlich beauftragt wurde. Aber Filippo Alamanni versuchte, eine Einigung durch Schiedsspruch zu vermeiden, und behauptete, eine solche würde seinen Interessen schaden. So appellierte er an höhere Autoritäten, zuerst an den Rat der Zehn der Freiheit (der für die Schlichtung privater Streitfälle verantwortlich war), und dann an die Signoria, um das Verfahren, das von den Del Bene angestrengt worden war, niederzuschlagen. Aus einer einfachen Auseinandersetzung um Geld wurde ein auf vielen Ebenen ausgetragener Kampf zwischen zwei mächtigen Familien, wobei jede entschlossen war, die andere zu besiegen.

Das Bemerkenswerteste an dieser Auseinandersetzung war der Widerwille der Ausschüsse, den Streit zu schlichten. Niemand wollte verantwortlich sein für eine endgültige Lösung, die bei einer Partei Bitterkeit und Kränkung hervorrufen könnte. Am 13. März wurde der Fall einem offiziellen Vertreter der Richterzunft vorgelegt, der ihn schnell an den Rat der Zehn weitergab. Obwohl die Kommission versprach, rasch zu einer Entscheidung zu kommen, zögerte sie mehrere Tage, bevor sie schließlich Alamanni aufforderte, die Frage einem Schiedsgericht vorzulegen. Aber damit war der Fall noch lange nicht beigelegt. Anfang April schrieb Giovanni del Bene, Alamanni habe die Signoria gebeten, in dem Streit zu intervenieren, und in diesem Monat hörten die Prioren dann auch mehrere Male die Argumente der Streitenden und ihrer Anwälte an. Als Giovanni die Signoria kritisierte, weil sie sich in eine Angelegenheit einmische, die bereits vom Rat der Zehn zugunsten der Del Bene entschieden worden war, erwiderten die Prioren, daß sie «nicht vorhätten, uns zu schaden, aber sie könnten sich nicht weigern, irgendeinen Bürger anzuhören, und daß unsere Gegner vieles [gegen uns] gesagt hätten». Sie versicherten, daß sie «jedem Gerechtigkeit widerfahren ließen, welchem Rang oder Stand er auch angehört». Trotz dieser beherzten Worte weigerte sich die Signoria, den Streit beizulegen, und gab ihn zurück an die Zehn. Inzwischen hatte Filippo Alamanni durch Veränderungen in der personellen Zusammensetzung dieser Kommission eine Gruppe von Unterstützern gewonnen, die ihre Kollegen überredeten, ihre den Del Bene günstige Meinung aufzugeben. Weitere Verzögerungen ergaben sich aus der Abreise Alamannis im Dienst der Stadt nach Città di Castello. Am 15. Mai schrieb ein müder und mutloser Giovanni del Bene einen letzten Brief über den Fall, der von einer Schlichtung so weit entfernt war wie zuvor.

Als dieser Streit den Richtern erst einmal aus den Händen genommen worden war, wurde aus der juristischen Frage zusehends eine des politischen Einflusses und des Status. Das zwang beide Parteien, mit erschöpfender Regelmäßigkeit Bittschriften an die Prioren zu richten sowie an die Mitglieder anderer Kommissionen, die in den Fall verwickelt waren. «Ich sprach heute mit mehreren [Bürgern] und mit fast jedem Mitglied der Zehn, jeder antwortete in der üblichen Art und Weise», schrieb Giovanni am 14. März. Er konnte bei jedem einzelnen Mitglied jeder Kommission genau einschätzen, ob er bei ihm Unterstützung finden oder ob es seinen Gegner favorisieren würde. «Zu den neuen Mitgliedern der Zehn gehört ein enger Freund von ihnen, Francesco di Ser Jacopo Cecchi, und ich glaube auch, daß Baldese [di Torino Baldesi] ihnen eher geneigt ist als uns.» Giovanni erkannte, daß er sich mit einem mächtigen Gegner eingelassen hatte, dessen Netz einflußreicher Verbindungen ebenso weit gespannt war wie sein eigenes. In seinen Bemühungen, den Fall seines Neffen voranzubringen, hatte er Druck auf seine Freunde ausgeübt, von denen die meisten (wie er zugab) ihn loyal unterstützt hatten. Aber er stellte auch fest, «in dieser Angelegenheit habe ich mehr Feinde entdeckt als Freunde». Sein mächtigster Gegner war Giorgio Scali, ein sehr einflußreicher Politiker, der insgeheim Filippo Alamanni unterstützte. Scali hatte bewirkt, daß Alamanni zum Botschafter gewählt wurde; er intervenierte zudem bei der Signoria, um jedes Urteil während dessen Abwesenheit zu verhindern. Diese mächtige und unbeugsame Opposition macht den verzweiflungsvollen Ton verständlich, der aus Giovannis Briefen spricht, als er sich eingestehen mußte, daß seine Bemühungen fruchtlos blieben.

Die schwere Prüfung, der Del Bene unterzogen wurde, bietet einen erhellenden Einblick in die Realitäten der innerstädtischen Politik. Der Fall zeigt erstens, mit welcher Ernsthaftigkeit die städtischen Behörden auch Privatangelegenheiten von minderer Bedeutung behandelten, besonders, wenn prominente Männer darin verwickelt waren. Er illustriert auch, wie lange und zeitraubend diese Auseinandersetzungen werden konnten – für die streitenden Parteien ebenso wie für die Beamten. Gesuche von Privatpersonen mit der Bitte um Beseitigung von Mißständen oder um besondere Privilegien füllen in den *Provvisioni* Tausende von Seiten, während die *Libri Fabarum* zeigen, was aus ihnen wurde: In diese Akten sind solche Bittschriften aufgenommen, die in den Ratsversammlungen durchweg abgewiesen wurden, aber auch diejenigen, die – nach mehreren Versuchen – schließlich Erfolg hatten. Die Vielfalt der menschlichen Probleme, die in diesen Gesuchen zum Ausdruck kommt, war sehr groß, von überragender Bedeutung aber erwiesen sich zwei Themen: Steuern und Gerechtigkeit. Denn in diesen beiden heiklen Bereichen war die Macht des Staates über Leben und Eigentum der Bürger unmittelbar zu fühlen, hier bemühten sich auch die einzelnen besonders hartnäckig, den Fängen des Staates zu entkommen.

Den meisten Auseinandersetzungen um Steuern lag die Erhebung von Zwangsanleihen oder «prestanze» zugrunde, die in den siebziger

Jahren des 14. Jahrhunderts eine der wichtigsten Quellen für die Einnahmen der Kommune geworden waren. Diese Anleihen brachten ebensoviel Geld in die Staatskasse wie die «gabelle» – die Zölle auf Nahrungsmittel und Waren, die nach Florenz eingeführt wurden – und die direkten Steuern, die in den unterworfenen Gebieten erhoben wurden. Die Festsetzung, Eintreibung und Rückzahlung der Prestanze war eine extrem schwierige Prozedur, kein Wissenschaftler hat bisher die Geduld aufgebracht, dieses System im Detail zu analysieren. Stein des Anstoßes war vor allem die Methode, mit der die Höhe des Anleihebetrags ermittelt wurde. Bis zur Einführung des Catasto im Jahr 1427 wurde er festgelegt aufgrund einer groben Schätzung des Vermögens des einzelnen durch ein ausgewähltes Gremium seiner Nachbarn. Diese waren wahrscheinlich zwar recht vertraut mit der wirtschaftlichen Lage des Steuerzahlers, ebenso wahrscheinlich aber waren sie enge Freunde oder erbitterte Feinde – und damit voreingenommen. Giovanni Cavalcanti schildert in seiner Chronik eine typische Szene:

«Als die Steuerlisten abgeschickt worden waren, konnte man überall in der Stadt Klagen und erbittertes Geschrei hören und das Geräusch zusammenschlagender Hände. Und ein Mann rief: ‹O verfluchte Stadt, wie kannst du solch böse Menschen hervorbringen?› Und ein anderer nannte den Namen des Mannes, der für die Schätzung seines Steuerbetrags verantwortlich war, und sagte: ‹Er weiß sehr gut, daß ich eine derart gewaltige Summe nicht bezahlen kann. Wenn er mein Haus will, warum fragte er nicht, ob er es kaufen kann? Ich würde es ihm unter Wert verkauft haben.›»

Im Gegensatz zu den meisten Italienern dieser und späterer Zeit akzeptierten die Florentiner sowohl die Notwendigkeit, Steuern zu zahlen, als auch das Prinzip, daß jeder Bürger nach seinen Möglichkeiten dazu beitragen sollte. Aber selbst diese gesunde Einstellung zum Steuerwesen machte das Steuerzahlen nicht angenehmer, noch erschütterte sie die von vielen gehegte Überzeugung, sie zahlten mehr als ihren gerechten Anteil und andere gäben weniger. Die Briefe und Memoiren prominenter und angesehener Bürger enthalten Hinweise auf die Strategien, wie Steuern zu umgehen seien und die Veranlagung so niedrig wie möglich gehalten werden konnte. Giovanni Morelli wies seine Söhne an, Getreide und Wein von ihren Landgütern nur in kleinen Mengen nach Florenz zu transportieren, um den Eindruck von Wohlstand zu vermeiden. Jede offene Zurschaustellung von Reichtum konnte die Veranlagung bei Zwangsanleihen dramatisch in die Höhe treiben, womit sich das hartnäckige Festhalten mancher Patrizierfamilien an einem eher kargen Lebensstil erklärt.

Bürger, die um Steuererleichterungen nachsuchten, bedienten sich einer Vielzahl von Argumenten, um sich die Sympathien der Behörden und der Ratsversammlungen zu sichern. Jeder Bittsteller behauptete, die Höhe der von ihm zu entrichtenden Steuern sei übertrieben und läge weit über seinen finanziellen Möglichkeiten. Manche, wie der Pfandleiher Barone di Cose, schilderten ihre Geldknappheit in den düstersten Farben: «Dieser Barone besitzt nichts auf dieser Welt außer seinem eigenen Körper, seiner Frau und drei kleinen Kindern (ein weiteres ist im Gefängnis gestorben), und er [Barone] stirbt Hungers im Gefängnis, während seine Familie draußen darbt.» Domenico Spinelli berichtete, außer seinen Steuerschulden müsse er 3000 Florin an private Kreditgeber zurückzahlen, er habe all seine Möbel verkauft, so daß er «gemeinsam mit seinen zwölf Kindern gezwungen ist, auf Stroh zu nächtigen, kurz, er lebt in tiefstem Elend». Ein Vater mit mehreren heiratsfähigen Töchtern bat um Steuererleichterung mit der Begründung, seine Mittel seien durch Mitgiften erschöpft. Normalerweise waren die Schilderungen, welchen Verpflichtungen die Bittsteller nachkommen mußten, in allgemeinen Worten abgefaßt, aber manche glaubten, es käme ihrem Fall zugute, wenn sie Tatsachen und Zahlen anführten. 1398 behaupteten die vier Söhne von Francesco del Bene, die Veranlagung von 48 Florin sei zu hoch, denn ihr gesamter Besitz wäre nicht mehr wert als 7500 Florin, und nur einer der vier, der Anwalt Ricciardo, sei erwerbstätig. In vielen Bittschriften wurden sicher übertriebene Behauptungen vorgebracht, einen Kern von Wahrheit aber enthalten sie wohl alle, denn es war in Florenz einfach unmöglich, die eigene wirtschaftliche Situation vollständig zu verbergen. Die Bürger, die wegen Steuervergehen ins Gefängnis kamen, sagten möglicherweise nicht die Unwahrheit, wenn sie behaupteten, den ihnen vorgeschriebenen Betrag nicht zahlen zu können. Einige Bittsteller brachten vor, die Steuern hätten den größten Teil ihres Vermögens verschlungen. Bartolomeo Panciatichi gab 1402 an, seine Steuerveranlagungen für die vergangenen 12 Jahre hätten insgesamt 93 743 Florin betragen. Als einer der reichsten Kaufleute der Stadt konnte Panciatichi diese gewaltige Summe aufbringen, die beiden Söhne eines anderen reichen Geschäftsmannes, Vieri di Cambio de' Medici, aber behaupteten, sie seien gezwungen gewesen, Geld gegen Wucherzinsen aufzunehmen, um ihre Steuern bezahlen zu können, und ihre öffentlichen und privaten Verpflichtungen würden ihre Mittel rasch erschöpfen. Paolo Davizzi unterrichtete die Signoria davon, daß er ins Ausland geflohen sei, um nicht wegen Steuerschulden festgenommen zu werden. Wenn ihm keine Erleichterung gewährt würde, wäre er gezwungen, zwischen Exil auf Dauer oder Gefängnis zu wählen.

Wie beredt und überzeugend solche Elendsgeschichten auch vorgebracht wurden, es gelang mit ihnen nur selten, die Steuerbeamten zu erweichen. Die Antragsteller wandten sich deshalb an Familienmitglieder und Freunde, die nun ihrerseits bei den Verantwortlichen vorstellig wurden. Ein Gesuch um Steuererleichterung bei der Signoria, den Kollegien und dann noch bei den Ratsversammlungen durchzubringen, war eine zeitraubende und mühsame Prozedur. Da war es einfacher, Druck auszuüben auf die regelmäßig ernannten Steuerkommissionen, die die Veranlagungen zu überprüfen hatten und in einer begrenzten Anzahl von Fällen Nachlässe gewähren konnten. Auf die Veröffentlichung der Namen derjenigen, die in diese Prüfungskommission berufen wurden, folgte jedesmal unvermeidlich ein aufgeregter Briefwechsel zwischen Bürgern in Florenz und anderswo. 1395 schrieb Lanfredino Lanfredini aus Ferrara und ließ seinen Sohn Orsini wissen, er habe erfahren, daß die Steuerveranlagungen überprüft werden sollten, «und ich habe Giovanni und Nofrio de' Rossi und Jacopo di Ser Folcho und Luca del Calvane und Giovanni Lanfredini geschrieben (…) und an sie appelliert, meine Steuerzahlung so niedrig wie möglich zu halten (…)». Donato Acciaiuoli schrieb im Jahr 1409 an Ricciardo del Bene: «Ich habe gerade erfahren, daß Ihr einer der Verantwortlichen für die Minderung der Prestanze seid.» Acciaiuoli bat, seine Steuerveranlagung um einen halben Florin herabzusetzen, und hob dabei die Freundschaft hervor, die beide Familien stets verbunden habe, außerdem auch seine Armut.

Ob sie ein großes oder nur ein geringes Vermögen besaßen, die Bürger von Florenz waren sich bewußt, daß persönlicher Druck und Einfluß wertvolle Waffen in ihrem Kampf um Steuervergünstigungen waren, wie das folgende Gespräch zwischen zwei nicht weiter bekannten Bürgern enthüllt. Eine Witwe namens Margherita Guglielmi begrüßte einen Bekannten mit den Worten: «Gott helfe Euch und willkommen! Welche guten Nachrichten bringt Ihr von dem Stand der Dinge in der Stadt?» Antonio di Piero antwortete: «Es ist gut für Euch, daß ich mit mehreren meiner Freunde gesprochen habe, die Euch helfen werden (…), so daß Ihr nicht zu viele Steuern zahlen müßt.» Die Witwe bedankte sich überschwenglich bei Antonio für seine Güte und stellte fest: «Ich habe sonst niemanden, der mir helfen will.»

Ebenso häufig, wie sie sich über die individuellen Steuerbeträge beklagten, kritisierten die Florentiner auch das gesamte System der Besteuerung als ungerecht. Aber revidierte Methoden und Techniken, die die Behörden vorschlugen, wurden von den Ratsversammlungen abgelehnt, von Männern also, denen das existierende System zwar auch nicht gefiel, die aber offensichtlich befürchteten, andere Methoden könnten noch schlechter sein. Um 1420 nahmen die Anzahl und die Heftigkeit dieser Klagen solche Ausmaße an, daß die Regierung mit einigem Widerstreben den Catasto einführte, das vernünftigste und gerechteste System der Steuerfestsetzung, das es damals in Europa gab. Jeder Steuerzahler wurde aufgefordert, den Behörden ein vollständiges Verzeichnis seines Eigentums (an Dingen und Personen) und seiner Verpflichtungen vorzulegen. Aufgrund dieser Angaben wurde er zur Steuer veranlagt. Mit dem neuen System waren nicht alle Probleme gelöst: Es setzte den Gesamtbetrag der Steuerlast nicht herab, auch änderte es nichts daran, daß die Kommune sich weiterhin stark auf Zwangsanleihen verließ. Die Steuerquote war festgelegt auf ein halbes Prozent des Kapitals minus Abzüge, und diese unflexible Quote bevorzugte die Reichen. Die Beamten hatten immer noch einen weiten Spielraum, um die Belastungen von ärmeren Bürgern zu veranschlagen und Einigungen mit denjenigen auszuhandeln, die Steuern hinterzogen, so daß persönlicher Einfluß bei der Umlage der Steuerlast auch weiterhin ein wichtiger Faktor blieb.

Durch die Zahlung der kommunalen Abgaben – der «prestanze», der Torzölle auf Landesprodukte, der «gabella» für Salz, der Gebühren für das Aufsetzen von Verträgen – wurden die Bürger täglich an die Regierung und deren ständigen Anspruch auf ihr Hab und Gut erinnert. Die Autorität des Staates war außerdem unmittelbar spürbar durch die Justiz. Selten verging ein Tag, an dem nicht die disziplinierende Macht der Regierung in irgendeiner Weise öffentlich zur Schau gestellt wurde: durch den Zug, der einen verurteilten Verbrecher zu den Galgen außerhalb der Stadtmauern nahe am Arno begleitete, das Auspeitschen einer Prostituierten, die spektakuläre Verfolgung eines Übeltäters durch Polizeibeamte, die Zerstörung des Palazzo eines Verschwörers. Die Macht des Staates war allenthalben zu sehen und zu spüren; aber sie war auch zersplittert. Es gab viele Instanzen der Gerechtigkeit mit unterschiedlichen Rechtsprechungen und Zuständigkeiten. Für einen kör-

Der Podestà Cante de' Gabrielli verurteilt 1302 einige Anhänger der Ghibellinen zum Tod; Darstellung aus der Chronik Giovanni Villanis

perlichen Angriff auf einen Nachbarn bekam es ein Florentiner mit einem von drei Gerichten in Strafsachen zu tun: dem Podestà, dem Capitano del Popolo, dem Esecutore degli Ordinamenti. Erwischte man ihn bei einer Gotteslästerung, wurde er vor das Gericht des Bischofs geladen. Wenn er einem Bankier Geld schuldete, wurde sein Fall normalerweise am Zunftgericht der Wechsler verhandelt. Ein Streit mit einem auswärtigen Kaufmann fiel in den Verantwortungsbereich des Gerichtshofs der Kaufleute. Außer diesen Gerichten besaßen auch viele Verwaltungskommissionen die Vollmacht, Geldstrafen gegen diejenigen zu verhängen, die gegen ihre Bestimmungen verstoßen hatten.

Der Florentiner war umstellt von einem beeindruckenden Gebäude juristischer Sanktionen, die sein Verhalten in von der Gesellschaft gebilligte Bahnen lenkten. Aber dieses System war äußerst anfällig für Manipulationen. Ein Übeltäter, der Geld und Freunde besaß, konnte einen Prozeß beeinflussen und erreichen, daß das Verfahren niedergeschlagen, das Strafmaß gemildert oder ein Zeuge geschmiert wurde. In die Netze dieser vielgestaltigen Gerichtsbarkeit gegangen zu sein, war selten so schwerwiegend, wie der drohende Ton der Statuten und der Strafgesetzgebung vermuten läßt.

Die Gerichtshöfe des Podestà, des Capitano del Popolo und des Esecutore degli Ordinamenti waren die höchsten Straf- und Zivilgerichte in Florenz. Besetzt wurden diese Stellen ausschließlich mit auswärtigen Rittern von hohem Ansehen und untadeliger Parteinahme für die Guelfen. Außenstehende zu holen, um Recht zu sprechen und die Polizeigewalt auszuüben, war auf der gesamten Halbinsel eine altehrwürdige Praxis. Die Italiener setzten nicht viel Vertrauen in das Prinzip der Unparteilichkeit des Richters, sie hätten einem Nachbarn niemals erlaubt, eine derart weitgehende Macht über ihr Leben und Vermögen auszuüben. Auswärtige Richter wurden für kurze Zeit ernannt (sechs Monate), nur selten wurde ihre Amtszeit auf ein ganzes Jahr verlängert. Um Kontakte zwischen Richtern und Bürgerschaft zu verhindern oder doch soweit wie möglich einzuschränken, wurden umständliche Vorsichtsmaßnahmen ins Werk gesetzt, denn sonst könnte es zu Bestechungen und geheimen Einverständnissen kommen. Bevor einem Richter nach Ablauf seiner Amtszeit erlaubt wurde, Florenz zu verlassen, wurden seine Akten von einem eigens dafür eingesetzten Beamten gründlich geprüft, um Hinweise auf Amtsvergehen zu finden.

Wie redlich und unparteiisch war nun die Florentiner Justiz? In den Gerichtsakten sind nur sehr wenige Fälle von Amtsvergehen in der höheren Gerichtsbarkeit dokumentiert, was darauf schließen läßt, daß auffallendere und offene Formen von Korruption unüblich waren. Der Chronist Marchionne Stefani schilderte die Missetaten, die der Capitano Obizo degli Alidosi im Jahr 1382 verübte, denn er trieb mehrere unschuldige Bürger ins Exil und entführte und verführte die Tochter eines verarmten Adeligen, Riccardo Figlipetri. 1400 wurde Giuliano de Rossiano verurteilt, ein Notar, der zum Gericht des Esecutore gehörte, weil er (mit Zustimmung seines Vorgesetzten) von Serpe da Quarata ein Bestechungsgeld von 200 Florin gefordert hatte, um einen Strafgerichtsprozeß gegen den Vater von Serpe niederzuschlagen. Die berüchtigste Episode richterlichen Fehlverhaltens ereignete sich im Jahr 1387. Der Podestà, Rinaldo de Rangoni aus Modena, bekannte, daß er in einigen Fällen Schmiergelder angenommen hatte, um Strafverfolgungen einzustellen, darunter auch in einer Mordsache, in die ein Bewohner von Empoli im Contado verwickelt war. Rangoni mußte sein Amt abgeben und 2000 Florin Geldstrafe zahlen; auf Bitten des

Signore des in Ungnade gefallenen Richters, dem Herzog von Ferrara, wurde ihm die Buße später erlassen.

Die Amtsinhaber waren in ihren Palazzi isoliert und abgeschirmt von der Bürgerschaft; es war ihnen durch Erlaß verboten, Kontakte mit Florentinern zu knüpfen. Trotzdem gab es solche Beziehungen, und sie ließen sich zum persönlichen Vorteil nutzen, wie zwei ausführliche Briefe belegen. Im Frühjahr 1427 war Francesco de Coppoli Podestà in Florenz, und er korrespondierte mit Forese Sacchetti, der damals das Amt des Statthalters in der unterworfenen Stadt Cortona innehatte. Sacchetti war offenbar der Drahtzieher, der Coppoli das Amt des Podestà verschafft hatte, denn dieser dankte seinem Freund herzlich für seine Dienste. «Ich bin Euch dankbar», so schrieb der Podestà, «für die Zuneigung, die Ihr mir entgegenbringt. (...) Gott gewähre mir die Gelegenheit, Euch in der Zukunft gefällig zu sein.» Prompt bat Sacchetti Coppoli, im Fall seines Freundes Gherardo Baroncelli zu intervenieren, der damals wegen irgendeiner Beleidigung vor dem Gericht des Podestà stand. Im Briefwechsel wird etwas so Plumpes wie Geld nicht erwähnt, aber Coppoli bestätigte den Empfang eines Paars Jagdhunde, die ihm Sacchetti überbringen ließ. Der Richter versprach, Baroncelli jede nur mögliche Vergünstigung und Unterstützung zukommen zu lassen, «und ich schwöre, daß ich so immer, in jeder Angelegenheit, die Euch und Eure Freunde betrifft, alles Mögliche und noch mehr tun will, als ob Ihr persönlich hier anwesend wäret».

Zwei Belege sind noch kein Beweis dafür, daß es eine gigantische Verschwörung zur Unterminierung der Rechtsprechung gab. Aber zusammen mit anderen Fragmenten offenbaren sie, daß zwischen bestimmten Patriziern und auswärtigen Richtern enge, sogar freundschaftliche Verbindungen bestanden. In seinem Brief an Sacchetti schrieb Coppoli, ein prominenter Politiker, Neri Capponi sei «einer meiner engsten Freunde in Florenz». Der Graf von Macerata appellierte an Maso degli Albizzi, ihm zu helfen, ein Amt als Statthalter zu ergattern, und erklärte seine Bereitschaft, «durch meine Handlungen zu zeigen, daß ich Euch vollständig zu Willen, Gefallen und Diensten bin». Diese überschwenglichen Versicherungen der Loyalität und Dienstbarkeit waren teilweise schlichte rhetorische Übertreibung; die Amtsinhaber konnten die Justiz nicht offen untergraben, ohne Gefahr zu laufen, selbst angeklagt oder gar bestraft zu werden. In seinem Versprechen jeglicher Unterstützung für Gherardo Baroncelli bediente sich Francesco der einschränkenden Formel, «sofern Vernunft und meine Ehre es zulassen». Die Justiz wurde von der Straße aus sorgfältig beobachtet; zwar wurden nur eine Handvoll Beamte samt ihrer Verbündeten angeklagt, aber es gab mehrere, die sich während ihrer Amtszeit die Ablehnung der Öffentlichkeit zuzogen. Einmal weigerten sich die Ratsversammlungen, einem scheidenden Richter das kommunale Wappen zu verleihen, und ließen ihn wissen, er würde nicht noch einmal eingeladen, in Florenz ein Amt zu bekleiden.

Die Strafgerichtsbarkeit war jedoch nicht ganz und gar Richtern aus anderen Teilen des Landes überantwortet, auch die Signoria konnte in diesen heiklen Bereich eingreifen. Viele Gesuche, die von den Prioren und den beratenden Kollegien gutgeheißen und damit an die Ratsversammlungen zur Entscheidung überwiesen wurden, waren Bitten um die Aufhebung von Urteilen. Einige dieser Bittschriften um Strafmilderung wurden von den Prioren und den Mitgliedern der Beratungsgremien befürwortet (wozu eine Zweidrittelmehrheit erforderlich war), scheiterten dann aber in den Ratsversammlungen, die aufgrund ihrer Mitgliederzahl von den Verwandten und Freunden der verurteilten Verbrecher nicht beeinflußt werden konnten.

Ein einfacheres Mittel der Exekutive, in die Rechtsprechung einzugreifen, war der «bollettino», eine Notiz, die die Signoria einem Richter schickte mit der Anweisung, in einem Fall vor seinem Gerichtshof bestimmte Schritte zu unternehmen. Die meisten «bollettini» gewährten zeitweilige Aufhebung der Strafverfolgung wegen privater Schulden oder Steuerhinterziehung. Aber die Signoria konnte auch «bollettini» an einen Richter schicken, in denen sie ihn anwies, ein Verfahren einzustellen, oder in denen sie ihm für ein Verbrechen eine bestimmte Strafe vorschrieb. So forderten im Jahr 1415 die Prioren den Capitano del Popolo auf, kein Verfahren einzuleiten gegen eine Gruppe von Bauern aus Peretola, einem Dorf westlich von Florenz, die angeklagt waren, Eigentum der Kirche an sich genommen zu haben. Die Prioren rechtfertigten diese Entscheidung mit der Feststellung, daß «aus einem unbedeutenden Grund viele verderbliche Dinge erwachsen können». Im folgenden Jahr erhielt der Capitano eine weitere Notiz von den Prioren, mit der er angewiesen wurde, einen Anastasio di Ser Domenico wegen Mordes zu lebenslänglichem Gefängnis zu verurteilen, wobei sie diese milde Strafe damit rechtfertigten, daß der Schuldige verrückt sei. So konnte eine wachsame Signoria ihre Autorität nutzen, um Fehlurteile zu berichtigen oder übertrieben harte Strafen abzumildern. Diese «bollettini» waren jedoch auch politische Werkzeuge, die einflußreichen Bürgern ermöglichten, ihrer gerechten Strafe zu entgehen, der Geringere sich nicht entziehen konnten. Wie launisch die Justiz war, wurde im Jahr 1425 von zwei Durchreisenden formuliert, die wegen der Entführung und Verführung einer Sklavin zu einer Geldstrafe verurteilt wurden. Sie brachten vor, sie seien unschuldig und nur deshalb verurteilt worden, «weil sie Ausländer sind und keine Freunde [in Florenz] hatten».

In der Rechtsprechung wie in der Steuerverwaltung herrschte ein nicht lösbares Spannungsverhältnis zwischen den Vorstellungen der Kommune von Gleichheit und Unparteilichkeit und individuellen Versuchen, Vergünstigungen und Privilegien zu erhalten. Die Möglichkeiten des Staates, für Gerechtigkeit zu sorgen, waren im Jahr 1450 zwar besser als ein Jahrhundert zuvor, aber auch die Ansprüche der Mitglieder der kleiner gewordenen herrschenden Gruppe, bevorzugt behandelt zu werden, waren deutlich gewachsen. Die Oberklasse war von gerichtlicher Verfolgung nicht ausgeschlossen. Hunderte von Patriziern wurden verurteilt für Verbrechen, die von mehrfachem Mord bis zu tätlichen Angriffen reichten; ein Dutzend dieser Übeltäter wurde zwischen 1382 und 1434 hingerichtet. Aber die Dokumente zeigen auch, daß viele Mitglieder des Stadtadels den Strafen für ihre Missetaten entkamen, indem sie Beamte bestachen, Zeugen zu Falschaussagen verleiteten oder sich versteckten, bis ihre Verwandten die Aufhebung des Urteils durchsetzen konnten. In diesem heiklen Bereich lassen sich kein eindeutiges Muster und keine einheitliche Tendenz ausmachen; die Regierung schwankte zwischen einer sehr strengen und dann wieder sehr nachgiebigen Handhabung der Gesetze, zwischen Härte und Toleranz. Aber ein Punkt ist unbestreitbar: An den Florentiner Gerichten wurde zwar jedem sein Recht zuteil, aber wer über Vermögen, vornehme Ahnen oder politischen Einfluß verfügte, war im Besitz eines wertvollen Vorteils auf der Suche nach jenem flüchtigen Gut.

Die Muster innerstädtischer Konflikte

Die Balgerei um Privilegien und Befreiungen, Steuernachlässe und Strafaufhebungen beeinflußte das Leben in Florenz auf allen Ebenen. Politik ist die Verbindung von privaten und öffentlichen Interessen; im Florenz der Renaissance verbanden sich diese beiden Interessen auf sehr enge und zugleich verschlungene Art und Weise. Grund dafür war zum Teil, daß die herrschende Schicht so klein und miteinander vertraut war: Jeder kannte jeden, wußte über dessen wirtschaftliche und soziale Lage Bescheid, über seine Freunde und Feinde, seine Stärken und Schwächen. Außerdem war auch die Übertragung individueller und familiärer Loyalitäten in die Öffentlichkeit Grund für den überaus persönlichen Charakter der Politik. Politische Zwietracht nahm in Florenz die unterschiedlichsten Formen an: Sie äußerte sich als Auseinandersetzung über Fragen der Wirtschaft, als Machtkämpfe zwischen Familien und gesellschaftlichen Gruppen, als Uneinigkeit über weltanschauliche Fragen wie Guelfentum und Häresie. Aber jeder Streit hatte seine persönliche Seite. Im Hintergrund jeder kontroversen öffentlichen Frage standen private Erbitterung und Feindseligkeit, reale oder eingebildete Kränkungen, besondere Interessen, die angegriffen oder verteidigt wurden. Hinter jeder Bemühung, die Regierung zu reformieren oder zu stürzen, verbargen sich ebenfalls diese persönlichen Beweggründe und Motive.

Für die Republik der Patrizier stellten die Gruppen, die von Ämtern ausgeschlossen waren, eine unmittelbare Bedrohung dar, denn deren Hoffnung, das Glück zu ihren Gunsten wenden zu können, lag in der Rebellion. Während der ersten Jahre hatte diese Regierung ihre entschlossensten Gegner in den aus der Stadt getriebenen Ciompi. In den Archiven sind die Akten mehrerer Verfahren gegen Textilarbeiter und Handwerker erhalten, die an Verschwörungen teilgenommen hatten. Diese Verbannten aus der Unterklasse setzten ihre Hoffnung vor allem auf einen Massenaufstand des Florentiner Proletariats. Im Mittelpunkt ihrer Pläne standen die Banner und Parolen der Ciompi-Bewegung, die die Gefühle und Hoffnungen einer ungebildeten Masse von Arbeitern wecken sollten. Getrieben von Heimweh, das die Verbannten aller Klassen packte, wurden diese unter Armut leidenden Arbeiter außerdem von der Vision eines besseren Lebens für sich selbst angespornt. Ein Ciompi-Verschwörer, Luca di Guido, verkündete einem Freund, «wir werden die Stadt übernehmen und die Reichen, die uns vertrieben haben, töten und berauben, und wir werden die Herren der Stadt sein und herrschen, wie es uns gefällt». Genau die gleiche Hoffnung äußerte auch ein anderer verbannter Tucharbeiter, Antonio di Recco, der die Zukunft in leuchtenden Farben malte: «Die Zeit wird kommen, wo ich nicht mehr bettelnd herumwandere, denn ich erwarte, für den Rest meines Lebens reich zu sein (…), und wir werden wie die großen Herren in Florenz leben.»

Der Keim einer Verschwörung der Ciompi wurde im Sommer 1383 im Umkreis des Markusdoms in Venedig gelegt, wo sich eine Gruppe von Florentiner Exilanten versammelt hatte. Einer von ihnen, Bernardo Velluti, warf seinen Genossen Apathie vor: «Ihr lausigen Handwerker! Was ist mit euch los, daß ihr schlaft (…) und eure Kameraden im Stich laßt, weil ihr euch um nichts auf der Welt schert? Ihr solltet einen Umsturz organisieren, um nach Florenz zurückzukehren. Wenn ihr nicht bald handelt, werdet ihr alle demnächst baumeln, und die Herrschenden dort werden euch verhungern lassen.» Auf seine Beschimpfung hin nahmen diese Proletarier Kontakte mit anderen Exilantengruppen in Bologna und Lucca auf und schmiedeten Pläne für einen Aufstand, der Ende Juli stattfinden sollte. Ihr Komplott sah vor, daß es in drei Arbeiterbezirken (Camaldoli, Sant' Ambrogio und San Piero Gattolino) gleichzeitig zu Tumulten kommen sollte, die Rebellen würden sich dann der Tore bemächtigen und sie öffnen und die außerhalb der Mauern wartenden Verbannten zu ihrer Unterstützung hereinlassen. Die Anführer dieser Verschwörung kamen heimlich in die Stadt, und zur verabredeten Zeit zogen sie mit den Fahnen der verbotenen Arbeiterzunft durch die Straßen und riefen: «Es leben das ‹popolo› und die Zünfte! Tod den Tyrannen! Oh, Bürger! Oh, Arbeiter! Steht auf und befreit euch von dem Joch der Knechtschaft, denn eure Herrscher werden euch verhungern lassen!» Aber die Tucharbeiter von San Frediano reagierten nicht auf diese Appelle, und die Regierung unterdrückte die Rebellion rasch.

Diese proletarischen Umstürzler hatten nur sehr wenig Aussicht auf Erfolg, denn sie verfügten weder über genügend Geld noch über Kontakte zu gesellschaftlich Höhergestellten, die ihre Sache hätten unterstützen können. Gefährlicher für die Regierung waren die subversiven Aktivitäten verbannter Patrizier, die sich in den grenznahen Städten Bologna und Faenza niedergelassen hatten und regelmäßige Kontakte zu ihren Verwandten und Freunden in Florenz unterhielten. Zu dieser

Gruppe zählten mehrere Mitglieder der Familie Alberti, die 1397 ins Exil geschickt worden waren, sowie der Familien Strozzi, Medici und Ricci.

1411 und 1412 organisierten diese Exilanten einen großangelegten Angriff zum Sturz des Regierungssystems, als Florenz im Krieg gegen König Ladislaus eine kritische Phase durchstehen mußte. Das Aufeinandertreffen von Nahrungsmittelknappheit und Arbeitslosigkeit in den Tuchmanufakturen hatte weithin für Unruhen in der Stadt gesorgt. In einem Gerichtsprotokoll ist der wütende Kommentar eines Textilarbeiters, Cola di Maestro Piero, enthalten: «Diese verräterischen Herren haben dem Geflügel Getreide weggenommen und es an uns verfüttert; bei Gott, wir werden das gute [Getreide] bald in ihren Häusern essen, wir verdienen es nicht, behandelt zu werden wie Federvieh.» Cola erzählte einem Bekannten, er sei Anhänger der Alberti, «weil sie immer gute Kaufleute und großzügige Männer waren, und sie gaben ihren Angestellten guten Lohn». Einer der im Exil lebenden Alberti, Bindaccio, unternahm eine Erkundungsreise nach Florenz und berichtete seinen Verwandten in Bologna, die Situation sei reif für einen Umsturz: «Es gibt sehr viel mehr Unzufriedene als Parteigänger der Regierung, aus den unteren Klassen sind laute Klagen zu hören, und zwischen den beiden Führern, Messer Maso [Albizzi] und Messer Rinaldo [Gianfigliazzi] herrscht Uneinigkeit.» Ursprünglich hatte Bindaccio vor, mit einer kleinen Gruppe von Anhängern im Handstreich den Palazzo della Signoria einzunehmen. Er glaubte, es würde reichen, nur zwei Prioren, Rinaldo Gianfigliazzi und Neri Vettori, zu töten, denn daraufhin würden die anderen Vernunft annehmen und sich dem Aufstand anschließen. Die Unzufriedenheit im Volk sei so groß, daß ein Umzug mit den Bannern der Kommune die Bürger hinter die neue Regierung bringen würde. Aber die Alberti hielten diesen Plan für zu riskant und rieten Bindaccio, heimlich Kontakte zu prominenten Bürgern aufzunehmen, die sich der Verschwörung vielleicht anschließen würden, und die Aktivitäten der Verbannten mit denen einer fünften Kolonne innerhalb der Stadtmauern abzustimmen. Bindaccio wurde jedoch noch während seiner Rekrutierungsversuche gefangengenommen und hingerichtet. Die Alberti beschlossen daraufhin, die Stadt militärisch anzugreifen. Im Juni 1412 schickten sie eine Truppe von mehreren hundert Verbannten und Söldnern über den Apennin nach Florenz. Aber einer der Verschwörer, Cionettino Bastari, verriet das Komplott an die Behörden. Noch bevor die Expedition Florentiner Gebiet erreichte, erfuhren die

Anführer von dem Verrat und kehrten mit Schande bedeckt nach Bologna zurück.

In den achtziger Jahren sah es noch so aus, als wäre mit einer breiten Unterstützung für einen Umsturz zu rechnen, aber im Lauf der Zeit flaute diese Bereitschaft ab. Die letzten Regungen revolutionären Elans in den Unterklassen zeigten sich im Jahr 1393; nach 1412 gab es keine ernsthaften Versuche von exilierten Patriziern mehr, die staatliche Ordnung zu stürzen. Für diese Niederlage der politischen Opposition gibt es keine einfache Erklärung. War es eine Folge der Pest, daß die Unruhe im Volk nachließ, weil die Löhne und der Lebensstandard der Armen sich durch die Abnahme der Bevölkerungszahl verbessert hatten? Plausibler klingt die Theorie, daß die Unzufriedenheit mit wirksamen Sicherheitsmaßnahmen eingedämmt und potentielle Aufwiegler zum Schweigen gebracht wurden. Nach dem Aufstand der Ciompi wurde 1378 eine neue Instanz geschaffen, die «otto di guardia», die für die innere Sicherheit verantwortlich war. Diese mächtige Behörde, eines der ersten Beispiele für eine fest eingerichtete Geheimpolizei in Europa, unterhielt ein Netzwerk von Agenten, die viele Verschwörungen aufdeckten, noch bevor sie überhaupt zur Reife gelangt waren. Ohne eine große Gruppe von Anhängern konnte kein Komplott Erfolg haben, aber jeder, der sich der Verschwörung anschloß, konnte ein Verräter sein. Um der Gefahr zu begegnen, daß außerhalb des Florentiner Herrschaftsgebietes ein Umsturz angezettelt wurde, gewährte die Regierung einer Anzahl politischer Verbannter Amnestie. Durch diese Politik verringerte sich die Zahl der Unzufriedenen, die in der Verbannung lebten, und nährte bei den übrigen Verbannten die Hoffnung, ihnen könnte, wenn sie sich vorsichtig verhielten, ebenfalls gestattet werden, nach Florenz zurückzukehren.

Das herrschende System widerstand den Angriffen von außen, fiel aber schließlich einer inneren Schwäche zum Opfer. Es war das alte Lied, das aus der Geschichte der Städte Italiens so vertraut ist. Es handelt vom Sieg der Partikularinteressen und des Ehrgeizes über die Bedürfnisse der Stadt, von der Ausbreitung der Angst und des Mißtrauens, dem allmählichen Nachlassen von Zusammenarbeit und Gemeinschaftsgefühl, auf das eine lebensfähige republikanische Regierung bauen muß. In Zeiten von Frieden und Wohlstand funktionierte das Regierungssystem recht erfolgreich und reibungslos. Die Verteilung von Ämtern, Begünstigungen und Nebeneinkünften konnte, wenn auch nicht immer freundschaftlich, so doch wenigstens mit einem

Minimum an Bitterkeit und Groll bewerkstelligt werden. Als die Grenzen sicher, das Volk satt und der Staatssäckel voll waren, konnte sich die Regierung mehr Toleranz leisten – Ausnahmen bei der Besteuerung machen, Gerichtsurteile abmildern, die Kontrolle über das Privatleben der Bürger lockern. Aber es waren Florenz in jenen Jahrzehnten nicht viele Jahre des Friedens und der Sicherheit beschieden. Nur selten gab es Augenblicke, wo keine hausgemachte oder auswärtige Krise am Horizont heraufzog. Zu einer Periode größter Spannungen kam es in den Kriegen mit den Herren von Mailand, den Herzögen Giangaleazzo und Filippo Maria Visconti und mit dem ehrgeizigen Monarchen des angevinischen Reiches, Ladislaus. Während dieser Konflikte war die Eintracht der herrschenden Gruppe bedroht. Die Politiker warfen sich gegenseitig vor, taktische und strategische Fehler zu machen, dem Feind nicht mit genügend Entschlossenheit zu widerstehen oder die Gelegenheiten, notwendige Bündnisse zu schließen, ungenutzt verstreichen zu lassen. Häufig formierten sich in der herrschenden Gruppe Friedensparteien, die die Verantwortlichen aufforderten, den Krieg zu beenden und die Steuerlast herabzusetzen. Solche Krisensituationen verschärften auch Eifersüchteleien und Gegnerschaften, denn ehrgeizige Männer versuchten die Krise der Republik und die Verwirrung ihrer Führer zu ihrem eigenen Vorteil zu nutzen.

In seiner Chronik berichtete Buonaccorso Pitti von einer Episode in seiner Karriere, die diesen Zustand illustriert. Pittis Erzählung hat ihren Höhepunkt in den Jahren 1412 und 1413, als Florenz sich im Krieg mit König Ladislaus befand. Der Anfang der Geschichte lag aber mehrere Jahre zurück, als der Bruder von Buonaccorso, Luigi, zum erstenmal dem Abt von Ruota, einem Kloster im Bezirk Valdambra, westlich von Arezzo, seine freundschaftliche Unterstützung zukommen ließ. Der Abt hoffte, ein Mitglied der Familie Pitti würde sein Nachfolger, aber die Ricasoli, eine adelige Sippe mit großem Grundbesitz und viel Einfluß in dieser Gegend, erhob ebenfalls Anspruch auf das Kloster. Dieser Streit zwischen zwei rivalisierenden Häusern um eine lukrative Pfründe wurde unvermeidlich in die kommunale Politik übertragen.

Die Ricasoli waren treue Parteigänger der Guelfen, sie gehörten dem Teil der Florentiner Aristokratie an, die enge Verbindungen mit dem Papsttum befürworteten. Durch ihre Freunde in der päpstlichen Kurie fingen sie einen Prozeß gegen den Abt von Ruota an und warfen ihm Mißwirtschaft in seinem Kloster vor. Der arme Mönch wandte sich an die Pitti, diese versuchten, die Signoria zu veranlassen, zur Verteidigung des Abtes einen Brief nach Rom zu schicken. Aber dieses Manöver wurde von Parteigängern der Ricasoli in der Signoria verhindert. Angesichts derart mächtiger Gegner entschlossen sich die Pitti zu einer riskanten Strategie, um den fast schon verlorenen Fall zu retten. Sie täuschten vor dem Palazzo der Ricasoli einen Angriff auf den Abt vor, in der Hoffnung, ihre Feinde würden für dieses Verbrechen angeklagt und die Signoria würde dann zu ihren Gunsten in den Streit eingreifen. Aber die Behörden zwangen Buonaccorso, die Einzelheiten dieses amateurhaften Komplotts aufzudecken; er entging selbst nur knapp der Verurteilung. Pittis Bericht zeigt eine scharfe Spaltung in der herrschenden Gruppe. Die Familien Peruzzi und Baroncelli hatten die Ricasoli in der Signoria mit aller Kraft unterstützt, und Michele Castellani und Papino Gianfigliazzi hatten gefordert, daß Buonaccorso für seine Beteiligung an der Verschwörung streng bestraft würde. Aber die Pitti besaßen auch einflußreiche Fürsprecher in Rinaldo degli Albizzi und Cristoforo Spini, die sie vor den überzogenen Forderungen ihrer Feinde schützten.

Trotz seiner bizarren Begleiterscheinungen war dieser Streit offenbar kein einmaliges Ereignis, sondern einfach ein weiteres Beispiel dafür, daß sich zwei Familien mit bedeutenden Verbindungen um einen kirchlichen Rosinenkuchen balgten. Darüber hinaus spielte diese Episode eine gewisse Rolle in einem Konflikt über die Außenpolitik der Stadt, die die herrschende Gruppe schließlich in zwei Lager spaltete. Es war kein Zufall, daß die Feinde der Pitti zugleich die Anführer der päpstlichen Partei waren. Buonaccorsos Bruder Luigi war Mitglied der Signoria, die einen Friedensvertrag mit Ladislaus ausgehandelt hatte (Dezember 1410). Die Gegner dieser Einigung warfen Luigi die Beendigung des Krieges vor. Buonaccorso schrieb, sie hätten Papst Johannes XXIII. gegen die Pitti aufgebracht, «so daß wir seither darunter zu leiden haben, von ihm und seiner Clique in dieser Stadt offen und versteckt verfolgt zu werden». Zur päpstlichen Partei gehörten die Ricasoli, die Peruzzi und die Baroncelli sowie so angesehene Staatsmänner wie Rinaldo Gianfigliazzi, Gino Capponi und Niccolò da Uzzano. In seiner Verteidigung einer friedlichen Koexistenz mit König Ladislaus brachte Buonaccorso vor, die aggressive Politik des Königs sei einfach eine Reaktion auf die Machenschaften des Papstes und seiner Florentiner Verbündeten, die dauernd Ränke schmiedeten, um die Republik in einen Krieg mit Ladislaus zu verwickeln. Die Beweggründe der päpstlichen Faktion seien materieller Gewinn und nicht Patriotismus, denn sie profitierten (so behauptete Pitti) von den Pfründen, die der Papst verschwenderisch unter seinen Anhängern verteilte. Daß das Kloster Ruota Arnoldo Peruzzi überlassen worden war, sei der sichtbare Beweis für das Wohlwollen des Papstes gegenüber jenen Florentinern, die seine Sache unterstützten.

Die Kampagne gegen die Pitti war mit der Ruota-Affäre aber noch nicht zu Ende. Der Streit über die Außenpolitik war keineswegs beigelegt, er verschärfte sich im Frühjahr 1413 noch, als die Armee des Königs von Neapel Rom besetzte und den Papst zwang, in die Toskana zu fliehen. Johannes XXIII. und seine Anhänger versuchten, die widerstrebende Republik dazu zu bringen, dem Monarchen den Krieg zu erklären. Eine beliebte Waffe der päpstlichen Faktion war die Einschüchterung, und die Pitti waren ihre liebste Zielscheibe. Luigi Pitti war als Lohn für die Förderung der Interessen des angevinischen Königreiches ein Statthalteramt in Süditalien angeboten worden, und er hatte es unvorsichtigerweise angenommen. Während seiner Abwesenheit von Florenz wurde er angeklagt, dem König geheime Nachrichten überbracht zu haben, und wegen Hochverrats zum Tode verurteilt. Nur die energischen Bemühungen von Freunden retteten Buonaccorso und seinen Bruder Bartolomeo vor einem ähnlichen Schicksal. Nach Monaten erbitterter Debatten wurde im Juni 1414 schließlich ein Friedensabkommen mit Ladislaus ausgehandelt, genau zwei Monate bevor die Frage mit dem Tod des Königs hinfällig wurde. Bis zum Herbst hatten sich die erhitzten Gemüter so weit abgekühlt, daß es den Pitti und ihren Freunden möglich war, einen Erlaß durch die Ratsversammlung zu bringen, der das Urteil gegen Luigi aufhob. Das «verfluchte Jahr», wie Buonaccorso schrieb, ging schließlich zu Ende, die Familie war um Haaresbreite einem politischen und wirtschaftlichen Desaster entgangen.

Der Parteienzwist, der in diesen Jahren aufblühte, verschwand nach dem Tod von Ladislaus im Jahr 1414; das folgende Jahrzehnt war ein Zwischenspiel wirtschaftlichen Wohlstands und inneren wie äußeren Friedens. Aber die Streitigkeiten zwischen den Faktionen lebten untergründig fort, um mit erneuter Heftigkeit wieder auszubrechen während des erschöpfenden Kampfes mit Mailand, der 1425 begann. Eine wichtige Quelle für die Florentiner Politik jener Jahre ist die Chronik von Giovanni Cavalcanti. Zwar ist er im historischen Detail häufig nachlässig und seine Analysen sind ungenau, sein Augenzeugenbericht stellt jedoch die Animositäten und Vorurteile heraus, die den

Autor und seine Zeitgenossen bewegten. Cavalcantis Schilderung der politischen Szene in den späten zwanziger Jahren des 15. Jahrhunderts ist durchweg düster, die «Stadt ist bevölkert von Männern, die erfüllt sind von Neid und Hochmut und anderen abscheulichen Lastern». Der Grund für seine Bitterkeit lag sicher auch in seiner persönlichen Situation: Er war Magnat und damit ausgeschlossen vom Priorat und anderen hohen Ämtern. Er beklagte sich, er würde im Palazzo della Signoria weder «geachtet noch akzeptiert», und behauptete, er und seine Verwandten würden wegen der Feindschaft der «undankbaren Masse» von Ämtern ferngehalten. Cavalcanti schilderte die Regierung, als sei sie unterwandert von Scharen von Handwerkern und «anderen geistlosen Gestalten», denen er grenzenlos mißtraute und die er zutiefst verachtete. Aber er richtete seine Angriffe nicht ausschließlich gegen die Handvoll Handwerker und kleine Kaufleute aus den niederen Zünften, die Ämter bekleideten und denen gesetzlich ein Viertel der Sitze in der Signoria zustand. Seine Definition der «gente meccaniche» schloß auch Unternehmer mit ein, die nicht von so ehrwürdiger Abstammung waren wie er selbst, und die deshalb nicht verdienten, in den Genuß jener politischen Vorrechte zu kommen, die ihm und den anderen Magnaten verwehrt waren.

Aber Cavalcanti war nicht der Ansicht, die Patrizier, die die Regierung führten, seien kompetenter als die Emporkömmlinge oder die Handwerker. Er selbst war ein Mann von begrenzten Mitteln, er hatte mehrere Monate wegen Steuerhinterziehung im Gefängnis verbracht. Das Steuersystem, so behauptete er, würde die Reichen begünstigen, die die Last «auf die Rücken der Armen und Unglücklichen» abwälzten, die «diese Bürde tragen müssen ohne Sitz und Stimme in der Regierung». Noch tadelnswerter in Cavalcantis Augen aber war die kriegslüsterne Außenpolitik, die von einigen aristokratischen Politikern befürwortet wurde, besonders von Rinaldo degli Albizzi und Neri Capponi. «Die bedeutendsten Bürger», schrieb er, «versuchten Unterstützung für neue Unternehmen zu gewinnen, um dadurch mehr Reichtum zu erlangen und ihr Leben zu verlängern, in dem Sinn, daß sie mehr Ansehen und Nachruhm erwarben. Reichtum bezogen sie aus ihrer Verwaltung der kommunalen Finanzen und Geltung aus ihrer Beteiligung an ruhmträchtigen Abenteuern.»

Cavalcanti macht deutlich, über welche Fragen der Florentiner Politik sich die Zeitgenossen entzweiten: über die Verteilung der Steuerlast und über die Linie der Außenpolitik. Diese Probleme lösten jene große

Welle von Unzufriedenheit aus, die ihren Höhepunkt am Anfang der dreißiger Jahre erreichte, während des erfolglosen Feldzuges zur Eroberung von Lucca. In dieser wirren politischen Situation bildeten sich zwei Faktionen heraus, von denen eine von Rinaldo degli Albizzi angeführt wurde, die andere von Cosimo de' Medici. Obwohl diese Cliquen und die Feindschaft, die sie trennte, im unmittelbaren Zusammenhang mit der Unzufriedenheit über die Finanz- und Außenpolitik entstanden, waren die Faktionen in diesen Fragen gar nicht so uneins. Tatsächlich war Rinaldo degli Albizzi, der Anführer der aristokratischen Gruppe, behilflich, den Catasto durchzusetzen, mit dem die Steuerbelastungen gleichmäßiger verteilt werden sollten; Cosimo de' Medici, der Anführer der «Volkspartei», unterstützte diese Neuerung dagegen eher widerwillig. Die Gruppe der Albizzi wurde teilweise mit dem katastrophalen Feldzug gegen Lucca identifiziert; die Anhänger der Medici kritisierten zwar die Durchführung dieses Unternehmens, wagten aber nicht, es offen anzugreifen. Die Differenzen zwischen den Faktionen waren weniger politischer und ideologischer als persönlicher Natur. Wie die meisten politischen Gruppierungen in der Geschichte der Stadt waren auch diese Parteien aneinander gebunden durch Blutsbande und Freundschaften, die sich über Klassenschranken und unterschiedliche wirtschaftliche Interessen hinwegsetzten.

Der Sieg der Medici-Faktion über ihre Gegner verdankte sich zum Teil Cosimos überlegenen finanziellen Mitteln. Die Medici kontrollierten das größte Bankunternehmen in Europa und konnten sich in der Stadt, aber auch anderswo Unterstützung kaufen. Durch die kluge Verteilung von Krediten und Geschenken an unvermögende Patrizier und Handwerker baute Cosimo eine loyale Truppe von Klienten und Anhängern auf, die die Überlegenheit von Rinaldo degli Albizzi und seinen patrizischen Verbündeten bedrohte. Außerdem unterstützte Cosimo finanziell die Hauptleute der Soldaten in Florentiner Diensten sowie diejenigen, die einen Eid geleistet hatten, für die Republik zu kämpfen. Seine Verbindungen zu Condottieri wie Francesco Sforza und Niccolò da Tolentino waren so eng, daß er auf die Außenpolitik der Republik entscheidenden Einfluß nehmen konnte. Diese Dimension seiner Macht in Verbindung mit dem wachsenden politischen Einfluß Cosimos in seiner Heimatstadt veranlaßte Rinaldo degli Albizzi schließlich dazu, eine Entscheidung zwischen sich und seinem Rivalen zu erzwingen. Aber Rinaldo war dem schlauen und einfallsreichen Bankier weder an Reichtum noch an Scharfsinn gewachsen.

Sein Fehlurteil über die politischen Realitäten bezahlte Rinaldo mit dem Exil.

Der bedeutsamste Beitrag Cosimos zur Regierungskunst in Florenz waren seine Verfeinerung der Techniken, verdeckt Macht auszuüben, und seine meisterliche Behandlung von Opposition und abweichender Meinung. Er war der Kopf einer aufrührerischen Faktion, die sich weitgehend aus Patriziern zusammensetzte. Durch seine Manipulation des Wahlsystems besetzte er die wichtigen Ämter mit seinen Anhängern und schloß jene aus, die ihm feindlich gesonnen oder nicht zuverlässig waren. Gegner und Widerspenstige wurden ins Exil geschickt. Außerdem benutzte Cosimo seinen ungeheuren Reichtum, um sich politische Unterstützung zu sichern. Er lieh mittellosen Vätern mit Töchtern ohne Mitgift genauso Geld wie Männern, die wegen Steuerhinterziehung von öffentlichen Ämtern ausgeschlossen worden waren. Über die eindrucksvollen Summen hinaus, die er für Turniere und andere Festivitäten zum Vergnügen der Florentiner ausgab, finanzierte Cosimo den Neubau der Kirche San Lorenzo und des Klosters San Marco. Außerdem förderte er das Bauhandwerk, indem er seinen imposanten Palazzo in der Via Larga errichten ließ. Solche Ausgaben demonstrierten seinen Reichtum und seine Macht, die sich recht genau die Waage hielten mit einer weiteren Facette seiner Persönlichkeit: Das war die Pose, mit der er nach außen Interesselosigkeit zur Schau stellte oder vielmehr vorgab, nicht mehr Einfluß in der Republik zu besitzen als jeder andere Bürger auch. Als Papst Pius II. ihn bat, in Florenz Geld für den Kreuzzug gegen die Türken aufzutreiben, erwiderte Cosimo: «Ihr wißt wohl, wie begrenzt die Macht eines Privatbürgers unter einer Regierung des Volkes ist.» Er betrat den Palazzo della Signoria nur dann, wenn es um die Erfüllung seiner offiziellen Pflichten ging oder wenn er von den Prioren dazu aufgefordert worden war. Niemand ließ sich von dieser Fassade täuschen, die meisten Florentiner waren es jedoch zufrieden, mit dieser Irreführung zu leben. Die Medici beraubten sie so geschickt ihrer politischen Grundrechte, daß zwei Generationen vergingen, bevor sie den Wert dessen, was sie verloren hatten, vollständig erkannten.

Krieg und Gesellschaft

Dieses Kapitel hat einige Facetten der Auseinandersetzung zwischen den Kräften des Zusammenhalts in der Florentiner Politik (Tradition der Kommune, Loyalität gegenüber der Stadt, Zusammenarbeit und Vertrauen, Verantwortung für das Gemeinwohl) und denen der Trennung und Spaltung (persönlicher Ehrgeiz und Habsucht, Feindseligkeit zwischen einzelnen und Gruppen, das Fortbestehen von Ausbeutung und Ungerechtigkeit) behandelt. Die Belastungen und Spannungen, die Kriege mit sich brachten, gehörten zu den bedeutsamsten Faktoren, die die republikanischen Institutionen und Werte schwächten und diese Gesellschaft einer politischen Ordnung in die Arme trieben, die zuerst von einer Familie und dann nur noch von einem Mann allein beherrscht wurde.

Im 12. und 13. Jahrhundert hatten Kriege, die zwischen Bürgermilizen ausgefochten wurden, die italienischen Städte nicht allzusehr belastet; im 14. Jahrhundert aber kam die Praxis auf, mit Söldnern Krieg zu führen, was die Ausgaben für militärische Zwecke drastisch in die Höhe trieb. Um den steigenden Kosten zu begegnen, setzten die Regierungen der Kommunen die Steuern herauf und erhoben Zwangsanleihen. Aber die Militärhaushalte stiegen auch weiterhin, denn die Söldner verlangten immer mehr Sold, und die Kriegswerkzeuge wurden immer anspruchsvoller und teurer. In Florenz lastete auf der Bevölkerung darüber hinaus die Tilgung der Schulden, die die Stadt in den vergangenen Kriegen gemacht hatte. Gregorio Dati schätzte die Militärausgaben für den Zeitraum zwischen 1375 und 1405 auf 11 500 000 Florin, und die Konflikte mit König Ladislaus und Filippo Maria Visconti im frühen 15. Jahrhundert waren nicht weniger kostspielig. Natürlich waren diese finanziellen Belastungen am höchsten, wenn die Wirtschaft sie am wenigsten verkraften konnte, weil feindliche Truppen die Felder verwüstet und Dörfer im Contado niedergebrannt hatten, Blockaden der Verkehrswege Handel und Gewerbe lahmlegten, mit den Folgen der Nahrungsmittelknappheit und der Arbeitslosigkeit. Als der Krieg der Republik mit König Ladislaus im November 1410 in eine besonders kritische Phase getreten war, sagte Alessio Baldovinetti verzweifelt: «Unser Gemeinwesen war nie in größerer Gefahr, Grund dafür ist dieser Krieg, die Pest, die uns bedroht, und die Schließung unserer Manufakturen (...)». Ein Gemeinwesen von der Größe und dem Reichtum Florenz' war diesen schweren Belastungen gewachsen, es konnte diese Schwierigkeiten im Lauf der Zeit überwinden – und dies tat es auch. Aber jeder Krieg häufte neue Schulden auf, und jede Krise unterwarf das Regierungssystem einer neuen Belastungsprobe. Vor allem die langen, ergebnislosen Kämpfe im frühen 15. Jahrhundert wirkten sich schwächend aus. Im Jahr 1430 hatte die Stadt Kriege und ihre verheerenden Folgen von Herzen satt.

Allerdings hätten die Florentiner diese Prüfung wohl nicht so lange ertragen, wenn die Zwänge, die der Krieg ausübte, das Regierungssystem nicht auch in bestimmter Weise gestützt hätten. Die Feldzüge weckten patriotische Gefühle und bestärkten die Bürgerschaft darin, Opfer zu bringen und Einschränkungen auf sich zu nehmen. Außerdem veränderte der Krieg auch den institutionellen Aufbau des Staates. Die hohen Kosten für militärische Operationen zwangen die Regierung, die Ressourcen so weit wie möglich auszuschöpfen, und dies hatte den Ausbau des bürokratischen Apparats zur Folge. Die Verwaltung wurde systematischer und professioneller, denn Selbstbestimmungsrechte und Abweichungen auf lokaler Ebene wurden unterdrückt im Interesse wirksamer Machtausübung sowie – vor allem – höherer Einnahmen, um die Kriegskosten zu decken. Eine Anweisung der für die Salzsteuer zuständigen Verwaltungsbeamten vom November 1418 an den Podestà von San Gimignano im Herrschaftsgebiet von Florenz veranschaulicht diese Entwicklung. Dem Podestà wurde befohlen, eine Volkszählung durchzuführen «von jedermann im Bezirk San Gimignano (...), der Eurer Rechtsprechung untersteht, groß und klein, wobei die Mitglieder jeder Familie mit ihrem Alter einzeln aufgeführt werden sollen, aber auch jeder Fremde (...) und jeder Priester, Mönch, Klosterbruder und jede Nonne, die diesen Gerichtsbezirk bewohnt...». Im Hinblick auf die Ausbildung staatlicher Organisation wirkten sich die Kriege der Florentiner positiv aus.

Warum führte die Republik Krieg? Die Antwort erscheint einfach und naheliegend: um sich gegen Angriffe zu verteidigen, um ihre vitalen Interessen zu schützen. Die meisten Historiker haben in ihren Analysen von Krieg und Diplomatie im Italien des Mittelalters und der Renaissance mit besonderem Nachdruck auf wirtschaftliche und strategische Gründe hingewiesen. Hans Baron dagegen arbeitete in seiner wichtigen Untersuchung *The Crisis of the Early Italian Renaissance* (1955) den ideologischen Aspekt der Florentiner Außenpolitik im frühen 15. Jahrhundert heraus. Nach seiner Argumentation wurde Florenz zum wichtigsten Verteidiger des Republikanismus auf der Halbinsel, auf der sich immer mehr despotische Herrscher breitmachten. Florenz nahm häufig allein den Kampf gegen mächtige Gegner auf, manchmal unterstützt von seiner Schwesterrepublik Venedig, es verteidigte die eigene Freiheit und die anderer Stadtstaaten, die ihre Unabhängigkeit zu bewahren suchten, gegen solche Tyrannen wie Giangaleazzo Visconti und König Ladislaus. Durch ihre Verwicklung in diese Kriege wurden sich die Florentiner stärker ihrer republikanischen Traditionen bewußt, sie bildeten besondere, von der Antike übernommene kulturelle Interessen aus, mit denen sich diese Traditionen und Wertvorstellungen rechtfertigen und würdigen ließen.*

Barons Interpretation zufolge war die italienische Geschichte in der frühen Renaissance also entscheidend geprägt von der Bildung zweier feindlicher Lager: auf der einen Seite die freien Republiken und auf der anderen die despotischen Systeme. Beide waren in einen Kampf auf Leben und Tod verstrickt. Diese Unterscheidung wird von den «materialistischen» Historikern fast vollständig übergangen, sie sehen keinen grundlegenden Unterschied zwischen der republikanischen Regierungsform in Florenz und Venedig und der Tyrannenherrschaft in Mailand und Ferrara. Beide waren sie autoritär und wurden entweder von mächtigen Familien oder von kleinen oligarchischen Cliquen beherrscht. Beide Städte wurden mit ähnlich aufgebauten Verwaltungsapparaten regiert, und beide standen vor ähnlichen wirtschaftlichen und sozialen Problemen. In der Außenpolitik wurden Florenz wie Mailand geleitet von einer realistischen Einschätzung der eigenen Interessen. Das waren im Jahr 1400 im wesentlichen die gleichen wie zwei Jahrhunderte zuvor: die Erhaltung und Ausweitung der Kontrolle über das Umland, um Handelswege zu sichern, den Nachschub mit Nahrungsmitteln und Rohmaterialien aufrechtzuerhalten und um zu verhindern, daß Feinde Fuß faßten. Diesen Interpretationen zufolge waren vor allem Konflikte zwischen materiellen Interessen Grund für die Kriege zwischen Florenz und Mailand. Beide Staaten versuchten mit Propagandakampagnen ihr Vorgehen, das nicht immer mit den erklärten Absichten und Zielen übereinstimmte, zu rechtfertigen. Aber in dieser apologetischen Literatur werden nur selten die wirklichen Fragen oder Motive erwähnt, die in den Protokollen der geheimen Ratssitzungen zu

---

* Die kulturellen Aspekte von Barons Interpretation werden im sechsten Kapitel im Abschnitt über den Humanismus erörtert.

suchen sind oder aus der Politik dieser Regierungen gefolgert werden müssen.

Bei diesem Gelehrtenstreit geht es um die grundlegende Frage, welche Rolle Ideale und Wertorientierungen in der Politik spielen. In der Geschichte von Florenz gibt es für beide Standpunkte einige Belege, darüber hinaus läßt sie darauf schließen, daß in einer Republik die Formulierung der Politik ein komplexes und facettenreiches Verfahren war. Aus den Quellen geht hervor, daß dieser Prozeß drei spezifische Aspekte besaß: einen ideologischen, einen rationalen und einen emotionalen. Die ideologische oder rechtfertigende Dimension wurde in den Schriften der Florentiner Apologeten normalerweise stark betont, die Argumente, die auf materiellen Erwägungen beruhten (ökonomische oder strategische Interessen, Staatsräson), wurden hingegen selten genannt, entweder weil sie allgemein bekannt und akzeptiert waren oder weil sie im scharfen Gegensatz zu den erklärten Motiven und Zielen standen. Die inneren, emotionalen Reaktionen der Florentiner auf außenpolitische Fragen sind besonders schwer auszumachen, denn sie haben wenig Spuren in den Quellen hinterlassen.

Wie vielschichtig dieses Problem war, wird anschaulich in den Mitteilungen eines Sieneser Botschafters in Florenz, Ser Giacomo Manni, im Frühjahr 1385. In Siena hatte sich mit Florentiner Unterstützung gerade eine neue Regierung etabliert, und der Botschafter trat sein Amt in einer Atmosphäre großer Herzlichkeit an. Vor seiner Ankunft herrschte einiges Mißtrauen seiner Regierung gegenüber, aber Manni schrieb am 9. Mai: «Ich kann nicht durch die Straßen gehen, ohne von Bürgern angehalten und begrüßt zu werden, die so viel Freude erkennen lassen und mir solche Ehren erweisen, daß es nicht redlich wäre, ihre Gefühle zu beschreiben.» Zwei Fragen standen auf der politischen Tagesordnung: der Abschluß eines Bündnisvertrages und die Beilegung der Grenzkonflikte, die aus dem Erwerb des Aretiner Contado durch Florenz im Jahr 1384 entstanden waren. Besonders heftig umstritten waren die Eigentumsrechte an Lucignano, einem Dorf 25 Kilometer südlich von Arezzo, das lange der Zankapfel zwischen Florenz und Siena gewesen war.

Als ungewöhnlich fällt am Botschafter und seiner Mission auf, daß Manni geradezu begeistert die Ansichten und Standpunkte der Regierung teilte, zu der er gesandt worden war. Vielleicht hatte ihn der öffentliche Empfang überwältigt, wahrscheinlicher ist allerdings, daß er beeinflußt war von seinen privaten Kontakten zu Florentiner Politikern, die sich in geheimen Gesprächen eifrig bemühten, die Knoten zuentwirren und die Meinungsverschiedenheiten auszuräumen, die im Verlauf der Verhandlungen auftraten. Diese Männer versicherten Manni, außerordentlich besorgt um die Interessen Sienas zu sein, und versprachen ihm, ihren Einfluß geltend zu machen, um zu einer Einigung zu gelangen, die seine Regierung als gerecht und ehrenhaft annehmen könnte. Sie ließen durchblicken, die Florentiner Regierung sei bereit, ihren Anspruch auf Lucignano aufzugeben, wenn Siena seinerseits sich bereit erkläre, als Verbündeter und Partner die gemeinsamen Interessen beider Städte in der Toskana zu fördern. Manni war von ihrer Aufrichtigkeit und ihren guten Absichten so sehr überzeugt, daß er seine Vorgesetzten drängte, alle umstrittenen Fragen in die Hände der Florentiner Signoria zu legen und ihr zu versprechen, sich ihren Entscheidungen zu fügen. Die Pflege freundschaftlicher Beziehungen läge so offensichtlich im Interesse von Florenz, daß die Signoria, meinte Manni, große Zugeständnisse machen würde, um den Nachbarn im Süden versöhnlich zu stimmen.

Als Woche auf Woche verging, ohne daß es in den Verhandlungen zu wahrnehmbaren Fortschritten kam, schwand allmählich der überaus optimistische Ton aus Mannis Mitteilungen. Sowohl die Frage des Bündnisses als auch der Grenzstreit blieben in der langsamen und umständlichen Verwaltungsmaschinerie von Florenz stecken. In jedem seiner Briefe berichtete Manni jedoch von einem weiteren Treffen mit der Signoria und den Beratungsgremien oder mit der Kommission der sieben Auditoren, die zur Untersuchung dieser Fragen eigens eingesetzt worden war. Mühsam und weitschweifig wurden die umstrittenen Punkte diskutiert und analysiert. Während seiner häufigen Begegnungen mit den Männern, die sich selbst als «Freunde Sienas» bezeichneten, wurde Manni häppchenweise mit Informationen über geheime Ratssitzungen versorgt, bei denen die Sieneser Probleme verhandelt wurden. Bei einer solchen Sitzung, so berichteten die Informanten des Botschafters, sei die Position Sienas von der Signoria und den Auditoren zusammengefaßt worden, woraufhin «sich viele Bürger erhoben, um zu Euren [Sienas] Gunsten zu sprechen, und sie empfahlen und lobten Eure Regierung und Eure Klugheit in warmen Worten». Diese Herzlichkeit wurde jedoch nie in diplomatische Handlungen oder Entscheidungen umgesetzt. Erst in Andeutungen und dann immer offener berichtete der irregeführte und verärgerte Botschafter, daß sich die Meinung in Florenz durchsetze, keinen Kompromiß über Lucignano einzugehen. Am 23. Juni benachrichtigte Manni seine Regierung davon, daß die Florentiner nun argumentierten, das Grenzdorf sei ihr rechtmäßiger Besitz. Schließlich weigerte sich die Signoria, irgendwelche Zugeständnisse im Hinblick auf Lucignano zu machen, die Sienesen ihrerseits wollten nur dann ein Bündnis abschließen, wenn der Grenzstreit zu ihren Gunsten entschieden werde. Manni erkannte, daß seine Mission ein totaler Fehlschlag war, und bat am 2. Juli seine Regierung um die Erlaubnis, heimkehren zu dürfen.

In seinem Bericht vom 26. Juni nennt der Botschafter einen entscheidenden Faktor für die Kehrtwendung von Florenz: In der Stadt hatten sich Gerüchte über eine Einigung zugunsten der Sienesen verbreitet, und das hatte schlafende Hunde geweckt. In früheren Briefen hatte Manni erwähnt, in den unteren Klassen gäbe es eine gegen Siena gerichtete Stimmung, aber diese Gefühle und Meinungen schienen ihm nicht von Bedeutung zu sein, vor allem da sie in seinen Augen durch das freundliche Verhalten einflußreicher Patrizier aufgewogen wurden. Als sich das Problem Lucignano jedoch ohne Einigung hinschleppte, wurde der patriotische Eifer der Bevölkerung stärker, und die Signoria befürchtete, über die Sieneser Frage könnte es zum Aufruhr kommen. Offensichtlich wuchs die Unzufriedenheit nicht von selbst. Manni berichtete, daß Sieneser Exilanten Propaganda gegen eine Einigung machten, in der Hoffnung, ihre Regierung damit in Mißkredit bringen zu können. Auch gewisse Florentiner beteiligten sich daran und versuchten, politisches Kapital aus dieser Frage zu schlagen. Diese Gruppen brachten die Geschichte in Umlauf, Lucignano und sein Umland seien eine Kornkammer und würden deshalb die Nahrungsmittelversorgung der Stadt gut ergänzen.

Diese Episode zeigt, wie verwickelt außenpolitische Fragen und ihre Lösungen waren, außerdem aber bezeichnet sie einen Meilenstein in der Beziehung zwischen den beiden toskanischen Republiken und erwies sich als bedeutungsvoll für die Zukunft. Sienas Abfuhr in der Sache Lucignano war der Anfang der Entfremdung der Sieneser Regierung von ihrer Nachbarin, ein Jahrzehnt später war der Graben so tief geworden, daß Siena sich der großen Allianz von Giangaleazzo Visconti gegen Florenz anschloß. Möglicherweise erkannten einige von Mannis Vertrauensleuten, wie wichtig Zugeständnisse in der Frage Lucignano waren, um sich die Freundschaft Sienas zu erhalten und den Verdacht der Nachbarstadt, Florenz betreibe eine aggressive Politik in der Toskana, zu zerstreuen. In der Debatte um diese Frage wiesen mehrere Sprecher darauf hin, wie wünschenswert es sei, herzliche Beziehungen mit Siena zu pflegen, aber niemand wagte, sich öffentlich für die Aufgabe Lucignanos einzusetzen. In der Stadt griffen imperialistische Gefühle und Fremdenhaß um sich, und einige Politiker gaben dem Impuls nach, die Sienesen in die Enge zu treiben und dieser machtlosen Regierung, die sich an ihrem mächtigen Nachbarn nicht rächen konnte, keinerlei Zugeständnisse zu machen. Diese aggressive Haltung wurde verstärkt von der Sorge um die Ehre der Republik, die es nicht erlaubte, auch nur ein kleines Stück ihrer rechtmäßigen Ansprüche preiszugeben. Gegen derartige Reaktionen sprachen die Stimmen der Vernunft und der Vorsicht; sie mahnten, die wahre Sicherheit von Florenz sei abhängig von friedlichen Beziehungen zu seinen Nachbarn, eine Brüskierung Sienas könne katastrophale Folgen haben. Aber selbst der scharfsinnigste und weitsichtigste Staatsmann überlegte es sich sorgfältig, bevor er eine Politik der Nachgiebigkeit und Versöhnung befürwortete, denn sie garantierte fast Unbeliebtheit und konnte womöglich die eigene politische Stellung gefährden.

Die anstrengenden Verwicklungen, die sich schon bei diesem unbedeutenden diplomatischen Problem zeigen, wurden natürlich noch strapaziöser, wenn es um die ernstere Frage von Krieg und Frieden ging. Bei einer Entscheidung über einen Krieg mit Mailand oder über ein kostspieliges Bündnis mit dem König von Frankreich waren die Risiken größer, und Fehlschläge wogen viel schwerer. Auch bei diesen entscheidenden Fragen spielten ohne Zweifel Kleinliches und Irrationales, die Vorurteile der Massen und die Bestechlichkeit einiger weniger eine Rolle. Und doch hielt die herrschende Gruppe einmütig an den wichtigsten Zielen der Florentiner Außenpolitik fest: der Unabhängigkeit und der Erhaltung der republikanischen Regierungsform. Streitigkeiten in der Außenpolitik waren weitgehend, wenn auch nicht ausschließlich, Folge ehrlicher Meinungsverschiedenheiten darüber, wie diese Ziele zu verwirklichen seien.

Die frühen Jahre der Regierung fielen zusammen mit einigen grundlegenden Veränderungen in der italienischen Politik, die die Florentiner Staatsführung vor neue Probleme stellte. Vor 1375 baute die Florentiner Außenpolitik auf zwei Grundfesten: die Bündnisse mit anderen italienischen Guelfenstaaten (Kirchenstaat, Neapel) und mit benachbarten Kommunen (Siena, Pisa, Perugia, Bologna, Città di Castello). Dieses Fundament zerfiel in den achtziger Jahren. Der Krieg zwischen Florenz und Papst Gregor XI. bedeutete einen Bruch in den traditionellen Beziehungen zum Heiligen Stuhl, und dieser Riß wurde auch nach dem Friedensschluß 1378 nicht vollständig gekittet. Während der Dauer des Großen Schismas (1378–1417) war das römische Papsttum zu schwach, um sich und sein Herrschaftsgebiet wirksam zu verteidigen. Sein Wert als Verbündeter war für die Republik am Arno sehr begrenzt. Inzwischen waren die republikanischen Regierungen in den Stadtstaaten Mittelitaliens geschwächt durch Wirtschaftskrisen im Verein mit politischen Wirren. In ihrem desolaten Zustand waren sie zweifelhafte Verbündete, sie zogen überdies beutegierige Herren an. So ließ sich die imperialistische Politik, die Florenz hin und wieder bei entsprechender Gelegenheit in diesen Jahren verfolgte, einigermaßen rechtfertigen als Verteidigungsmaßnahme. Als die kommunalen Regierungen in der Toskana und in Umbrien eine nach der anderen zusammengebrochen und die Städte einem einheimischen Despoten oder Invasoren zur Beute gefallen waren, mußte die Republik Florenz abwägen, welche Risiken, Kosten und möglichen Vorteile mit einer Erwerbung verbunden waren. Vielleicht war Furcht stärker noch als Gier das Motiv für den Expansionskurs der Regierung, der schließlich dazu führte, daß sie Arezzo in das Florentiner Herrschaftsgebiet einverleibte (1384), Montepulciano (1390), Pisa (1406), Cortona (1411) und Livorno (1421).

Zur selben Zeit, in der Florenz seine Hegemonie in der Toskana etablierte, breiteten sich jedoch auch im Norden zwei Mächte aus und konsolidierten ihre Territorien. Giangaleazzo Visconti hatte mit seinen Bemühungen, einen großen und einheitlichen Staat in der Lombardei aufzubauen, deutlich erkennbaren Erfolg. Weiter östlich legte Venedig die Fundamente für seine Herrschaft auf der «terrafirma». Florenz war zu einer regionalen Vormacht geworden, aber Mailand und Venedig ebenso; einige Jahrzehnte später folgten Neapel und der Kirchenstaat. Die größte Bedrohung für Florenz war Giangaleazzo Visconti, der intelligente und gerissene Herr von Mailand, der ein ungewöhnliches Talent darin bewies, militärische und wirtschaftliche Mittel auszuschöpfen, um seine politischen Ziele zu erreichen. Florenz war schwächer und angreifbarer als sein Widersacher in der Lombardei – dies war seinen Bürgern voll und ganz bewußt. Die Ängste, die die Konfrontation mit Mailand in der Stadt hervorriefen, beruhten nicht auf Einbildung, sondern waren die Reaktion vernünftiger und intelligenter Männer auf eine ernst zu nehmende Bedrohung.

Auf diese und spätere Krisen reagierten die Florentiner auf zweierlei Weise. Ihre Standpunkte waren nie streng festgelegt, sondern verschoben sich und waren abhängig von der Situation und den Umständen. Einerseits neigten sie zu Aggression und Krieg, andererseits waren sie vorsichtig und pazifistisch. Die eine Haltung reichte zurück in die glorreichen Tage des internationalen Bündnisses der Guelfen im späten 13. und frühen 14. Jahrhundert; die andere war unmittelbares Erbe der flexiblen, pragmatischen Politik, die die Florentiner Diplomatie in den mittleren Jahrzehnten des Trecento gekennzeichnet hatte.

Keine Position war so eindeutig festgelegt oder wurde so präzis formuliert, daß sie zum Programm geworden wäre, aber beide hatten ihre Besonderheiten, und beide beruhten auf recht unterschiedlichen Annahmen. Diejenigen, die eine dynamische, aggressive Außenpolitik befürworteten, waren natürlich Expansionisten. Sie unterstützten die meisten Pläne zum Landerwerb, die von der Regierung in Betracht gezogen wurden. Aber diese Männer traten nicht nur für die Vergrößerung des Florentiner Herrschaftsgebiets ein, sie drängten auch auf eine wirksamere Machtausübung in den Gemeinden unter Florentiner Herrschaft. Sie brachten häufig das Argument vor, Zurückhaltung und Vorsicht in der Außenpolitik würden unvermeidlich in die Katastrophe führen, den Sieg würden dann jene Staaten davontragen, die schnell, energisch und entschlossen handelten. Sie blieben den Plänen und Beweggründen möglicher Feinde gegenüber stets mißtrauisch, sie waren Verfechter der Kriegsbereitschaft, Gegner von Waffenstillständen und Befürworter von Kriegen, mit denen endgültige Entscheidungen erzwungen werden sollten. Ihre Ansichten und ihren Standpunkt faßte Rinaldo degli Albizzi im Jahr 1424 anschaulich in die Worte: «Ich wünschte, wir wären wirkliche Männer und würden den Herzog [von Mailand] schlagen; das wäre ein größerer Triumph, als die Römer je einen errangen.» Jene Florentiner, die eine derart kriegerische Haltung ablehnten, verwendeten häufig Argumente, die aus der Handelserfahrung der Stadt stammten: Kriege sind teuer und schließen enorme Risiken ein, deshalb sollte ein Krieg immer erst im letzten Augenblick erklärt werden, wenn der Streitfall eindeutig klar ist und alle Zweifel an den Beweggründen des Feindes ausgeräumt sind. Sie können zwar nicht gerade als Beschwichtigungspolitiker bezeichnet werden, aber die Fürsprecher dieser Auffassung zogen häufig Waffenstillstände vor, um eine militärische Pattsituation zu beenden oder um der durch Steuern und Abgaben überlasteten Bürgerschaft eine Atempause zu gönnen. Sie kritisierten die imperialistischen Absichten ihrer Gegner und warnten, derartige Landerwerbungen wären teuer und würden Unruhe schaffen, da all diejenigen, die der Florentiner Herrschaft unterworfen würden, unvermeidlicherweise zu Gegnern würden, ebenso wie ihre Nachbarn an der Grenze. Diesen Standpunkt vertrat die Signoria (1407) in einem Brief an den Florentiner Statthalter in Arezzo, in dem es um den möglichen Erwerb eines kleinen Dorfes an der Grenze ging. Wir würden dieses Gebiet gerne erwerben, schrieben die Prioren, wenn wir uns dabei nicht die Feindschaft der örtlichen Honoratioren zuzögen. «Denn Ihr wißt, wie leichtfertig etwas begonnen wird und wie häufig aus Angelegenheiten, die unbedeutender sind als diese, große Unannehmlichkeiten und Gefahren entstehen.»

Diese kontroversen Standpunkte tauchten in den meisten wichtigen außenpolitischen Debatten jener Jahrzehnte auf. Normalerweise wurden die Auseinandersetzungen beigelegt, aber gelegentlich wuchsen sie sich zu einem offenen Konflikt aus. Der Streit über die Beziehungen der Republik zu König Ladislaus, der von Buonaccorso Pitti so anschaulich beschrieben wurde, war einer der Anlässe, wo die Rivalität zwischen den beiden Faktionen sich besonders verschärfte. Auch die Debatte über die Wiederaufnahme der Feindseligkeiten mit Mailand in den Jahren 1423 und 1424 offenbarte eine tiefe Spaltung in der politischen Gemeinschaft. Aber das umstrittenste außenpolitische Thema in der Geschichte der patrizischen Regierung war der Feldzug zur Eroberung Luccas.

Der Krieg mit Lucca begann im November 1429, als Florenz sich noch nicht von seinem erschöpfenden, vierjährigen Krieg gegen Mailand erholt hatte und nur Wochen, nachdem es eine bedrohliche Rebellion in der beherrschten Stadt Volterra unterdrückt hatte. Florenz war offenkundig nicht auf einen langen Kampf vorbereitet; die Sprecher, die für einen Krieg Partei ergriffen, Rinaldo degli Albizzi und Neri Capponi, behaupteten jedoch, ein Feldzug zur Unterwerfung Luccas würde nur kurz sein und rasch eine Entscheidung bringen. Um diesen Angriff rechtfertigen zu können, behauptete die Kriegspartei, der Signore von Lucca, Paolo Guinigi, habe während des vorangegangenen Konflikts heimlich Mailand unterstützt. Florenz und seine Besitzungen in der Toskana könnten sich nicht in Sicherheit fühlen, so lautete das Argument, bevor derartige unabhängige Gemeinwesen nicht verschwunden seien, denn sie würden feindliche Mächte geradezu einladen, in der Toskana Fuß zu fassen. Als Antwort auf diese Argumente konnte die Opposition, angeführt von Niccolò da Uzzano, nur vorbringen, Lucca könne keinerlei offen feindliche Handlung gegen Florenz zur Last gelegt werden, und die Kriegspartei könne den raschen und leichten Sieg nicht garantieren, den sie so zuversichtlich voraussagte. In dieser Frage besaß die Friedensfaktion nicht die Unterstützung des Volkes, auf die sie sich hatte verlassen können, als sie eine diplomatische Lösung mit Mailand auszuhandeln begann. Die Lucchesen wurden in Florenz von den unteren Klassen schlichtweg gehaßt, Rinaldo degli Albizzi konnte also die Fremdenfeindlichkeit zu seinem Vorteil nutzen.

Der Feldzug endete in einem völligen Desaster. Die Lucchesen widerstanden energisch dem Florentiner Angriff, der unter untauglichem Oberbefehl stand und durch mangelndes Zusammenspiel von politischer und militärischer Führung behindert wurde. Außerdem hatte Filippo Maria Visconti nicht die Absicht, Lucca seinem Feind zu überlassen und unterstützte die belagerte Stadt. Um zu verhindern, daß Mailand in einen Krieg eintrat, überredete Florenz Venedig, sich mit ihm in einem Bündnis freier Republiken gegen die Kräfte der Tyrannei und Unterdrückung zusammenzuschließen. Aber das Gewicht Venedigs ließ die Waagschale nicht eindeutig zugunsten von Florenz sinken. So unterzeichnete die enttäuschte Republik am 26. April 1433 einen Friedensvertrag mit ihren Feinden, um einen Krieg zu beenden, den sie nicht gewinnen konnte, und zog ihre Truppen von Luccheser Gebiet ab. Die internen Streitigkeiten, die dieser Konflikt heraufbeschworen hatte, trugen unmittelbar zur politischen Krise von 1433–1434 und zur Bildung einer neuen Regierung bei, die von den Medici und ihren Anhängern kontrolliert wurde.

Diese Analyse der Florentiner Politik betont mit Nachdruck die Uneinigkeit und die Konflikte innerhalb der Stadtmauern sowie die abnehmende Bedeutung der kommunalen Wertorientierungen als Ergebnis innerer Spannungen. Vielleicht werden damit die Akzente falsch gesetzt und die Erfolge der Regierung mit zu wenig Aufmerksamkeit bedacht: die erfolgreiche Verteidigung der Stadt und ihres Herrschaftsgebiets gegen Unterwerfungsversuche von außen, die Sicherung der republikanischen Verfassung, die offene Auseinandersetzung und das Recht, gegen Kandidaten und Gesetze zu stimmen, die Stärkung der Exekutive und ihr Einsatz zur Erhaltung der Ordnung, zur Schaffung neuer öffentlicher Dienstleistungen und zur Kanalisierung der Energien der Stadt für nützliche Ziele. Diese politische Erbschaft, die die Medici antraten und (mit Veränderungen) beibehielten, bedeutet für das Italien des Quattrocento, in dem autoritäre Regimes sich durchsetzten und Macht und Gewalt eine immer stärkere Rolle im politischen Leben spielten, keine geringe Leistung. In Florenz galt im gesamten 15. Jahrhundert die Herrschaft des Gesetzes und nicht die Willkür der Exekutive als die Norm.

Es trifft zwar zu, daß Florenz im 15. Jahrhundert wirkungsvoller regiert wurde und daß die Sicherheit für Leben und Besitz größer war als je zuvor, aber dies kostete seinen Preis. Der Ordnung fiel ein bestimmtes Maß an Freiheit zum Opfer; einige Quellen politischer Vitalität wurden im Interesse größerer Stabilität unterdrückt. Die mittelalterliche Kommune war niemals eine Demokratie gewesen, aber sie hatte eine große Vielfalt unterschiedlicher Interessen beherbergt. Indem viele dieser Gruppen von der Macht ausgeschlossen wurden, indem der Kreis der Wahlberechtigten verkleinert wurde, «beruhigten» die Regierungen des Patriziats im Quattrocento die Politik. Die herrschende Klasse war nun homogener, in sozialen und wirtschaftlichen Fragen weniger gespalten. Aber die Regierung wurde auch schwächer und angreifbarer mit dem Schrumpfen ihrer gesellschaftlichen Basis, als Bürger in Untertanen verwandelt, als die Florentiner mehr und mehr zu passiven Zuschauern wurden, statt aktiv am politischen Leben der Republik teilzunehmen. Außenpolitisch war die Regierung in einem ähnlichen Teufelskreis gefangen wie jenem, der bei innerstädtischen Problemen herrschte. Beim Versuch, sich vor Angriffen von außen zu schützen, verfolgte die Stadt einen Kurs territorialer Expansion, der die inneren Probleme verschärfte und ihre Stärke unterminierte. Tausende von Toskanern wurden dem Florentiner Herrschaftsgebiet einverleibt, sie akzeptierten jedoch nur zähneknirschend die Herrschaft der Florentiner und stellten eine fortwährende Bedrohung für die Sicherheit des Staates dar. Um diese widerspenstige Bevölkerung zu regieren und sie vor Invasionen zu schützen, gab die Republik große Summen aus für stehende Truppen, für Befestigungen und in Kriegszeiten für Söldnertruppen. Bürger wie Untertanen mußten diese schwere finanzielle Last tragen; sie führte in der Stadt und im ganzen Herrschaftsgebiet zu immer mehr Feindseligkeit und Unzufriedenheit, schwächte damit weiter den Rest verbindender Gefühle – Loyalität, Gemeinsamkeit der Interessen und auf Gegenseitigkeit begründete Zusammenarbeit –, die dieses Staatswesen zusammenhielten.

FÜNFTES KAPITEL
KIRCHE UND RELIGION

Die Allgegenwart der Kirche

Die Religion ist der Aspekt in der Geschichte der Renaissance in Florenz, der am wenigsten genau untersucht wurde. Die Literatur, die sich mit diesem Thema beschäftigt, ist häufig oberflächlich und im Ton polemisch, obwohl genug Quellenmaterial vorliegt für eine umfassende Analyse der Bedeutung der Kirche und des Glaubens. Die vorliegenden Untersuchungen zur Religion in Florenz lassen sich im großen und ganzen in zwei Kategorien einteilen. Die einen, besonders jene, die aus der Feder kirchlicher Autoren stammen, betonen die Kontinuität religiöser Institutionen und Traditionen und verweisen auf die Lebendigkeit des Glaubens der Florentiner vom Mittelalter bis in die Renaissance und darüber hinaus. Eine große Zahl von Belegen stützen diese Ansicht, wenn sie auch kein abschließendes Urteil erlauben: die Popularität religiöser Zeremonien, die ununterbrochene Flut von Schenkungen an Klöster und wohltätige Stiftungen, die Welle religiösen Eifers, die der Dominikanermönch Girolamo Savonarola am Ende des 15. Jahrhunderts auslöste. Die anderen Untersuchungen – wie die Jacob Burckhardts – schätzen die Bedeutung des christlichen Glaubens im Italien der Renaissance als sehr gering ein. Für Burckhardt war die Geschichte der Religion in der Renaissance vor allem gekennzeichnet von einer Verweltlichung der Institutionen und der Glaubensinhalte. Seiner Auffassung nach verfolgten Kleriker wie Laien gleichermaßen ihre weltlichen Interessen in einer Gesellschaft, die nicht mehr von christlichen Idealen geleitet oder beeinflußt wurde. Für die Massen wurde der Glaube abgelöst vom Aberglauben; die oberen Klassen hingegen fühlten sich – wenn auch psychisch abhängig von den traditionellen religiösen Ritualen – intellektuell hingezogen zur Philosophie der heidnischen Antike.

Beide Sichtweisen haben jedoch ihre Schwachpunkte, die eine, weil sie Veränderungen leugnet, die andere, weil sie einen revolutionären Bruch mit der Vergangenheit behauptet. Der Kirche wurde eine so große Verehrung entgegengebracht und sie war so eng mit der Geschichte der Stadt und ihren Traditionen verflochten, daß sie eine der wichtigsten konservativen Kräfte im Florentiner Alltag darstellte. Die Kirche als Institution und die religiösen Werte, für die sie stand, waren Bollwerke der Sicherheit und Stabilität in diesem schnellebigen städtischen Milieu. Und doch hatte die Kirche im Mittelalter ihre Sitten und Gebräuche und ihre Politik geändert, sie hatte sich den neuen Bedingungen angepaßt, sich auf neue Forderungen und Zwänge eingestellt. Die Kräfte und die Umstände, die die Veränderungen der Kirche angeregt und gefördert hatten, waren im 14. und 15. Jahrhundert nicht verschwunden, vielmehr wurden sie eher noch drängender. Das Ausmaß und die Richtung dieser Veränderungen – in den Institutionen, den Praktiken und Glaubensinhalten – stehen im Zentrum der Forschungen über die Kirche im Florenz der Renaissance, sie bilden den besonderen Schwerpunkt dieses Kapitels.

Bestimmte Aspekte der Religionsgeschichte in Florenz sind der Beschreibung und Analyse leichter zugänglich als andere, entweder weil dazu mehr Material vorliegt oder weil es um konkretere Probleme geht. Aus kirchlichen und weltlichen Quellen besitzen wir detaillierte Kenntnisse des institutionellen Aufbaus der Kirche und der Veränderungen, die mit der Krise ihrer Autorität zur Zeit des Großen Schismas (1378–1417) einhergingen.* Die Bestände städtischer Archive sind vollständiger und zugänglicher als kirchliche Akten, sie liefern erhellende Einsichten in die Beziehungen von Kirche und Staat. Ausführliche Materialien liegen für eine detaillierte Untersuchung der wirtschaftlichen Mittel der Kirche vor, obwohl eine wertvolle Quelle – die *Conventi Soppressi* im Archivio di Stato – bei der Überschwemmung im Jahr 1966 stark in Mitleidenschaft gezogen wurde. Das schwierigste und am wenigsten faßbare Problem ist die Frömmigkeit der Florenti-

---

* Nach der Wahl von Papst Urban VI. im Jahr 1378 verließ eine Gruppe andersgesinnter Kardinäle Rom und wählte einen Gegenpapst, Klemens VII., der seinen Hof in Avignon einrichtete. Nahezu vierzig Jahre lang hatte die katholische Christenheit zwei Päpste. Einige europäische Staaten (wie Florenz und England) unterstützten Urban VI. und seinen Nachfolger in Rom, andere (wie Frankreich und Aragon) akzeptierten die Legitimität seines Rivalen in Avignon. Das Schisma wurde im Jahr 1417 schließlich beendet, als das Konzil von Konstanz einen italienischen Papst wählte, Martin V.

ner. Vor über einem Jahrhundert warnte Burckhardt vor den Gefahren, die in der Definition der religiösen und moralischen Werte einer Gesellschaft lauern. Je genauer unsere Kenntnis zu sein scheint, desto mehr müssen wir uns nach Ansicht Burckhardts vor unqualifizierten Annahmen und vorschnellen Verallgemeinerungen hüten.

Nach außen hin besaß die Kirche im Florenz des 15. Jahrhunderts große Ähnlichkeit mit der Institution, die der heilige Franziskus zwei Jahrhunderte zuvor gekannt hatte. In ihrer baulichen Erscheinung war sie überwiegend mittelalterlich, der Klassizismus der Renaissance hatte kaum Spuren hinterlassen. Im Mittelalter war die Kirche in Florenz aktiv, geschäftig, laut und bunt; daran änderte sich in der Renaissance nichts. Diese Kirche veranstaltete häufig große Prozessionen durch die Straßen, denen sich Kleriker und Laien in Scharen anschlossen. Es war eine Kirche der Bettelmönche, die durch die Stadt zogen, aber auch eine vornehmer Gelehrter wie des Augustiners Luigi Marsili und des Dominikanermönchs Antoninus, der später heiliggesprochen wurde. Ihre Symbole und konkreten Manifestationen waren überall sichtbar: die Kruzifixe an den Straßenecken und das mit Kerzen beleuchtete Bild der Jungfrau, die kleine, geduckte Gemeindekirche und der großartige Klosterbau. Die Kirche machte sich im Leben eines jeden Florentiners häufig und auf vielen Ebenen bemerkbar, sie war allgegenwärtig und durchdrang alles.

Dank der aktiven Teilnahme der Laien an den religiösen Zeremonien bestanden regelmäßige und enge Verbindungen zwischen weltlichem und geistlichem Leben. Für viele Florentiner war der Besuch der Morgenmesse und der Abendvesper normaler Bestandteil des Tageslaufs. Die Geistlichen übten bei Taufen, Hochzeiten und Begräbnissen ihr Amt aus, außerdem waren sie oft Zeugen, wenn Todgeweihte ihren Letzten Willen diktierten. Viele Testamente enthielten sorgsam bedachte und detaillierte Bestimmungen für die Messen, die für die Seelen der Dahingeschiedenen und ihrer Familie gelesen werden sollten. Die Erfüllung dieser Vermächtnisse zwang ihre Erben, in enger Berührung mit dem Klerus zu bleiben, der mit dieser Aufgabe betraut war. Wie belastend diese Bestimmungen für einen gewissenhaften Testamentsvollstrecker werden konnten, wird deutlich aus einem – keineswegs einzigartigen – Letzten Willen, der 1377 von Francesco Niccoli aufgesetzt wurde. Der Kaufmann vermachte dem Augustinerkloster Santo Spirito in Florenz einigen Grundbesitz, «mit der Bedingung, daß die Mönche des Kapitels aufgefordert werden, in alle Ewigkeit jeden Morgen die Messe zu zelebrieren, in der zu Gott gebetet werden soll für die Seele des Erblassers und seiner Verwandten, außerdem soll auf ewig jedes Jahr am Festtag der Jungfrau Maria eine Messe abgehalten werden, in der zwölf Kerzen angezündet werden sollen (...) und in dieser Kapelle soll auf ewig eine Lampe brennen, sowohl am Tag wie in der Nacht.» Niccoli verfügte außerdem, wenn diese Bestimmungen nicht erfüllt würden, sollte sein Vermächtnis Santo Spirito wieder genommen werden und das Vermögen der Gesellschaft von Orsanmichele zukommen, «um von dieser Gesellschaft für die Armen Christi und die Seele des Erblassers ausgegeben zu werden».

Die Kontakte zwischen Geistlichkeit und Laienschaft waren auch Folge des traditionellen Anspruchs der Kirche, über einen großen Bereich weltlicher Angelegenheiten Kontrolle auszuüben und ihrer Rechtsprechung zu unterwerfen. In Florenz mit seiner komplexen wirtschaftlichen Struktur war besonders das Problem des Wuchers akut. Das Gericht des Erzbischofs verfolgte die der Wucherei Verdächtigen meist nicht, solange diese noch am Leben waren, sondern wartete, um nach ihrem Tod ein Verfahren um den Nachlaß des Verstorbenen anzustrengen. Da die Akten dieser Prozesse nicht erhalten sind, läßt sich über die Häufigkeit solcher Verfahren nichts aussagen. In anderen Quellen aber sind fragmentarische Belege für eine Handvoll Fälle erhalten, sie betrafen alle Geschäftsleute mit beträchtlichem Vermögen. In einem 1385 geschriebenen Brief an einen in der Fremde lebenden Verwandten schilderte Domenico Lanfredini seinen Streit mit dem Bischof über diese Frage: «Nach dem Tod meiner Eltern und meines Bruders strengte der Bischof einen Prozeß gegen Sandros [seines Vaters] Nachlaß an und klagte ihn des Wuchers an. Das war Ursache großer Unannehmlichkeiten, und mir ist immer noch nicht vergeben, auch wird mir nicht vergeben werden ohne Verluste. (...) Am Gerichtshof des Bischofs gibt es andere, die Wucherzinsen zurückfordern, die sie in der Vergangenheit an Sandro gezahlt haben.» Solche Fälle waren zwar nicht allzu häufig, aber sie erinnerten die Florentiner daran, daß die Kirche die Mittel besaß, in ihre wirtschaftlichen Aktivitäten regelnd einzugreifen und sie mit Strafen zu belegen, wenn sie ihre Aufsicht auch nicht so umfassend ausübte wie die weltliche Macht.

Da Prozeßakten fehlen, kann man nur darüber spekulieren, wie viele und welche Verstöße gegen das kanonische Recht zu Verfahren vor den kirchlichen Gerichten führten. Anklagen wegen Häresie waren dem Gericht des Inquisitors vorbehalten; zum Tode verurteilte Häretiker wurden zur Bestrafung den weltlichen Behörden übergeben. Gotteslästerung war vermutlich der häufigste Verstoß, für den man vor den Inquisitor oder den für die Rechtsprechung zuständigen Generalvikar des Bischofs geladen wurde. Giovanni Villani beklagte sich einmal über einen Inquisitor, der «wegen jedes kleinen Worts, das irgend jemand in falscher Weise gegen Gott geäußert» hatte, eine Geldstrafe verhängte. Verstöße gegen die Moral und Angriffe gegen Kleriker stellten sowohl eine Verletzung des zivilen wie auch des kanonischen Rechts dar, zu derartigen Vergehen liegen umfangreiche Akten der weltlichen Gerichte vor. Zum Beispiel wurde der Abkömmling einer angesehenen Kaufmannsfamilie, Adoardo Peruzzi, im Jahr 1400 vom Podestà zum Tode verurteilt, weil er an der Verschwörung zur Ermordung eines Priesters beteiligt und Komplize einer Verschwörung zur Tötung eines Abtes war. Ein Fall, der 1413 am Gerichtshof des Vikars von Valdelsa verhandelt wurde, schildert eine bemerkenswerte Vielfalt von Sakrilegen, die Antonio di Tome aus Castro Tremoleti beging «und mit denen er das göttliche ebenso wie das weltliche und kanonische Recht verletzte». Antonio unterhielt inzestuöse Beziehungen zu seiner Cousine, mit der er ein Kind hatte, außerdem aber auch zu seiner Nichte. Weil er im Spiel verloren hatte, zerfetzte er in einem Wutanfall ein Gemälde der Jungfrau und verunstaltete später mit seinem Messer eine Münze, auf der ihr Bild eingraviert war. Wegen dieser Verbrechen wurde Antonio dazu verurteilt, in einem hölzernen Käfig verbrannt zu werden; diese Strafe wurde später jedoch in Enthauptung umgewandelt.

Einige Verbindungen zwischen Kirche und Laienschaft bezogen alle Gruppen der christlichen Gemeinde mit ein. Reiche wie Arme strömten in die Gemeindekirchen, um die Hostie zu feiern und die Dienste der Geistlichen in Anspruch zu nehmen; Aristokraten erschienen neben heruntergekommenen Vagabunden als Angeklagte vor den kirchlichen Gerichten. Zwei Bereiche, wo der Kontakt zwischen der weltlichen Gesellschaft und der Geistlichkeit besonders eng und heikel war, betrafen jedoch nur die oberste Schicht der Florentiner Gesellschaft. Dies waren der Besitz der Kirche und ihr Personal.

Die Kirche von Florenz – oder richtiger, die verschiedenen Einrichtungen, die diese Kirche ausmachten – nannte wie andere Kirchen in der gesamten Christenheit auch beträchtliche Besitzungen in der Toskana ihr eigen. Ein Verzeichnis der Pachtgelder und Landkäufe des Kartäuserklosters nahe Galluzzo, acht Kilometer südlich von Florenz, zeigt, daß der Besitz des Klosters zwischen Stadt und Land in etwa gleichmäßig aufgeteilt war. Zum Besitz der «certosa» in der Stadt gehörten eine Tuchmanufaktur in der Via Maggio, eine Schneiderwerkstatt in der Via del Garbo, ein Barbierladen in der Pfarrgemeinde San Piero Gattolino, ein Wohnhaus im Borgo Ogni Santi, außerdem besaßen die Kartäuser Bauernhöfe und Weingärten in der gesamten Toskana. Diese belieferten nicht nur die Küche des Klosters mit Weizen, Wein und Öl, sondern erwirtschafteten auch Überschüsse für den Verkauf auf den Märkten der Gegend. Die Untersuchung, die Elio Conti kürzlich über die Landbesitzer in zwölf Zonen des Contado veröffentlichte, zeigt zwei bedeutsame Tatsachen. Einmal waren im Jahr 1427 13,5 Prozent des Landes in diesen Zonen im Besitz kirchlicher Einrichtungen, die Anteile in den einzelnen Zonen schwanken dabei zwischen 2 und 45 Prozent. Zweitens nahm der Grundbesitz der Kirche in diesen Regionen im Lauf des Jahrhunderts auffällig zu, er erhöhte sich auf 23,2 Prozent des Landes im Jahr 1498, wobei die Anteile in den einzelnen Zonen von 7 bis 60 Prozent reichen. Diese Zahlen legen nahe, daß die Behauptung des Botschafters der Republik, der im Jahr 1452 in Rom vorbrachte, die Kirche besäße ein Drittel des Grundbesitzes im Florentiner Herrschaftsgebiet, keine wilde Übertreibung war.

Das Einkommen aus kirchlichem Grundbesitz wurde für viele durchaus legitime Zwecke ausgegeben: das Gehalt der Gemeindepriester, den Unterhalt der Klöster, Spitäler und Erziehungseinrichtungen, die päpstlichen Steuern. Ein Teil des Einkommens jedoch fand seinen Weg in weltliche Hände, woraus wenig oder gar kein Vorteil für die Kirche entstand. Jahrhundertelang erfreute sich die Familie Visdomini bestimmter lukrativer Rechte an den Einkünften des Bischofs; die Arrigucci besaßen ähnliche (aber geringere) Ansprüche an die bischöfliche «mensa» in Fiesole: eine jährliche Zuwendung von 120 Scheffeln Getreide. Viele Patrizierfamilien hatten ein Vorschlagsrecht bei Stellenbesetzungen in den Pfarrkirchen in der Stadt oder in den Taufkirchen («pievi») im Contado. Irgendwann im 13. Jahrhundert erwarben die Medici Patronatsrechte über die Kirche San Tommaso neben dem Alten Markt. Die Einkünfte, die der Familie aus diesen Pfründen zukamen, waren im allgemeinen nicht groß, obwohl sie die Gelegenheit boten, einem armen Verwandten oder Klienten ein bescheidenes Einkommen zu sichern. Nicht ökonomische Interessen, sondern Stolz veranlaßte die Familien, sich in lange und teure Auseinandersetzungen einzulassen, um ihre Patronatsrechte über eine Kirche zu verteidigen. Ohne Zweifel hatte es ähnliche Gründe, als Pandolfo Ricasoli, Mitglied der mächtigen Adelsfamilie, die in der Chianti-Region im Südosten von Florenz ihren Sitz hatte, einen Priester, Ser Giunta Casini, überfiel und ihm verkündete, «wir haben Euch dies angetan, weil Ihr eine Messe in der Kirche San Piero de Montegonzi abgehalten habt, als die Gemeinde Euch dazu aufforderte, und dies gegen den Willen von Albertaccio und Pandolfo [Ricasoli], und wenn Ihr es wagt, noch einmal eine Messe zu zelebrieren, dann werden wir Euch töten».

Um 1400 hatten diese traditionellen Patronatsrechte jedoch viel von ihrem Wert und ihrer Bedeutung für das Florentiner Patriziat verloren. Wichtiger waren die finanziellen Vorteile und eine Karriere in der kirchlichen Hierarchie, die Kleriker aus vornehmem Haus mit guten Verbindungen zur römischen Kurie offenstanden. 1342 notierte Giovanni Villani, nur sehr wenigen seiner Mitbürger sei es bisher gelungen, in das Kardinalskollegium aufgenommen zu werden, «denn die Florentiner bemühen sich nur wenig, ihre Söhne dazu zu bewegen, Geistliche zu werden». Nach dem Schwarzen Tod jedoch nahm die Zahl von Florentinern in religiösen Orden beträchtlich zu. War dieser Zustrom das Ergebnis der psychischen Auswirkungen der Pest, einer intensiveren Frömmigkeit, oder entsprang er eher dem Wunsch nach wirtschaftlicher und beruflicher Sicherheit? Vielen dieser Priester und Mönche muß die Kirche als verlockende Alternative erschienen sein, sie versprach mehr Beständigkeit und Ansehen als eine Karriere als Geschäftsmann mit ihren Risiken und Schicksalsschlägen.

Der Handel mit Pfründen in Florenz gehorchte keineswegs krasseren materialistischen Absichten als anderswo; die Ausbeutung kirchlicher Ämter durch ortsansässige Aristokraten gehörte seit dem 4. Jahrhundert in Europa zum Alltag. Aber in dieser Gesellschaft, die derart von merkantilen Werten durchdrungen war, nahm der wirtschaftliche Aspekt besondere Bedeutung an. Lanfredino Lanfredini erörterte in einem Brief an seinen Sohn im September 1406 diese Frage ungewöhnlich freimütig:

«Ich schreibe, um Dir mitzuteilen, daß ein enger Verwandter von Dir – der Augustinermönch Maestro Bernardo Angioleri – zum Bischof von Theben ernannt wurde, das in Rumänien nahe Negroponte liegt, mit einem jährlichen Einkommen von 2500 Dukaten. Wir sind seine einzigen Blutsverwandten, und er bat mich, ihm einen meiner Söhne zu schicken, den er wie seinen eigenen behandeln will, er wird ihm sein Vermögen hinterlassen und ihm gute Pfründen sichern. So schrieb ich ihm alles über Dich: Wo Du bist und was Du tust. Er erwiderte, daß er

Dich besonders gern aufnehmen würde, daß er Dich gernhaben und Dir seinen gesamten Besitz vermachen würde. Du solltest wissen, daß er ein alter Mann von achtzig Jahren ist, vornehm und beim Papst und [den Mitgliedern] der römischen Kurie sehr beliebt. Wenn ich Dir raten darf, dann würde ich Dich dringlich auffordern, ihn so bald wie möglich zu besuchen, um zu sehen, wie er Dich behandelt.»

Normalerweise gelangten Pfründen nicht so leicht in Florentiner Hände, dazu waren meist lange, energische Bemühungen erforderlich. Die Korrespondenz eines päpstlichen Sekretärs, Francesco Bruni, beschreibt die Bemühungen von Francesco del Bene im Jahr 1364, eine Kirche in der Stadt, Santa Maria sopra Porta, für seinen Sohn Bene zu erhalten, einen Studenten des Rechts an der Universität Bologna. Der Papst besaß das Verleihungsrecht bei dieser Kirche, und um das Amt bewarben sich außer Florentiner Anwärtern auch Kurienkardinäle, die einem ihrer Günstlinge diesen Posten verschaffen wollten. Belagert von einer Schar von Bittstellern, bemühte sich Papst Urban V., auszusieben, wer ihm nicht würdig oder geeignet erschien. Eine Kommission von Kardinälen, die ernannt wurde, um die Kandidaten zu überprüfen, untersuchte, ob die Kandidaten die erforderliche Ausbildung aufwiesen, was bei Bene del Bene nur zum Teil der Fall war, denn er war in Bologna noch nicht zum Doktor promoviert worden. Empfehlungsbriefe waren wichtig, und Bruni drängte Francesco del Bene, von verschiedener Seite Zeugnisse zu fordern: von päpstlichen Gesandten, den Rektoren der Universität Florenz, den Hauptleuten der Parte Guelfa und den Geschäftsführern der Handelsgesellschaft Alberti, die in den sechziger Jahren die führenden Bankiers des Papstes in Avignon waren. Im Wettbewerb mit fünf Kardinälen und mehreren Florentiner Kandidaten trug Bene del Bene schließlich den Sieg davon. Seinen Erfolg hatte er unter anderem auch seinem Wohnort zu verdanken, der ihm einen Vorteil verschaffte gegenüber den Angehörigen der Kurie, die zwangsläufig fern von Florenz weilten, sein größter Vorteil aber war ohne Zweifel der Einfluß von Francesco Bruni, dem es gelang, das Urteil des Papstes zugunsten seines Klienten zu beeinflussen.

Diese Balgerei um kirchliche Ämter hatte bedauerliche Konsequenzen, denn sie führte oft dazu, daß die Beziehungen zwischen Familien sich verschlechterten, besonders wenn sie rivalisierenden politischen Faktionen angehörten. Seit der Mitte des 14. Jahrhunderts befürwortete eine Gruppe von patrizischen Konservativen, die sich mit der Parte Guelfa identifizierten, enge Verbindungen mit dem Papsttum und die

Unterstützung der päpstlichen Politik in Italien. Ihre Gegner verdächtigten sie, daß sie damit das Ziel verfolgten, Pfründen für ihre Verwandten zu erhalten, wie Buonaccorso Pitti den Ricasoli, seinen Gegnern in der Auseinandersetzung über die Abtei Ruota, vorwarf. Zwei Jahre vor der Ruota-Affäre hatte Pitti bereits einen anderen Wettstreit um Pfründen verloren. Bei dem Versuch, vom Papst das Spital in Altopascio (in der Nähe von Lucca) für einen Neffen gewährt zu bekommen, traf er in Niccolò da Uzzano auf einen Gegner, der ein einflußreiches Mitglied der päpstlichen Faktion war. Obwohl Buonaccorso von Kardinal Baldassare Cossa (später Papst Johannes XXIII.) ermutigt worden war, sich um diese Pfründe zu bewerben, löste der Prälat später sein Versprechen nicht ein, die Kandidatur des Pitti zu unterstützen, da er Niccolò da Uzzano nicht kränken wollte. Die Vorfälle von Altopascio und Ruota veranlaßten Buonaccorso, seine Söhne zu ermahnen: «Nehmt Euch ein Beispiel an diesem Fall, wo wir zu leiden hatten, weil wir versuchten, mit den Mächtigen zu wetteifern, uns in Kämpfe um Kirchenpfründen gemischt haben und es mit Priestern zu tun bekamen. Laßt Euch auf keine Geschäfte mit ihnen ein, und Ihr werdet weise sein.»

Für die meisten Patrizierfamilien jedoch war die Kirche zu allgegenwärtig – und zu reich –, um übergangen werden zu können. Der Anteil kirchlicher Quellen am Vermögen bestimmter Florentiner Familien wurde zwar bisher nicht systematisch untersucht, vereinzelte Belege aber lassen darauf schließen, daß eine solche Untersuchung sehr wichtig sein könnte. Gregorio Dati gab zu, sein Bruder Leonardo habe ihn, solange er General des Dominikanerordens war, vor dem Bankrott bewahrt mit einer befristeten Anleihe, die niemals zurückgezahlt wurde. Das kürzlich veröffentlichte Rechnungsbuch der Familie Corsini zeigt, daß in der Zeit, in der Andrea und Neri Corsini das Amt des Bischofs in Fiesole innehatten (1348–1377), ihre Verwandten die Geschäftsführung des bischöflichen Kirchenguts übernahmen und es zu ihrem eigenen wirtschaftlichen Vorteil ausbeuteten.

Diese engen und häufigen Kontakte zwischen Laien und Klerikern brachten einen in Florenz weit verbreiteten Antiklerikalismus hervor. Für die Feindseligkeit, der die Geistlichen bei Laien begegneten, waren möglicherweise weniger die gelegentlich vorkommenden Schufte und schwarzen Schafe im Priestergewand der Grund, als die Tatsache, daß Priester und Mönche so allgegenwärtig, so auffällig waren. Einige Wurzeln des Florentiner (und des italienischen) Antiklerikalismus lassen sich unmittelbar zurückführen auf die ambivalente Stellung, die Priester in einer Gesellschaft einnahmen, die immer noch den primitiven Werten des Feudalzeitalters in Europa anhing, den Werten eines Kriegeradels. Der Priester wurde verachtet, weil seine Gelübde ihn daran hinderten, seine Rolle als Mann zu erfüllen. Wegen seiner besonders engen Beziehung zu Frauen aber befand er sich zugleich in einer strategisch günstigen Position, wenn er sein Keuschheitsgelübde brach, konnte er einen Mann gleich um zwei hochgeschätzte Besitztümer bringen: die Tugend seiner Frau und die Jungfräulichkeit seiner Töchter. Aber der Priester stellte auch in einem anderen Sinn für Laien eine Bedrohung dar. Als Mann Gottes war er in weltlichen Angelegenheiten neutral; sein Priestergewand war Sinnbild seiner Unschuld und Unbeteiligtheit. Wenn er die Pose der Neutralität jedoch aufgab, um sich einer Faktion oder einer Sache anzuschließen, war er besonders gefährlich, denn sein Handeln erregte normalerweise keinen Verdacht. Priester und Mönche wurden in Verschwörungen und bei Mordkomplotten oft als Agenten und Boten eingesetzt, ihre Komplizenschaft bei diesen Unternehmungen verstärkte die antiklerikalen Gefühle bei den Laien. Auch wenn es von außen so aussah, als seien sie schwach und könnten sich nicht verteidigen, waren die Männer Gottes doch mächtig, privilegiert und gefährlich.

Die Konfrontation von Kirche und Staat

Die Beziehungen zwischen Geistlichkeit und Laienschaft wurden also geprägt und definiert durch Tausende alltäglicher Kontakte zwischen den Mitgliedern beider Gemeinschaften. Aus diesen Kontakten erwuchsen auch die Anlässe für Auseinandersetzungen zwischen den Institutionen der Kirche und denen ihrer weltlichen Gegenspielerin, der Kommune. In der langen und komplexen Geschichte dieser Konfrontation in der Toskana waren die Traditionen und Regeln entstanden, die den Austausch zwischen beiden Welten bestimmten. Im Lauf der Jahrhunderte hatte die Kirche eine privilegierte Position erringen können und einen weitgehenden, wenn auch nicht vollständigen Schutz ihrer Mitglieder und ihres Besitzes vor der Kontrolle durch weltliche Herrschaft. Mit aller Kraft versuchte sie diese Privilegien zu erhalten und den Angriffen von außen und der langsamen Erosion ihrer Rechte durch einzelne Laien oder weltliche Körperschaften entgegenzuwirken.

Nach dem Schisma im Jahr 1378 lassen sich in der Beziehung zwischen Kirche und Staat bestimmte grundlegende Züge feststellen, von denen einige ausschließlich für Florenz gelten. Von besonderer Bedeutung war der grundsätzliche Vorteil der Kommune gegenüber einer Institution der Kirche, die nicht so monolithisch und hierarchisch strukturiert war, wie es oft in den Handbüchern steht, vielmehr ein ungeordnetes Konglomerat von abgeschlossenen Einzelinstitutionen darstellte, die häufig miteinander in erbittertem Streit lagen und über die Papst und Episkopat nur sehr unvollkommen und wenig wirkungsvoll Macht ausübten. Im 14. Jahrhundert hatte die Kommune die Politik verfolgt, kirchliche Privilegien einzuschränken und sich in Bereiche einzumischen, die bis dahin ausschließlich der Kirche vorbehalten waren. Diese Entwicklung erreichte einen Höhepunkt während des Krieges der Stadt mit Papst Gregor XI. (1375–1378). Der Florentiner Klerus wurde nicht nur stark mit Steuern belastet und finanzierte so den Krieg mit, es wurde auch kirchliches Eigentum konfisziert und an Laien verkauft. Außerdem versuchte die Kommune, Einfluß auf die Ernennung der Bischöfe von Florenz und Fiesole zu nehmen und übte ihre Oberaufsicht über den Klerus unnachgiebiger aus als sonst in ihrer Geschichte. Einige dieser weltlichen Einschränkungen und Belastungen der kirchlichen Gemeinschaft wurden nach dem Friedensschluß mit Rom 1378 wieder aufgehoben oder abgeschwächt, aber das Große Schisma schuf für die verletzliche und schwer geprüfte Florentiner Kirche zusätzliche Probleme. Während des Schismas waren die Bedingungen sicherlich reif für die Errichtung einer von päpstlicher Kontrolle weitgehend unabhängigen und vom Staat beherrschten Kirche, ähnlich wie dies in Mailand und Venedig geschehen war. Aber dazu kam es nicht. Ein wichtiges Hindernis war das Überleben einiger Bestandteile der guelfischen Ideologie. Seit das Guelfentum am Ende des 13. Jahrhunderts zur offiziellen Weltanschauung in Florenz geworden war, hatte die Republik ihr politisches Schicksal mit dem Papsttum verbunden und ihre Außenpolitik auf die Gemeinsamkeit der Interessen mit Rom gegründet. Mit einigen Vorbehalten hatte sie sogar das Prinzip der päpstlichen Aufsicht über die lokalen Kirchen akzeptiert. Diese Tradition hatte bestimmte Gewohnheiten und Einstellungen begünstigt, die

die Autorität Roms respektierten. Sie verschwanden niemals ganz, nicht einmal auf dem Höhepunkt des Krieges gegen Gregor XI., und machten sich nach 1378 wieder nachdrücklich geltend.

Wie stark diese Verpflichtung gegenüber dem Heiligen Stuhl in Rom war, zeigt sich mit aller Deutlichkeit nach dem Ausbruch des Großen Schismas. Sofort nach der Wahl des Gegenpapstes Klemens VII. durch eine Gruppe abtrünniger Kardinäle versicherte Florenz dem römischen Papst Urban VI. seine Unterstützung und ließ sich in seiner Treue niemals beirren bis zum Konzil von Pisa im Jahr 1409. Die Stadt hielt loyal zu Urban und seinen Nachfolgern, obwohl andere guelfische Staaten – Neapel, Ungarn, Frankreich – Klemens VII. in Avignon unterstützten. Allerdings wurde die Treue der Kommune zu Rom durch den jähzornigen Urban VI. (1378–1389) auf eine harte Probe gestellt. Sein Verhalten veranlaßte einmal einen aufgebrachten Florentiner, Maffeo di Ser Francesco, dazu, den Papst als «streitsüchtigen Feind unserer Kommune» zu bezeichnen und darauf zu drängen, daß alle kirchlichen Einkünfte, die dem Papst zustanden, beschlagnahmt werden sollten. Im inneren Kreis der herrschenden Gruppe gab es viele Gegner des römischen Papstes, nachdem Kardinal Piero Corsini im Jahr 1380 zu Avignon übergegangen war. Die Faktion der Albizzi-Corsini bemühte sich im Jahr 1387 um eine Annäherung an Avignon, als Papst Klemens VII. eine Gesandtschaft nach Florenz schickte, die die Kommune überreden sollte, mit Urban VI. zu brechen. Die Botschafter von Papst Klemens übermittelten sein Versprechen, die Republik als Statthalter über große Teile des Kirchenstaates einzusetzen. Aber keine dieser Verlockungen konnte die Bürger in ihrer Treue erschüttern; und die Politiker, die mit Avignon sympathisierten, zogen sich weise zurück und betrieben diese Politik, die so wenig öffentliche Unterstützung fand, nicht weiter.

Die Haltung der Republik während der Kirchenspaltung war symptomatisch für ihre Kirchenpolitik. Die Beziehungen zwischen Kommune und «ecclesia» waren gekennzeichnet von einem vorsichtigen, zögernden Suchen nach einem Modus vivendi, bei dem beide Parteien jeden tiefgreifenden Streit und jeden direkten Konflikt, der das Gleichgewicht stören könnte, zu vermeiden suchten. Obwohl letztlich der stärkere von beiden, der Staat, die Kirche mit überraschender Freundlichkeit, Sanftheit und Zurückhaltung behandelte und sich demonstrativ abgeneigt zeigte, seine Vorteile gegenüber einem geschwächten und verwundbaren Gegner wahrzunehmen. Die Kirche akzeptierte es ihrerseits bereitwillig, beschützt zu werden, sie ließ es nur selten über einem Problem zum Streit kommen oder drohte gar mit Kirchenstrafen, um ihre Interessen durchzusetzen.

Die größten Reibungen zwischen der Kommune und der römischen Kurie in jenen Jahrzehnten verursachte die Frage der Stellenbesetzung. Die Florentiner Regierung hatte sich nicht widersetzt, als der Vatikan im 14. Jahrhundert allenthalben anstelle der örtlichen Herren nun selbst kirchliche Ämter vergab. Dank der traditionell herzlichen Beziehungen zur Kurie hatten viele Florentiner Kleriker von diesem System der Stellenbesetzung profitiert. Aber die Kommune beklagte wie alle weltlichen Regierungen im Europa des späten Mittelalters den Mißbrauch, dem dieses System Vorschub leistete, besonders daß Amtsinhaber ihren Aufgaben fernblieben oder mehrere Pfründen auf einmal innehatten. Die Flut von Beschwerdebriefen, die die Signoria nach Rom schickte, spiegelt die Politik der Kommune in dieser Frage. Ihr Ziel war eine Kirche, die mit Bürgern aus Florenz oder seinem Herrschaftsgebiet besetzt würde, die nicht nur hinsichtlich ihrer Ausbildung und Berufung qualifiziert erschienen, sondern auch in ihrer politischen Einstellung loyal zu der Regierung standen. 1396 schrieb ein Rat der Kommune nach Rom über den Provinzial der Franziskaner in der Toskana, Fra Arrigo aus Massa, «der unserer Regierung politisch verdächtig ist und die Provinz in einer üblen und empörenden Weise regiert». In Briefen an den Papst wurde häufig beklagt, wie viele Pfründen Klerikern gewährt wurden, die sich nicht am Ort aufhielten, sich zwar der Einkünfte aus dem Amt erfreuten, aber die Seelsorge entweder vollkommen vernachlässigten oder ungeeignete Männer einsetzten, die dieser Aufgabe nachkommen sollten. Die Kommune unternahm nur einen Vorstoß, um diesen Mißbrauch abzustellen, als sie im Jahr 1406 ein Gesetz erließ, nach dem Einkünfte aus kirchlichen Pfründen der Kommune zugute kommen sollten, wenn der Amtsinhaber fünf Jahre lang abwesend war.

Die Auswahl der Florentiner Bischöfe war lange Vorrecht des Papstes gewesen, und die Kommune hatte bemerkenswert wenig Erfolg bei ihren Bemühungen, Einfluß zu nehmen auf die Ernennungen zu diesem wichtigen Amt. Der bekannteste Florentiner Kleriker im späten Trecento war der Augustinermönch und Gelehrte Luigi Marsili, der bei der Regierung in hohem Ansehen stand. Obwohl er von der Signoria Papst Urban VI. nachdrücklich empfohlen wurde, erhielt Marsili weder jemals das Florentiner Episkopat, das in den achtziger Jahren dreimal vakant war, noch eine andere hohe Stellung in der Kirchenhierarchie. Die ernsthafteste Auseinandersetzung über das Bistum entbrannte 1400, als Papst Bonifaz IX. den amtierenden Bischof Nofri Visdomini absetzte und die Signoria durch Gesandtschaften ihren Protest anmeldete, jedoch ohne Erfolg. Nicht immer waren die Stellenbesetzungen, bei denen der Papst die Empfehlungen der Kommune überging, unglücklich oder unklug. Im Jahr 1446 setzte sich Eugen IV. über die Kandidaten der Signoria hinweg und ernannte einen unbekannten Dominikanermönch, Antonino Pieruzzi, zum Erzbischof von Florenz, der dieses Amt so glanzvoll verwaltete, daß er im Jahr 1523 heiliggesprochen wurde.

Solange die Kommune ihren Anteil (und vielleicht auch mehr) an den Ämtern, die der Papst besetzte, für ihre Bürger und Schützlinge erhielt, stellte sie die Autorität Roms, nach seinem Belieben über örtliche Pfründen zu verfügen, nicht in Frage. Auf ähnliche Weise kamen sich die Kommune und die Kurie entgegen bei der schwierigen Frage der Besteuerung des Klerus. Die Kommune erhob in jenen Jahrzehnten regelmäßig Zwangsanleihen bei ihrem Klerus, normalerweise wurde ihr dafür vorab die päpstliche Erlaubnis erteilt. Um diese Praxis zu rechtfertigen, führten die Gesandten in Rom an, daß die Laienschaft stark besteuert würde, um Militärausgaben zu finanzieren, und daß Kleriker von den Geldern profitieren würden, die zur Verteidigung ausgegeben wurden. Die Päpste waren im allgemeinen geneigt, diese Argumente anzuerkennen, besonders seit sie selbst Steuern vom toskanischen Klerus erhoben und beim Einziehen dieser Abgaben auf die Hilfe der Kommune angewiesen waren. Bei der beiderseitigen Ausbeutung der toskanischen Kirche stellte keine Partei das Recht der anderen in Frage, den Klerus zu besteuern, aber gelegentlich protestierten sie gegen die Methoden und das Ausmaß, in dem er geschröpft wurde. 1432 zum Beispiel verhängte der indignierte Eugen IV. den Kirchenbann über die Stadt, als die Republik nicht seine Einwilligung eingeholt hatte, der Kirche eine Zwangsanleihe in Höhe von 100000 Florin aufzubürden, die sie in einem Zeitraum von vier Jahren aufzubringen hatte. Die Strafe wurde aufgehoben und die Erlaubnis gewährt, nachdem eine Gesandtschaft der Kommune nach Rom geeilt war, um die bedrängte Lage der Regierung zu erklären. Gelegentlich äußerten die Päpste Besorgnis um das Wohlergehen des toskanischen Klerus und erleichterten die Steuerlast. Die Republik unternahm ihrerseits unsystematische Versuche, die päpstliche Besteuerung der Florentiner Kirche einzuschränken, aber ihre Proteste waren halbherzig und blieben meist ohne Wirkung.

So wie die Beziehungen zwischen Florenz und dem Papsttum hier skizziert wurden, liegt der Nachdruck auf der Überlegenheit der Republik und der relativen Machtlosigkeit Roms. Dieses Verhältnis veränderte sich im 15. Jahrhundert, als der Vatikan sich von den Auswirkungen des Schismas erholte und seine weltliche und geistliche Autorität wiederherstellte. Angefangen mit dem Pontifikat Nikolaus' V. (1447–1455) setzten die Päpste in Rom den Florentiner Bitten um Besteuerung des Klerus hartnäckigen Widerstand entgegen (wenngleich sie stets ein gewisses Maß an Belastungen befürworteten) und verteidigten mit mehr Einsatz die Rechte und die juristische Zuständigkeit der Kirche. Am Ende des Jahrhunderts hatte sich das Gleichgewicht endgültig zugunsten Roms verschoben; Florenz sah sich bei seinen Verhandlungen mit der Kurie in der Defensive. Der wichtigste Beleg für diese Entwicklung ist die wachsende Zahl von Gerichtsprozessen, die von weltlichen Gerichten in Florenz an päpstliche Gerichte übertragen wurden, an die Rota und das Kameralgericht. Vor 1450 wurde selten in Rom Berufung eingelegt, wenn die Gerichtshöfe der Republik eine Entscheidung gefällt hatten; die Kommune setzte dieser Praxis, die eine Herausforderung ihrer Souveränität darstellte, heftigen Widerstand entgegen. Aber die Zahl dieser Revisionsanträge (in denen sich viele darauf beriefen, daß ihnen nicht Gerechtigkeit widerfahren sei) nahm so rapide zu, daß um 1500 die Florentiner Botschafter viel Zeit und Mühe auf diese Fälle verwenden mußten.

Zwangsläufig widmete die Republik den heiklen diplomatischen Fragen in ihren Beziehungen zur römischen Kurie mehr Aufmerksamkeit als dem Florentiner Klerus. Die Kirche in Florenz war eine privilegierte Körperschaft, ihr besonderer Status und ihre Immunität wurden sanktioniert durch Brauch und Gesetz. Aber nicht selten hatte die Kommune die kirchlichen Privilegien verletzt, ohne Bedenken und ohne sich allzuviel Gedanken über die Konsequenzen zu machen. Die Waffen im Arsenal der örtlichen Kirche waren weder sehr bedrohlich noch sehr zwingend, besonders da der Bischof keine vollständige und wirksame Kontrolle über seine Diözese besaß. Der Klerus konnte zwar Rom um Schutz bitten, aber bittere Erfahrungen hatten die Geistlichen gelehrt, daß die Kurie ihre Rechte nicht standhaft verteidigte. Die Androhung eines Banns durch den Bischof rief im Palazzo della Signoria keine große Besorgnis hervor. Der Florentiner Klerus, der von den

Wertvorstellungen und Traditionen der politischen Gemeinschaft durchdrungen und durch Blutsbande mit der herrschenden Klasse verbunden war, nahm ein beträchtliches Maß weltlicher Einmischung in seine Angelegenheiten ohne ernsthaftere Klagen hin.

Bei gelegentlichen Auseinandersetzungen zwischen Klerus und Kommune über Rechte und gerichtliche Zuständigkeit obsiegte meist die Kommune, wenn auch deshalb, weil sie stärkere Druckmittel besaß. Als im Jahr 1431 Jacopo degli Agli veranlaßte, daß Andrea und Tommaso Lamberteschi, seine Gegner in einem Wucherprozeß, der damals am Gerichtshof des Erzbischofs verhandelt wurde, durch weltliche Behörden gefangengesetzt wurden, erhielt er vom Generalvikar eine Geldstrafe, weil er gegen die Zuständigkeit des Gerichts verstoßen hatte. Aber diese Strafe ließ sich nicht durchsetzen, denn die Kommune hatte die Lamberteschi verhaftet und die Überführung dieses Streitfalls an einen weltlichen Gerichtshof angeordnet. In einem anderen Wuchererprozeß, der vor dem Gericht des Erzbischofs von Pisa, des Florentiners Giuliano de' Ricci, verhandelt wurde, erlegte die Signoria dem Bruder des Prälaten, Ugucciozzo, eine Geldstrafe von 1000 Florin auf, wenn es ihm nicht innerhalb eines Monats irgendwie gelänge, den Fall niederzuschlagen.

Die Kommune reagierte bei jedem Anzeichen kirchlicher Einmischung in politische Angelegenheiten mit großer Schärfe. Im Oktober 1382 strengte der Generalvikar des Bischofs einen Prozeß gegen den Herzog von Anjou an, damals der von der Regierung favorisierte Kandidat für den neapolitanischen Thron. In einer hitzigen Debatte über dieses Vorgehen forderten einige Sprecher, der Generalvikar solle aus Florenz ausgewiesen werden, andere waren dafür, ihn gefangenzunehmen und den Prozeß sofort einzustellen. Fünf Jahre später, im April 1387, wurden einige Mönche, die in ihren Predigten die Politik Papst Urbans VI. kritisiert hatten, scharf verwarnt, «sich nicht in öffentliche Angelegenheiten einzumischen». Als zwei Kleriker in der Diözese Pistoia ihre Mißbilligung über die diplomatischen Beziehungen der Republik zum Konzil von Konstanz äußerten, wurden sie für ein Jahr ins Exil geschickt. Ein Beamter der päpstlichen Kurie, Messer Francesco Bartolini, wurde 1399 zum Tode verurteilt, weil er angeblich umstürzlerische Schriften in Florentiner Kirchen ausgelegt hatte, aber das Todesurteil wurde aufgehoben, als er schwor, er sei unschuldig und die Vorwürfe seien unberechtigt. Ein Priester oder Mönch, der so unvorsichtig war, sich an Verschwörungen gegen den Staat zu beteiligen, konnte nicht hoffen, daß sein geistliches Gewand und seine Tonsur ihn vor Strafe schützen. 1375 war ein Mönch aus Prato verstrickt in ein Komplott gegen die Kommune und wurde von den weltlichen Behörden gehenkt. Ein Kanoniker aus Arezzo namens Matteo di Angelo wurde 1395 gefoltert, um ihm das Geständnis zu entreißen, er sei Komplize einer Verschwörung, und danach zum Tode verurteilt. In einem Brief an den Bischof von Arezzo, in dem diese Affäre geschildert wird, erbat sich die Signoria dessen Zustimmung zu diesem Todesurteil.

Aber diese Vorfälle können leicht den Blick für die Wirklichkeit verstellen, denn sie waren allenfalls Ausdruck extrem angespannter Beziehungen zwischen Kirche und Staat. Eine ausgewogenere Darstellung würde die Krisen und Brüche (und die daraus folgende Neuordnung) dieser Beziehung berücksichtigen, sie schlösse jedoch auch die alltäglichen Erfahrungen und Konfrontationen ein. Sie wäre weniger dramatisch, dafür aber gelassener; sie würde zeigen, daß diese beiden Gemeinschaften in relativer Harmonie zusammenarbeiteten und ihre unterschiedlichen und oft widerstreitenden Interessen in Einklang zu bringen suchten. Eine solche Sichtweise demonstrierte das Tagebuch eines Florentiner Patriziers, Paolo Sassetti, als er die Wahl eines Priesters in seiner Gemeinde, San Piero Buonconsiglio, beschreibt.

Der amtierende Priester, Ser Antonio, war am 3. Juni 1388 gestorben. Sassetti berichtet, er habe ein ausschweifendes und skandalöses Leben geführt. Vielleicht um sicherzugehen, daß sein Nachfolger besser für dieses Amt geeignet wäre, versammelten sich 26 Gemeindemitglieder in der Kirche und wählten Messer Niccolò von Urbino, der damals Generalvikar der Diözese war, zu ihrem Seelsorger. Die Wahl eines Priesters war im Italien des 14. Jahrhunderts recht selten, und diese Abstimmung war überdies bemerkenswert wegen ihres volksnahen Charakters. Außer Vertretern der angesehenen Familien der Gemeinde (Sassetti, Malegonelli, Anselmi, Pigli) waren auch zwei Schmiede, ein Bäcker, zwei Eisenwarenhändler und ein Leinenweber anwesend und gaben ihre Stimme ab. Die Gemeindemitglieder hatten Vorsichtsmaßnahmen getroffen und die Erlaubnis des Bischofs für die Wahl eingeholt, und ohne zu zögern bescheinigte der Bischof die Gültigkeit der Ernennung von Messer Niccolò. Zum Unglück der Gemeinde starb der Amtsinhaber jedoch zwei Jahre später in Rom, und San Piero Buonconsiglio war wieder ohne Priester.

Als die Nachricht von Messer Niccolòs Tod Florenz im Juni 1390 erreichte, versammelten sich die Gemeindemitglieder erneut zu einer

Wahl. Ihre Entscheidung fiel auf Ser Zanobi Francesci, einen Kaplan am Dom von Florenz, den Bruder des Barbiers Nuto, der ein Geschäft an der Piazza della Signoria betrieb. Die Gemeindemitglieder ernannten Bevollmächtigte, die den designierten Priester von seiner Wahl unterrichteten und außerdem um die bischöfliche Bestätigung bitten sollten. Aber die Ernennung geriet durch juristische Probleme in Verzug. Zwei vom Bischof ernannte Rechtsanwälte stellten fest, daß diese Wahl nur dann gültig gewesen wäre, wenn sie einen Monat nach Messer Niccolòs Tod stattgefunden hätte. Um dieser Entscheidung Genüge zu tun, versammelten sich die Gemeindemitglieder ein weiteres Mal, um Ser Zanobi zu wählen. Aber am 3. Juli erhielt der Bischof einen Brief von Kardinal Bartolomeo Uliari, der ihm untersagte, die Wahl irgendeines Priesters durch die Gemeindemitglieder zu bestätigen. Uliari hatte seinen eigenen Kandidaten für diese Pfründe, einen Mönch, den er nach Florenz schickte, um die Kirche zu übernehmen. Die Gemeindemitglieder weigerten sich jedoch, diese Verletzung ihres Wahlrechts hinzunehmen und wandten sich mit der Bitte um Unterstützung an die Signoria.

Die Bitte warf ein delikates juristisches Problem auf. Es ging dabei um das traditionelle Wahlprivileg dieser städtischen Pfarrgemeinde, um die Autorität des Bischofs, um die rechtliche Grundlage für die Bemühungen des Kardinals, die Pfründe in seine Hand zu bekommen, und schließlich um die rechtliche und politische Position der Kommune in dieser verwickelten Auseinandersetzung. Die Gemeindemitglieder waren sich der Macht und des Einflusses ihrer Gegner bewußt, aber sie verteidigten hartnäckig ihre Rechte. Sie stellten Rechtsanwälte an und leiteten rechtliche Schritte am bischöflichen Gerichtshof ein, außerdem bei der Signoria, um sich gegen die anmaßende Inbesitznahme ihrer Kirche durch den Kardinal zu wehren. Sassetti schrieb, er und seine Nachbarn hätten scharfe Protestbriefe an den Kardinal gerichtet, sie beklagten sich außerdem bei den mit dem Prälaten befreundeten Klerikern in Florenz. Die Stärke und Einigkeit der Gemeinde in dieser Frage machte zweifellos Eindruck auf die kirchlichen und weltlichen Behörden. Die Signoria war zwar nicht bereit, direkt in diese juristischen Verwicklungen einzugreifen, schloß aber den Kandidaten des Kardinals von der Pfründe aus, und ein Beamter der Kommune übernahm die Kirche, bis der Streit beigelegt sein würde. Die ausweglose Situation wurde schließlich von Uliari selbst gelöst; er merkte, welche Feindseligkeit sein Eingreifen hervorgerufen hatte. «Nachdem wir etwa 50 Florin oder mehr ausgegeben hatten», schrieb Sassetti, «gab [der Kardinal] Anweisung an Messer Bartolomeo [dell' Antella] und Giovanni [di Salvino] des Inhalts, daß unsere Wahl in Kraft treten und Ser Zanobi die Pfründe in Besitz nehmen sollte zu Ehren Gottes und des heiligen Petrus.»

Die Welt des Klosters

Eine beständige Sorge der Kirche in Florenz galt der Bewahrung ihrer Identität in einer Gesellschaft, deren weltliche Interessen den erklärten Zielen und Absichten der Kirche äußerst fern lagen. Die italienische Kirche verzeichnete im Lauf ihrer Geschichte nur bescheidene Erfolge bei ihren Bemühungen, sich aus weltlichen Verstrickungen zu lösen. Nach Jahrhunderten, in denen sie versucht hatte, der unruhigen bäuerlichen Gesellschaft des mittelalterlichen Italien ihre Wertmaßstäbe aufzuzwingen, war sie nun konfrontiert mit den ganz anderen Bedürfnissen und Sorgen der städtischen Gemeinden. Die Priester in den ländlichen «pievi» und die Kanoniker und Verwalter der Zentren der Diözese waren besonders anfällig für die säkularisierenden Strömungen ihres Zeitalters. Ihr Lebensunterhalt hing oft ab von dem Wohlwollen weltlicher Herren, ihr Alltag unterschied sich nur wenig von dem der Laien. Diese Kleriker, denen ein starkes Gefühl der Berufung fehlte, übernahmen einfach die Werte der weltlichen Gesellschaft. In den Akten der *Conventi Soppressi* im Staatsarchiv in Florenz liegt das Rechnungsbuch eines Gemeindepriesters, Giuliano Benini, der im 15. Jahrhundert Pfarrer der Vorstadtkirche San Jacopo di Campo Corbellino war. Benini war ein kirchlicher Kapitalist, seine Amtsauffassung war von den Ansichten eines Kaufmanns über seine Geschäftsinvestitionen nicht zu unterscheiden. Er stellte Kaplane an, die die seelsorgerischen Aufgaben der Pfründe erfüllten, zahlte ihnen niedrige Gehälter (8 bis 12 Florin im Jahr) und entließ sie ohne den geringsten Anlaß. Nur ein kleiner Teil der kirchlichen Einkünfte wurde für den Bau und den Unterhalt der Kirche verwandt, der Rest füllte Beninis Taschen.

Die klösterlichen Gemeinschaften waren weniger anfällig für weltliche Einflüsse und Verlockungen. Im 13. Jahrhundert hatten die Klosterbrüder einige der Schranken niedergelegt, die traditionellerweise die Klostergemeinschaft von den Laien trennten. Sie gingen auf den Straßen betteln, sie predigten den Menschen in den Kirchen und auf den Plätzen. Aber obwohl sie mit der städtischen Gesellschaft in engere Berührung kamen als die Insassen älterer Ordensniederlassungen, waren ihre Kontakte mit der Außenwelt durch ihre Gelübde und ihre Regeln begrenzt. Innerhalb der Klostermauern gingen sie gemeinschaftlich dem Gebet, dem Studium und der Arbeit nach. Als klar geordnete und der Klosterzucht unterworfene Gemeinschaften konnten sie den Verlockungen der Welt besser widerstehen, außerdem konnten sie stärkeren Einfluß auf diese Welt nehmen als die vereinzelten und angreifbaren Priester und – außer in seltenen Ausnahmen – sogar als der Bischof.

Ein wichtiger Dienst der Klöster an der Gesellschaft war, daß sie stark religiösen Menschen einen Zufluchtsort boten: Hier konnten die Mitglieder einer kleinen, frommen Minderheit in einer geregelten, disziplinierten Umwelt ihren religiösen Bedürfnissen nachgehen. Eine weitere Funktion war die Fürbitte. Viele Florentiner vermachten ihre Vermögen den Klöstern, damit ihre Seelen von den regelmäßigen Gebeten für die Toten profitierten. Die Grabgewölbe, die heute die Klöster Santa Maria Novella und Santissima Annunziata umgeben, sind stummes Zeugnis der engen Bindungen zwischen diesen Einrichtungen und der Florentiner Gesellschaft.

Als die Dominikaner, Franziskaner und Karmeliter sich im 13. Jahrhundert in der Stadt niederließen, wurde die Rolle der Klöster um neue und wichtige Dimensionen bereichert. Die Orden förderten die Wellen religiöser Schwärmerei, die sich in einer dynamischen städtischen Gesellschaft rasch ausbreiteten, deren Mitglieder erst vor kurzem von den Bauernhöfen und aus den Dörfern der ländlichen Toskana in die Stadt gezogen waren, und es gelang ihnen teilweise sogar, diese Wellen unter Kontrolle zu halten. Franziskaner- und Dominikanermönche boten den Massen der Zuwanderer mit ihren jeweils besonderen Methoden und Botschaften jene seelsorgerische Unterstützung, die sie von den Weltgeistlichen nur in bescheidenem Maß erhielten. Als sichtbare Verkörperungen von Armut, Nächstenliebe und Demut waren die Klosterbrüder außerdem die wirksamsten Propagandisten der christlichen Tugenden. Diese Funktion erfüllten sie sogar noch, als sie die großen und teuren Kirchen Santa Croce und Santa Maria Novella gebaut hatten, die die Überzeugungskraft ihrer Hingabe an die Armut dämpften.

Einen nicht geringen Beitrag leisteten die Bettelmönche durch ihre Unterrichtstätigkeit. In Santa Croce, Santa Maria Novella und Santo Spirito (dem Sitz der Augustinerermiten) boten die «studia generale» nicht nur Mitgliedern der jeweiligen Orden, sondern auch Laien eine höhere Bildung. Was Dante intellektuell dem Studium bei den Dominikanern in Santa Maria Novella verdankte, ist wohlbekannt. Das lebhafteste kulturelle Zentrum am Ende des Trecento war das Augustinerkloster Santo Spirito, wo Luigi Marsili einem informellen Kolloquium von Gelehrten vorstand, die sich für philosophische Fragen interessierten. In den dreißiger Jahren des 15. Jahrhunderts förderte Ambrogio Traversari, Abt von Santa Maria degli Angeli, Studien der griechischen Klassiker in seinem Kamaldulenserkloster.

Nicht alle Teile der klösterlichen Gemeinschaft taten das Ihre für das geistliche und intellektuelle Wohl der Gesellschaft; einige Orden und Stiftungen gerieten im 14. und 15. Jahrhundert in große Schwierigkeiten. In manchen waren Eifer und Enthusiasmus ihrer Gründer verlorengegangen; anstatt phantasievoll und kreativ auf neue Bedingungen und Verantwortungen einzugehen, vertraten sie einen sterilen und reaktionären Konservativismus. Andere Probleme im Kloster lagen jenseits menschlicher Möglichkeiten. Die Epidemien, die nach 1340 in regelmäßigen Intervallen die Toskana heimsuchten, forderten in den Klöstern einen besonders hohen Tribut an Menschenleben. Die Statistik, die sich aus dem Sterberegister in Santa Maria Novella aufstellen läßt, ergibt ein grausiges Bild: 17 Tote im Jahr 1340, 80 im Jahr 1348, 21 im Jahr 1363, 12 im Jahr 1383, 21 im Jahr 1400 und acht im Jahr 1417. Die Zahl der Mönche war von über 100 im Jahr 1348 auf 44 im Jahr 1419 zurückgegangen. Aber die Verluste in Santa Maria Novella wurden noch übertroffen von denen anderer Klöster, zum Beispiel des Dominikanerinnenkonvents San Jacopo de Ripoli, wo 1348 von einer Gemeinschaft von 100 Nonnen nur die Äbtissin und zwei Tertiarierinnen überlebten.

Dieser Verlust an Menschen in den Florentiner Klöstern verlief parallel zur Abnahme – oder genauer gesagt der ungleichen Verteilung – materiellen Wohlstandes. Viele Florentiner zogen es vor, lieber selbst ein winziges Hospital oder ein Nonnenklösterchen zu gründen, als ihr Vermögen einer größeren Einrichtung zu hinterlassen. Die Via San Gallo, eine Hauptverkehrsstraße, die nach Norden in Richtung Bologna führte, säumten die bescheidenen Häuser dieser Stiftungen, von denen viele ebenso kurzlebig und finanziell ungesichert waren wie die zweifelhaften Geschäfte an den Hauptverkehrsstraßen, die in eine moderne Metropole führen. Diese kleinen Klöster, deren Insassen die Pest dezimiert hatte und deren Einkünfte durch neue Legate nicht wieder aufgefüllt wurden, verschwanden oft nach kurzer Zeit wieder. Eine päpstliche Bulle von 1455 beschrieb eine dieser Einrichtungen, Santa Maria in Verzaria im Borgo San Frediano: Sie wurde von zwei alten Nonnen bewohnt, die von den unbedeutenden Einkünften des Konvents nicht leben konnten. Wie ernst die Krise der Klöster war, wird deutlich in dem Visitationsbericht (1463–1464) von Francesco Altoviti, dem General des Vallombrosaner-Ordens. Die bedeutendsten Vallombrosaner-Klöster in und um Florenz waren relativ groß: San Salvi zählte insgesamt 35 Bewohner (Professen, Novizen und «conversi»), in Santa Trinità waren es elf Mönche und in San Pancrazio neun. Aber in den ländlichen Bezirken im Umland der Stadt war die Situation kritisch: In den Mauern von San Bartolomeo de Ripoli hausten nur vier Mönche, in denen von San Mauro de Grignano drei, in denen von San Mauro de Tagliafumi nur zwei. Einige Abteien im Contado wurden nur von einem einzigen frommen Mann bewohnt, und in keiner der toskanischen Niederlassungen außerhalb von Florenz lebten mehr als zehn in den Orden aufgenommene Mönche. So sah die personelle Situation eines der bekanntesten Mönchsorden in Mittelitalien aus.

In diesen kleinen und finanziell schlecht ausgestatteten Einrichtungen kam es mit großer Wahrscheinlichkeit zu Verstößen gegen die Regeln und zur Lockerung der Klosterzucht. Sie waren Schauplatz jener spektakulären Fälle von Unmoral, die immer schon eine morbide Faszination auf weltliche Gemüter ausgeübt haben. In Konventen mit so wenigen Insassen konnte ein vom Wege abgeirrter Ordensgeistlicher relativ schamlos gegen seine Gelübde verstoßen, vor allem wenn er – oder sie – eine Machtposition innehatte. Besonders gegen Nonnenklöster wurden immer wieder Vorwürfe wegen sexueller Vergehen erhoben, jener Sünde, die von den weltlichen Kritikern am stärksten beklagt wurde und für die die Beweise am sichtbarsten waren. Das Augustinerinnenkloster Santa Caterina de Caffagiolo war im Jahr 1452 Gegenstand eines Briefes von Papst Nikolaus V. an Erzbischof Antoninus: Zwei der Nonnen hatten in den vorhergehenden Jahren Kinder zur Welt gebracht, das war ein hinreichender Grund, um es einer Reform zu unterziehen. In den dreißiger Jahren des 15. Jahrhunderts erregte ein gespenstischer Skandal, in den einige Franziskaner und Klarissen aus dem Kloster Monticelli verwickelt waren, die Aufmerksamkeit

Papst Eugens IV. Er ordnete an, die Insassen in andere Häuser zu verlegen. Für manche der temperamentvollen Florentiner Jugendlichen waren die Klostermauern eine zu verlockende Herausforderung, der sie nicht widerstehen konnten, wie ausschweifende Details in den Strafgerichtsakten belegen. Im Jahr 1421 ereignete sich eine nächtliche Eskapade, bei der drei junge Patrizier mit Leitern über die Mauern des Konvents San Silvestro stiegen. Zwei Stunden lang suchten sie in allen Räumen und unter den Betten nach einer jungen Nonne namens Dorotea, wobei sie die Frauen in Angst und Schrecken versetzten und der Äbtissin mit dem Tode drohten, wenn sie den Aufenthalt des Mädchens nicht preisgäbe. Ihre Durchsuchung hatte jedoch keinen Erfolg, sie entkamen schließlich durch die Klosterpforte und flohen aus der Stadt, um einer Strafe von 1600 Lire zu entgehen.

Derartige Vorfälle veranlaßten die Regierung im Juni 1421, eine Kommission aus neun verheirateten und über fünfzig Jahre alten Männern zu bilden, die die Vollmacht erhielten, die Nonnenklöster zu inspizieren und sicherzustellen, daß sie ordentlich geführt wurden. Dieses Gremium wurde beauftragt, Klosterschwestern auf den rechten Weg zurückzubringen und zu bestrafen, darüber hinaus jeden Außenstehenden, der für schuldig befunden wurde, die Nonnen belästigt zu haben. Aber Eugen IV. hielt die Einrichtung dieser Kommission für eine Verletzung kirchlicher Privilegien und befahl 1436, daß sie aufgelöst wurde. Allerdings gab er später seinen Widerstand auf, und sie wurde zu einer festen Einrichtung im Verwaltungsapparat der Republik. Die wenigen Akten, die erhalten geblieben sind, beziehen sich auf Laien, die angeklagt wurden, in Klöster eingebrochen zu sein; es gibt keinen Hinweis darauf, daß die Kommission sich direkt in die inneren Angelegenheiten dieser Klöster eingemischt hätte. Die Reaktion Eugens IV. auf das Problem der Klosterzucht war konstruktiver, denn er griff eine der hauptsächlichsten Wurzeln dieses Übelstandes an. Er schloß mehrere kleine Nonnenklöster, vor allem diejenigen, die in schlechtem Ruf standen, und verteilte ihre Bewohnerinnen und ihr Vermögen auf andere Einrichtungen. Das trug sicherlich entscheidend zur Verbesserung der wirtschaftlichen Situation der überlebenden Klöster bei, allerdings, so ließ die Signoria im Jahr 1436 die Kurie wissen, führte es auch zu Streitereien zwischen den Nonnen, deren eingefahrener Alltagstrott gestört wurde.

Viele Nonnen fühlten sich dem religiösen Leben nicht sehr stark verpflichtet. Sie waren Opfer eines Gesellschaftssystems, das den Konvent zur Versorgung mitgiftloser Töchter benutzte. Im gesamten 15. Jahrhundert stiegen die Kosten einer Mitgift in Florenz kontinuierlich an, die Einkommen und Preise hingegen blieben relativ stabil. Väter mit mehreren heiratsfähigen Töchtern hatten oft keine andere Wahl, als ein oder zwei Mädchen ins Kloster zu stecken, was eine Ausgabe von 100 Florin bedeutete; eine standesgemäße Ehe für sie abzuschließen hätte dagegen Kosten in Höhe von 1000 Florin verursacht. Dieses Problem veranschaulicht die Steuererklärung von Ser Lodovico della Casa im Jahr 1433. Der Notar teilte den Steuerbehörden mit, er habe «eine Tochter, Piera, in einem Konvent in Faenza», «und das Kloster fordert, daß sie ihr Gelübde ablegt; er wäre dieser Aufforderung schon seit einiger Zeit nachgekommen, wenn nicht seine Steuern wären, aber nun kann er es nicht mehr hinauszögern, und es wird 50 Florin kosten».

Für die Nonnen aus aristokratischen Familien, die gezwungenermaßen ins Kloster gingen, lag vielleicht ein gewisser Trost darin, daß sie mit gesellschaftlich Gleichgestellten zusammenlebten. Eines der exklusivsten Klöster in Florenz war der Nonnenkonvent der Vallombrosaner, Santa Verdiana. Im Jahr 1464 war die Äbtissin eine Medici, und ihre Mitschwestern kamen alle aus angesehenen Familien: Cavalcanti, Gherardi, Cerchi, Guasconi, Altoviti, Rondinelli. Auch die Klöster Santa Felicità in der Nähe des Arno und Santa Appolinaria in der Via San Gallo dienten der Versorgung einer exklusiven Gesellschaftskaste. Ein Tagebucheintrag (1490) dieser Stiftung berichtete, daß Ippolita Baroncelli trotz ihrer kleinen Mitgift von nur 54 Florin als Novizin angenommen wurde, um Lorenzo de' Medici einen Gefallen zu tun.

Angesichts der sehr spärlichen und lückenhaften Quellenlage und der fehlenden systematischen Forschung über diesen Gegenstand wäre es gefährlich, allgemeine Aussagen über den Zustand des Florentiner Klosterwesens im 15. Jahrhundert zu machen. Jedes Kloster wies Besonderheiten auf: seine wirtschaftlichen Mittel, seine Traditionen, seine Verbindungen zu bestimmten Familien. Jedes Haus besaß seine eigene Geschichte, erlebte seine Zeiten des Niedergangs und seine Augenblicke der Erneuerung, vielleicht durch die Schenkung eines großen Vermögens, eine administrative Neuordnung, oder den Amtsantritt eines energischen und begabten Abtes. Die folgenden Abschnitte sollen die Bedingungen in einigen Florentiner Klöstern schildern; sie sind vielleicht nicht typisch, werfen aber einiges Licht auf die Welt hinter den Klostermauern.

Zu den erhaltenen klösterlichen Rechnungsbüchern in den *Conventi*

Soppressi gehört ein Verzeichnis des Vallombrosaner-Klosters Santa Trinità, dessen gotische, mit Fresken von Ghirlandaio geschmückte Kirche noch heute in der Via Tornabuoni steht. Santa Trinità war von seiner Größe und seinem Rang her in der Mitte der Hierarchie der städtischen Klöster angesiedelt. Dieses Rechnungsbuch wurde von einem Mönch geführt, Lorenzo Martini, der «alles Geld, das ich für die Versorgung des Klosters mit Lebensmitteln ausgab und außerdem für andere notwendige Dinge» auflistete. Bei diesem Hauptbuch fällt besonders auf, wie peinlich genau jeder ausgegebene Pfennig verzeichnet wurde: Die 4 d. (Denari) für Salat und 3 s. (Soldi) 6 d. für ein Dutzend Eier, ausgegeben für das Abendessen am 25. September 1360, oder drei Tage später die 5 s. für Pilze, «die der Herr Abt vor den Mauern der Stadt kaufte, als er nach Ema ging». Eine derart sorgfältige Aufmerksamkeit für finanzielle Dinge war nicht ungewöhnlich, die Klöster hatten längst erkannt, wie wichtig eine genaue Buchführung über Einkommen und Ausgaben war. Aber nicht alle Klöster verfuhren so sorgsam und genau wie Santa Trinità. Wahrscheinlich war die Mehrzahl mit ihren Abrechnungen ebenso schlampig wie das Kloster, dessen Sprecher 1427 eingestand, er könne die Lage der Besitzungen des Klosters nicht genau angeben, «denn es wäre zu mühsam, deren Grenzen zu beschreiben, und sie lassen sich ohnehin nicht festlegen, und es ist einfach der Mühe nicht wert».

Vielleicht besteht eine unmittelbare Verbindung zwischen der sorgfältigen Buchführung in Santa Trinità über noch die kleinsten Ausgaben für den Haushalt und dem generellen Eindruck von Wohlstand, den dieses Rechnungsbuch vermittelt. Der Konvent war Vallombrosanermönchen, die zu Besuch kamen, aber auch anderen Geistlichen gegenüber von freigebiger Gastfreundschaft. Am 8. Juli 1360 schrieb Dom Lorenzo: «Heute unterhielt der Herr Abt beim Abendessen die Äbte von Rezzuolo, Alfiano und Spugna [alles Vallombrosaner-Klöster in der Toskana], sowie Ser Gherardello und einen anderen Priester, der in Begleitung des Abtes von Alfiano war, außerdem war Dom Francesco da, der Forcole verlassen hat.» Ein bedeutsamerer Hinweis auf den Wohlstand war der Bau eines neuen Dormitoriums in diesen Jahren, dessen Baumeister Neri di Fioravante war. Der Konvent war reich genug, um in diesen drei Jahren außerdem zwei Reisen seines Abtes nach Rom und Avignon bezahlen zu können.

Der Orden der Vallombrosaner legte viel Wert auf ein karges und kontemplatives Leben; ein absolutes Schweigegebot und strenge Abge-

Santa Trinità

schlossenheit waren die wichtigsten Regeln. Aber die Hinweise in Dom Lorenzos Rechnungsbuch lassen darauf schließen, daß die Mauern von Santa Trinità jene frommen Männer, die durch Abgeschiedenheit und Schweigen nach spiritueller Vervollkommnung strebten, nicht restlos von der Außenwelt trennten. Die Einblicke in das Klosterleben, die dieses Dokument bietet, lassen weder auf Asketismus noch auf Rückzug schließen; Santa Trinità hatte gelernt, in einigem Komfort und in einiger Vertrautheit mit seinen Nachbarn zu leben. Laien waren häufige Besucher am Tisch des Abtes: die Rechtsanwälte Andrea Peruzzi, Piero Corsini und Lapo da Castiglionchio, der Arzt Maestro Biagio, der Architekt Neri di Fioravante. Im Juni 1360 logierte der Graf von Poppi in Santa Trinità, ein bekannter Lehnsherr aus dem Casentino im Osten von Florenz und ein Wohltäter des Ordens, er wurde dort wegen einer Augenkrankheit behandelt. Am Festtag Johannes des Täufers (24. Juni) berichtete Dom Lorenzo von Ausgaben für den Einkauf und das Rösten von Fleisch und für den Transport der Speisen in ein Haus, von dem aus der Graf und der Abt den Pferderennen zusahen und in Gesellschaft speisten. Jedes Jahr zum Fest der Heiligen Dreifaltigkeit (31. Mai) veranstaltete der Konvent für die Nachbarschaft einen Festschmaus im Freien, der ihn über 30 Florin kostete. Fast 200 Pfund Rindfleisch wurden am Spieß gebraten, ergänzt wurde das Festmahl mit Eiern, Wein, Brot, Salat und Obst. Der Konvent heuerte Musiker und Sänger an, um die Menge zu unterhalten, und das Rechnungsbuch verzeichnete die Zahlung von 1 Lira 10 s. «an einen Katalanen namens Bartalotto, der viele großartige akrobatische Kunststücke und Kraftakte und andere wunderbare Dinge vollführte». Selbst im Jahr 1363, als die Pest die Stadt heimsuchte, versammelten sich die Anwohner des Viertels und begingen das Fest von Santa Trinità; sie verbreiteten dabei unbeabsichtigt auch die Seuche, die noch vor Ende des Sommers drei Mönche dahinraffen sollte. Daß eines der Opfer, Dom Simone Gianfigliazzi, nicht im Kloster starb, sondern im Haus seiner Mutter, ist ein weiteres anschauliches Beispiel für die Weltzugewandtheit von Santa Trinità. Das Rechnungsbuch enthält folgenden Eintrag: «Ich gab Monna Isabetta, der Mutter von Dom Simone di Bertoldo Gianfigliazzi 2 Florin und 2 Lire, die sie für die Krankheit von Dom Simone ausgab, unseren Bruder im Herrn, der während seiner Krankheit in ihrem Haus blieb und dort starb.»

Dieses Tagebuch gibt uns Einblick in einen begrenzten Ausschnitt des Klosterlebens in Florenz zu einem bestimmten Zeitpunkt. Umfassendere Kenntnis vermittelt der Reisebericht (1431–1434) von Ambrogio Traversari, der 1431 zum General der Kamaldulenser gewählt wurde. Traversari war ein hervorragender Gräzist und Prior des Klosters Santa Maria degli Angeli, als er zum Ordensgeneral bestimmt wurde. Die Klöster der Kamaldulenser lagen vor allem im Zentralapennin zwischen Perugia und Bologna und in der Küstenebene an der Adria zwischen Cesena und Venedig. In vieler Hinsicht ist Traversaris Bericht dieser Reise typisch für die Visitationsliteratur; zu seiner Inspektion der Einrichtungen der Kamaldulenser gehörten immer die Überreichung von Beglaubigungsschreiben, eine formelle Begrüßung, ein Gottesdienst, der vom Ordensgeneral in der Klosterkirche abgehalten wurde, gefolgt von einer Befragung der Insassen, am Schluß standen Kritik, Ermahnungen und Beurteilungen durch den Besucher. Dennoch ist das *Hodoeporicon* (der Titel, den Traversari seinem Bericht gab) als Erzählung interessanter als die meisten Protokolle derartiger Visitationen. Sein Latein ist klar und ausdrucksvoll; und mit der Hervorhebung dramatischer Vorfälle und bedeutungsvoller Themen vermeidet der Autor den mechanischen, wiederholungsreichen Charakter vieler Berichte dieses Genres. Traversari hat seinen Schilderungen vielleicht um der Wirkung willen etwas nachgeholfen, aber die Berichte von seinen Inspektionsreisen bezeugen seine Energie (er war fortwährend unterwegs), seine tiefempfundene Sorge für das Wohlergehen seines Ordens und seinen reformerischen Eifer.

Traversaris Bericht bietet kein klares, scharf umrissenes Bild vom Klosterleben der Kamaldulenser. Seine Darstellung ist verschwommen und buntscheckig, an einigen Stellen schwarz und weiß, überwiegend aber grau schattiert. Ein paar Häuser, wie das isoliert im Apennin liegende Nonnenkloster Pratovecchio, waren berühmt für ihre Klosterzucht und ihre Frömmigkeit, andere hingegen – zum Beispiel Querceto und Silva – bezeichnete Traversari als Bordelle. Die Niederlassungen in den Städten waren zwar im allgemeinen in besserer baulicher und moralischer Verfassung als die auf dem Land, aber das lag zum Teil an der Tatsache, daß Klöster in ländlicher Umgebung besonders häufig von Soldatenhorden überfallen wurden. Traversari entdeckte, daß das Kloster von Sant' Ippolito im Apennin in der Nähe von Faenza von Truppen geplündert worden war, es war baufällig und wurde nur noch von einem altersschwachen Abt und zwei Novizen bewohnt. Aber auch große Klöster in städtischer Umgebung waren nicht gegen Niedergang gefeit. Im Kloster San Salvi vor den Mauern von Florenz wurde der Abt angeklagt (Traversaris Ansicht nach zu Recht), sich eine Geliebte zu halten, die er nachts in seine Zelle schmuggelte. Der General stellte nur wenigen Konventen eine Unbedenklichkeitsbescheinigung aus, selbst in Einrichtungen, die auf Klosterzucht achteten, gab es Schwachpunkte und Regelverstöße. Wenn nur ein oder zwei Mönche sich wegen minderer Vergehen schuldig gemacht hatten, wie die beiden Brüder aus San Salvatore, die zu gerne durch Florenz streiften, ließen sich die Mißstände beheben durch Ermahnungen an die Adresse der verirrten Schafe und eine Warnung an den Abt. Ernster waren die Fälle, wo Prioren oder Äbte schuldig geworden waren, denn ihre Vergehen hatten einen unmittelbaren Einfluß auf die Klosterzucht. Mariano, der Abt von Silva, hatte die Frau eines Bauern zur Geliebten und versuchte dann auch noch, den hintergangenen Ehemann zu ermorden. Er wurde ebenso seines Amtes enthoben wie der Abt von Anghiari bei Arezzo, dessen unmoralischer Lebenswandel zum verwahrlosten Zustand seines Klosters beigetragen hatte. Den Nonnen in einem Konvent in der südlichen Toskana, die sexuelle Beziehungen zu Besuchern eingestanden hatten, schickte Traversari eine dringende Warnung, er würde befehlen, das Kloster in Schutt und Asche zu legen, wenn ihm weitere Gerüchte über skandalöses Betragen zu Ohren kommen würden.

Soweit das Reformprogramm des Generals der Kamaldulenser für seinen Orden in seinem *Hodoeporicon* deutlich wird, war es durchaus traditionell. Der Orden wurde im 11. Jahrhundert als Eremitenorden gegründet, aber später bildeten sich in einigen Häusern Gemeinschaften. Traversari hieß zwar beide Systeme für Mönche gut, glaubte aber, daß sich für Nonnen nur das gemeinschaftliche Leben eigne. Diesen Punkt hob er in seinen Ermahnungen an die Frauen, für die er verantwortlich war, besonders hervor. Mit nur begrenztem Erfolg drängte er die Klöster der Ordensgeistlichen, die Regeln der Observanten zu übernehmen. Vielleicht war das schwerwiegendste Hindernis für seine Reformpläne der unabhängige Geist in den einzelnen Konventen. Die Zähigkeit, mit der sie ihr Eigenleben behaupteten, war dann besonders groß, wenn lokale politische Faktoren – in Person eines Feudalherrn oder einer Kommune etwa – das Kloster unterstützten. Einige dieser örtlichen Machthaber, zum Beispiel der Graf von Poppi, waren dem Orden herzlich zugeneigt und arbeiteten mit Traversari zusammen, andere aber fingen Rechtshändel an oder stellten sein Recht in Frage, einen Abt abzusetzen, der aus einer prominenten ortsansässigen Familie kam. Derartige Einmischungen verschärften das Problem der Disziplin im Orden natürlich noch, denn ein auf Abwege geratener oder ungehorsamer Mönch fand normalerweise irgendeine weltliche Autorität, oft sogar ein anderes Kloster, die ihm Schutz anboten. Bei einem Besuch in Rom im Jahr 1432 traf Traversari mehrere Kamaldulenser, die ihre Häuser verlassen hatten, um die vermutlich eher weltlichen als geistlichen Attraktionen der Ewigen Stadt zu genießen.

Auch wenn Traversari niemals direkt auf dieses Problem einging, so behinderte ihn sicherlich das Fehlen kompetenter Mitarbeiter, die ihn bei der Verwaltung und der Reform seines Ordens unterstützen konnten. Offenbar stand ihm nur eine begrenzte Auswahl an Personen zur Verfügung, lediglich eine Handvoll Kamaldulensermönche besaß die notwendige Ausbildung und die charakterlichen Eigenschaften, um verantwortliche Positionen übernehmen zu können. Wenn er einen korrupten oder inkompetenten Abt abgesetzt hatte, war der General oft gezwungen, ein Mitglied seines eigenen Mitarbeiterstabes mit der Führung des Klosters zu beauftragen. Dieses Problem ließ sich durch ein verbessertes Ausbildungssystem im Kloster lösen; und Traversari traf zu seinem Glück im Kloster Santa Maria de Carceri bei Este auf einen fleißigen Abt, der zehn junge Novizen unterrichtete. Aber das war der einzige explizite Verweis auf klösterliche Bildung in Traversaris Berichten. Die Kamaldulenser zeichneten sich offenbar nicht besonders durch Bildung aus. Das mag den bescheidenen Beitrag des Ordens zum religiösen Leben Italiens im 15. Jahrhundert erklären, und es verstärkt den Eindruck – den Traversaris eigene Leistungen und sein Eifer nicht verbergen können – einer klösterlichen Gemeinschaft, die nicht gerade vor Lebendigkeit und religiösem Eifer übersprudelte.

Im späten Trecento und frühen Quattrocento waren die Dominikaner der aktivste und angesehenste religiöse Orden in Florenz. In einer Zeit, die relativ wenige Kandidaten für die Heiligkeitsprechung hervorbrachte, zählten die Klosterbrüder von Santa Maria Novella und San Marco einen Heiligen (Antoninus) und drei «beati» (Alessio Strozzi, Giovanni Dominici und Fra Angelico) zu den Ihren. Noch bedeutsamer als Indiz für ihre Sonderstellung ist die Zahl der Florentiner Dominikaner, die zu Bischöfen ernannt wurden. Zwischen 1360 und 1430 hatten zwölf Dominikaner Bischofsstühle inne, ein weiterer (Leonardo Dati) wurde zum General des Ordens gewählt. Wenn ein mangelhaftes Ausbildungssystem zur Mittelmäßigkeit der Kamaldulenser beitrug, so mag die traditionelle Pflege der Gelehrsamkeit bei

Santa Maria Novella gegen Osten

Der «Grüne Kreuzgang» des Dominikanerklosters Santa Maria Novella

Büste des Erzbischofs Antoninus in Santa Maria Novella

den Dominikanern das besondere Ansehen des Ordens in der italienischen Kirche des 15. Jahrhunderts erklären. Die biographischen Forschungen von Stefano Orlandi zeigen, daß ein hoher Prozentsatz von Klosterbrüdern, die dem Kloster Santa Maria Novella angehörten, Titel in den verschiedenen italienischen «studia» des Ordens erwarben und mehrere in Paris Theologie studierten. Vielleicht das Bemerkenswerteste an der Tradition der Florentiner Dominikaner, die vor allem der Ausbildung von Verwaltungsfachleuten und Professoren galt, waren der starke Reformgeist dieser religiösen Gemeinschaft und ihr Bestreben, eine höhere Qualität des Klosterlebens zu schaffen und zu erhalten.

Fra Antonino Pieruzzi (1389–1459) – Observant und Generalvikar, Erzbischof von Florenz und Heiliger – war das berühmteste Mitglied der Dominikaner vor Savonarola. Als der Sohn eines Florentiner Notars im Jahr 1405 dem Orden beitrat, wurde er Schüler von Giovanni Dominici, dessen reformerische Ansichten durch seinen Kontakt mit Anhängern der heiligen Katharina von Siena genährt worden waren. In der Hierarchie der Dominikaner erwarb sich Antoninus rasch einen Ruf als fähiger Verwalter und Reformer. In den Dominikanerklöstern in Fiesole und Cortona, in Rom und Neapel hatte er verantwortliche Posten inne; 1436 wurde er zum Prior der neuen Dominikanergründung San Marco ernannt, die Eugen IV. den Observanten übergab. Der Ruf von Frömmigkeit und Gelehrsamkeit, der ihm vorausging, ebenso wie sein Talent für Verwaltungsangelegenheiten, das er unter Beweis gestellt hatte, bewegten Eugen IV. zu der glücklichen Entscheidung, ihm die Florentiner Erzdiözese zu übertragen.

Antoninus gelang es während seiner Amtszeit als Bischof, traditionelle Einstellungen mit fortschrittlichen Ideen zu verbinden und sein Verständnis für die Realitäten des Lebens in der Stadt zu vertiefen. Er nahm seine Verantwortung als Seelsorger sehr ernst und versuchte die Moral einer gleichgültigen Geistlichkeit zu heben, die ihren Pflichten lax und teilnahmslos nachkam. Wenn Appelle und Ermahnungen versagten, zögerte der Erzbischof nicht, Gewalt anzuwenden. Priester, die sich etwas zuschulden kommen ließen, verloren ihre Pfründe, kamen ins Gefängnis und wurden manchmal sogar der Folter unterzogen. Antoninus' Theologie war ebenso traditionell wie seine Auffassung von Seelsorge. Seine Vorstellungen, die er in einer umfangreichen *Summa Moralia* entwickelte, waren weitgehend von anderen übernommen. Und doch enthält sein umfangreiches Werk interessante Passagen, die den Autor als kenntnisreichen und scharfsinnigen Analytiker der zeitgenössischen Lebenswelt erkennen lassen. Auch er hatte sich mit dem Problem der zwei Reiche auseinandergesetzt und glaubte – wie Thomas von Aquin und ungleich Augustinus –, daß es eine konstruktive und harmonische Beziehung zwischen dem himmlischen und dem irdischen Reich geben könne. Zwei Jahrhunderte zuvor hatte Thomas von Aquin eingeräumt, daß auch Kaufleute (wie Ritter und Bauern) Kinder Gottes seien, und daß ihre Tätigkeiten, die wichtige gesellschaftliche Bedürfnisse erfüllten, sie nicht zwangsläufig der Verdammnis anheimgaben. Antoninus akzeptierte diese Voraussetzung ohne Frage. Sein besonderer Beitrag bestand darin, so genau wie möglich festzulegen, welche Geschäfte rechtens und welche verboten waren. Zum Beispiel hieß er den Austausch von Anteilen an den Monte gut, die Praxis des «trockenen Austauschs» hingegen, bei der man sich der Transaktionen des Geldwechselns bediente, um Anleihen zu verbergen, verdammte er. Was ein «gerechter Preis» ist, wurde von ihm sehr flexibel definiert, wobei er die Schwankungen und Unwägbarkeiten des Marktes in Betracht zog.

In den politischen Ansichten des Erzbischofs zeigten sich Einflüsse seiner Heimat Florenz. Obwohl er hartnäckig die Privilegien der kirchlichen Körperschaft verteidigte, der er vorstand, gestand Antoninus dem Staat das Recht zu, den Klerus im Notfall zu besteuern. Er drohte, einige widerspenstige Kleriker aus Pistoia zu exkommunizieren, weil sie sich geweigert hatten, zu einer Zwangsanleihe beizutragen, die die Republik Florenz mit Zustimmung des Papstes erhoben hatte. Der bemerkenswerteste Aspekt seiner politischen Philosophie war jedoch sein festes Eintreten für die republikanische Verfassung. Seine Beziehungen zu Cosimo de' Medici waren durchaus freundlich, der Bankier hatte schließlich den Neubau von San Marco mitfinanziert, und Cosimo stand eine private Zelle im Kloster zur Verfügung. Aber Antoninus hieß die Methoden nicht gut, mit denen Cosimo die Verfassung unterlief, um den Staat wirksamer in seinen Griff zu bekommen. In seinem berühmten Protest vom Juli 1458 gegen den Bruch des Wahlgeheimnisses in den Ratsversammlungen stellte er sich gegen die Bemühungen der Medici, ihre Macht zu festigen. Sein Protest blieb zwar folgenlos und er wurde von der Signoria verwarnt, weil er sich in die Politik eingemischt hatte, aber er hatte seine Stimme erhoben, um traditionelle republikanische Werte zu verteidigen. Ein halbes Jahrhundert später wird Savonarola dies noch entschiedener tun – mit sehr dramatischen Konsequenzen.

Frömmigkeit

Bei der Untersuchung der institutionellen Struktur der Florentiner Kirche, ihrer inneren Probleme und ihrer Beziehungen zur säkularen Welt im frühen 15. Jahrhundert, gewinnt man den Eindruck, daß nicht Erneuerung, sondern vielmehr die Bewahrung traditioneller Formen und Haltungen vorherrsche. Traditionalismus ist auch das charakteristische Merkmal der Florentiner Frömmigkeit in der Renaissance. Die Formen, in denen man seinen Glauben zum Ausdruck brachte, änderten sich, auch der Einfluß von religiösen Werten auf das Verhalten, aber diese Veränderungen waren nicht so auffallend, wie manche Historiker in der Nachfolge Burckhardts behauptet haben, wenn sie die weltzugewandte, säkulare Haltung dieser Gesellschaft besonders hervorhoben.

Noch ist so wenig über die Geschichte der Religiosität in Florenz bekannt, daß verallgemeinernde Aussagen nur mit großer Vorsicht formuliert werden können.

Im Mittelpunkt des religiösen Lebens in der Stadt stand auch weiterhin der Kult, die bis ins einzelne ausgearbeitete Struktur von Gottesdienst und Ritual, durch die die Florentiner ihrem Glauben Ausdruck verliehen und in der sie jene Bußhandlungen vollzogen, die als wesentliche Voraussetzung für die Erlösung galten. Aufbau und Element des Gottesdienstes waren zwar sehr alt und in der gesamten römisch-katholischen Christenheit gültig, aber über die Jahrhunderte hatten sich zunehmend Bräuche und Traditionen herausgebildet, die typisch für Florenz waren. Zu diesen Besonderheiten des religiösen Lebens in Florenz gehörten die Feierlichkeiten am Festtag des Schutzheiligen der Stadt, Johannes des Täufers (24. Juni), die Verehrung der Marienbilder in Santa Maria Impruneta und Santissima Annunziata, und die Sitte, sonntags zur Vergebung der Sünden Pilgerzüge entlang der «Klostergasse», der Via San Gallo, zu unternehmen. Die Florentiner waren eifrige Kirchgänger, sie nahmen häufig an den Gottesdiensten teil, ebenso an vielen Sonderformen von Anbetung und Frömmigkeit. Heute füllt sich das riesige, höhlenartige Innere des Doms nur anläßlich besonderer Zeremonien oder an den Höhepunkten der Touristensaison. Im 15. Jahrhundert jedoch war die Kirche an den wichtigsten Feiertagen überfüllt; besonders während der Fastenzeit strömten die Florentiner in den Dom, denn dann predigten bekannte Geistliche, die von der Kommune eingeladen und bezahlt wurden.

Aber die Teilnahme an den Gottesdiensten war nicht immer Ausdruck tiefer und ernsthafter Frömmigkeit. Mechanische Gewohnheit, der gesellschaftliche Anpassungsdruck und sogar wenig lautere, persönliche Motive trugen bei zu diesen zur Schau gestellten, formalen Äußerungen von Frömmigkeit. Es läßt sich bezweifeln, ob ein Kaufmann religiös war, der seine Geschäftskorrespondenz mit der Anrufung beginnt: «Im Namen Gottes und des Geschäfts». Der bekannte Franziskanerprediger Bernhardin von Siena kritisierte die Frauen unter seinen Zuhörern, die zu seinen Predigten kamen, um dort zu klatschen und zu tratschen. Ebenso wie ihren Zeitgenossen in den *Canterbury Tales* war es manchen Florentinern, die auf Pilgerfahrt gingen, um ihr Seelenheil zu tun, andere wollten einen Ferienausflug genießen. Als Francesco Datini im Gefolge des Bischofs von Fiesole, Jacopo Altoviti, nach Arezzo pilgerte, um Buße zu tun, war er mit Sicherheit um sein

Seelenheil besorgt. Die Voraussetzung aber, seine Seele ließe sich durch Enthaltsamkeit reinigen, akzeptierte er nicht. «Erinnerung, daß diesen 28. Tag des August 1399, ich, Francesco di Marco, kraft der Eingebung Gottes und seiner Mutter, Unserer Lieben Frau, beschloß, auf Pilgerfahrt zu gehen, ganz in weißes Leinen gekleidet und barfüßig, wie zu dieser Zeit für die meisten Leute, Männer und Frauen, der Stadt Florenz und des umliegenden Landes Brauch (...). Denn in dieser Zeit fühlten alle Menschen, zumindest der größte Teil der Christenheit, sich dazu getrieben, auf Pilgerschaft durch die ganze Welt zu gehen, um Gottes Lohn, von Kopf bis Fuß in weißes Leinen gehüllt. (...) Und damit wir auch alles haben, was wir zum Leben brauchen, führte ich meine zwei Pferde und das Reitmaultier mit mir; und diesen Tieren luden wir ein Paar Satteltruhen auf, in denen viele Schachteln mit allerlei Konfekt waren und eine große Menge Wachs in Form von kleinen Fackeln und Kerzen, und Käse in allen Sorten und frisches Brot und Zwieback und Brezeln, gezuckert und ungezuckert, und noch andere Dinge, die der Mensch zum Leben braucht, so daß die beiden Pferde voll beladen waren mit unseren Viktualien; und außer diesen trugen sie einen großen Sack von warmen Gewändern, um sie Tag und Nacht zur Hand zu haben. Und das Maultier nahm ich mit für den Fall, daß, wenn einer krank würde oder aus einem anderen Grund nicht laufen könnte, (...) so daß auch jeder, dem ein Unfall zustößt, doch mit Gottes Hilfe nicht versäume, zu Fuß oder zu Pferd diese heilige Reise zu vollbringen, mit gutem und frommem Herzen.» *

Im Angesicht einer schweren Krise suchte diese Gesellschaft natürlich Hilfe und Trost im Glauben. Tatsächlich bieten die Reaktionen auf Krisen Hinweise auf jene Aspekte des religiösen Lebens, die den Florentinern am meisten am Herzen lagen. Wenn sie von Pest oder Hungersnot heimgesucht wurden, schickten die Florentiner nach dem Bild der Madonna von Impruneta, um es dann an der Spitze einer großen Prozession von Klerikern und Laien durch die Straßen der Stadt zu tragen. Während des Erdbebens von 1453 berichtete ein Beobachter, daß «die gesamte Bevölkerung zu den Gottesdiensten eilte, und vier Tage lang gab es große Prozessionen von Männern und Frauen. Die Leute aus den unteren Klassen versammelten sich unter der Leitung der Pfarrpriester, pilgerten nachts nach Santa Trinità und sangen Hymnen

---

* Iris Origo: «Im Namen Gottes und des Geschäfts». Lebensbild eines toskanischen Kaufmanns der Frührenaissance, München 1985, Seite 390 f.

und beteten um ihre Sicherheit.» Besonders aufschlußreich war die Reaktion der Gemeinde auf das Interdikt, das Papst Gregor XI. 1376 verhängte, woraufhin das normale religiöse Leben zwei Jahre lang unterbrochen war. Dieses Interdikt untersagte nicht jeglichen Gottesdienst, sondern schränkte drastisch die Teilnahme von Laien ein. Hinter verschlossenen Kirchenpforten vollzogen Priester die Wandlung und waren dabei die einzigen Zeugen. Der Ausschluß von Beichte und Kommunion störte die Florentiner nicht übermäßig, aber sie fühlten offenbar ein besonderes Bedürfnis, die Hostie zu sehen. Das Verbot, an der Wandlung teilzunehmen, löste mit Sicherheit Angstgefühle aus. Zweifellos empfanden die Sterbenden die größten Ängste und Befürchtungen, denn ihnen wurde nicht erlaubt, die Letzte Ölung zu empfangen, außerdem wurde ihnen ein Begräbnis in geweihter Erde verweigert. Die Bürger bezogen zwar einigen Trost aus der weitverbreiteten Überzeugung, das Interdikt sei ungerecht und damit rechtswidrig. Die Behörden waren jedoch nicht bereit, gegen seine Bestimmungen zu verstoßen.

Die Beliebtheit bestimmter Formen religiöser Schwärmerei, die sich in der Krise der siebziger Jahre des 14. Jahrhunderts zeigten, nahm im folgenden Jahrhundert ab. Die Scharen von Flagellanten zum Beispiel, die im 14. Jahrhundert über die Straßen Italiens zogen, werden in Chroniken und offiziellen Dokumenten nach 1400 nur noch selten erwähnt. Die Manie, sich auszupeitschen, erreichte ihren Höhepunkt während des Krieges mit dem Papst, sie wurde zum Gegenstand mehrerer Debatten besorgter Prioren und Berater im Palazzo della Signoria. Ein Jahrzehnt später (Dezember 1388) belegte die Regierung Prozessionen von Flagellanten mit einem Verbot, und diese offizielle Mißbilligung mag dazu beigetragen haben, daß sie allmählich verschwanden.

Eine der größten Demonstrationen des Glaubenseifers vor der Zeit Savonarolas erlebte Florenz im Sommer 1399 durch die «Bianchi», so genannt, weil sie Gewänder aus weißem Leinen trugen als Zeichen der Buße und der Wiedergeburt. Aus der Lombardei, wo die Bewegung entstanden war, zogen Scharen weißgekleideter Büßer nach Süden, Richtung Rom, und rissen aus den Städten und Dörfern an ihrem Weg Tausende von Bußwilligen mit sich. Der Katalysator dieser Bewegung liegt im dunkeln, auch wenn die Pest viele Teile der Halbinsel heimgesucht hatte und der Krieg zwischen Mailand und Florenz das Seine an Elend und Zerstörung beitrug. Der Einfluß der Bianchi auf Florenz war groß. Neun Tage lang blieben die Geschäfte der Stadt geschlossen, während die Bewohner nach Arezzo, Vernia und Camaldoli im Apennin pilgerten. Florentiner aller Schichten schlossen sich der Bewegung an; darüber hinaus gaben sie den Pilgern ungewöhnlich reiche Almosen. In den Worten eines erstaunten Zeugen «richteten [die Pilger] auf dieser Pilgerfahrt keine Schäden an Obstbäumen oder sonstwo an, sondern bezahlten für alles». Der Geist der Brüderlichkeit, den die Bianchi verbreiteten, war so stark, daß einige Schwärmer versuchten, die Tore des Gefängnisses der Stadt zu öffnen und die Insassen zu befreien. Als Reaktion auf diesen Versuch, der die öffentliche Sicherheit gefährdete, erließ die Kommune ein Gesetz, das derartige humanitäre Impulse als Eingebungen Gottes bezeichnete und die juristische Prozedur vereinfachte, durch die einzelne Gefangene befreit werden konnten. Dutzende miteinander zerstrittener Familien schlossen Friedensverträge. Für einen kurzen Augenblick behandelten die Florentiner einander mit der Nächstenliebe und dem Mitgefühl, die – den hagiographischen Quellen zufolge – der heilige Franziskus von Assisi zweihundert Jahre zuvor bei seinen kurzen Besuchen in den Städten der Toskana geweckt hatte. Aber wie im 13. Jahrhundert verflog die Begeisterung rasch, ihre Auswirkungen auf das soziale Verhalten wurden bald ausgelöscht vom Wiederaufleben der alten Probleme, Leidenschaften und Feindseligkeiten.

Wenn das Gedeihen von Ketzerei ein Anzeichen für die Frömmigkeit einer Gesellschaft ist, war das Florenz des Trecento eine fromme Stadt. Die Bewegung der «fraticelli», angeführt von radikalen Franziskanern, die ein strenges Befolgen des Armutsgelübdes predigten, gewann viele Anhänger in der Stadt und in anderen Orten Mittelitaliens. Nur wenig ist bekannt über die Größe und soziale Zusammensetzung dieser häretischen Gemeinschaft, obwohl angenommen wird, daß ihre Mitglieder sich vor allem aus Tucharbeitern und den Bewohnern der Elendsquartiere der Stadt rekrutierten. In den siebziger Jahren des 14. Jahrhunderts waren diese Ketzer so zahlreich und so gut organisiert, daß von einem offiziellen Disput zwischen dem Bischof und einem Sprecher der Fratizellen die Rede war, den die Signoria in die Wege leiten sollte. Einige Stimmen wurden gegen die Ketzer laut, besonders ablehnend waren die Patrizier, die mit dem Papsttum und der Parte Guelfa sympathisierten. Andere, die sich der rechten Lehre nicht so stark verpflichtet fühlten, bezeichneten die Fratizellen dennoch als potentielle Umstürzler, die die politische und soziale Ordnung beseitigen wollten. Aber für die Florentiner war charakteristisch, daß sie religiöse und intellektuelle Abirrungen duldeten; selbst die Orthodoxen empfanden einige Sympathie für die Ansichten der Fratizellen, besonders für ihr Lob der Armut und ihre Kritik an der kirchlichen Hierarchie. Im November 1383, ein Jahr nachdem von der neuen, konservativen Regierung ein hartes Gesetz gegen die Fratizellen erlassen worden war, wurden sechs Handwerker (darunter zwei Messerschmiede, ein Zaumzeugmacher, ein Tischler und ein Gürtelmacher) verurteilt, Beamte der Inquisition und den Podestà belästigt zu haben, als diese den der Ketzerei verdächtigten Lorenzo Puccini festnehmen wollten. Als Lorenzos Sohn Angelo und einige Zuschauer versuchten, die Festnahme mit Bitten und Flehen zu verhindern, riefen die Handwerker: «Laßt uns diese sittenlosen Mönche und die Polizei steinigen!» Die Menge ging mit Begeisterung auf diesen Appell ein, und die Beamten mußten um ihr Leben laufen.

Diese Unentschiedenheiten waren im Prozeß und schließlich bei der Hinrichtung des Fra Michele da Calci (April 1389) ständig gegenwärtig. Fra Michele stammte aus dem Contado um Pisa und war verhaftet worden, als er für die Fratizellen-Gemeinde in Florenz eine Messe zelebrierte. Michele wurde zum Tod auf dem Scheiterhaufen verurteilt, aufgrund der Anklage, er habe «viele Männer und Frauen in der Stadt Florenz überredet (...), sich der Sekte der Fratizellen anzuschließen, indem er ihnen die oben genannte Sekte schilderte und mit falschen Worten und Argumenten behauptete, diese Sekte sei die wahre Religion und stehe in der wahren Nachfolge der Regeln und des Lebens des seligen Franziskus, und alle, die dieser Lehre folgten, lebten im Zustand der Gnade und alle anderen Klosterbrüder und Priester seien Ketzer und Schismatiker und verdammt». Uns ist eine lebendige Beschreibung der letzten Stunden des verurteilten Mönchs überliefert, die von einem unbekannten Mitglied der Gruppe stammt. Es behauptete, «alles was ich nun beschreibe, habe ich, der schreibt, gehört oder gesehen». Aber vermutlich ist dieser Bericht wie andere hagiographische Schriften auch im Interesse der Absichten des Autors und seiner Sache gefärbt, dennoch ist die Schilderung glaubhaft. Als Michele auf seinem Weg zur Hinrichtung durch die Straßen geführt wurde, drängte ihn die Menschenmenge, zu widerrufen und sein Leben zu retten. Aber der Mönch wies diese flehentlichen Bitten zurück und forderte seine Zuhörer auf: «Bereut eure Sünden, eueren Wucher, euer Spiel, eure Unzucht.» Wenn dieser anonymen Quelle Glauben geschenkt werden darf, bekannten sich einige Mitglieder der häretischen Gemeinde öffentlich, indem sie Michele drängten, standhaft zu bleiben in seiner schweren Prüfung. Die Behörden, weltliche wie geistliche, hofften offenbar, Micheles Hinrichtung würde den Gläubigen eine Lehre sein, aber der Bericht läßt darauf schließen, daß einige Florentiner durch die Hinrichtung des Mönches verunsichert wurden:

«Viele Zeugen [der Hinrichtung] sagten: ‹Er muß ein Heiliger sein!› Selbst seine Gegner flüsterten es, und langsam begannen sie, nach Hause zurückzukehren. Sie sprachen über Michele, und die Mehrzahl sagte, er sei im Unrecht, und niemand dürfe so schlecht über die Priester sprechen. Und einige sagten: ‹Er ist ein Märtyrer›, andere wiederum behaupteten, er sei ein Heiliger, und noch andere bestritten das. Und es herrschte mehr Unruhe und Verstörung in Florenz als je zuvor.»

Dies war die letzte Hinrichtung eines Mitglieds der Fratizellen in Florenz, ein deutliches Zeichen für den Niedergang der Bewegung und abweichender Glaubensvorstellungen allgemein in der Toskana im 15. Jahrhundert. Obwohl die Quellen lückenhaft sind, läßt sich aus der Seltenheit der Strafverfolgungen schließen, daß die Häresie viel von ihrer Beliebtheit beim Volk verloren hatte und sich auf ein paar Intellektuelle beschränkte. Ich habe für die erste Hälfte des 15. Jahrhunderts nur drei Verfahren wegen Ketzerei aufgespürt, von denen sich keines auf eine größere Gruppe oder gar eine Massenbewegung bezog. 1410 sprach Papst Johannes XXIII. den Florentiner Erzbischof Jacopo Palladini von der Anklage der Häresie frei, die ihm seine Abhandlung über das Buch Daniel eingebracht hatte. Acht Jahre später wurde einem bäuerlichen Priester im Contado von Fiesole vorgeworfen, er habe gepredigt, daß der Dominikaner-Heilige Petrus Martyr in der Hölle schmore, und daß er «nicht aus Liebe zu Gott» gestorben sei, «sondern als Folge einer Vendetta». Der Priester hatte angeblich den Frauen seiner Pfarre erzählt, sie würden gegen kein göttliches Gesetz verstoßen, wenn sie an Sonntagen oder anderen Feiertagen nähten oder webten. Der aufsehenerregendste Ketzerprozeß fand 1450 statt, er endete mit der Hinrichtung eines bekannten Arztes, Giovanni Cani aus Montecatini. Cani war angeklagt worden, die Überzeugungen der Fratizellen zu teilen, außerdem habe er sich ein bißchen mit Hexerei befaßt. Seine Hinrichtung war einer der wenigen Makel, die dem Ruf der Stadt anhafteten, denn Florenz war bekannt für seine intellektuelle und religiöse Toleranz. Der Arzt war der einzige, der in den 110 Jahren zwischen der Hinrichtung von Fra Michele da Calci (1389) und der Verbrennung Savonarolas (1498) in Florenz für seine Überzeugungen starb.

Nach 1400 kam es in Florenz kaum noch zu religiöser Schwärmerei, die die Massen ergriff, das Interesse an häretischen Vorstellungen schwand allmählich. In ähnlichem Maß nahm auch die Zahl der Individuen ab, die der Heiligsprechung für wert befunden waren. Verglichen mit der erlesenen Schar Florentiner Heiliger und Seliggesprochener im 14. Jahrhundert (nach grober Schätzung des Autors ein Dutzend), brachte das 15. Jahrhundert nur den heiligen Antoninus hervor, der im Gegensatz zu den asketischen Mönchen und Nonnen des Trecento im Ruf stand, ein hervorragender Gelehrter und Prälat zu sein. Diese Entwicklungen bedeuteten nicht, daß die Frömmigkeit in Florenz zurückging, sondern vielmehr daß die religiösen Impulse auf verschiedenen Wegen kanalisiert wurden.

1244 rief der Dominikanermönch und Heilige, Petrus Martyr, in Florenz eine Bruderschaft ins Leben, mit der besonderen Aufgabe, die Häresie der Patarener – der lombardischen Katharer – zu bekämpfen. Nach diesem Beispiel versammelten sich regelmäßig auch andere Gruppen von Klerikern und frommen Laien in Kapellen und Klosterkreuzgängen; einige Gruppen sangen Kirchenlieder zur Abendandacht, andere geißelten sich, und dritte wiederum vollbrachten fromme Werke. Dieser Aufgabe oblagen besonders jene Gemeinschaften, die nach 1419 zugelassen wurden. In diesem Jahr war ein Gesetz verabschiedet worden, das alle Bruderschaften auflöste und nur einigen wenigen erlaubte, sich mit Zustimmung der Signoria neu zu konstituieren. Zwei der bekanntesten Bruderschaften (die bis heute überlebt haben) sind die «arcifraternità della Misericordia», die sich ausschließlich um die Krankenpflege und die Beerdigung der Armen kümmerte, und die «compagnia di Santa Maria del Bigallo», die im 15. Jahrhundert ihre Bemühungen und Mittel vor allem auf die Sorge um Waisen- und Findelkinder richtete.

Die Statuten einer dieser Gesellschaften, Santa Maria della Pietà, beschreiben die Funktionen dieser populären und aktiven Bruderschaft, die 1410 gegründet worden war. Ihre Mitglieder kamen aus allen Gesellschaftsschichten außer der untersten, der Patrizier Bindo Guasconi gehörte ebenso dazu wie der Rechtsanwalt Bernardo Muscini, der Seidenhersteller Parente di Michele Parenti sowie ein Tuchscherer namens Bindo. Die Statuten legten Verhaltensmaßregeln für die Brüder fest: Sie sollten «die Gesetze Gottes befolgen», sich von leichtfertiger Gesellschaft fernhalten, Gasthäuser und Spielhöllen meiden, mindestens einmal im Monat zur Beichte und zweimal im Jahr zum Abendmahl gehen. Die Gesellschaft traf sich einmal im Monat zur Besprechung ihrer Angelegenheiten, jeden zweiten Samstag zu gemeinsamem Gebet und versammelte sich außerdem an wichtigen Feiertagen. Am Gründonnerstag zum Beispiel, so bestimmten die Regeln, sollen «die Vorstände die Füße der Brüder waschen und ihnen ein einfaches Mahl anbieten, um des Tages zu gedenken, an dem Christus die Füße seiner Jünger wusch und dann das Mahl mit ihnen teilte».

Die wichtigste Aufgabe der Bruderschaft war jedoch die Mildtätigkeit. Jedes Wochenende verteilten die Mitglieder Brot und Wein an die Bedürftigen, in deren Unterstützung der Zweck der Bruderschaft bestand.

«Deshalb verfügen wir hiermit [so besagen die Statuten], daß die dazu Beauftragten die Armen nennen sollen, die in der Stadt und im Contado leben, und sie je einem Paar der Brüder zuteilen. Jedem Armen sollen einmal in der Woche drei Laib Brot gegeben werden und eine Flasche Wein. Die Beauftragten werden mit 4 d. bestraft, wenn die Almosen für die Armen nicht spätestens Samstagmittag zur Verteilung durch die Brüder bereitstehen. (...) Und von den Nonen am Sonntag bis zur Stunde der Vesper am Sonntag muß wenigstens einer der Beauftragten ständig im Dienst sein, um jedem Paar Brüder, die wegen ihres Anteils kommen, die Almosen auszuhändigen (...). Und jeder [Bruder], der diese Almosen nimmt, muß die Namen der Armen angeben, an die er sie austeilt, bevor er fortgeht (...), so daß jeder weiß, wer besucht wurde und wer nicht, um zu vermeiden, daß einer den doppelten Anteil bekommt und ein anderer gar nichts.»

Ein eventueller Überschuß an Geldern konnte außerdem dazu verwendet werden, um die Freilassung von Gefangenen aus dem Stadtgefängnis zu erkaufen, aber «nur jener, die durch Unglück und nicht durch Boshaftigkeit ins Gefängnis kamen», die Armen zu kleiden, und Pilgern vorübergehend eine Unterkunft zu bieten.

Den Florentinern, die sich nicht aktiv an frommen Werken beteiligen konnten, blieb noch ein anderes Mittel, um ihrem Glaubenseifer Ausdruck zu geben: das Vermächtnis. Die Akten des Catasto sind in den zwanziger und dreißiger Jahren des 14. Jahrhunderts förmlich übersät mit Hinweisen auf derartige Wohltaten, von denen manche als regelrechte Schenkungen von Vermögen oder in Form von Einkünften an religiöse Stiftungen gingen, andere als lebenslange Jahresrente an Ordensgeistliche. Viele dieser Verpflichtungen galten auf Dauer, nachdem Vorfahren sie eingegangen waren. In seiner Steuererklärung bemerkte Piero Girolami, seine Familie habe nicht einen Pfennig von der Jahresmiete (44 Florin) eines Wohnturms an der Por Santa Maria erhalten. Getreu den Verfügungen im Testament des dahingegangenen Girolami wurde das Geld für Almosen am Festtag von San Zanobi verwendet, um eine Kapelle zu unterhalten und um jährlich in der Pfarrkirche Santo Stefano a Ponte ein Gedächtnismahl abzuhalten.

Im 15. Jahrhundert nahmen solche frommen Vermächtnisse zwar an Umfang und Zahl nicht erkennbar ab, aber es kam zu einer bedeutsamen Veränderung in der Verteilung der Schenkungen. Die Florentiner ließen mehr von ihren Mitteln jenen Institutionen zukommen, die sich besonders um soziale Probleme kümmerten. Im 12. Jahrhundert waren die Benediktiner und Vallombrosaner und im 13. Jahrhundert die Dominikaner und Franziskaner die wichtigsten Empfänger von Wohltaten in Florenz. Im Quattrocento jedoch zogen diese Orden weniger Aufmerksamkeit der Erblasser in Florenz auf sich. Ein reicher Teilhaber der Medici-Bank, Ilarione de' Bardi, stiftete den größten Teil seiner für karitative Zwecke bestimmten Gelder, um arme Mädchen mit einer Mitgift auszustatten. Der reichste Bürger von Prato, Francesco Datini, hinterließ keine legitimen Erben, er gründete mit seinem Vermögen von 80000 Florin eine Stiftung, um die Bedürftigen seiner Heimatstadt zu unterstützen. 1362 spendete ein Ritter aus Parma namens Bonifazio Lupi 300 Florin, um Land zu kaufen, auf dem ein Spital für die «gebrechlichen Armen» gebaut werden sollte.

Aus bescheidenen Anfängen entwickelte sich das «Spital des Messer Bonifazio» zu einer der größten karitativen Einrichtungen in Florenz und wurde in zahlreichen Testamenten bedacht. In den dreißiger Jahren des 15. Jahrhunderts wurden die Gebäude des Spitals auf einen Wert von 24000 Florin geschätzt; aus seinem Grundbesitz bezog es jährliche Einkünfte von 700 Florin. Elio Contis Forschungen zur Verteilung des Landbesitzes im Florentiner Contado zeigen, daß Bonifazios Stiftung, das Spital Santa Maria Nuova und das Findelhaus der Innocenti ihren Grundbesitz im 15. Jahrhundert entscheidend vergrößern konnten. Er stellte fest, daß Santa Maria Nuova zwischen 1427 und 1498 in den zwölf Zonen, die Conti im Detail analysierte, Land im geschätzten Wert von 5300 Florin erworben hatte. Auch Bonifazios Spital war in dieser Größenordnung beteiligt, der Wert seines Besitzes stieg in diesen Zonen um schätzungsweise 2100 Florin, während das

Findelhaus sein Einkommen aus einem einzigen Vermächtnis im Wert von 1000 Florin bezog. Einer der reichsten Männer von Florenz, Niccolò da Uzzano, verfügte in seinem Letzten Willen, der größte Teil seines Vermögens solle für den Bau eines Hospizes für arme Studenten der Universität verwendet werden.

Wie lassen sich bei diesen Äußerungen von Frömmigkeit im Florenz des Quattrocento Intensität und Aufrichtigkeit des Glaubens abschätzen? Aus den Quellen wird ersichtlich, daß diese Gesellschaft (im Gegensatz zu Burckhardts Urteil) immer noch fromm war; sie war zutiefst mit Glaubensvorstellungen verbunden und wurde von den widerstreitenden Anforderungen der diesseitigen und der jenseitigen Welt beunruhigt. Es trifft zu, daß die extremeren und wahnhaften Formen von Religiosität – Häresie, Geißlertum, große Pilgerzüge – nach 1400 weniger häufig waren als zuvor. Kirche und Staat versuchten mit vereinten Kräften, diese Impulse in geordnetere Bahnen zu lenken, zum Beispiel in Bruderschaften, deren Mitgliedern es weniger wichtig erschien, sich auszupeitschen, als gute Werke zu tun. Im 15. Jahrhundert ereigneten sich allerdings gelegentlich auch Ausbrüche von religiöser Schwärmerei im Volk. 1423 lockte ein Dominikanerprediger, Manfredo aus Vercelli, in der Toskana eine große Gefolgschaft an und führte über vierhundert Pilger nach Rom. Eine seiner Jüngerinnen war eine Florentiner Matrone namens Ginevra Manelli, die dem Mönch mit drei Kindern und über 700 Florin Bargeld folgte. 1450 zogen Tausende von Florentinern nach Rom, um in den Genuß des Jubelablasses zu kommen, der im Rhythmus von 25 Jahren erteilt wurde. Drei Jahre später folgte auf das Entsetzen, das ein Erdbeben ausgelöst hatte, eine Aufwallung religiöser Gefühle, die mit dem Phänomen der Bianchi im Jahr 1399 vergleichbar war. Auch kamen die Florentiner weiterhin den Appellen der Prediger nach, die zu Kreuzfahrten aufriefen. Im Oktober 1455 erntete ein Dominikanermönch aus Neapel bei großen Teilen der Bevölkerung Sympathie und Unterstützung für seine flammenden Predigten zugunsten des Kreuzzuges von Pius II. gegen die Türken. Schätzungsweise 20000 Menschen beteiligten sich an einer Prozession, die dieser Priester organisiert hatte, und die Florentiner trugen mehrere tausend Florin zu der Kreuzzugskasse bei.

Es existieren keine Hinweise darauf, daß es im Florenz des Quattrocento eine Bewegung gegeben hätte, die der «Devotio moderna» der Niederlande vergleichbar wäre, in deren Mittelpunkt das Seelenleben des einzelnen und sein eigenes Verhältnis zu Gott standen. Diese stark persönliche Form religiösen Erlebens war der Florentiner Mentalität fremd, sie legte eher Wert auf eine Religiosität, die öffentlich und in Gemeinschaft gelebt wurde. Nur selten findet sich in den Quellen ein Anzeichen oder ein Hinweis auf eine Haltung, wie sie für die Frömmigkeit im Norden charakteristisch ist. Das Protokoll eines Prozesses gegen eine Dienstmagd, die angeklagt worden war, eine Bibel gestohlen zu haben, enthält die seltsame Feststellung, der Besitzer der Bibel, Tedaldo Tedaldi, sei «gewohnt, sie häufig zu lesen, und ließ sie nachts auf dem Tisch liegen». Als Franco Sacchetti gegen die Florentiner Sitte, zu jedem vorstellbaren Zweck Gelübde abzulegen, zu Felde zog, schrieb er, derartige Praktiken seien Götzendienst und keine Akte christlichen Glaubens. «Und ich, der Schreiber, war wahrhaftig Zeuge, als jemand, dessen Katze streunte, ein Gelübde ablegte, er würde der Jungfrau vom Orsanmichele ein wächsernes Bild [der Katze] zukommen lassen, wenn er sie zurückbekäme. Und er hat dies tatsächlich getan! Auch wenn das vielleicht noch kein Verstoß gegen den Glauben ist, so ist es doch sicherlich eine Verhöhnung Gottes, der Jungfrau und aller Heiligen. Denn [Gott] will unsere Herzen und unseren Geist, er ist nicht interessiert an unseren Wachsbildern noch an derartigen Selbstgefälligkeiten und Eitelkeiten.» Sacchetti gehörte mit seiner Ansicht einer Minderheit an, die Mehrheit seiner Mitbürger akzeptierte die traditionellen Glaubensinhalte und religiösen Praktiken. Die Florentiner beteten zu den lokalen Heiligen, sie waren begierig, Zeugen von Wundern zu werden, sie glaubten an die Wirksamkeit von Reliquien. 1454 gaben die nüchternen Industriellen der Zunft der Lana 800 Florin für Reliquien aus, die aus Konstantinopel gebracht worden waren: ein Stück des wahren Kreuzes, ein Zipfel vom Hemd des Herrn, ein Teil des Stocks, mit dem er geschlagen worden war. Alle wurden über dem Hochaltar im Dom ausgestellt. Die Bürgerschaft war über diese Erwerbungen fast ebenso begeistert wie ihre Vorfahren ein Jahrhundert zuvor anläßlich des Kaufs einer anderen Reliquie, des rechten Arms der heiligen Reparata (der sich später als Fälschung erwies).

SECHSTES KAPITEL

KULTUR

Grundlagen und Voraussetzungen

Zwei Jahrhunderte lang, vom Zeitalter Dantes und Giottos bis zu dem Machiavellis und Michelangelos, war Florenz eines der dynamischsten und kreativsten Zentren intellektueller und künstlerischer Tätigkeit im Abendland. Dieses Kapitel will versuchen, das Wesen dieser kulturellen Leistung zu verdeutlichen und sie mit den Institutionen und Strukturen der Stadt sowie mit den Werten und den besonderen Erfahrungen ihrer Bevölkerung in Verbindung zu setzen. Im weiten Feld der historischen Analyse existiert wohl kein Problem, das eine ähnliche Herausforderung darstellt und zugleich mit so vielen Fallstricken aufwartet, wie der Versuch, das Verhältnis zwischen sozialen und kulturellen Phänomenen zu klären. Wer auch immer die Geschichte von Florenz untersucht, er steht vor folgenden Fragen: Warum war diese Gesellschaft so schöpferisch und so offen für Veränderung und Erneuerung? Warum gelang es unter allen großen Städten Italiens Florenz – und nicht Mailand, Genua oder Venedig –, in jenen Jahrhunderten die führende Rolle in Kunst und Wissenschaft zu übernehmen?

Der Beitrag der Stadt zur Kultur der Renaissance beschränkte sich nicht auf ein paar Sondergebiete, vielmehr umfaßte er viele Felder und Disziplinen. In Malerei, Bildhauerei und Architektur waren die Leistungen der Stadt überragend. Florentiner Handwerker taten sich in einer Vielzahl von Handwerkskünsten hervor, von Keramik und Metallguß bis zum Weben von Seidenbrokat. Die lange Geschichte technischer Geschicklichkeit und technologischer Errungenschaften steckte in den Leistungen des Architekten Brunelleschi und des Erfinders Leonardo da Vinci. In der klassischen Philologie und den Disziplinen – Geschichte, Poesie, Moralphilosophie –, die durch das wiedererwachte Interesse an der Antike entstanden, nahmen die Florentiner den ersten Rang ein. Die Juristen der Stadt, die Ärzte und Theologen leisteten allesamt bedeutende Beiträge in ihren jeweiligen Gebieten. Die Kataloge der Biblioteca Nazionale führen Tausende von Manuskripten auf, sie zeigen, wie breit das Spektrum der kulturellen Interessen in Florenz war. Dazu gehören Abschriften der Chroniken Villanis und des *Dekameron* von Boccaccio, französische Ritterromane, die in die italienische Volkssprache übersetzt wurden, Heiligenviten und Moraltraktate, Lehrbücher der Medizin und Kochbücher, lateinische Klassiker im Original und in Übersetzung. Die Liste der Werke, die von Florentinern verfaßt oder kopiert wurden, wäre sogar noch länger und abwechslungsreicher, wenn bestimmte Gattungen – zum Beispiel häretische Literatur und okkulte Schriften – nicht systematisch vernichtet worden wären.

In der kulturellen Entwicklung der Stadt verschmolzen zwei unterschiedliche Traditionen: einerseits die griechisch-römisch-christliche, die von der Zielsetzung her universalistisch und in ihrer Struktur hierarchisch und autoritär war, und andererseits die autochthone, volkssprachliche Tradition, in der sich die besonderen Haltungen und Wertvorstellungen der Toskaner niederschlugen. Die antik-christliche Tradition gründete auf Latein als Gelehrtensprache, auf den Prinzipien des römischen Rechts und bestimmten philosophischen Lehren, die aus der griechischen Antike stammten und im Mittelalter in den europäischen Klöstern, Kathedralschulen und Universitäten neu formuliert worden waren. Diese Tradition war auf Berufspraxis hin orientiert, sie diente der Ausbildung von Theologen und Rechtsanwälten, Notaren und Rhetorikern, denen sie gleichzeitig ihre Wertorientierungen aufzwang. Sie wurde an den Lateinschulen vermittelt, den «studia» der Florentiner Klöster und an den Universitäten. Die autochthone Tradition auf der anderen Seite war recht flexibel und unstrukturiert. Sie wurde weitgehend mündlich und bildlich weitergegeben, ihre schriftliche Form war noch nicht an grammatische und orthographische Regeln gebunden. Diese beiden wichtigsten Traditionen waren in Bereiche oder Disziplinen gegliedert, die alle ihre eigenen pädagogischen Methoden besaßen, ihre besonderen Gegenstände und ihre berufsspezifischen Belange. Die antike wie die christliche Tradition hatte die Rechtsbegriffe der Anwälte und Notare in Florenz geprägt, die klassische Bildung der Florentiner Humanisten und bestimmter Künstler und die scholastische Gelehrsamkeit der Priester und Mönche. Zur autochthonen Tradition gehörten die Welt des städtischen Handels und des Gewerbes, die ritterliche Kultur des Florentiner Adels und Pseudo-

Adels sowie eine Reihe von obskuren Subkulturen: die der Straßen und Elendsquartiere, der volkstümlichen Ketzerei (besonders der Fratizellen) und des Okkultismus.

Die Besonderheit des intellektuellen Lebens in Florenz lag nicht in seiner Vielfalt und Vielschichtigkeit – mit der es in gewissem Maß auch Mailand, Venedig und Neapel aufnehmen konnten –, sondern in den ungewöhnlich engen Beziehungen zwischen diesen kulturellen Traditionen. Die Gesellschaftsstruktur trug zu einer Atmosphäre freien Austauschs bei, wahrscheinlich war sie in Florenz weit flexibler als in allen anderen größeren italienischen Städten. Ein weiterer wichtiger Faktor war die alles überragende Gestalt Dante Alighieris. Er ist die Verkörperung des entscheidenden Stadiums, in dem die universalistischen, hierarchischen Ideale der antik-christlichen Tradition mit den bodenständigen Werten und Interessen verschmolzen. In den Florentiner Schulen und «studia» (und vielleicht auch an der Universität Bologna) hatte sich Dante jene universalistischen Ideale zu eigen gemacht, deren Summe Thomas von Aquin so glanzvoll dargestellt hatte. Der Dichter schrieb scholastische Traktate und verfaßte außerdem Abhandlungen, in denen er die christlichen Tugenden pries. Seine politischen Überzeugungen, seine Verehrung des Heiligen Römischen Reichs und der Werte des alten Rom waren vergleichsweise universalistisch und hierarchisch. Und doch schrieb er seine *Göttliche Komödie* in der Sprache der Toskana und nicht in Latein. Und obwohl sein Werk die universalistischen Auffassungen der antiken und christlichen Traditionen enthält, ist es auch eine Florentiner Dichtung, durchtränkt von den besonderen Wertvorstellungen, Emotionen und Problemen dieser Gesellschaft. Dem Dichter gelang es nicht, alle Gegensätze zwischen diesen beiden Strängen zu versöhnen, sein Genie ließ ihn jedoch die widersprüchlichen Elemente in einer großartigen Synthese überwinden, in der Ideal und Realität, Anspruch auf Allgemeingültigkeit und Wert des Besonderen miteinander harmonieren. Außerdem setzte er einen hohen Maßstab, der späteren Generationen von Intellektuellen in Florenz als Herausforderung und Inspiration diente.

Im Reich der bildenden Künste spielte Giotto di Bondone (gest. 1337) eine Rolle, die der Dantes in der Literatur gleichkommt. Giotto hielt sich an traditionelle christliche Themen; er lernte, im byzantinischen Stil des 13. Jahrhunderts zu malen. Seine große Leistung für die Freskomalerei war es, die hölzernen, stilisierten Figuren der byzantinischen Kunst zu vermenschlichen und Szenen zu schaffen, die sowohl naturalistisch und lebensnah als auch grandios und monumental erschienen. Sein Freskenzyklus in der Arena-Kapelle in Padua mit der Geschichte Christi und die Szenen in Santa Croce aus dem Leben des heiligen Franziskus sind überragende Zeugnisse dieser Errungenschaften der Kunst Giottos, sie können durchaus mit der *Göttlichen Komödie* verglichen werden. Einige Kunsthistoriker sehen die Wurzeln der Inspiration Giottos und seines Genies zum Beispiel in der franziskanischen Betonung der Menschlichkeit Christi und dem Streben nach intensiverem religiösem Erleben. Weniger überzeugend ist die Interpretation, nach der er ein Repräsentant des Florentiner Bürgertums war und seine monumentalen menschlichen Gestalten das Selbstvertrauen einer aufsteigenden Gesellschaftsklasse widerspiegeln, die sich von der Unterwerfung unter die Kirche und den Feudaladel emanzipiert. Giotto genoß schon zu Lebzeiten beispiellosen Ruhm, allerdings verblaßte sein Ruf in der zweiten Hälfte des 14. Jahrhunderts. Seine Fresken machten tiefen Eindruck auf die revolutionäre Generation der Florentiner Künstler im frühen Quattrocento, die Giottos Sinn für das Monumentale, das im Trecento aus der Florentiner Kunst verschwunden war, wiederbelebten.

Die vielschichtige und flexible soziale Struktur, die Vielfalt intellektueller Interessen, der fruchtbare Austausch zwischen verschiedenen Traditionen – das sind einige der Faktoren, denen sich kulturelle Vitalität und Neuerungskraft in Florenz verdankten. Die Aristokratie spielte nicht nur als Förderer von Kunst und Wissenschaft eine Rolle, sie nahm aktiv teil am kulturellen Leben der Stadt. Fast jede prominente Familie zählte einen Rechtsanwalt und einen Geistlichen zu den Ihren, und bis zur Mitte des 15. Jahrhunderts konnten sich viele Häuser – die Strozzi, Corbinelli, Rossi, Medici, Davanzati, Alessandri – eines humanistischen Gelehrten rühmen. Die intellektuellen Interessen vieler Florentiner verliefen quer zu den Barrieren zwischen Kultur und wissenschaftlichen Disziplinen. Cosimo de' Medici ist dafür ein gutes Beispiel: Er war Bankier, Politiker, Gelehrter, Freund und Förderer von Humanisten (Bruni, Niccoli, Marsuppini, Poggio), Künstlern (Donatello, Brunelleschi, Michelozzo) und gelehrten Geistlichen (Ambrogio Traversari, Papst Nikolaus V.). Im Jahr 1400 wurde ein Inventar der Bibliothek eines reichen Kaufmanns, Piero di Duccio Alberti, angelegt: Sie enthielt eine umfangreiche Sammlung von Geschäftspapieren und Rechnungsbüchern, ein Stundenbuch, mehrere lateinische Grammatiken und Werke der antiken Autoren

Äsop, Cicero, Seneca, Eutropius und Vigentius. Ein Notar, Ser Matteo Gherardi, hinterließ bei seinem Tod im Jahr 1390 eine Sammlung juristischer Abhandlungen (Gesetze, Kommentare, Werke über das kanonische Recht), aber auch eine Reihe religiöser Werke (ein Homilienbuch, einen Psalter, eine Gebetssammlung und eine Bibel) sowie die Schriften von Äsop und Boethius. Lapo Mazzeis Briefe an Francesco Datini enthalten Hinweise auf die Bibel und christliche Autoren (Augustinus, Bernard von Clairvaux, Franziskus von Assisi, Thomas von Aquin), auf antike Autoren (Cicero, Seneca, Sallust, Horaz, Livius,

Giotto: *Der hl. Franziskus erscheint seinen Jüngern in Arles;* Fresko in der Bardi-Kapelle von Santa Croce

Vergil, Valerius Maximus, Boethius) und Werke in der Volkssprache von Dante, Jacopone da Todi sowie von dem Vallombrosanereremiten Giovanni dalle Celle. In eine Abhandlung über das Schicksal, die er etwa 1460 schrieb, flocht Giovanni Rucellai Zitate aus einem ungewöhnlich großen Kreis antiker, christlicher und italienischer Autoren ein: Aristoteles, Epiktet, Sallust, Cicero, Seneca, Bernard von Clairvaux, Dante, Petrarca sowie ein Florentiner Theologe, Leonardo Dati.

Der Austausch zwischen Kaufleuten, Politikern, Künstlern und Gelehrten wurde außerdem erleichtert durch bestimmte Haltungen und

Konventionen, die bis zu einem gewissen Grad in dieser Gesellschaft institutionalisiert waren. Reiche Bankiers und arme Handwerker saßen als Gleichgestellte zusammen in der Signoria – eine politische Tradition, die den intellektuellen Diskurs zwischen aristokratischen Auftraggebern und den Bildhauern, Malern und anderen Handwerkern, die sie für den Bau ihrer Palazzi und zur Ausschmückung ihrer Kapellen einstellten, erleichtert haben muß. Die offenen und freimütigen Diskussionen über die Probleme des Dombaus (an denen Bankiers, Rechtsanwälte, Klosterbrüder und Handwerker teilnahmen) übersprangen ebenfalls die Barrieren zwischen Gesellschaftsschichten und Berufen. Unter den Bürgern, die aufgefordert wurden, die Signoria zu beraten, waren Vertreter aller wichtigen Berufe und Beschäftigungen (mit der einzigen Ausnahme der Theologie). Dazu gehörten die Rechtsanwälte Filippo Corsini, Lorenzo Ridolfi und Giuliano Davanzati, der Arzt Cristofano di Giorgio, die Humanisten Leonardo Bruni, Palla Strozzi und Agnolo Pandolfini, denen damit ein Forum geboten wurde, in dem sie ihre politischen Ansichten äußern und ihre Vorstellungen und Perspektiven, die sie aus ihren Disziplinen herleiteten, öffentlich vertreten konnten. Ihr Auftreten hat möglicherweise das Interesse an der klassischen Antike geweckt und dazu beigetragen, daß schon früh der Humanismus als moralisches und pädagogisches System übernommen wurde.

Den Austausch zwischen den Vertretern verschiedener Wissenschaftszweige mit unterschiedlichen kulturellen Interessen förderte darüber hinaus die Florentiner Version des Salon. Eine solche Zusammenkunft wird im *Paradiso degli Alberti* von Giovanni da Prato beschrieben. Es gab eine Gruppe, die sich um den Augustinermönch Luigi Marsili versammelte, eine, die der humanistische Kanzler Coluccio Salutati um sich scharte, auch der Kamaldulenser-Abt von Santa Maria degli Angeli, Ambrogio Traversari, war führender Kopf einer solchen Gruppe. Forscher fanden außerdem Hinweise auf eine informelle Versammlung, die am Anfang des 15. Jahrhunderts unter dem Tetto dei Pisani zusammenkam, einem Vordach an der Westseite der Piazza della Signoria. Zwei Jahrzehnte später organisierten die gelehrten Augustinermönche Fra Evangelista aus Pisa und Fra Girolamo aus Neapel dort ähnliche Treffen.

Die Teilnehmer an diesen «convegni» kamen aus allen Gesellschaftsschichten, außer der niedrigsten, die Mehrheit aber waren entweder Gelehrte und Schriftsteller oder Patrizier mit starken intellektuellen

Interessen. Giovanni da Pratos Gesellschaft in der Villa Paradiso gehörten außer ihm selbst der Sohn eines Gebrauchtwarenhändlers an, der einen juristischen Grad an der Universität Padua erworben hatte, sowie Marsilio da Santa Sophia, ein bekannter Professor der Medizin, Guido, Graf von Poppi, Abkömmling einer adligen Familie im Casentino, mehrere Florentiner Patrizier – Alessandro Buondelmonti, Giovanni de' Ricci, Guido del Palagio – und Luigi Marsili als einziger Repräsentant der Geistlichkeit. Nur ein paar der «höchst hervorragenden Männer von großem Ruf in dieser Stadt», die Marsilis Diskussionen beiwohnten, wurden mit Namen genannt: Coluccio Salutati, Poggio Bracciolini sowie drei junge Florentiner Patrizier, die sich für das Studium der Antike interessierten: Niccolò Niccoli, Roberto de' Rossi und Giovanni di Lorenzo. Einer Gruppe von Griechenlandenthusiasten, die weltlicher zusammengesetzt war und sich in den zwanziger Jahren des 15. Jahrhunderts um Ambrogio Traversari sammelte, gehörten mehr Patrizier an: Cosimo und Lorenzo de' Medici, Giannozzo Sacchetti, Bartolomeo Valori und zwei Mönche, Fra Michele und Fra Jacopo Tornaquinci.

Eine wichtige Folge dieser gegenseitigen intellektuellen Anregung war das relativ offene und tolerante kulturelle Klima in Florenz, in dem keine einzige Tradition oder Berufskaste so mächtig wurde, daß sie andere dominieren konnte. In einigen Teilen des katholischen Europa (aber nicht in Italien) hatte die Kirche durch ihr Monopol auf Erziehung und Ausbildung lange eine kulturelle Hegemonie aufrechterhalten. In Florenz und allgemein in Italien gedieh seit dem 13. Jahrhundert die weltliche Gelehrsamkeit und bot eine Alternative zu den Schulen und intellektuellen Interessen des Klerus. Theologie war in Florenz eine angesehene Disziplin, sie wurde in den «studia» der Klöster gelehrt, aber war auch Lehrfach an der Universität. Ihre Anziehungskraft war jedoch niemals stark; sie nahm in der Hierarchie der intellektuellen Beschäftigungen der Florentiner einen relativ niedrigen Rang ein. Außerdem wurde die Rolle der Kirche als Richterin über Kultur vom Staat weitgehend eingeschränkt. Die geringe Anzahl von Ketzerprozessen verdankte sich weniger der Rechtgläubigkeit der Bevölkerung, als den Auflagen der Kommune für die Inquisition. Im 14. Jahrhundert wurden Anhänger der Fratizellen nur selten von den Behörden belästigt, und die Hinrichtung eines Hexers, der 1383 vom Inquisitionsgericht zum Tode verurteilt wurde, erregte weithin Protest. Ein anonymer Chronist stellte fest, daß es «viele Diskussionen in der Stadt gab, weil seit Jahren kein Inquisitor in Florenz etwas Vergleichbares getan hatte, und der Bischof und der Klerus und viele Doktoren des kanonischen Rechts waren gegen diese Hinrichtung». Als ein Jahrhundert später (1493) ein Franziskanerprediger, Bernardino da Feltre, die Florentiner Regierung kritisierte, weil sie Juden erlaubte, in der Stadt zu leben und Wuchergeschäfte zu betreiben, wurde er von den Behörden aus der Stadt gewiesen.

In Italien ging die größte Bedrohung für den kulturellen Pluralismus nicht von der Kirche aus, sondern vielmehr von der besonderen Wertschätzung, deren sich bestimmte Disziplinen an den Universitäten erfreuten, vor allem in Bologna und Padua. In Bologna beherrschten Juristen des zivilen und kanonischen Rechts das geistige Leben, während Padua die Hochburg der Naturwissenschaftler war, die der aristotelischen Philosophie anhingen. Die chronische Bedeutungslosigkeit seiner Universität, bewahrte Florenz vor einem ähnlichen Schicksal. Der Griechischunterricht, den Manuel Chrysoloras in den neunziger Jahren des 14. Jahrhunderts anbot, regte das Interesse für das Studium der Antike an und trug bei zu der Welle der Begeisterung für die «studia humanitatis» im Quattrocento. Der Humanismus wurde um die Mitte des 15. Jahrhunderts zwar zur kraftvollsten intellektuellen Strömung in Florenz, er verdrängte aber nicht andere Disziplinen. Sie blühten auch weiterhin, gestärkt durch ihre kräftigen und lebensfähigen Traditionen und durch ihre nützlichen Beiträge für die Gesellschaft.

Diese Analyse der Grundlagen der Renaissancekultur in Florenz geht besonders auf jene sozialen und institutionellen Elemente ein, die Kreativität und Innovation förderten. Eine andere Seite des Problems ist die Frage nach den spezifischen geistigen und persönlichen Eigenschaften, die von den historischen Erfahrungen der Florentiner besonders begünstigt wurden. Die Florentiner Gesellschaft lebte in der gesamten Geschichte der Stadt stets mit Bedrohungen, sie ließ sich auf gefährliche Unternehmungen ein, die große Anforderungen an ihre Kräfte stellten. Ihr Reichtum stammte größtenteils aus der Beteiligung an einer internationalen Wirtschaft, die viele Märkte und Regionen überspannte und mit großen Risiken verbunden war. Um sich selbst zu schützen, dehnte die Stadt ihre Herrschaft über einen großen Teil der Toskana aus und zog sich so die Feindschaft ihrer Nachbarn zu. Das Überleben in diesem Milieu von Feindseligkeit und Bedrohung erforderte Intelligenz, Scharfsinn und Stärke. Aber auch innerhalb der Stadtmauern sahen sich die Bewohner durch den Konkurrenzkampf und das hohe Maß an sozialer und wirtschaftlicher Mobilität vor große Anforderungen gestellt. Diese Zwänge besaßen zum Ausgleich auch eine konstruktive Seite: sie lehrten die Florentiner, ihren Verstand zu schärfen und ihren intellektuellen Horizont zu erweitern. Diese Anregungen spielten vermutlich auch eine Rolle bei der Herausbildung bestimmter Attribute des Florentiner Geistes: eines starken Gefühls für Qualität, insbesondere ästhetische Qualität, und eines Sinns für das Besondere, das Andere, das Einzigartige.

Das Gefühl der Florentiner für Qualität war Produkt der handwerklichen Tradition der Stadt und der außergewöhnlichen Geschicklichkeit ihrer Handwerker. Die Handwerkszünfte hatten zum Schutz ihrer Geschäfte ein System von Qualitätskontrollen entwickelt; jeder Florentiner erkannte an, daß das Beibehalten von hoher Qualität im Interesse der Wirtschaft der Stadt lag. Dieser Sinn für Qualität und die damit verbundene Ablehnung von Schund und Minderwertigem zeichnete die Mentalität und die Wahrnehmungsweise der Florentiner besonders aus. Das zeigt sich in einem Brief des Rechtsanwalts Rosso Orlandi an einen Freund in Venedig, Piero Davanzati, über ein Problem von sehr geringer Bedeutung, den Kauf eines Stückes Tuch:

«Ich erhielt Euren Brief, in dem Ihr mich anweist, Euch zwanzig Ellen guten blauen Tuchs zu kaufen und zu schicken. Einer meiner Nachbarn ist ein guter Freund und ein Fachmann für Tuche. Zuerst schauten wir uns in den Tuchmanufakturen um, wo man gelegentlich einige schöne Reste zu herabgesetzten Preisen findet, aber wir sahen nichts, das uns gefiel. Dann besuchten wir alle Einzelhandelsgeschäfte, die gegen Bargeld verkaufen. Es ist bei ihnen nicht Brauch, daß Käufer das Tuch untersuchen und mit dem eines anderen Geschäfts vergleichen dürfen. Dennoch fanden wir Mittel und Wege, das schönste und beste Tuch in jedem Geschäft zu untersuchen, und wir ergriffen außerdem die Gelegenheit, diese Stücke nebeneinanderzulegen und miteinander zu vergleichen. Aus dem gesamten Angebot wählten wir ein Stück Tuch aus dem Geschäft von Zanobi di Ser Gino. Es gab keines, das besser gewebt oder schöner gefärbt wäre. Außerdem ist das Tuch fast eine Elle breiter als die anderen, sogar nachdem es gewaschen und geschoren war. Da die Florentiner Tuchscherer besser arbeiten als die in Venedig, ließ ich das Tuch hier waschen und scheren. Ich glaube, Ihr werdet damit zufrieden sein, wenn Ihr es seht. Es wird Euch sogar noch besser gefallen, wenn Ihr es mehrere Monate getragen habt, denn es ist ein Tuch, das sich außerordentlich gut trägt.»

Der Schönheitssinn der Florentiner besaß also seinen Ursprung in ihrem Sinn für Qualität; er prägte das Erscheinungsbild der Stadt und des bäuerlichen Landes, das Generationen von Männern, die Schönheit zu würdigen wußten, geformt hatten. In zeitgenössischen Schriften gibt er sich ebenfalls zu erkennen, zum Beispiel in einem Brief eines Bankiers, Jacopo Pazzi, an seinen Freund Filippo Strozzi in Neapel (1464), in dem er ihm für die Übersendung von Goldmünzen dankt: «Sie sind so schön, daß sie mir großes Vergnügen bereiten, weil ich es liebe, wenn Münzen gut gestaltet sind, und Du weißt, daß die Dinge um so mehr geschätzt werden, je schöner sie sind.» Giovanni Rucellai schilderte in den sechziger Jahren in seinem Tagebuch «die anziehendsten und wohltuendsten Aspekte» seiner Villa bei Quarachi, wenige Kilometer westlich von Florenz in der Nähe des Arno. Er erwähnte das Haus, den mit Obstbäumen bepflanzten Garten, den Fischteich, umgeben von Nadelbäumen, und ein anderes Wäldchen in der Ecke des Gartens, angrenzend an die Straße. «Dieser Garten ist ein Quell großen Trostes», schrieb Rucellai, «nicht nur für uns selbst und unsere Nachbarn, sondern auch für Fremde und Reisende, die in der Hitze des Sommers vorüberkommen (...), die sich mit dem klaren und wohlschmeckenden Wasser erfrischen können (...), und kein Reisender geht vorüber, ohne nicht für eine Viertelstunde anzuhalten und den Garten zu betrachten, der voller wunderschöner Pflanzen ist. So habe ich das Gefühl, daß das Anlegen dieses Parks (...) ein Vorhaben war, das sich sehr gelohnt hat.» Wie sehr den Florentinern ästhetische Dinge am Herzen lagen, veranschaulicht auch ein Dokument in den Akten der diplomatischen Korrespondenz der Stadt. Während einer entscheidenden Phase im Krieg mit Mailand (Dezember 1400) schrieb die Signoria an den General des Kamaldulenserordens wegen des Verkaufs eines in der Nähe des alten Klosters Camaldoli im Apennin gelegenen Tannengehölzes, das abgeschlagen werden sollte. Die Prioren äußerten ihre Erschütterung und ihr Entsetzen über diesen Vandalismus, sie erinnerten den Ordensgeneral daran, daß die Bäume von seinen Vorgängern gepflanzt und gepflegt worden waren «zum Trost der Eremiten und zur Freude der Besucher». Vier Jahre später (September 1404) brachte die Kommune diese Frage noch einmal auf und drängte den General, der Zerstörung des klösterlichen Besitzes Einhalt zu gebieten, dessen Schönheit Gott ebenso wohlgefällig sei wie den Menschen.

Die Florentiner waren ungewöhnlich empfänglich für die Erscheinung ihrer Umgebung, und sie besaßen ein seltenes Talent, ihre Wahrnehmungen zu vermitteln. Außerdem waren sie sich der Eigenheiten anderer Menschen stark bewußt: ihrer Gesichtszüge und Erscheinung, ihres Charakters, ihrer Tugenden und Laster. Diese Neugier brachte sie letztlich dazu, sich selbst gegenüber ein introspektives Interesse zu entwickeln. Nach Paul Oskar Kristeller sind die Schriften der Humanisten geprägt von «einer Neigung, die konkrete Einzigartigkeit der eigenen Gefühle, Meinungen, Erfahrungen und Lebensumstände zum Ausdruck zu bringen, und es für wert zu halten, daß sie zum Ausdruck gebracht werden (...)». Von diesen Eigenschaften zeugen lateinisch geschriebene Abhandlungen und Briefe, aber auch die Tagebücher und Privatbriefe gewöhnlicher Florentiner. Selbst so prosaische Dokumente wie Steuererklärungen sind häufig in einer sehr ausdrucksvollen Sprache verfaßt, wenn es um die Beschreibung der Lage eines Bauernhauses auf einem Hügel oder der Halsstarrigkeit eines mürrischen Bauern geht. Diese Würdigung des Konkreten, des Besonderen und Einmaligen war nicht nur Frucht der antiken Literatur, sondern auch des sozialen und intellektuellen Klimas im Florenz der Renaissance.

Kulturförderung im Florenz der Renaissance: Strukturen, Motivationen, Entwicklungen

Die Kultur der Renaissance, so wird nach wie vor behauptet, wurde von einer neuen Gesellschaftsklasse finanziert, dem städtischen Bürgertum. Er trat an die Stelle des Adels und des Klerus als herrschende Gruppe in der Gesellschaft, außerdem überflügelte das Bürgertum diese in ihrer traditionellen Rolle als Förderer der Kultur. Mit dem Reichtum, den es in seinen Handels-, Bank- und Gewerbeunternehmen erwarb, konnte es die Dichter, Gelehrten und Künstler in Dienst nehmen, deren hervorragende Leistungen ihm und seiner Stadt zu Ruhm und Ehre gereichten. Mit Hilfe dieser Intellektuellen und Künstler – ihrer Angestellten und ideologischen Agenten – sei es dem Bürgertum gelungen, seine Ideale und Wertvorstellungen zum Ausdruck zu bringen. Trotz dieser kruden Vereinfachung spricht einiges für diese These, aber sie bedarf der weiteren Überprüfung, der Differenzierung und Verfeinerung. Man muß die Methoden und Techniken untersuchen, mit denen diese Gesellschaft ihre Intellektuellen materiell und psychisch förderte. Wie wurde ein Talent erkannt und wie Leistung belohnt? Welche besonderen und einzigartigen Möglichkeiten bot Florenz für schöpferische Leistungen? Wie wirksam wurden die intellektuellen Ressourcen der Stadt erschlossen, und wie viele Talente wurden von auswärts angelockt? Und schließlich: Wie spiegeln sich Veränderungen in der Struktur und den Wertvorstellungen der Gesellschaft in den verschiedenen Formen der Förderung?

Im Florenz des Mittelalters und der Renaissance gehorchten intellektuelle Leistungen vor allem – fast ausschließlich – bestimmten Zwekken; sie standen im Zusammenhang mit den Zielen von Ständen und Berufen und waren unmittelbar auf die Befriedigung gesellschaftlicher Bedürfnisse gerichtet. Das Ausbildungssystem war darauf angelegt, einige Jungen auf eine Laufbahn als Kaufleute vorzubereiten, andere für Laufbahnen in der Rechtsprechung, als Notare, in der Medizin und in der Theologie. In seinem statistischen Überblick über Florenz in der Zeit vor dem Schwarzen Tod führte Giovanni Villani einige interessante Zahlen über die Einschreibung an den Schulen an. Bei einer Bevölkerung von etwa 100 000 Einwohnern waren zwischen 8000 und 10 000 junge Männer an den Privatschulen der Stadt eingeschrieben. Während die Mehrheit zur Elementarschule ging, die die Grundlagen der Volkssprache vermittelte, besuchten 1000 fortgeschrittene Schüler besondere Schulen, um Mathematik zu lernen, die für eine Geschäftskarriere notwendig war, weitere 500 wurden auf berufsvorbereitenden Hochschulen in lateinischer Grammatik, Rhetorik und Logik unterrichtet. Selbst wenn diese Zahlen möglicherweise übertrieben hoch sein sollten, zeigen sie doch, welch großer Wert in Florenz auf Ausbildung gelegt wurde. Außerdem sind sie Beweis für einen ungewöhnlich hohen Anteil von Lese- und Schreibkundigen, der vielleicht ein Viertel oder sogar ein Drittel der männlichen Bevölkerung ausmachte. Grundkenntnisse im Lesen, Schreiben und Rechnen waren eine wesentliche Voraussetzung für eine Geschäftslaufbahn, selbst in einem Handwerksberuf. Ein Vorfall, der in den Protokollen des Gerichtshofs der Kaufleute beschrieben wird, veranschaulicht, wie hoch der Wert von Ausbildung bei den Unterprivilegierten der Stadt veranschlagt wurde. Ein junger Zuwanderer aus dem Contado von Perugia, Antonio di Manno, ging vor Gericht, um einen Goldflorin zurückzuerhalten, den er im voraus gezahlt hatte, um einige Elementarkenntnisse vermittelt zu bekommen. Antonio arbeitete als Geselle in der Werkstatt eines Schuhmachers, wo ein anderer Angestellter, Miniato, sich bereit erklärt hatte, ihm ein Jahr lang Lesen und Schreiben beizubringen, dann aber sein Versprechen brach, als er die Werkstatt verließ.

Größe und Qualität des Ausbildungssystems (zu dem die «studia» an den Klöstern, eine Universität sowie Elementar- und weiterführende Schulen gehörten) zählten zu den Vorzügen der Stadt, die Talente von auswärts nach Florenz locken konnten. Neben den Institutionen, in denen eine formale Ausbildung angeboten wurde, gab es die Zünfte mit ihrem System der Lehrlingsausbildung. Junge Künstler wie Giotto aus dem Mugello und Masaccio aus San Giovanni Valdarno kamen nach Florenz, um in den Werkstätten der großen Meister zu lernen, in der anregenden intellektuellen Umgebung der Stadt zu leben und zu arbeiten und um in einer Gesellschaft, die die Künste förderte, Reichtum und Ruhm zu erwerben. Die Anziehungskraft der Stadt für Männer mit Berufsausbildung dokumentiert eine riesige Flut von Bittschriften auswärtiger Juristen, Notare und Ärzte, die das Bürgerrecht von Florenz erwerben wollten. 1381 hatte ein junger Arzt, Ugolino aus Montecatini, gerade seine Laufbahn in Pisa begonnen, wo er eine kleine Praxis und einen Lektorenposten an der Universität hatte. Er wurde eingeladen, Stadtphysikus von Pescia im Valdinievole zu werden. Weshalb er nicht widerstehen konnte und was ihn dazu veranlaßte, seinen Lehr-

stuhl in Pisa aufzugeben, um dieses Angebot anzunehmen, war die Gelegenheit, seine medizinischen Studien in Florenz fortzusetzen, an Diskussionen teilzunehmen und seine Erfahrungen zu erweitern. Ugolino willigte ein, er gab zwar zu, der Umzug nach Pescia würde nicht zu seiner Ehre gereichen, aber er glaubte, er wäre vorteilhaft für seine Karriere. Offenbar war es letztlich sein Ziel, in Florenz als Arzt zu praktizieren und dort an der Universität zu unterrichten, aber er war realistisch genug, die Schwierigkeiten zu erkennen, die auf ihn zukamen. Es brauchte Jahre, um sich einen Ruf als Arzt zu erwerben, und dann mußte ein Mediziner noch die Eifersucht seiner Kollegen ertragen. Aber Ugolino war bereit, die Herausforderung der Metropole anzunehmen, in dem Bewußtsein, daß «unser Beruf einer derjenigen ist, die vom Glück abhängig sind». 1429 überlegte ein junger Jurist aus Lucca, Filippo Balducci, ob er von Siena, wo er lehrte und praktizierte, nach Florenz übersiedeln sollte. An einen Bekannten in Florenz schrieb er: «Da ich immer eine große Zuneigung für diese großartige und berühmte Stadt hatte, die ich für eine der drei [größten] der Welt halte, würde ich lieber dort sein als hier, selbst wenn ich weniger verdiene.»
Die öffentliche Anerkennung herausragender Leistungen äußerte sich in Florenz in verschiedenen Formen. Materielle Auszeichnungen für Gelehrte waren die Berufung in ein öffentliches Amt oder eine Professur an der Universität, für Künstler Aufträge – mit allen ging die Kommune recht freigebig um. 1375 wurde Coluccio Salutati der erste humanistische Kanzler der Republik; seine Nachfolger in diesem Amt waren Männer, die alle im Ruf großer Gelehrsamkeit standen: Leonardo Bruni, Poggio Bracciolini, Carlo Marsuppini. 1300 gewährte die Kommune dem Architekten Arnolfo di Cambio eine Steuerbefreiung, «da er der bekannteste und erfahrenste Meister im Kirchenbau ist und jeden anderen auf diesem Gebiet übertrifft, und weil durch seinen Fleiß, seine Erfahrung und sein Genie die Kommune von Florenz (…) mit dem großartigen Beginn dieser Kirche (…) hofft, die schönste und ehrenwerteste Kathedrale in der Toskana zu bekommen». Eineinhalb Jahrhunderte später erhielten Leonardo Bruni und Poggio Bracciolini ähnliche Vergünstigungen; Poggio hatte behauptet, er könne «die Steuern nicht bezahlen, die von den Bürgern erhoben werden, die vom Handel und von den Einkünften aus öffentlichen Ämtern profitieren, da er vorhat, seine ganze Kraft der Forschung zu widmen (…)». Obwohl der Staat Filippo Brunelleschi nicht die Steuern erließ, wurde auch ihm kein geringer Lohn für sein Talent zuteil. In einer Verfügung

Filippo Brunelleschi;
Reliefbüste von Andrea
Cavalcanti am Grab Brunelleschis

vom Juni 1421 wird er als ein «Mann von höchst weitblickender Intelligenz und bewundernswertem Fleiß» geschildert, ihm wurde ein dreijähriges Patent für ein Schiff gewährt, das er entworfen hatte und das offenbar die Transportkosten für Güter auf dem Arno senkte. Indem Brunelleschi alle Einkünfte aus dieser Erfindung vorbehalten blieben, verkündete der Erlaß, solle verhindert werden, daß «die Früchte seines Talents und seiner Tugend einem anderen zufallen», außerdem solle ihn das «zu vermehrter Tätigkeit anregen und zu noch ausgeklügelteren Erfindungen (...)».

Dante Alighieri wurde zu Lebzeiten in seiner Heimatstadt keine Auszeichnung zuteil, aber nach dem Tod des Dichters versuchten die Florentiner mit ein paar verspäteten Gesten, Abbitte zu leisten. Giovanni Villani schrieb, «wegen der Tugend, des Wissens und der Würde dieses Bürgers erscheint es angemessen, ihm ein fortwährendes Andenken in unserer Chronik zu gewähren, obwohl seine eigenen edlen Werke, die er uns in seinen Schriften hinterlassen hat, sein Andenken bewahren und unserer Stadt Ruhm bringen». Giovanni Boccaccio erhielt im Jahr 1373 als erster den Auftrag der Kommune, öffentlich die Werke Dantes, besonders die *Göttliche Komödie* auszulegen. Dies war ein beispielloses Zeichen für den alles überstrahlenden Ruf Dantes. 23 Jahre später erließen die Ratsversammlungen ein Gesetz, das die Beamten, die mit dem Bau des Doms beauftragt waren, anwies, Vorkehrungen zu treffen für die Rückführung der sterblichen Überreste von fünf illustren Florentinern, die anderswo gestorben und begraben worden waren. Im Dom, wo keine anderen Bestattungen erlaubt werden sollten, waren prunkvolle Grabstätten für diese Männer geplant. Vier der ersten Mitglieder dieses Pantheons – Dante, Petrarca, Boccaccio und Zanobi da Strada – waren Männer der Literatur, der fünfte ein bekannter Jurist namens Accursius (gest. 1260?), der viele Jahre lang an der Universität Bologna gelehrt hatte. Dieses Projekt schlug vollkommen fehl, denn diejenigen, unter deren Obhut sich die Gräber befanden, weigerten sich, die sterblichen Überreste herauszugeben. 1430 appellierte die Signoria wegen Dante noch einmal an den Herrn von Ravenna. «Unser Volk», so lautete der offizielle Brief, «hegt einzigartiger und besonderer Zuneigung die ruhmreiche und unsterbliche Erinnerung an diesen überragenden und berühmten Dichter Dante Alighieri; der Ruhm dieses Mannes ist derart, daß er zum Lob und zum Glanz unserer Stadt beiträgt (...).»

Aber nicht jeder berühmte Bürger blieb im Lande, damit seine Heimatstadt sich mit seinen Talenten schmücken konnte. Petrarca fühlte sich niemals besonders zu Florenz hingezogen, auch Boccaccio war kein begeisterter Bewunderer der Stadt. Nach 1400 jedoch änderte sich dies, und zwar recht entschieden zugunsten von Florenz: In der ersten Hälfte des Quattrocento war die kulturelle Anziehungskraft der Stadt besonders stark. Einheimische Künstler und Schriftsteller – Masaccio, Brunelleschi, Ghiberti, Manetti – blieben in ihrer Heimatstadt und unternahmen nur kurze Abstecher in andere Städte, ihre Schar vergrößerte sich noch durch Auswärtige: Bruni, Poggio Bracciolini, Gentile da Fabriano. Santa Croce, nicht der Dom, wurde zum Pantheon von Florenz; die Gräber in der Franziskanerkirche sind sichtbares Zeugnis für den Genius der Stadt und seine Bedeutung, außerdem aber für die Unfähigkeit der Stadt, diesen Genius sich zu verpflichten und voll und ganz zunutze zu machen. Dante, Petrarca und Boccaccio fehlen immer noch, allerdings erinnert ein häßlicher moderner Kenotaph an Dante. Nach ästhetischen Kriterien sind die bemerkenswertesten Gräber die der Humanisten Bruni und Marsuppini, die beide pompöse Staatsbegräbnisse erhielten. Lorenzo Ghiberti, Niccolò Machiavelli und Michelangelo sind alle in Santa Croce begraben, obwohl Michelangelo dort gestorben ist, wo er lebte und arbeitete, in Rom. Sein Leichnam wurde nach Florenz entführt von einem Agenten des Herzogs Cosimo I. Einige hervorragende Florentiner des Quattrocento sind nicht in Santa Croce begraben, Palla Strozzi zum Beispiel, der in Padua starb, wo er in unfreiwilligem Exil lebte. Oder Leon Battista Alberti, der 1472 in Rom starb und Leonardo da Vinci, der Florenz und Italien verließ, um seine letzten Jahre am Hof König Franz' I. von Frankreich zu verbringen.

Die offizielle Anerkennung besonderer intellektueller und künstlerischer Leistungen war lediglich ein Aspekt der kollektiven, öffentlichen Förderung von Kunst und Wissenschaft im Florenz der frühen Renaissance. Die Entstehung der großen architektonischen Denkmäler wurde überwacht von besonderen Kommissionen, den «operai», die von den Zünften ausgewählt wurden. 1402 gewann Lorenzo Ghiberti in einem öffentlichen Wettbewerb, den die Konsuln der Calimala-Zunft ausgeschrieben hatten, den Auftrag, die Türen des Baptisteriums zu gestalten, das Urteil fällte ein eigens dafür bestimmtes Gremium von 34 Malern, Bildhauern und Goldschmieden. Auch im Reich der Wissenschaften war offizielle Förderung wichtig und nützlich, im allgemeinen erfolgte sie in Form eines städtischen Amts oder einer Professur an der Universität. Die Berufung bekannter Humanisten wie Salutati und Bruni als Kanzler war der Lohn für ihr Ansehen, zugleich aber auch die Bezahlung für Dienste, die sie der Republik erwiesen hatten. Um die Mitte des 15. Jahrhunderts jedoch ließ die öffentliche Finanzierung der Kultur nach; der private Mäzen einer Kultur, die ausschließlich privaten Bedürfnissen dienen sollte, gewann größere Bedeutung als je zuvor. Diese Entwicklung läßt sich an zwei verschiedenen Erscheinungen skizzieren: der Geschichte des Florentiner «studio» und der Schirmherrschaft der Medici über die Künste.

Das Schicksal der wichtigsten Florentiner Institution für höhere Bildung bietet ein wertvolles Korrektiv des idealisierten Bildes, nach dem diese Gesellschaft der intellektuellen Leistung besonders verpflichtet und bereit war, dafür große Opfer zu bringen. Von Anfang an war den Bemühungen, in Florenz eine Universität einzurichten, die einen Rang unter den ersten einnehmen sollte, nur geringer Erfolg beschieden. Im Jahr 1321 führte die Kommune ein «studium generale» ein, aber dieses war nie sehr erfolgreich und wurde schon in den dreißiger Jahren wieder eingestellt. Noch bevor der Schwarze Tod umging, erließ eine mutige und vorausschauende Signoria am 26. August 1348 ein Dekret, in dem die Wiedereröffnung des «studio» verfügt und voll Zuversicht verkündet wurde, daß «der Stadt Florenz aus dem Studium der Wissenschaften Ehre und ein hohes Maß an Reichtum erwachsen werden». Obwohl die Umstände dieser Gründung nicht weniger vielversprechend sein konnten, überlebte die Universität und erwarb sich nach und nach einen bescheidenen Ruf. Aber ihre Existenz war niemals gesichert, sie hielt sich mit den recht mageren Mitteln, die die Kommune widerwillig gewährte, gerade über Wasser. Die Akten der Entscheidungen über den Haushalt der Universität in den sechziger Jahren offenbaren, daß einige Bürger große Zweifel hegten, ob sie die Kosten wert war, die sie verursachte. Während ihrer Blütezeit in den achtziger Jahren verfügte die Universität über ein beträchtliches Budget von 3000 Florin, aus dem ein Stab von 24 Professoren bezahlt wurde. Aber eine Folge der alle Kräfte erschöpfenden Kriege mit Giangaleazzo Visconti war, daß die Universität im Jahr 1406 geschlossen und erst im Jahr 1413 wiedereröffnet wurde. Danach wurde der Haushalt während der Kriege mit Mailand in den zwanziger Jahren des 15. Jahrhunderts wiederholt gekürzt und schließlich im Jahr 1426 auf 200 Florin heruntergesetzt. Vier Jahre später gab der Rektor des «studio» freimütig zu, die Universität sei in einem prekären Zustand. «Es schmerzt uns zutiefst», verkündete er, «daß diese ruhmreiche Republik, die das übrige Italien und alle vorangegangenen Jahrhunderte an Schönheit und Glanz überflügelt hat, in dieser einen Hinsicht von manchen unserer Nachbarstädte übertroffen werden sollte, die uns sonst in jeder anderen Weise unterlegen sind.»

Daß es der Universität nicht gelang, jene Bekanntheit zu erwerben, die das Ziel ihrer Gründer und Unterstützer war, ist vielleicht der ausschlaggebende Faktor, weshalb die herrschende Klasse von Florenz nicht bereit war, angemessen und auf Dauer für ihren Unterhalt zu sorgen. Der solide Ruf von Bologna und Padua wurde durch das «studio» niemals wirklich in Frage gestellt, und möglicherweise erkannten schlaue Politiker, daß kein Geldbetrag etwas an dieser Tatsache ändern würde. Die Interessen der Patrizier waren durch die Mittelmäßigkeit des Unterrichts am «studio» nicht beeinträchtigt; reiche Bürger konnten ihre Söhne an andere italienische Universitäten schicken, besonders nach Bologna, um die Fertigkeiten und Titel zu erwerben, die sie für ihre Karriere brauchten. Zu der schwindenden Bedeutung der Universität trug außerdem bei, daß in Florenz und anderswo die humanistischen Studienzweige – Rhetorik, Moralphilosophie, Poesie –

außerhalb der Universität gepflegt wurden. Obwohl diese Fächer im «studio» regelmäßig angeboten wurden, gelegentlich von so hervorragenden Gelehrten wie Chrysoloras, Filelfo und Marsuppini, wurden die Geisteswissenschaften meist privat unterrichtet: Lehrer unterwiesen Studenten bei sich zu Hause, Gelehrte versammelten sich in Klöstern oder Privathäusern, um über antike Texte zu diskutieren. Wie andere Lebensbereiche der Patrizier auch wurden Gelehrsamkeit und Ausbildung in Florenz im Quattrocento privater, aristokratischer und exklusiver.

Die bekannteste Einrichtung höherer Bildung in Florenz in der zweiten Hälfte des 15. Jahrhunderts war nicht das «studio», sondern die Platonische Akademie, eine informelle Gruppe von Gelehrten und Studenten, die das gemeinsame Interesse an der platonischen Philosophie zusammenführte. Ihr Kopf war Marsilio Ficino, dessen Übersetzung der Schriften Platos von den Medici finanziert wurde. Ficinos Villa in Careggi, außerhalb von Florenz, war der Mittelpunkt der Akademie, sie besaß jedoch keine feste Struktur, auch bot sie keinerlei regelmäßigen Unterricht. Die einzigen eingeplanten Termine waren Lesungen Ficinos in unregelmäßigen Abständen und gelegentliche Gastmähler und Symposia in seiner Villa in Careggi. Ficino hatte eine lockere und informelle Führungsrolle inne gegenüber seinen Schülern und den Gelehrten, die zu Besuch kamen, wie Pico della Mirandola und Jacques Lefèvre d'Étaples. Aber die wesentlichen Kennzeichen dieser Gemeinschaft waren Privatheit, Intimität und Gelehrsamkeit um ihrer selbst willen, ohne Rücksicht auf berufliche oder praktische Vorteile.

Zu einer solchen Verlagerung von Form und Gegenstand kultureller Förderung aus der öffentlich-gesellschaftlichen in die private Sphäre kam es auch in den bildenden Künsten. Die Auftraggeberschaft der Kommune und der Zünfte erreichte zwischen 1375 und 1425 ihren Höhepunkt, als die Loggia dei Lanzi und die Domkuppel gebaut wurden, als die Zünfte die Türen des Baptisteriums und die Statuen für den Orsanmichele in Auftrag gaben und neue Zunfthäuser errichten ließen. In jenen Jahrzehnten kam auch die private Finanzierung der Künste größtenteils (wenn auch nicht ausschließlich) unmittelbar öffentlichen Unternehmungen zugute. Die ersten Bauvorhaben, die Cosimo de' Medici finanziell unterstützte, waren Neu- und Umbauten von Kirchen und Klöstern: San Lorenzo, San Marco, die Badia von Fiesole und die Kirche San Francesco in Bosco im Mugello. Diese Art der Förderung wie auch ihre kollektive Form war von der Tradition sanktioniert, denn an mehreren dieser Projekte beteiligten sich auch andere Familien. Wenn auch nur aufgrund seiner überlegenen finanziellen Mittel, gab Cosimos Stimme bei diesen kollektiven Unternehmungen oft den Ausschlag; San Lorenzo zum Beispiel wurde schließlich zwanzig Jahre nach der Planung des Projekts mit dem Geld der Medici vollendet. Daß Cosimo zögerte, dieses Werk eher zu Ende zu führen, hatte seinen Grund offenbar darin, daß er nicht zu offensichtlich als ehrgeiziger Bauherr erscheinen wollte. Sein Plan, San Marco neu zu bauen, wurde vereitelt, weil andere Familien, die das Recht hatten, im Kloster begraben zu werden, sich weigerten, darauf zu verzichten.

Trotz dieser Einschränkungen seines Mäzenatentums durch Gemeinschaftsgeist und Tradition, aber auch durch sein Gefühl für Schicklichkeit, ist sein Beitrag zur Förderung der Künste insgesamt doch sehr eindrucksvoll. Sein bedeutendstes Vorhaben war natürlich der Palazzo in der Via Larga, und innerhalb der Grenzen dieses Baus befriedigten die späteren Generationen der Medici ihre ästhetischen Bedürfnisse. Lorenzo wurde der erste Rang unter den Kunstkennern in Italien zuerkannt; Fürsten aus ganz Italien suchten seinen Rat, wenn es um Maler und Architekten ging. Es war Teil seiner Außenpolitik, den Herrschern, deren Gunst er zu erwerben wünschte, Florentiner Künstler zu schicken, die für sie arbeiten sollten. Aber materiell war Lorenzos Beitrag zur Förderung der Künste in Florenz eher gering. Das meiste Geld für diesen Zweck floß nicht in kirchliche oder staatliche Projekte, sondern in seine private Sammlung kostbarer Gemmen und antiker Kunst. Diese Sammlung diente seinem eigenen Vergnügen, dem enger Freunde und dem von Würdenträgern, die zu Besuch kamen; wenn ihnen die Schätze gezeigt wurden, konnte aus dieser Geste politisch Nutzen gezogen oder persönliche Befriedigung gewonnen werden. Lorenzos Sammlung von Kunstgegenständen war das ästhetische Gegenstück zur Platonischen Akademie.

Der Florentiner Humanismus:
Entstehung und Bedeutung

Im Mittelpunkt der Kulturgeschichte Florenz' zwischen 1380 und 1450 steht die Wiederbelebung der klassischen Antike als wichtigster Quelle, als Brennpunkt und Inspiration des intellektuellen Lebens. In jenen Jahren entwickelte sich ein Lehrplan, der auf den «studia humanitatis» beruhte, den Disziplinen Grammatik, Rhetorik, Poesie, Geschichte und Moralphilosophie. Dieser Fächerkanon diente schon in der Antike als Fundament der Bildung; durch die ganz anderen Bedürfnisse und Interessen der mittelalterlichen Welt war er verändert und verwandelt, niemals aber vollkommen verworfen worden. Was allgemein als «Heraufkunft des Humanismus» bezeichnet wird, entstand in einer Atmosphäre schwärmerischer Begeisterung für die Literatur der klassischen Antike, der lateinischen wie der griechischen Autoren. Sie läßt sich vergleichen mit der Begeisterung, als im 12. Jahrhundert in Frankreich die aristotelische Logik wiederentdeckt und auf theologische Probleme übertragen wurde. Als Indiz für die Heraufkunft des Humanismus kann gelten, daß die Zahl der Studenten, die sich der klassischen Philologie widmeten, auffallend zunahm, daß sich Gruppen bildeten, die ein gemeinsames Interesse an den Schriften antiker Autoren verband, und daß intensiv nach unbekannten Manuskripten dieser Autoren geforscht wurde. Der Fortschritt der Geisteswissenschaften läßt sich außerdem daran erkennen, daß die Techniken für das Studium antiker Texte vervollkommnet und immer mehr Kenntnisse über die griechische und römische Kultur zusammengetragen wurden. Ein weiterer Aspekt des Florentiner Humanismus war die Ausweitung des Interesses an der Antike von rein literarischen Quellen auf andere Disziplinen: die Architektur und Bildhauerei, die Musik, die Mathematik und die Physik. Die Frage, um die am meisten gestritten wurde, war der Einfluß der Antike auf zeitgenössische Wertvorstellungen und ihre Rolle als Auslöser von Veränderungen der Art und Weise, wie die Florentiner ihre Welt und sich selbst wahrnahmen.

Dieses Interesse an der klassischen Antike und die Vertrautheit mit ihrem literarischen Erbe war keine vollkommen neue Erscheinung; dahinter stand eine lange Geschichte, die ohne Unterbrechung bis in die Antike selbst zurückreichte. Im mittelalterlichen Europa war die Anziehungskraft des alten Rom niemals verlorengegangen, auch das Studium der römischen Literatur war niemals ganz aufgegeben worden. Generationen von Studenten, die sich auf die geistliche Laufbahn vorbereiteten, lernten Latein, indem sie in mittelalterlichen Grammatiken Passagen von Livius und Horaz studierten. Diese Begeisterung für die antike Vergangenheit war in Italien am stärksten, denn die Italiener waren stolz auf ihre Abkunft von den Römern. Rechtsgelehrte wurden in Italien bei ihren Studien des römischen Rechts, deren Anfänge in Bologna bis ins 11. Jahrhundert zurückverfolgt werden können, nicht nur mit den Kodizes und Kompendien vertraut, sondern auch mit der politischen und institutionellen Geschichte des republikanischen und kaiserlichen Rom. Und während die Juristen sich in Bologna in die Spitzfindigkeiten des *Corpus iuris civilis* Justinians versenkten, bereiteten sich andere junge Männer auf eine Laufbahn als Notar vor, für die die Rhetorik grundlegende Disziplin war. Diese Studenten lasen Cicero und Livius, obwohl ihre zukünftige Berufstätigkeit so prosaischen Aufgaben gewidmet war wie dem Aufsetzen von Testamenten, Verkaufsverträgen und Handelskontrakten, aber einige blieben ihren Studien der Klassiker als Nebenbeschäftigung treu.

Das starke Interesse an der Antike und ihrer Literatur war im 14. Jahrhundert also gut verankert, und auf diesem Fundament entwarf Petrarca seinen Kreuzzug für eine «neue Gelehrsamkeit». Er war 1304 in Arezzo geboren worden als Sohn eines aus Florenz geflohenen Notars, der später am päpstlichen Hof in Avignon eine Stellung fand. Petrarca wurde nach Bologna geschickt, um Jura zu studieren, gab dieses Fach aber zugunsten der Dichtung auf. Als Verfasser von Gedichten in der toskanischen Volkssprache erwarb er sich zunächst in Italien einen Ruf. Seine Gedichte waren sehr beliebt, sie übten tiefen und dauerhaften Einfluß auf die Dichtung aus, nicht nur in Italien, sondern auch in Frankreich und England. Noch als Student begeisterte sich Petrarca für die Werke lateinischer Autoren, insbesondere für Cicero, und wurde der einflußreichste Fürsprecher der neuen Gelehrsamkeit und ihr standhaftester Verteidiger gegen Kritik. Vor allem ihm ist es zu danken, daß das Studium der antiken Schriftsteller zu einer kontroversen Frage in der Gelehrtenwelt Italiens wurde. Die Begeisterung für die Antike wies alle Kennzeichen eines Kultes auf, mit Jüngern, einem Programm und mit einem starken Bekehrungseifer.

Eine entscheidende Figur in der Entwicklung der Stadt Florenz zu einem Zentrum der neuen Gelehrsamkeit war Coluccio Salutati, ein

Notar aus dem Dorf Stignano (im Valdinievole zwischen Lucca und Pistoia), der 1375 als Kanzler nach Florenz gerufen wurde. Er bekleidete dieses wichtige Amt bis zu seinem Tod im Jahr 1406 und wurde ein mächtiger, einflußreicher Staatsmann und ein angesehenes Mitglied des Patriziats. Salutatis überragende Position in der Florentiner Gesellschaft war eine wichtige Voraussetzung für seinen Erfolg als Förderer des Humanismus. Petrarca genoß zwar als Schriftsteller weitaus größeren Ruhm, aber er lebte und arbeitete niemals in Florenz, und so war sein Einfluß dort begrenzt. Salutati war intellektuell weniger bedeutend und besaß in der literarischen Welt Italiens einen weniger glänzenden Ruf, trotzdem konnte er in Florenz mehr für das Studium der klassischen Autoren bewirken.

Salutati war Mitglied jener Gruppe von Gelehrten und gebildeten Bürgern, die sich im Augustinerkloster Santo Spirito unter der Schirmherrschaft von Luigi Marsili trafen, um moralische und philosophische Fragen zu diskutieren. Nach Marsilis Tod im Jahr 1394 galt Salutati als Kopf dieser Gruppe, er wurde zum führenden Vorkämpfer der klassischen Philologie in Florenz. Zu seinen Schülern gehörten einige der wichtigsten humanistischen Gelehrten der folgenden Generation – Leonardo Bruni, Pietro Paolo Vergerio, Poggio Bracciolini – und außerdem eine Gruppe junger Florentiner Patrizier, die er ermutigte, ihre Studien fortzusetzen und die ihn als ihren Förderer und Mentor betrachteten: Niccolò Niccoli, Angelo Corbinelli, Roberto de' Rossi, Cino Rinuccini. Diese Männer nahmen sich an Salutati ein Beispiel, er bot ihnen ein solides Fundament, auf dem sie ihre wissenschaftlichen und literarischen Interessen aufbauen konnten. Unter seiner Anleitung und Schirmherrschaft trafen sie sich regelmäßig, um über die Fragen zu diskutieren, die sie bewegten. Sie borgten sich Bücher aus der Bibliothek des Kanzlers, vielleicht der besten privaten Sammlung klassischer Autoren in Florenz, und vertieften ihre Kenntnisse der antiken Literatur. Der Kanzler war das Bindeglied zwischen der Welt der Gelehrsamkeit und Bildung und der Welt des Handels und der Politik. Angehende Humanisten konnten in der Auseinandersetzung mit Älteren, die den Wert von Klassikerstudien möglicherweise anzweifelten, auf Salutatis Ruhm und Reputation verweisen, auf seinen politischen Einfluß und seine soziale Stellung. Vespasiano da Bisticci beschrieb einen solchen Skeptiker, den Kaufmann Andrea de' Pazzi, der «wenig von Bildung wußte, ihr nur geringen Wert beimaß und durchaus nicht den Wunsch hegte, daß sein Sohn [Piero] Zeit dafür verschwendete».

Durch seine Berufskarriere und seine Schriften war Salutati eifrig bemüht, die antiken Autoren für die Welt, in der er lebte, bedeutsam werden zu lassen. Seine offiziellen Briefe, die er in einem Stil abfaßte, der in jener Zeit als elegant und ciceronisch galt, waren gespickt mit Anspielungen auf die Antike, und sie dienten als Vorbild für den Kanzleistil in Italien. Einer weitverbreiteten Anekdote zufolge sagte Giangaleazzo Visconti einmal, ein Brief von Salutati sei eine Streitmacht von 1000 Rittern wert. Diese Übertreibung zeigt, welch überragende Bedeutung die Talente der Humanisten in politischen Diensten genossen. 1394 bat die Florentiner Signoria den Herrn von Padua, Francesco da Carrara, davon abzusehen, diplomatische Noten in der Volkssprache zu schicken, «denn Eure Briefe könnten durch irgendeinen Fehler im Stil oder den Irrtum eines Sekretärs falsch aufgefaßt werden (...)». Wie wichtig eine Ausbildung in Rhetorik für Mitglieder diplomatischer Missionen war, hatte man längst erkannt, und die Kommune legte bei der Ernennung von Botschaftern immer mehr Wert auf diese Qualifikation. Aus den Akten der *Consulte e Pratiche* läßt sich außerdem ersehen, welchen Einfluß die Rhetorik auf das politische Denken und Handeln nahm. In den frühen Bänden dieser Quelle, die in den mittleren Jahrzehnten des Trecento zusammengestellt wurden, sind die Zusammenfassungen der Reden sehr knapp gehalten und beschränken sich auf das Wesentliche. Das läßt darauf schließen, daß entweder die Redner sich kurz faßten oder aber der Notar aus Unwillen oder Unfähigkeit keine langen und detaillierten Resümees gab. Aber während der Amtszeit Salutatis als Kanzler von Florenz gerieten die Protokolle dieser Reden immer länger, sie wurden in elegantem Stil abgefaßt und gelegentlich mit Anspielungen und Zitaten aus der Antike angereichert. Zu Beginn des 15. Jahrhunderts, wenn nicht früher, war Beredsamkeit zu einem wichtigen politischen Mittel geworden. Allerdings rief Eloquenz gelegentlich auch Kritik hervor, wie die säuerliche Bemerkung von Gino Capponi illustriert, der einer Rede von Piero Baroncelli nachsagte, sie sei zwar «sehr hübsch gewesen, aber es fehlte ihr an Substanz».

Über Salutatis soziale und kulturelle Wertvorstellungen streiten sich die Gelehrten. Grund für diese Schwierigkeiten sind vor allem bestimmte Widersprüche in seinen Schriften sowie Diskrepanzen zwischen seinen Worten und seinen Taten. In seiner Verteidigung der Klassikerstudien blieb er recht konsequent und beständig, er wiederholte Argumente, die früher bereits vorgebracht worden waren, um das Lesen «heidnischer» Literatur zu rechtfertigen. Er bestand darauf, daß die Beschäftigung vieler antiker Autoren mit Problemen der Moral ihr Studium durch christliche Gelehrte legitimiere. Aber in anderen Fragen verhielt sich Salutati ambivalent und widersprüchlich. Die Korrespondenz seiner Kanzlei enthielt einige sehr beredte Erklärungen, in denen er politische Freiheit und Freizügigkeit preist, die republikanische Regierungsform in Florenz lobt und den Despotismus in Mailand verdammt. In seiner Abhandlung *De tyranno* jedoch behauptet er, die Monarchie sei die beste Regierungsform und übergeht die Zerstörung der römischen Republik durch Cäsar. Mit *De seculo et religione* nahm er ein ehrwürdiges, mittelalterliches Thema wieder auf: das Lob des Klosterlebens in Einsamkeit und Gebet als überlegene Lebensform. Aber in privaten Briefen an Freunde entwickelte Salutati eine zusammenhängende und überzeugende Rechtfertigung der «vita activa», die er lebte. In einem Brief kritisierte Salutati scharf einen Mann, der seine literarischen Studien aufgegeben hatte, um die Laufbahn eines Notars einzuschlagen, weil er seine wirtschaftliche Situation verbessern wollte. In seinem Brief idealisiert er die Gestalt des armen Gelehrten, dessen Sinnen und Trachten ausschließlich der Wissenschaft gilt – das aber steht im scharfen Gegensatz zu Salutatis eigener Karriere, die ihm Reichtum und hohen sozialen Rang einbrachte.

Die Ungereimtheiten und Widersprüche in Salutatis Schriften spiegeln offenbar die Zweifel und die Verwirrung seiner Generation auf der Suche nach Wertorientierungen. Die einsichtsvollste Analyse dieses Problems findet sich in Hans Barons Buch *The Crisis of the Early Italian Renaissance*. Baron behauptet, nach 1400 sei ein neues kulturelles Phänomen aufgetreten: der bürgerliche Humanismus. Obwohl die Orientierung an der Antike ein Erbe der Gelehrten des Trecento war, unterschieden sich deren Ansichten und Wertvorstellungen entscheidend von jenen, für die Petrarca und Salutati sich einsetzten. Die Ursprünge des bürgerlichen Humanismus seien in der politischen Situation Florenz' zur Zeit um 1400 zu suchen, noch genauer: in der Bedrohung der Unabhängigkeit der Stadt, verkörpert durch Giangaleazzo Visconti. Diese Krise hätte nachhaltigen Einfluß auf die Mentalität der Florentiner gehabt, sie bestärkte die Bürger in ihrer Treue zur republikanischen Regierung und zu den Idealen von Freiheit und Freizügigkeit, die traditionell mit dieser Regierungsform verbunden wurden. Die Humanisten seien die führenden Exponenten dieser politischen Werte, die entschiedensten Propagandisten der republikanischen

Verfassung der Stadt geworden. Sie entwickelten eine neue Interpretation der Florentiner Geschichte, die auf der Gründung der Stadt durch Sulla beruhte, als die römische Republik noch in ihrer Blüte stand (und nicht durch Cäsar, der die Republik zerstörte). In ihren Schriften und Reden hätten die Humanisten außerdem eine Ideologie für die Florentiner Bürger formuliert, die zwar aus antiken Quellen stammte, trotzdem aber auch fest verwurzelt war in den Realitäten und Erfahrungen der Stadt. Diese Ideologie pries die staatsbürgerliche Tugend, sich an öffentlichen Angelegenheiten zu beteiligen, das Konzept der «vita activa», dem die Kaufleute und Staatsmänner anhingen, im Gegensatz zur «vita contemplativa» der Asketen und Gelehrten. Außerdem wurde der Erwerb von Reichtum nicht als Hinderungsgrund für Bildung und Erlösung betrachtet, sondern vielmehr als Mittel zur Beförderung von Wissenschaft und Moral.

Diese grobe Zusammenfassung der Thesen Barons wird weder dem Reichtum und der Vielschichtigkeit seiner Analysen noch seiner ungeheuren Belesenheit gerecht, sie können nur durch eine sorgfältige Lektüre seines Werkes gewürdigt werden. Seine Arbeit beruht auf bestimmten Voraussetzungen und Annahmen, die in seinem Buch nicht eindeutig und offen formuliert werden. Sie finden sich aber auch nicht in den meisten Kritiken, zu denen seine Argumente herausgefordert haben. Das Erstaunlichste an seiner Interpretation ist vielleicht die Schärfe, mit der er zwei Stadien des Humanismus unterscheidet: Zwischen Salutati, dem Sprecher des älteren Humanismus, der von mittelalterlichen Denkweisen und Wertvorstellungen beherrscht war, und Leonardo Bruni, dem Wortführer des neuen bürgerlichen Humanismus, liegt die Kluft einer Generation, die die Trennlinie zwischen dem Florenz des Mittelalters und dem der Renaissance darstellt. Baron ist einer soziologischen Sichtweise von Kultur verpflichtet, er betrachtet intellektuelle Neuerungen als unmittelbare Reaktionen auf Veränderungen in der materiellen Welt. Indem er so genau wie möglich die um 1400 entstandenen Schriften der Florentiner Humanisten datierte, versuchte er zu zeigen, daß die politische Krise von 1402 unmittelbar und nachhaltig auf die Vorstellungswelt der Florentiner einwirkte. Außerdem liegt Barons Interpretation der Florentiner Kultur eine Auffassung zugrunde, die Alfred von Martin in seiner *Soziologie der Renaissance* klar benannte: Danach formulierte die herrschende Gesellschaftsklasse die Werte und Ideale einer ganzen Gesellschaft.

Im Mittelpunkt der Kritik an Barons Interpretation stehen seine

Auffassung vom bürgerlichen Humanismus und seine Theorie, die intellektuelle Veränderung sei Reaktion auf eine politische Krise gewesen. Als Beispiel für die Zielrichtung und den Ton der Kritik an seinen Thesen kann Jerrold Seigels Artikel (in: *Past and Present*, Nr. 34, Juli 1966) stehen, in dem eine deutlich andere These über die historische Entwicklung des Florentiner Humanismus entwickelt wird. Seigel bemüht sich in seiner Argumentation vor allem um die zeitliche Einordnung von Brunis frühen Schriften; er nimmt an, zwei wichtige Abhandlungen, die *Laudatio Florentinae urbis* und die *Dialogi ad Petrum Istrum*, seien vor 1402 geschrieben worden und deshalb nicht beeinflußt von der Krise jenes Jahres. Seigel folgert daraus, daß Bruni bei der Abfassung dieser Schriften weder politische noch ideologische, sondern berufliche und praktische Absichten verfolgte. Bruni stellte darin seine rhetorischen Fertigkeiten zur Schau, er demonstrierte, daß er für beide Seiten eines Problems eloquente und überzeugende Argumente entwickeln konnte, wie in den *Dialogi*. Seigel nimmt weiter an, daß Bruni mit diesen lobrednerischen Abhandlungen vielleicht eine Stellung in der Florentiner Kanzlei unter Salutati zu ergattern hoffte. Dann untersucht Seigel die Entwicklung des Florentiner Humanismus gegen 1400 und kommt zum Schluß, der Humanismus sei von sozialen und politischen Bedingungen nicht wesentlich beeinflußt worden. Veränderungen im Denken der Humanisten wären in der gelehrten Auseinandersetzung selbst begründet, angeregt von neuen Einstellungen und Gesichtspunkten, die sich aus der rhetorischen Tradition ergaben, aber nicht angestoßen von äußeren Faktoren. Seigel sieht Ideen nicht als Ergebnisse bestimmter historischer Ereignisse oder Umstände, sondern zieht es vor, sie als Entwicklungsstufen innerhalb einer bestimmten intellektuellen Tradition oder Disziplin zu behandeln. Er betont, welch unterschiedlichen Berufen und Tätigkeiten die Humanisten nachgingen – Juristen, Gelehrte, Theologen – und vertritt die These, die Angehörigen dieser Berufskasten hätten ihre Interessen recht unabhängig voneinander verfolgt, ebenso unbeeinflußt von Entwicklungen in anderen Disziplinen oder Berufen wie von sozialen Unruhen oder politischen Krisen.

Im Mittelpunkt dieser Debatte steht die Frage nach der Art der Beziehung zwischen Idee und Erfahrung. Obwohl der Autor weitgehend mit der Auffassung Barons übereinstimmt, ist er von dessen Analyse dieser Beziehung nicht restlos überzeugt. Die These, daß es im frühen Quattrocento zu einem grundlegenden Wandel der humanistischen

Werte und Wahrnehmungen kam, kann man durchaus akzeptieren und trotzdem Barons Begründung für diese intellektuelle Revolution mit Skepsis betrachten. Die Gefahr, die der Unabhängigkeit von Florenz durch Mailand drohte, war sicherlich ein Faktor in der geistigen und emotionalen Neuordnung, diese Gefahr war aber nicht der einzige – und vielleicht noch nicht einmal der wichtigste – Auslöser. Die Akten der *Consulte e Pratiche* – Protokolle aller Beratungen der politischen Klasse in Florenz – bieten einige Hinweise auf den Zustand der bürgerlichen Geistesverfassung im frühen Quattrocento. Die Aufschlüsse, die aus diesen Protokollen gewonnen werden können, lassen zwar keine endgültige Aussage zu, aber sie legen die Interpretation nahe, daß die entscheidenden Momente in jenen «Krisenjahren» nicht in der Phase des Krieges mit Mailand lagen, sondern erst im darauffolgenden Jahrzehnt, während der Kämpfe von Florenz mit Genua und König Ladislaus von Neapel (1409-1414). Bedeutsam ist, wie kritisch und introspektiv in jenen Jahren politische Diskussionen geführt wurden, wie hart und erbittert die Florentiner Institutionen, Praktiken und Haltungen verurteilt wurden, die – wie freimütige Kritiker unverblümt zugaben – verantwortlich waren für die bedrängte Lage der Stadt. In jenen Beratungen wurden die üblichen Aufrufe zur Verteidigung der Freiheit der Stadt und ihrer republikanischen Institutionen ergänzt durch eine deutlich kritische und realistische Einschätzung der Mängel jener Institutionen und durch den Ruf nach ihrer Reform.

Diese Protokolle stützen die Hypothese, daß die kulturelle Revolution im Florenz des frühen Quattrocento nicht einfach eine Reaktion auf ein bestimmtes Krisenmoment war, das als katalytisches Ereignis wirkte, sondern vielmehr ein allmählicher Prozeß, der von mehreren inneren und äußeren Faktoren und Umständen ausgelöst wurde, die die Florentiner zwangen, sich selbst objektiver und realistischer einzuschätzen. Die Gründe für diesen kulturellen Umbruch sollten nicht in der Situation von Florenz als einem belagerten, republikanischen Stadtstaat gesucht werden, sondern im besonderen Charakter dieser Gesellschaft und ihrer politischen Traditionen, die den Austausch zwischen Intellektuellen, Kaufleuten und Politikern erleichterte und ein einzigartiges Forum für die Verbreitung neuer Ideen und Ansichten bot. Aus diesen Institutionen und Umständen entwickelte sich die symbiotische Beziehung zwischen der Welt der Gedanken und der Welt des Handelns, die so typisch für Florenz ist. Mit ungewöhnlichem Gespür für ihre Gesellschaft und deren Bedürfnisse schöpften die Humanisten der

Generation Brunis aus den reichen literarischen Quellen ihrer Wissensgebiete und gaben den Florentinern Techniken und Materialien an die Hand, um sich selbst zu prüfen und ihre Werte und Ziele zu überdenken.

Eines der wichtigsten Werkzeuge der Humanisten war eine neue historische Perspektive, die – wie Hans Baron gezeigt hat – von Leonardo Bruni entwickelt wurde. Im Mittelalter war das historische Denken im Wesen teleologisch und auf universalistische Ziele gerichtet; es beschäftigte sich damit, geschichtliche Ereignisse in den göttlichen Heilsplan einzuordnen. Brunis historische Sicht hingegen war zeitgebunden, weltlich und am Individuellen interessiert. Seinem Urteil zufolge verdienten die historischen Erfahrungen der Stadt Florenz und des republikanischen Rom das höchste Lob, denn diese Gesellschaften hätten ihren Bürgern die besten Bedingungen für eine aktive Lebensführung geboten. Die zeitliche Existenz dieser Städte wurde nicht gerechtfertigt durch ihre Stellung in einem göttlichen Heilsplan, sondern durch ihre weltlichen Leistungen. Außerdem bot der historische Bericht dieser Erfahrungen ein Modell, das als Vorbild dienen konnte, und einen Rahmen, in dem sich menschliches Handeln verstehen und beurteilen ließ. Der erste Beleg dafür, daß diese Sichtweise in einer politischen Entscheidung eine Rolle spielte, stammt aus dem Frühjahr 1413, der Zeit des Krieges gegen König Ladislaus. Damals traf Messer Piero Beccanugi folgende Feststellung, die erste dieser Art, die in den ausführlichen Protokollen festgehalten wurde: «Um öffentliche Angelegenheiten mit Klugheit zu behandeln, ist es erforderlich, in die Vergangenheit zu schauen, um für die Gegenwart und die Zukunft sorgen zu können.» Danach wurde die Berufung auf historische Beispiele, um eine bestimmte Politik oder Ansicht zu rechtfertigen, zu einem Standardargument in der politischen Diskussion. Am häufigsten wurden Ereignisse aus der Florentiner Geschichte zitiert, und zwar nicht nur aus der jüngeren Vergangenheit, die jedem Bürger vertraut war, sondern auch historische Erfahrungen, die fast ein Jahrhundert zurücklagen: Die Diktatur des Herzogs von Athen in den Jahren 1342–1343, der Krieg mit Pisa in den sechziger Jahren, die Invasion der Toskana durch Kaiser Karl IV. im Jahr 1368. Möglicherweise ist es von Bedeutung, daß in den Protokollen mehrere Male Bezug auf die Kriege zwischen Florenz und Giangaleazzo Visconti genommen wird, kein einziges Mal wird jedoch die Krise von 1402 besonders erwähnt. Außerdem bedienten sich die Redner auch antiker Quellen. Messer Filippo Corsini zitierte Ereignisse aus den Punischen Kriegen – die vernichtende Niederlage der römischen Armee bei Cannae und die Belagerung von Sagunt –, um seine Meinungen zur Florentiner Politik gegen Ladislaus zu stützen. Messer Rinaldo Gianfigliazzi zitierte Seneca: «Nur das Ehrliche ist gut (...)», und das Beispiel des Königs Lykurg von Sparta, der «Gesetze erließ und dabei erklärte, daß öffentliche Angelegenheiten gut geführt werden von den Wenigen mit der Autorität der Vielen».

Ein weiteres Beispiel für den Einfluß humanistischer Vorstellungen auf das politische Denken und die Politik in Florenz bietet die radikale Verwandlung des Selbstbildes der Stadt im frühen 15. Jahrhundert. Obwohl Florenz im Trecento viele kosmopolitische Züge aufweist, waren seine Einwohner recht provinziell und engstirnig in ihren Ansichten: voller Angst vor der Außenwelt, voller Mißtrauen gegenüber Fremden insgesamt und besonders gegenüber vornehmen Besuchern. Von 1273 bis 1419 kam kein Papst oder Kaiser nach Florenz; Fürsten und Prälaten wurden häufig abgewiesen, wenn sie um Erlaubnis baten, die Stadt besuchen zu dürfen. Die ersten Zeichen einer Veränderung dieser abweisenden Haltung zeigen sich in den Beratungen von 1407, in denen einige wenige Redner Florenz als Ort für ein ökumenisches Konzil vorschlugen, um das Große Schisma, das dreißig Jahre lang das katholische Europa gespalten hatte, zu beenden. Diese Vorstellung verstörte viele Bürger, die sich keineswegs über die Aussicht freuten, daß ihre Stadt von Fremden überlaufen sein würde und eine große Zahl kirchlicher und weltlicher Würdenträger beherbergt werden müßte. Diejenigen, die sich für das Konzil aussprachen, führten als Argument an, Gott würde es den frommen Christen lohnen, die die Spaltung der Kirche zu beenden halfen. Sie behaupteten auch, es würde zu dem Ansehen Florenz' in der gesamten Christenheit beitragen. Ein Redner, Antonio Alessandri, brachte vor, in den Augen Gottes würde man mit nichts größeres Verdienst und bei den Menschen mit nichts größeren Ruhm erwerben, als ein Konzil nach Florenz einzuberufen, das die Einheit der Kirche wiederherstellte. Mit diesem Argument wurde die Vorstellung, es ließe sich Ruhm erwerben durch den Bau großartiger Kirchen und Paläste oder durch die Taten berühmter Söhne der Stadt, um eine neue Dimension erweitert, denn nun sollte auch das Schaffen der Voraussetzungen für ein wichtiges historisches Ereignis als Verdienst gelten. Hier wird in keimhafter Form deutlich, in welcher Weise viele Humanisten des Quattrocento Florenz sahen: als Stadt, die in der gesamten zivilisierten Welt bekannt war und bewundert wurde, als internationale Stadt. Aber schließlich wurde Pisa und nicht Florenz als Ort auserkoren für das Konzil von 1409, das unter einem Unstern stand. Jene Florentiner jedoch, die diese neue und erweiterte Vision ihrer Stadt entwickelt hatten, wurden 1438 belohnt, als Papst Eugen IV. das Konzil, das die griechische und die lateinische Kirche vereinigen sollte, von Ferrara nach Florenz verlegte.

Die Protokolle der Beratungen liefern somit einige Hinweise darauf, wie neue Haltungen und Werte sowie neue Wahrnehmungsweisen aus dem Reich der Vorstellung übergingen in die Welt des Handelns, aus der «vita contemplativa» in die «vita activa». Als Folgen grundlegender Veränderungen im Bildungswesen und in der Weltanschauung wurden diese Werte in der Stadt fest verankert. Seit der Zeit Dantes hatte es immer eine kleine Minderheit von Florentinern gegeben, die sich mit den Werken antiker Autoren beschäftigte, nach 1400 aber wurden die «studia humanitatis» Herzstück und Grundlage des akademischen Lehrplans der städtischen Aristokratie. In der Biographie Filippo Brunelleschis merkt der Autor Antonio Manetti an, als Filippo klein war (er wurde 1377 geboren), hätten «wenige Menschen unter jenen, die nicht die Aussicht hatten, Doktoren, Juristen oder Priester zu werden, eine literarische Bildung» (das heißt Unterricht in Latein) erhalten. Aber gegen 1420 schrieb der Kaufmann Giovanni Morelli in seinen Memoiren seinen Söhnen einen Bildungsplan vor, der so traditionelle Fächer wie Lesen, Schreiben, Rechnen und Bibelkunde einschloß, aber auch überraschend viel Wert auf klassische Literatur legte:

«Jeden Tag wenigstens eine Stunde, Vergil, Boethius, Seneca und andere Autoren lesen (...). Beginnt Eure Studien mit Vergil (...), dann verbringt einige Zeit mit Boethius, mit Dante und den anderen Dichtern, mit Tullius [Cicero], der Euch lehren wird, vollkommen zu sprechen, mit Aristoteles, der Euch in Philosophie unterweisen wird (...). Lest und studiert die Bibel, erfahrt alles über die großen und heiligen Taten, die unser Herrgott durch die Propheten vollbracht hat; Ihr werdet dadurch umfassend unterwiesen im Glauben und belehrt über die Wiederkehr des Sohnes Gottes. Euer Geist wird Trost und Freude daraus beziehen. Ihr werdet lernen, die Welt geringzuschätzen und werdet Euch nicht sorgen müssen, was mit Euch geschehen mag.»

Diese Passage mit Leon Battista Albertis Ansichten über Erziehung und Bildung in seiner Abhandlung über die Familie (1435) zu vergleichen, ist aufschlußreich. Alberti gründete seinen Lehrplan ausschließlich auf antike Autoren (Cicero, Livius, Sallust); die Bibel oder ein Werk eines christlichen Autors werden gar nicht erwähnt. Diese lateinischen Autoren waren die Grundlage seiner eigenen Ausbildung; solange er lebte (er starb 1466), stellten vor allem sie die geistige Nahrung für die Kinder der Florentiner Aristokratie.

Die Revolution in der Kunst

Die Entwicklung eines neuen Stils in den bildenden Künsten fiel zusammen und war eng verbunden mit der Herausbildung des Humanismus, auf den sich die intellektuellen Kräfte im frühen Quattrocento in Florenz vor allem konzentrierten. Ein besonderes Kennzeichen dieser künstlerischen Revolution war das wiedererwachte Interesse an der antiken Kunst und das intensive Studium jener Überbleibsel der klassischen Antike, die die Zerstörungen der Zeit überdauert hatten. Bei ihrer Beschäftigung mit der antiken Kunst entdeckten Florentiner Künstler die Formeln und Prinzipien wieder, die die Architekten und Bildhauer der Antike geleitet hatten. Und in der Malerei, dem Bereich der Kunst, für den damals kein Beispiel aus der Antike vorlag, entwickelten die Florentiner besondere Verfahren, um ein realistischeres Bild von der Welt der Erscheinungen zu schaffen. Wie die Humanisten die Dimension der Zeit als wesentliches Element ihrer Wahrnehmungsweise entdeckt und ausgeschöpft hatten, so bedienten sich die Künstler der Perspektive und der Proportion, um den Raum so zu gliedern, wie es ihrer besonderen Sicht der Wirklichkeit entsprach.

Im Gegensatz zur humanistischen Bewegung, die breit dokumentiert ist, liegen nur wenige schriftliche oder künstlerische Zeugnisse vor, die sich unmittelbar auf diese Revolutionierung der Kunst bezögen. Die Kunsthistoriker haben die Archive und Bibliotheken sehr sorgfältig auf zeitgenössische Dokumente hin durchforscht – Briefe, Auftragserteilungen, Steuerakten –, die etwas Licht in diese Entwicklung bringen könnten. Außerdem haben sie in den zahlreichen Gemälden, Skulpturen und Baudenkmälern, von denen viele den Naturgewalten und unfähigen Restauratoren zum Opfer fielen, nach Aufschlüssen gesucht. Sie haben den Verlauf dieser Revolution abgesteckt, indem sie diejenigen Werke identifizierten und datierten, die für die bedeutsamen stilistischen und technischen Fortschritte stehen können.

Die Ursprünge der Revolution in der Kunst sind fast ebenso umstritten wie die des bürgerlichen Humanismus. Im Mittelpunkt der meisten Auseinandersetzungen steht die Frage, in welchem Maß die Veränderungen in den bildenden Künsten beeinflußt wurden von den Veränderungen im intellektuellen Milieu oder von bedeutenden Neugestaltungen der politischen und gesellschaftlichen Ordnung. Viele Kunsthistoriker, vielleicht die meisten, bestreiten, daß dies eine legitime Frage an ihre Disziplin sei, sie betrachten es als ihre Aufgabe, geduldig Daten über künstlerische Arbeiten und ihre Schöpfer anzuhäufen und Stilanalysen im engeren Sinn vorzunehmen. Ihre Herangehensweise an ihren Gegenstand hat Ähnlichkeit mit der des geistesgeschichtlich orientierten Historikers, der seine Aufmerksamkeit ausschließlich auf seine Texte konzentriert und so tut, als bildeten Ideen eine unabhängige und autonome Dimension der Geschichte. Am entgegengesetzten Pol des Spektrums steht der marxistische Wissenschaftler, der alle kulturellen Phänomene als Spiegelbild der Strukturen und Werte der Gesellschaft sieht, die sie hervorbringt. Bedeutsame Veränderungen in den Künsten sind für ihn somit Hinweise auf die Veränderungen und die Neuordnung des Gesellschaftssystems, sie lassen sich tatsächlich benutzen, um die Richtung und die Geschwindigkeit dieser Wandlungen aufzuzeigen. In ihrer dogmatischsten Form – wie zum Beispiel in Frederick Antals *Die florentinische Malerei und ihr sozialer Hintergrund* – hat die marxistische Perspektive wenig Anhänger oder Sympathisanten gewonnen. Zwischen diesen Polen jedoch leisteten Wissenschaftler bedeutende Arbeit, die die Verbindungen zwischen der Florentiner Gesellschaft und ihren künstlerischen Hervorbringungen untersuchten. Sie haben dem Einkommen der Maler, Bildhauer und Goldschmiede nachgespürt und ihren Beziehungen zu öffentlichen und privaten Auftraggebern; sie haben die soziale und politische Funktion künstlerischer Werke als Propagandainstrument der Macht und als Mittel, Prestige und Reichtum einer Familie darzustellen, erforscht und die ideologische Funktion dieser Werke analysiert als Ausdruck der Wertorientierungen und Ideale der Gesellschaft und besonders ihrer herrschenden Elite.

Warum entstand der neue Stil der Renaissance in Florenz? Für diese Stadt sprachen einige Gründe: Sie war außergewöhnlich groß und reich, Handwerk und bildende Künste besaßen Tradition und konnten

Johannes tauft Bekehrte; Relief an der Bronzetür des
Andrea Pisano am Baptisterium, 1330–1336

mit hervorragenden Leistungen aufwarten. Die Gemeinde der Künstler war groß und aktiv, sie wurde von einer stattlichen Zahl von Auftraggebern, öffentlichen wie privaten, weltlichen wie kirchlichen, unterstützt. Giottos Fresken in Santa Croce und Andrea Pisanos Türen am Baptisterium konnten von jungen Künstlern bewundert, studiert und kopiert werden. Diese materiellen Bedingungen leisten ihren Beitrag zur Klärung der Frage, warum es in Florenz zu diesem Umbruch kam und nicht in Arezzo oder Genua, aber sie geben keine Antwort darauf,

Versuchung Christi von der ersten Bronzetür
Lorenzo Ghibertis am Baptisterium

warum sich diese Revolution zu einem bestimmten Zeitpunkt ereignete
– nämlich in der zweiten Dekade des 15. Jahrhunderts –, und warum sie
eine bestimmte Form annahm. Das Verwirrendste an dem neuen Stil
war vielleicht die Plötzlichkeit, mit der er nach drei Jahrzehnten künstlerischer Stagnation auftauchte. Zwischen 1370 und 1400 war in Florenz kein erstrangiger Maler oder Bildhauer tätig. Die zahlreichen Pestepidemien des späten 14. Jahrhunderts haben möglicherweise viele
junge und vielversprechende Künstler dahingerafft oder die Werkstät-

ten auseinanderbrechen lassen, in denen sie hätten ausgebildet werden können. Vielleicht haben die politischen und sozialen Unruhen jener Jahre auch konservative Tendenzen bei den Künstlern und Auftraggebern verstärkt. Kennzeichen des «weichen», spätgotischen Stils, des dominanten Stils jener Zeit, waren das Lineare und das Dekorative, die Bedeutung, die er dem Detail und der Farbe beimaß. Es war ein attraktiver, bezaubernder und anmutiger Stil, der die Emotionen nur gedämpft ansprach und den Intellekt gar nicht.

Vielleicht trugen die Grenzen dieses Stils und die Mittelmäßigkeit derer, die ihm anhingen, zur künstlerischen Revolution der Renaissance bei: Die Anführer der neuen Generation – Brunelleschi, Donatello, Ghiberti, Masaccio – mußten sich notgedrungen anderswo nach Vorbildern und Inspiration umsehen. Mit Ausnahme des Malers Masaccio wurden diese Männer alle ursprünglich in den Werkstätten von Goldschmieden ausgebildet, obwohl Brunelleschi später als Architekt hervortrat, Ghiberti und Donatello sich der Bildhauerei zuwandten. Auf den von ihnen gewählten Gebieten waren sie deshalb weitgehend Autodidakten; sie konnten ohne den hemmenden Einfluß eines Meisters ihre Interessen und Techniken frei entwickeln. Diese Männer waren starke und unabhängige Persönlichkeiten, sie hatten einen Sinn für ihr einzigartiges Talent und ihre Fähigkeiten entwickelt, ihre Neugier war ebenso groß wie ihre Bereitschaft zu Experimenten. In seinen Kommentaren lobte Lorenzo Ghiberti die großen Künstler des frühen 14. Jahrhunderts, die ihn beeinflußt haben – Giotto, Niccolò und Andrea Pisano –, aber er nennt keinen seiner eigenen Lehrer. Auch der Biograph von Brunelleschi, Antonio Manetti (der Brunelleschi persönlich gekannt hatte), erwähnt den Meister nicht, der den jungen Bildhauer und Architekten unterrichtet hatte. Brunelleschi und Donatello reisten nach Rom, um die Monumente der Antike zu studieren, aber das war nicht die einzige Exkursion in wenig vertraute Gebiete, die diese Künstler unternahmen, um ihr Wissen und ihre Erfahrungen zu erweitern. Manetti ist unser Gewährsmann für die Nachricht, daß Brunelleschi bei Paolo Toscanelli Mathematik lernte, die so entscheidend für seine Entdeckung der Perspektive war. Außerdem schreibt er, Filippo sei sehr an theologischen Fragen interessiert gewesen und habe häufig an Diskussionen teilgenommen, die Meister dieser Disziplin abhielten.

Die Schöpfer des Renaissancestils lehnten ihre Zeitgenossen ab und orientierten sich wieder am Werk Giottos. An ihm bewunderten sie vor allem die Fähigkeit, mit realistisch dargestellten menschlichen Gestalten dramatische und bewegende Bilder aus der christlichen Überlieferung zu schaffen. Giotto erzielte diese Wirkung, indem er die Aufmerksamkeit des Betrachters auf nur wenige Gestalten lenkte. Der Naturalismus, die Abbildung der Realität, stand im Mittelpunkt der Bemühungen dieser Maler und Bildhauer, wie dies auch für Giotto gegolten hatte. Aber das hieß für sie nicht einfach, die Natur möglichst genau zu kopieren und ein Spiegelbild der physischen Welt zu schaffen. Statt dessen wählten diese Künstler bestimmte Ausschnitte aus der sichtbaren Welt und ordneten sie unter rationalen und wissenschaftlichen Aspekten, um die Illusion von Wirklichkeit zu erzeugen. In der Malerei gelang Brunelleschi der entscheidende Durchbruch mit seiner Erfindung der Perspektive, des geometrischen Hilfsmittels, mit dem sich der dreidimensionale Raum auf einer ebenen Fläche darstellen läßt. Die Anwendung dieser Technik steigerte den Eindruck von Realismus und gab dem Künstler das Mittel an die Hand, beim Betrachter Empfindungen und Gefühle auszulösen. Mit mathematischer Präzision ließen sich Gegenstände und ihr Verhältnis zueinander in dieser dreidimensionalen Welt festhalten. Durch die Entdeckung der Proportionsregeln gelang es den Florentiner Malern, die menschliche Gestalt in dieser neuen räumlichen Ordnung realistisch darzustellen. Sie eigneten sich aber nicht nur diese neuen Techniken an, sondern begannen außerdem, mit Licht und Schatten zu experimentieren, um den Eindruck von Realität zu vertiefen und die dramatische Wirkung einer Darstellung zu steigern.

Diese Suche nach Realitätsnähe, nach einer genaueren Wiedergabe der sichtbaren Welt, war das beherrschende Motiv dieser Revolution in der Kunst, die von Florenz ausging. Aber der Naturalismus verschmolz mit Formen der klassischen Antike, und diese Verbindung verlieh der Bewegung ihren besonderen Charakter und ihre Vitalität. Der Prozeß, in dem sich diese beiden Stränge in einer kreativen Beziehung vereinigten, entzieht sich einfacher Beschreibung und Analyse. Die Begeisterung der Patrizier für das Studium der Klassiker bietet keine angemessene Erklärung. Die Florentiner Künstler des frühen Quattrocento waren Zunfthandwerker, sie standen auf der gleichen Stufe wie Steinmetze und Einzelhändler. Sie genossen keine humanistische Bildung, sondern Unterricht in der Volkssprache mit Elementarkenntnissen, die sie auf einen Handwerksberuf vorbereiteten. Auch gibt es keinerlei konkrete Belege für die Annahme, sie wären in den frühen und entscheidenden Stadien dieser Revolution von Auftraggebern aus der gesellschaftlichen Oberschicht ermutigt worden, antike Formen aufzugreifen. Das Interesse an der klassischen Antike bildete sich unter den Künstlern selber heraus. Brunelleschi und Donatello waren die ersten ihrer Generation, die gründlich und systematisch die Ruinen des antiken Rom erforschten. Sie rekonstruierten die Prinzipien der antiken Baukunst und entdeckten – das ist ähnlich bedeutsam – den Geist und die Mentalität der Künstler der Antike. Brunelleschi vermaß Säulen, Giebelfelder, Bögen und Gewölbe und arbeitete die mathematischen Verhältnisse heraus, denen die römischen Architekten gefolgt waren; dabei präzisierte sich seine Vorstellung vom Raum als der wesentlichen Dimension in den bildenden Künsten. Er ging konsequent seinen Entdeckungen nach und legte sie seinen Bauten zugrunde.

Die ersten Schöpfungen im neuen Stil entstanden im zweiten und dritten Jahrzehnt des 15. Jahrhunderts. Donatellos Statue des heiligen Markus (1411–1413), ein Auftrag der Zunft der Leineweber und Gebrauchtkleiderhändler für den Orsanmichele, wird im allgemeinen als die erste Manifestation der Renaissance in der bildenden Kunst betrachtet. In dem Jahrzehnt, das auf die Vollendung dieses Werks folgte, entwarf Brunelleschi seine Pläne für die Domkuppel und das Findelhaus, das erste Renaissance-Bauwerk der Stadt, und begann mit der Ausführung. Inzwischen ging Donatello mit Arbeiten in Marmor und in Bronze seinen revolutionären Weg in der Bildhauerei weiter. Seine Statue des heiligen Georg (1420) war die erste freistehende Skulptur seit der klassischen Antike, und seine bronzenen Paneele am Taufbecken im Baptisterium des Domes von Siena (1427) eröffneten den Künstlern in diesem Medium neue und aufregende Perspektiven. Das jüngste und früh vollendete Mitglied dieser revolutionären Kerngruppe war der Maler Masaccio, geboren 1400 und gestorben 1428. Während seiner kurzen, aber fruchtbaren Laufbahn von nur sechs Jahren (er trat 1422 der Malerzunft bei) revolutionierte Masaccio die Florentiner Malerei mit solchen Werken wie der *Trinità* in Santa Maria Novella (1427) und dem Freskozyklus, der dem Leben des heiligen Petrus gewidmet ist, den er und sein Partner Masolino da Panicale in der Brancacci-Kapelle in Santa Maria del Carmine (1426–1427) ausführten.

Masaccios *Trinità* ist ein wunderbares Beispiel der neuen Kunst; an diesem Bild lassen sich viele ihrer Kennzeichen, ihr Ethos und ihre Absichten ablesen. Das Fresko, das kürzlich restauriert wurde, befindet sich über dem Grab des Gonfaloniere Lenzi im linken Seitenschiff von

Donatello: *Der hl. Georg*

Santa Maria Novella. Das Zentrum des Bildes nimmt der gekreuzigte Christus ein, über seinem Haupt schwebt die Taube, die den Heiligen Geist versinnbildlicht, und im Hintergrund erscheint die ehrfurchtgebietende Gestalt Gottvaters. Am Fuß des Kreuzes stehen die Jungfrau Maria und Johannes der Täufer, außerhalb der Szene knien der Stifter und seine Frau im Gebet. Alle neuen Techniken, die von Brunelleschi und Donatello eingeführt und entwickelt wurden, fanden in diesem Fresko Verwendung und erzeugen eine dramatische, realistische Szene von großer emotionaler Dichte. Masaccio hat die Perspektive brillant eingesetzt, um ein Gefühl von Tiefe und Dreidimensionalität zu schaffen. Um den Eindruck des beherrschten, organisierten Raums noch zu verstärken, versetzte er sein Thema in eine klassische Szenerie: eine gewölbte Kapelle, die von Brunelleschi hätte entworfen sein können, gerahmt von zwei klassischen Pilastern und einem abschließenden Gebälk. In diesen geometrisch geordneten Raum sind die menschlichen Figuren maßstäblich eingefügt; ihre Beziehungen zueinander sind genau festgelegt. Masaccios Behandlung des Raums ist absolut neuartig, sie war in der Geschichte der Malerei ohne Beispiel, in seiner Darstellung der menschlichen Gestalt aber folgt er Giotto. Seine Heiligen und Stifter sind fest, gewichtig, unbeweglich wie Plastiken; sie tragen zum Eindruck von monumentalem Ernst bei, der das Kennzeichen der großen Meister des Trecento war. Außerdem übernahm Masaccio von Giotto das Prinzip, auf wenig bedeutsame und überflüssige Details zu verzichten, um den dramatischen Eindruck des Gemäldes nicht abzuschwächen. Aber in der nackten Gestalt, der Gestalt des toten Christus, ist der junge Maler weit über seinen Mentor und über jeden anderen Künstler seiner Zeit hinausgegangen.

Der neue Stil wurde von einer Künstlergemeinschaft entwickelt, deren Binnenstruktur und deren Beziehungen zur Gesellschaft eine ebenso bedeutsame Umwandlung erfuhren wie deren Selbstbewußtsein. Diese stilistischen, gesellschaftlichen und psychischen Entwicklungen bedingten und beeinflußten einander. Das 15. Jahrhundert sah den Niedergang der traditionellen Auffassung vom Künstler als Handwerker, der in einem starren Zunftwesen seinem Gewerbe nachgeht. Die Künstler, die den Renaissancestil formulierten, gehörten einem besonderen Schlag an, sie ließen sich nicht ohne weiteres in das alte System der Körperschaften eingliedern. In ihrer intensiven Hingabe an ihre Arbeit entsprachen sie eher der modernen Vorstellung vom Künstler als dem mittelalterlichen Handwerker. Der Unterschied wird erkennbar,

Trinità; Fresko von Masaccio in Santa Maria Novella

wenn wir Agnolo Gaddi (gestorben 1396), der laut Vasari «mehr dem Handel und dem Geschäft ergeben war als der Kunst des Malens», mit Brunelleschi und Donatello vergleichen, die niemals eine Ehe eingingen oder sich viele Gedanken über die materielle Seite ihrer Kunst machten. Vasari überlieferte auch die Anekdote über Paolo Uccello (gest. 1475), dessen Frau berichtete, «Paolo blieb die ganze Nacht über in seinem Atelier, um die Linien seiner Perspektive auszuarbeiten, und als sie ihn rief, er solle sich bei ihr ausruhen, erwiderte er: ‹Oh, wie süß ist doch die Perspektive!›» Diese starken Persönlichkeiten, die sich ihrer schöpferischen Begabung bewußt waren, rieben sich an einer strengen Ordnung und zogen es vor, unabhängig zu arbeiten. Brunelleschi verweigerte bewußt so lange die Arbeit am Dom, bis sich Ghiberti von diesem Projekt zurückgezogen hatte und er freie Hand erhielt, um seinen Plan auszuführen. Ghiberti schrieb in seinen Kommentaren, die Zunftbeamten, die für die Ausführung seiner zweiten Baptisteriumstür, der «porta del paradiso», zuständig waren, hätten ihm die Erlaubnis erteilt, «sie so zu gestalten, wie ich meinte, daß sie im Ergebnis am vollkommensten, schmuckreichsten und kostbarsten sein würde».

Die öffentliche Meinung reagierte recht zögernd auf diese neue Auffassung vom Künstler. Bis spät ins 15. Jahrhundert hinein wurden Architekten in Florenz als passiv ausführende Organe ihrer Auftraggeber betrachtet und nicht als die Schöpfer eines von ihnen entworfenen Gebäudes. In einem Brief der Signoria an den Herzog von Ferrara aus dem Jahr 1436 wird diese traditionelle Auffassung vom Künstler und seiner Berufung noch deutlich. Der Herzog hatte bei einer Florentiner Handwerksfirma ein bemaltes Wachsbild in Auftrag gegeben, aber über den Preis des vollendeten Werks war ein Streit entbrannt. Die Prioren verbürgten sich für die Handwerker, sie beschrieben sie als «unschuldig, gut und einfach». Der Preis erkläre sich lediglich durch die hohen Material- und Arbeitskosten. Aus dem Ton des Briefes läßt sich schließen, daß dem Herzog zu verstehen gegeben werden sollte, in solchen Angelegenheiten mit unwissenden Handwerkern käme es recht häufig zu derartigen Unstimmigkeiten, die Gerechtigkeit aber erfordere, daß sie für ihre Mühen angemessenen Lohn erhielten. Die Schriften des Erzbischofs Antoninus aus der Mitte des Jahrhunderts zeigen jedoch, daß diese traditionelle Einstellung allmählich verschwand. In einer kurzen Erörterung der Malerei in seinen *Summa* akzeptiert Antoninus den Anspruch der Maler, «nicht nur nach der Menge der Arbeit» bezahlt zu werden, «sondern eher in Verhältnis zu ihrem Eifer und ihrem größe-

Detail von der «Paradiestür» Lorenzo Ghibertis am Baptisterium

ren Fachwissen in ihrem Gewerbe». Außerdem enthält Antoninus' Erörterung implizit die Voraussetzung, daß Florentiner Malern eine beträchtliche Freiheit in der Behandlung ihrer Gegenstände und der Auswahl der Themen zugestanden wurde.

Zur Emanzipation der Künstler des Quattrocento aus dem traditionellen Milieu und der Mentalität des Handwerks trug die Ansicht bei, daß Malerei, Bildhauerei und Architektur zu den Freien Künsten zu rechnen seien, was sie in den Rang von Dichtkunst, Rhetorik und Mathematik erhob. Dieses Argument wurde zuerst 1435 von Leon Battista Alberti in seiner Abhandlung über die Malerei vorgebracht, aber die Gemeinde der Gelehrten in Florenz akzeptierte es nicht sofort. Es dauerte seine Zeit, bis alte Vorurteile aufgegeben waren und bis sich eine Tradition des Austauschs und der Zusammenarbeit zwischen Künstlern und Humanisten herausgebildet hatte. Mit ihren umfangreichen Kenntnissen der antiken Architektur und Bildhauerei stießen Brunelleschi und Donatello wahrscheinlich in humanistischen Kreisen auf einiges Interesse, aber über diesen Punkt schweigen sich die Quellen aus. Lorenzo Ghiberti war der erste Künstler, der Interesse an antiker Literatur erkennen ließ, und der mit Bruni, Traversari und Niccoli auf freundschaftlichem Fuß verkehrte. In seinen Kommentaren finden sich verstreut fragmentarische Hinweise auf die Kunst der klassischen Antike, die er bei Plinius und anderen antiken Autoren gefunden hatte. Leonardo Bruni unterbreitete Ghiberti einen Entwurf für die zweite Tür am Baptisterium: Dies ist das erste Dokument für die Mitarbeit eines Humanisten an einem künstlerischen Unternehmen. Der Bildhauer machte zwar keinen Gebrauch von diesen Plänen, aber seine Ausführung der Paradiestür wurde nachhaltig beeinflußt von seinen Kontakten zu den Florentiner Humanisten. In diesem Milieu, so argumentierte Ernst Gombrich überzeugend, kam Ghiberti auf die Idee vom Fortschritt in den Künsten, dort lagen die Wurzeln seines Vorsatzes, alle früheren Arbeiten zu übertreffen, einschließlich seiner eigenen, bereits existierenden Baptisteriumstür.

Zur Reaktion der Öffentlichkeit auf den neuen Renaissancestil liegen nur wenige konkrete Hinweise vor. In Künstlerkreisen muß es eine lebhafte Debatte gegeben haben, vermutlich auch eine scharfe Spaltung zwischen Traditionalisten und Neuerern, aber in den Quellen findet sich kein Echo auf diese Kontroverse – wenn es sie denn gab. Der alte Stil verlor keineswegs seine Beliebtheit in der Öffentlichkeit, vielmehr erfreute er sich in den zwanziger Jahren sogar einer Wiederbelebung,

Leon Battista Albertis Originalplan des Palazzo Rucellai

als ein Künstler aus Umbrien, Gentile da Fabriano, die sogenannte Internationale Gotik in Florenz einführte. Dieser Stil hatte seine Ursprünge in der italienischen, besonders der Sieneser Malerei des Trecento, war dann nördlich der Alpen, in Avignon und am Hof von Burgund, entwickelt und verfeinert worden. Die Internationale Gotik besaß viele Besonderheiten der Florentiner Malerei des späten Trecento, aber sie weist doch auch bestimmte Unterschiede auf, in denen sich der burgundische Einfluß spiegelt. Die Farben waren reicher, die Kleidung und das Dekorum eleganter; im Bildraum drängte sich eine

Vielzahl von Menschen und Tieren, die mit realistischen Details wiedergegeben wurden. Während Masaccio an seiner *Trinità* und den Fresken in der Brancacci-Kapelle arbeitete, malte Gentile da Fabriano seine *Anbetung der heiligen drei Könige*, eines der opulentesten und farbenfreudigsten Werke in diesem konservativen Stil. Das Altarbild war von dem reichen Staatsmann und Humanisten Palla Strozzi in Auftrag gegeben worden, der Gentile 300 Florin für das Werk zahlte. Offenbar war Palla in seinem Kunstgeschmack altmodischer als in seinen literarischen Neigungen. Cosimo de' Medici schätzte beide Stile. Sein Palazzo in der Via Larga wurde nach den klassischen Prinzipien gebaut, aber seine Kapelle wurde von Benozzo Gozzoli mit einer protzigen und ornamentreichen Anbetung der Könige ausgemalt, die stark an die weltliche, höfische Kunst der Internationalen Gotik erinnert.

Das Nebeneinander dieser gegensätzlichen Stile und ihre anhaltende Popularität im gesamten 15. Jahrhundert lassen darauf schließen, daß beide bestimmten Aspekten des Florentiner Temperaments entgegenkamen. Diejenigen, die den Stil der Renaissance bevorzugten, wurden angezogen von dem Sinn für Ordnung, Zusammenhang und Regelmäßigkeit, von den nach mathematischen Regeln eindeutig festgelegten Verhältnissen. Die Renaissancekünstler stellten den Raum und die Welt sichtbarer Erscheinungen als Phänomene dar, die vom menschlichen Geist definiert, gemessen und beherrscht werden konnten. Diesen Vorstellungen entsprechen offensichtlich Alltagserfahrungen der Florentiner: die Genauigkeit und sorgfältige Führung der Rechnungsbücher der Kaufleute und der Akten des kommunalen Haushalts, die Neigung zu systematischer und zentralisierter Verwaltung in den Bemühungen, gesellschaftliche und wirtschaftliche Aktivitäten zu kontrollieren, die Herausbildung eines historischen Zeitgefühls. Auch die Schlichtheit, Zurückhaltung und Ernsthaftigkeit – die alle der neuen Kunst eigen sind – spiegeln eine Art und Weise zu denken und zu handeln, die typisch ist für die Florentiner. Mit seiner Neigung zu Figurenfülle, Farbe und Pracht entsprach der Stil der Internationalen Gotik den aristokratischen Neigungen, die sich im Quattrocento durchsetzten. Im Gegensatz zu der intellektuellen und ernsthaften Kunst der Renaissance war die gotische Kunst vom Ton und Gefühl her hell und dekorativ. Sie behandelte religiöse Themen formal und stilisiert. Ihr fehlte die emotionale Intensität einer Madonna von Masaccio oder eines alttestamentarischen Propheten von Donatello.

Betrachtet man diese schöpferische Epoche in der Florentiner Kunst

Gentile da Fabriano: *Die Anbetung der Könige*

vom Standpunkt der Kunstgeschichte, so stellt sie sich dar als eine Zeit der Entdeckungen und Leistungen von individuellen Künstlern, die ihre besonderen Lösungen für ästhetische Probleme erarbeiteten. Diese bahnbrechenden Errungenschaften wurden von anderen Künstlern kopiert und übernommen; was als individueller Ausdruck begann, wurde zu einer Strömung, einer Bewegung, einem neuen Stil. Unter einem anderen Gesichtspunkt ist die Renaissance die Geschichte der Beziehung einzelner Künstler zu ihrem Publikum: die Reaktion des Patriziats auf den neuen Stil, das Maß, in dem dieser Stil mit den Wertvorstellungen der Schicht der Auftraggeber korrespondiert. In einer dritten und noch umfassenderen Perspektive erscheint die künstlerische Entwicklung als eine Dimension der kollektiven Erfahrung des Gemeinwesens. Wie Wissenschaft und Bildung erfüllte die Florentiner Kunst durchaus eine Funktion. Sie befriedigte bestimmte soziale Bedürfnisse und wurde beeinflußt von den Veränderungen in der Substanz und in der Rangfolge dieser Bedürfnisse. Die Künstler profitierten von Zeiten des Wohlstandes und litten in Zeiten der Krise; einige Bereiche waren aktiv und produktiv, während andere brachlagen. Das Muster dieser Brüche und Schwankungen im 15. Jahrhundert gibt Aufschluß über die äußeren Zwänge, die den Künstler und sein Werk beeinflußten.

Das erste Viertel des 15. Jahrhunderts war eine Periode außergewöhnlich gesteigerter Aktivität für Bildhauer und Architekten, die an großen kommunalen Vorhaben arbeiteten: dem Dom, dem Findelhaus, den Baptisteriumstüren, den Statuen am Orsanmichele, die von den Zünften in Auftrag gegeben wurden, den Skulpturen der Heiligen für die Fassade des Doms. Diese Aufträge wurden von den Beamten der Zünfte erteilt, ihnen lagen kollektive Beschlüsse zugrunde, die Resultat langer Überlegungen und einer sorgfältigen Auswahl der Kandidaten waren. Die Zunftherren wählten bevorzugt «progressive» Künstler wie Donatello und Brunelleschi zur Ausführung ihrer Aufträge, mit dem Ergebnis, daß deren stilistische Neuerungen öffentlich zur Schau standen, sichtbar für die gesamte Stadt. Die Maler erfreuten sich nicht einer solchen Schutzherrschaft durch öffentliche Institutionen, sie schufen Altartafeln für Pfarr- und Klosterkirchen sowie Andachtsbilder für Privatleute. Es ist möglich, aber schwer zu belegen, daß die private und abgeschirmte Natur dieser Auftragsvergabe Einfluß auf den Konservativismus der Florentiner Maler nahm und ihre zögernde Reaktion auf die stilistischen Innovationen Donatellos und Brunelleschis erklärt. Masaccios revolutionäre Arbeiten von 1426–1427 entstanden als Aufträge zweier Familien, der Brancacci und der Lenzi, für Grabkapellen. Monumentale Grabstätten waren nach mehreren Jahrzehnten der Zurückhaltung in den zwanziger Jahren des 15. Jahrhunderts wieder recht beliebt – offenbar äußerte sich auch hier das aristokratische Lebensgefühl. Aber über die Gründe, weshalb die Wahl für die Ausführung der Gemälde auf Masaccio fiel, können wir nur spekulieren. Hatten seine

Palazzo Rucellai

Auftraggeber Beispiele seiner Arbeit gesehen und waren sich seines ungewöhnlichen Talents bewußt? Wurde er ihnen von seinem Freund Brunelleschi empfohlen? Oder wurde er ausgesucht, weil er jung, relativ unbekannt – und damit nicht teuer war?

Die zwanziger Jahre des 15. Jahrhunderts waren eine Periode erstaunlicher Kreativität in den Künsten. Im Gegensatz dazu tat sich das folgende Jahrzehnt nicht besonders hervor. Es brauchte Zeit, bis die zweite Generation die revolutionären Errungenschaften der Vergangenheit aufnehmen und sich anverwandeln konnte; einige der geringeren Künstler meisterten die neuen Auffassungen und Techniken von Donatello und Masaccio niemals. Die Kunst litt außerdem unter den Auswirkungen der Kriege mit Mailand, unter der finanziellen Krise und den politischen Unruhen im Zusammenhang mit der Rückkehr der Medici im Jahr 1434. Öffentliche Mittel für kommunale Vorhaben wurden gestrichen oder drastisch reduziert, und die private Unterstützung der Kunst ging stark zurück. Mit dem Beginn der Medici-Herrschaft brach eine ruhigere Zeit in der Florentiner Geschichte an, aber die Medici trieben auch eine kleine Gruppe reicher Bürger ins Exil, darunter Palla Strozzi, der damit der Gesellschaft als Förderer der Künste verlorenging. Erst nach 1440, als der Wohlstand in Florenz wuchs und die Sicherheit des Gemeinwesens gewährleistet schien, erlebten die Künste einen neuen Aufschwung. Mit diesem Jahrzehnt beginnt das Zeitalter der großen Renaissancepaläste, die die Medici, Pitti und Rucellai errichten ließen. Mit diesen Bauvorhaben wurden Architekten und Maler betraut, die Bildhauer gingen leer aus. Nicht einmal der große Donatello fand während seiner letzten Jahre Arbeit in Florenz, er arbeitete auswärts, in Padua oder Siena, und erhielt von seinem Freund Cosimo de' Medici etwas Unterstützung. «Damit Donatellos Meißel nicht untätig bliebe», berichtete Vespasiano, «beauftragte ihn [Cosimo], die bronzene Kanzel in San Lorenzo zu schaffen und die Türen der Sakristei.» Einen der seltenen öffentlichen Aufträge, die in den vierziger Jahren an Bildhauer vergeben wurden, erhielt Bernardo Rossellino für das Grabmal Leonardo Brunis (gestorben 1444). Ironischerweise wurde das Grabmal für den hervorragenden Humanisten in einer Zeit geschaffen, als sowohl der bürgerliche Humanismus wie auch die bürgerliche Kunst ihren Niedergang erlebten.

In der Mitte des Quattrocento ist die Kunstszene in Florenz sehr vielschichtig, allerdings lassen sich bestimmte Muster und Strömungen ausmachen. Am erstaunlichsten ist die Vorherrschaft der Maler: Fra

Das Grabmal für den Humanisten Leonardo Bruni
von Bernardo Rossellino (Ausschnitt)

Angelico, Fra Filippo Lippi, Domenico Veneziano, Andrea del Castagno, Paolo Uccello. Diese Männer waren origineller und kreativer als die Architekten und Bildhauer, denen nicht viel Gelegenheit gegeben wurde, ihre Talente unter Beweis zu stellen und unter denen sich keine würdigen Nachfolger Brunelleschis und Donatellos fanden. Die alten Spannungen und Rivalitäten dauerten an: zwischen religiöser und weltlicher Kunst, zwischen dem strengen, geometrischen Stil der Renaissance und den farbenprächtigen, anmutigen Schöpfungen der Internationalen Gotik. Die stilistischen Trennungslinien sind nicht mehr sauber gezogen, wenn sie das überhaupt je waren, viele der Gemälde in den mittleren Jahrzehnten lassen Vorstellungen und Motive erkennen, die aus beiden Traditionen stammen. Jeder Florentiner Maler dieser Generation meisterte die Perspektive und Proportionsprobleme, aber einige der größten – Fra Angelico und Fra Filippo Lippi – bedienten sich dieser Techniken, um lineare, zarte, dekorative und sentimentale Szenen zu schaffen, die im scharfen Gegensatz zu den strengen Schöpfungen von Paolo Uccello und Andrea del Castagno standen.

Während sich die Stile in diesen Jahren mischten und verwischten, blieben die qualitativen Unterschiede zwischen weltlicher und religiöser Kunst scharf und eindeutig. Die religiöse Malerei brachte die bedeutendsten Kunstwerke hervor im Auftrag von Kirchengemeinden für ihre Kirchen und von Klöstern. Für den weltlichen Bedarf nach Büsten und Porträts, Brauttruhen und Wappen beauftragten die Florentiner meist eher zweitrangige Maler. Eine der geschäftigsten Werkstätten wurde von zwei Malern betrieben, Apollonio di Giovanni und Marco del Buono, die sich auf die Dekoration von «cassoni» spezialisiert hatten, jenen Brauttruhen, die in Florenz die Aussteuer der Bräute enthielten. Diese Truhen wurden mit Motiven aus Geschichte und Literatur der Antike geschmückt – mit Szenen aus der *Äneis* von Vergil, mit der Ermordung Cäsars – und gelegentlich mit Darstellungen zeitgenössischer Ereignisse wie der Hochzeitsszene auf dem berühmten Adimari-Cassone oder einem der Ritterturniere, die auf der Piazza Santa Croce abgehalten wurden. Zwischen 1446 und 1463 wurden über 300 derartiger Cassoni in dieser Werkstatt hergestellt und an Haushalte des Patriziats geliefert. Stilistisch waren diese Malereien archaisch und altmodisch, Abkömmlinge der Internationalen Gotik, die ihre Anziehungskraft auf die Florentiner nicht eingebüßt hatte. Wenn es um öffentliche Gebäude und Kirchen ging, bestanden sie auf höchster Qualität. Aber für ihre häusliche Umgebung lehnten sie den monumentalen, strengen und ernsten Stil der Renaissance ab und bevorzugten eine dekorative Kunst, die dem Bedürfnis nach Vergnügen und Entspannung eher entgegenkam. In der Kunst wie in anderen Domänen des Geistes und der Sinne fanden die Florentiner Vergnügen an einer Vielzahl von Stilen und Themen – in jeweils passendem Zusammenhang, für einen je besonderen Zweck.

SIEBTES KAPITEL

Epilog: Die letzten Jahre der Republik

Das Zeitalter Lorenzo de' Medicis, 1469–1492

Durch meine Analyse der Renaissance in Florenz ziehen sich zwei Motive: die Offenheit dieser Gesellschaft und ihrer Institutionen gegenüber Veränderungen und das produktive Gleichgewicht zwischen Tradition und Innovation. Die Florentiner waren ihrer Vergangenheit zutiefst verpflichtet, sie bezogen aus ihr Richtlinien für die Politik, ihr Verhalten und ihren Glauben. Und doch wurden sie nicht Gefangene ihrer Traditionen und Institutionen. Das Ausmaß an ökonomischer und gesellschaftlicher Mobilität in dieser aristokratischen Gesellschaft verhinderte, daß sich ein strenges Kastensystem herausbildete. Die Republik wurde kontrolliert von einer kleinen, ausgewählten Gruppe von Patriziern, aber deren Herrschaft war weder absolut noch allumfassend. Faktionsstreitigkeiten, persönliche Feindschaften und politische Kämpfe spalteten häufig die instabile und immer im Wandel begriffene herrschende Klasse. Die Politik wurde zwar für gewöhnlich im Rahmen der republikanischen und guelfischen Tradition der Stadt formuliert, aber sie blieb unter dem Einfluß neuer Erfahrungen oder in besonderen Umständen immer offen gegenüber Veränderungen. Die Leistungen der Florentiner Künstler und Humanisten im frühen Quattrocento bieten den verblüffendsten Beleg für die schöpferischen Möglichkeiten dieser glücklichen Kombination von Althergebrachtem und Erneuerung.

In den mittleren Jahrzehnten des 15. Jahrhunderts jedoch verblaßten diese besonderen Kennzeichen der Florentiner Geschichte. Im späten Quattrocento durchzieht die Florentiner (und allgemein die italienische) Geschichte ein konservativer Geist, der alle Aspekte menschlicher Aktivität prägt. In der Politik, in sozialen und wirtschaftlichen Beziehungen, in Religion und Kultur sind die Institutionen starrer geworden, die Bandbreite von Wahlmöglichkeiten und Alternativen eingeschränkter. Unsere Kenntnis der historischen Kräfte, die hinter dieser konservativen Tendenz stehen, ist nur sehr umrißhaft, ein Faktor war jedoch die Reaktion einer angstvollen und erschöpften Gesellschaft auf die chaotischen politischen Bedingungen im frühen Quattrocento. Nach der Jahrhundertmitte gaben Fürsten und Staatsmänner in Italien die aggressive Politik und Haltung ihrer Vorgänger auf, sie agierten vorsichtiger und defensiver und fühlten sich stärker der Erhaltung des Status quo verpflichtet. Die Italienische Liga, die 1454 in Lodi gegründet wurde, versinnbildlicht diesen Geist von Konservativismus und Stillstand in der Diplomatie, war sie doch mit dem Ziel entstanden, die existierende politische Ordnung zu stabilisieren und durch konzertierte Aktionen der Mitglieder jeden Versuch einer Veränderung des Systems zu vereiteln.

Diese Einstellung zeigt sich auch in der Florentiner Geschichte während der Hegemonialherrschaft der Medici (1434–1494). Das Regime, das sich nach Cosimos Rückkehr aus dem Exil im Jahr 1434 etablierte und von seinem Sohn Piero und seinem Enkel fortgesetzt wurde, beruhte auf der engen Zusammenarbeit der Medici mit einer kleinen Gruppe von patrizischen Familien zum gegenseitigen Vorteil und zur beiderseitigen Sicherheit. Die gesellschaftliche Zusammensetzung dieser herrschenden Gruppe veränderte sich in den sechzig Jahren der Medici-Herrschaft nicht spürbar. Cosimo und Lorenzo führten bestimmte Techniken zur Absicherung ihrer Machtstellung ein – die Auswahl von Prioren durch Handzeichen statt durch das Los, die Schaffung von Konzilen mit besonderen Vollmachten –, aber diese Mittel hatten Vorläufer in früheren Regierungen gehabt. Diese institutionellen Kontrollen wurden nur allmählich und sporadisch eingesetzt, und die Opposition in der Legislative zwang die Medici bisweilen, ihre Pläne, das Wahlverfahren oder die Verfassung zu reformieren, vorübergehend aufzugeben. Die Autorität der Medici wuchs in dieser Herrschaftsform zwar noch weiter an, aber sie wurde niemals absolut; die Republik wurde nicht in eine despotische Autokratie umgewandelt.

Mit einigen Ausnahmen und Vorbehalten akzeptierte die Florentiner Aristokratie die Herrschaft der Medici, war sie doch eine stabilisierende Kraft, die ihre ökonomische und soziale Vorherrschaft absicherte. Zwar wurde ein Teil des Patriziats von den Ämtern ausgeschlossen, und ein paar Bürger mußten als potentielle Bedrohung des Staates ins Exil gehen, die Mehrheit aber erfreute sich wenigstens einer geringen Teilhabe an den Ämtern und Privilegien, auf die die führenden Familien traditionellerweise ein Monopol besaßen. Die aristokratische Opposition gegen das Regime äußerte sich in verschiedenen Formen; die harmlosesten waren leises Murren und privat geäußerter Widerwille oder in den Ratsversammlungen eine Stimmabgabe gegen jene Maßnahmen, die die Autorität der herrschenden Gruppe stärken sollten. Die Ratsversammlungen wahrten eine überraschend unabhängige Haltung gegenüber Gesetzesvorschlägen; nicht selten lehnten sie Gesetze ab, die die – sorgfältig von der Medici-Führung ausgewählte – Signoria einreichte. 1449 und noch einmal 1455 war die Regierung wegen des starken Widerstands der Ratsversammlungen gegen Wahlkontrollen und Kommissionen, die mit besonderen Vollmachten ausgestattet werden sollten, gezwungen, diese Instrumente zur Erhaltung der Macht der Medici über den Staat vorübergehend aufzugeben. Im Jahr 1458 blieb den Regierenden nur die Einberufung eines «parlamento», einer Versammlung der gesamten Bürgerschaft, damit eine «balìa» mit besonderen Befugnissen zur Verteidigung der Regierung gebildet werden konnte. Zu einer ernsten Bedrohung der Macht der Medici kam es 1466, zwei Jahre nach Cosimos Tod. Piero de' Medici, weniger begabt als sein Vater, konnte die Fehden in seiner Führungsriege nicht unterdrücken, denn einigen Mitgliedern – Luca Pitti und Agnolo Acciaiuoli – schwebte vor, seine Stelle als «führender Bürger der Stadt» einzunehmen. Das Regime überstand diese Herausforderung, da Luca Pitti im letzten Augenblick auf die andere Seite überwechselte und sich Piero anschloß, der Truppen in die Stadt holte, um die Bevölkerung einzuschüchtern.

Die dramatischste Regung der politischen Opposition war die Rebellion der Pazzi von 1479: Dieser Vorfall weist all jene farbenprächtigen Einzelheiten auf, die zu einer Verschwörung in der Renaissance dazugehörten, einschließlich Kirchenschändung und Mord. Die Pazzi waren eine alte adelige Familie, deren Reichtum und Rang im 14. Jahrhundert geringer geworden waren; nach 1420 aber, als sie eine Bank in Rom eröffneten, erholten sich beide wieder. Sie verbündeten sich mit Papst Sixtus IV., der Lorenzo de' Medici haßte, weil er seine politischen Ambitionen in Zentralitalien durchkreuzte. Die Verschwörung der Pazzi sah vor, Lorenzo und seinen Bruder Giuliano zu töten, während sie im

Dom der Messe beiwohnten, um dann in der sich daraus ergebenden Verwirrung die Macht zu ergreifen. Vier Attentäter (darunter auch zwei Priester) stürzten sich auf ihre Opfer, töteten Giuliano und verwundeten Lorenzo, aber ihm gelang es gerade noch, in die Sakristei zu flüchten. Jacopo de' Pazzi ritt durch die Straßen und rief: «Popolo e libertà!» Aber die Florentiner antworteten mit Flüchen und «Palle!», einer Huldigung an das Wappen der Medici. Neun der Verschwörer wurden getötet (darunter auch der designierte Erzbischof von Pisa, Francesco Salviati), und die Medici hatten die Stadt stärker als jemals zuvor in ihrer Gewalt.

Derartige Formen des Protests – von der ablehnenden Stimme in der Ratsversammlung bis zum Staatsstreich – gehörten zum traditionellen Arsenal politischer Opposition in Florenz. In diesem konservativen Klima wandten sich Herrscher wie Beherrschte der Vergangenheit zu, dort hofften sie Vorbilder und Rechtfertigung für ihr Handeln zu finden. Die Gegengifte gegen Spannungen und Krisen, die 1460 verschrieben wurden, sind fast identisch mit jenen, deren man sich ein Jahrhundert zuvor bediente: die Einheit der Bürger, Unterdrückung des Faktionentums, Wiederbestätigung der alten kommunalen Werte. «Solange unsere Vorfahren geeint waren», behauptete Franco Sacchetti 1458, «wurde die Stadt außerordentlich gut regiert, das Übel begann, als Zwietracht ausgebrochen war. Kein Krieg ist gefährlicher als ein Bürgerkrieg, deshalb muß jede Anstrengung unternommen werden, damit es nicht dazu kommt.» Ein anderes erstaunliches Beispiel für den statischen Charakter des politischen Denkens in Florenz vor Machiavelli liefert eine Analyse der Wählbarkeitsuntersuchung von 1484 von Piero Guicciardini, dem Vater des Historikers Francesco. Piero teilte die Wahlfähigen in fünf Kategorien, von denen zwei – Mitglieder alter Magnatenfamilien und Parteigänger aus den niederen Zünften – nur einen sehr geringen Anteil an der Regierung hatten. Die meisten Ämter wurden besetzt mit Männern aus den großen Zünften, die Guicciardini nach der «Vornehmheit» der Familie ordnete, und danach, wie lang sie in hohen Ämtern gedient hatten. Diese Kriterien des politischen Status hatten sich über zwei Jahrhunderte hin nicht verändert. Guicciardini äußerte sich voll Bitterkeit über die «neuen Männer», die sich an die Macht gedrängt hatten, mit Worten, die an Giovanni Cavalcantis Tirade gegen «Emporkömmlinge und geistlose Menschen» ein halbes Jahrhundert zuvor erinnern. Seine Erklärung für diesen Zustrom an Parvenüs hat Ähnlichkeit mit der Analyse von Donato Velluti aus den

1350er Jahren: Danach sind es die Mächtigen, die «neue Männer emporziehen und alteingesessene Bürger zugrunde richten».

Nur in der Außenpolitik wich das Medici-Regime von der Tradition ab und ging einen eigenen politischen Weg. Sinnbild für diese Neuerung war die ständige Anwesenheit von Nicodemo da Pontremoli, dem Botschafter Francesco Sforzas, des Herrn von Mailand, im Palazzo Medici. Nicodemo war nicht einfach der diplomatische Vertreter eines auswärtigen Fürsten, sondern ein enger Ratgeber Cosimo und Piero de' Medicis, er hielt die Verbindung zwischen den Medici und den Sforza. Cosimo hatte die Achse Florenz–Mailand in den fünfziger Jahren aufgebaut, trotz der starken Opposition der Florentiner, die mit ihrem alten lombardischen Feind nicht leicht zu versöhnen waren. Nicodemo war außerdem das Symbol für die starke Mailänder Unterstützung des Regimes; zweimal – 1458 und 1466 – wandten sich die Medici in einer inneren Krise mit der Bitte um Hilfe an Francesco Sforza. Daß dieses Regime für sein Überleben auf eine fremde Macht angewiesen war, kennzeichnete eindeutig seine Schwäche und war ein böses Vorzeichen für die Zukunft.

Die Diplomatie der Medici nach dem Frieden von Lodi wurde gepriesen wegen ihrer defensiven Ausrichtung, ihrer Geschicklichkeit und Wendigkeit und weil sie zur Erhaltung eines Gleichgewichts der Macht auf der italienischen Halbinsel beitrug. Dieses günstige Urteil bedarf einiger Einschränkungen. Im späten Quattrocento wurde die Außenpolitik von Florenz weder in bedeutsamem Ausmaß von materiellen Überlegungen geleitet, die in der Vergangenheit so wichtig gewesen waren – Nahrungsmittelversorgung, Erschließung von Märkten, Zugang zum Meer –, noch von ideologischen Überlegungen wie die Freundschaft mit der Republik Venedig. Statt dessen verließen sich die Medici sehr stark auf persönliche Beziehungen zu einzelnen Fürsten und versuchten, diese Verbindungen mit großzügigen Geschenken und ausgesuchter Gastfreundschaft zu festigen. Der Erfolg dieser persönlichen Diplomatie hing davon ab, in welchem Maß wechselseitige Interessen ins Spiel kamen. Kredite der Medici an Francesco Sforza wurden zurückgezahlt, indem dieser Truppen nach Florenz schickte, um eine revolutionäre Bewegung zu unterdrücken. Aber dieses System, das auf der zweifelhaften Loyalität der italienischen Signori und deren unsicherer Machtstellung beruhte, war außerordentlich labil. Die Konzentration auf persönliche Bindungen erklärt, warum die italienische Diplomatie in der Zeit Lorenzos rückblickend so künstlich erscheint, so aller bedeutsamen Fragen entleert. Lorenzo de' Medici spielte sein Spiel mit vollendeter Geschicklichkeit, sein persönliches Ansehen war ein wichtiger Faktor für die diplomatischen Erfolge von Florenz. Aber er unternahm keinerlei ernsthafte Bemühung, seine Mitspieler in der Scharade über die Realitäten der Machtpolitik aufzuklären. Tatsächlich gibt es keinen Hinweis darauf, daß er sich wirklich der Mängel und Schwächen des Systems bewußt war, die nach 1494 so auffällig wurden.

Lorenzo konnte mit seiner Außenpolitik zwar die Unabhängigkeit von Florenz sichern und seinen Beitrag zu einem labilen Gleichgewicht auf der Halbinsel leisten, aber diese Politik erlegte der Stadt und ihrem Herrschaftsgebiet auch schwere finanzielle Lasten auf. Das Problem des Fiskus zu Lorenzos Zeit wurde noch nicht vollständig untersucht, aber die Forschungen von Louis Marks erlauben, einige vorläufige Schlußfolgerungen zu ziehen. Die bedeutsamste Entwicklung war der Übergang der Finanzpolitik aus der politischen Arena in die Hände von Spezialisten, der Beamten des Monte, die treu den Willen der Medici ausführten. Diese enge Verbindung zwischen den Staatsfinanzen und der politischen Macht wurde noch durch die Praxis gefestigt, auf private Anleihen zurückzugreifen: Für Ausgaben in Notfällen gaben die Beamten und ihre Freunde Kredite, die eine hohe Zinsrate einbrachten, die Garantie übernahm der Staat. Reiche Florentiner mit guten Verbindungen zu den Medici zogen auf diese Weise sichere Profite aus dem Staatshaushalt, während Bürger mit bescheidenen Mitteln am meisten zu leiden hatten unter der immer wieder vorkommenden, teilweisen Nichtanerkennung von Staatsschulden: die Verringerung des Zinssatzes für alte Monte-Anteile, die Verzögerung von Rückzahlungen und die nur teilweise Auszahlung von zurückgekauften Anteilen. Die Geschichte der Finanzpolitik der Medici ist ein düsteres Kapitel, in dem die negativsten Eigenschaften des Regimes offenbar werden: die Plünderung der öffentlichen Finanzen durch die herrschende Gruppe, das fortschreitende Schwinden finanzpolitischer Verantwortung, das wachsende Vertrauen in Notbehelfe, um die Zahlungsfähigkeit zu erhalten.

In enger Verbindung zu den Fragen der Besteuerung und der öffentlichen Kredite steht ein wichtigeres Problem: der Zustand der Florentiner Wirtschaft in der Zeit Lorenzo de' Medicis. Einige Wissenschaftler nehmen an, daß Florenz – und Italien – im Quattrocento eine schwere Rezession erlebte, andere vertreten die Ansicht, die Wirtschaft sei insgesamt stark und vital gewesen, der wirtschaftliche Niedergang habe nur einzelne Teile betroffen und sei vorübergehend gewesen. Das Florentiner Bankwesen, Fundament und Stütze so vieler Patriziervermögen, sah sich im späten 15. Jahrhundert in einer prekären Lage. In den sechziger Jahren machten einige Firmen bankrott, und die Bank der Medici wurde nach Cosimos Tod im Jahr 1464 infolge widriger Geschäftsbedingungen und unfähiger Führung immer unbedeutender. Die finanziellen Schwierigkeiten der Medici haben möglicherweise die Wirtschaft der Stadt geschwächt, obwohl sich der Umfang des Schadens kaum abschätzen läßt. Im Vergleich zu seinem Großvater Cosimo stand Lorenzo weniger Geld zur Verfügung, um Freunden und Geschäftspartnern unter die Arme zu greifen, um Bauvorhaben und die Künste zu unterstützen. Aber einige Geschäftsleute und Unternehmen prosperierten in jener Zeit. Richard Goldthwaites Untersuchung der Karrieren von Filippo Strozzi, Gino Capponi und Giuliano Gondi belegt, daß ein Unternehmer, der über Kapital verfügte und bereit war, Risiken auf sich zu nehmen, im späten 15. Jahrhundert ein großes Vermögen zusammenbringen konnte. Diese Kaufleute waren alle an internationalen Handels- und Bankgeschäften beteiligt, sie unterhielten Filialen in Neapel, Rom, Lyon und Antwerpen. Außerdem investierten sie sowohl in die Tuch- als auch in die Seidenherstellung und erwirtschafteten mit diesen Unternehmungen regelmäßigen, wenn auch bescheidenen Gewinn.

Für die Vermögen der Aristokratie im späten Quattrocento erschließt sich folgendes Muster: Es gab ein paar spektakuläre Auf- und Abstiege, die Mehrzahl der Vermögen und Einkommen blieb allerdings recht stabil. In der Wirtschaft herrschten wie in der Politik Vorsicht und Konservativismus vor; man nahm weniger Risiken auf sich und konzentrierte sich auf den Erhalt des Bestehenden, anstatt seinen Reichtum zu mehren. Einige Vermögen nahmen zwar ab, wegen unglücklicher Investitionen, durch Erbteilungen und große Ausgaben für Gebäude, Mitgiften und auffälligen Konsum, aber die meisten Patrizierfamilien lebten in gediegenem Komfort, wenn nicht in Luxus. Nahezu jeder aristokratische Haushalt besaß wenigstens einen Gutshof im Contado, der ihn mit dem Lebensnotwendigsten versorgte und in guten Jahren einen Überschuß erwirtschaftete, der sich in Bargeld verwandeln ließ. Als Niccolò Machiavelli im Jahr 1512 seinen Regierungsposten und sein Gehalt verlor, konnte er – wenn auch nur notdürftig – von dem leben, was sein kleines Anwesen bei San Casciano abwarf.

Vielleicht um die schwindenden Gewinnaussichten im Handel und Gewerbe auszugleichen, machten mehr Patrizier als je zuvor Gebrauch von ihrer juristischen und geisteswissenschaftlichen Ausbildung und schlugen Berufslaufbahnen ein. Lauro Martines zählte 32 Juristen aus dem Patriziat, die zwischen 1480 und 1530 in Florenz praktizierten, verglichen mit den 13 oder 14 im vorangegangenen halben Jahrhundert. Die wachsende Bandbreite aristokratischer Berufe veranschaulicht die Laufbahn von fünf Brüdern, den Söhnen von Piero di Jacopo Guicciardini (1454–1513), der sich selbst zur Zeit Lorenzos neben seinen Aktivitäten als Unternehmer mit Politik beschäftigte. Pieros zweiter Sohn war Francesco, der berühmte Historiker. Er hatte als Jurist in Florenz praktiziert, diente dem Kirchenstaat als Gouverneur, investierte in Grundbesitz und die Seidenfabrikation; nach seinem Rückzug aus dem öffentlichen Leben in den dreißiger Jahren des 16. Jahrhunderts schrieb er seine «Geschichte Italiens». Sein ältester Bruder, Luigi, zeigte keine Begabung für Geschäfte und war häufig in wirtschaftlichen Schwierigkeiten. Sein bescheidenes Einkommen stammte aus dem Grundbesitz und seinem Gehalt als Beamter. Bongianni verkörperte noch einen anderen aristokratischen Typ: Er war Amateurhumanist, der mit seinen Büchern auf seinem Landsitz lebte und sich nicht aktiv an Wirtschaft und Politik beteiligte. Pieros jüngste Söhne, Jacopo und Girolamo, waren beide in Handel und Gewerbe engagiert; sie verdienten ihren Lebensunterhalt aus den Erträgen von Seidenmanufakturen und internationalen Handelsgeschäften.

Die wirtschaftlichen Bedingungen des Patriziats blieben in der zweiten Hälfte des Quattrocento also recht stabil, aber das gesellschaftliche Erscheinungsbild änderte sich in bedeutsamer Weise. Der aristokratische Impuls wurde immer stärker, er hinterließ seine Spur in Verhaltensmustern und Lebensstilen, in Einstellungen und im Wertesystem. Hierin manifestierten sich die Bemühungen des Patriziats, sich selbst als besondere Kaste zu definieren, sich einzigartige Eigenschaften zuzusprechen und damit die Kluft zu betonen, die es vom Rest der Florentiner Gesellschaft trennte. Humanistische Bildung wurde zu einem wesentlichen Bestandteil der patrizischen Erziehung und damit zum Kennzeichen gesellschaftlicher Vornehmheit. Die politischen und psychischen Sperren vor demonstrativem Konsum waren in Lorenzos Zeit weitgehend abgebaut worden; jede Familie versuchte, ihre Nachbarn an Prachtentfaltung bei Hochzeitszeremonien oder Begräbniszügen, an Höhe der Mitgiften und an Eleganz der Behausungen zu übertreffen.

Palazzo Strozzi

Diese aristokratischen, elitären Impulse und Antriebe vervielfachten und verstärkten sich unter den Medici und nahmen im späten Quattrocento in der Errichtung der Paläste des Patriziats konkrete Gestalt an. Die Palazzi waren Äußerungen eines höheren Status, konkrete Symbole für den Reichtum und den Rang einer Familie, für ihre überhebliche Absonderung vom Rest der Gesellschaft. Sie überragten die angrenzenden Gebäude, verletzten die kommunalen Gesetze, die die private Bautätigkeit regulierten (nicht buchstäblich, aber im Geist) und waren wuchtige Monumente des aristokratischen Ego, die den Tod der Eingriffsmöglichkeiten des Gemeinwesens und des Prinzips der Gleichheit verkündeten. Die Kluft zwischen der konventionellen Etikette, die immer noch an traditionelle Verhaltensmuster gebunden war, und den privaten Sehnsüchten der Aristokratie veranschaulicht ein zeitgenössischer Bericht über den Bau des Palazzo von Filippo Strozzi in den achtziger Jahren des 15. Jahrhunderts. Filippos Sohn Lorenzo erzählte, sein Vater habe öffentlich verkündet, alles, was er brauche, sei ein «bequemes, alltägliches Haus», in der Hoffnung, daß diese bescheidene, demütige Äußerung ihn vor dem Neid seiner Nachbarn schützen möge. Aber insgeheim war Filippo entzückt, als seine Architekten Pläne für einen grandiosen Palast zeichneten, und obwohl er murrte, dieser sei «unangemessen und zu teuer», griff er auch noch Lorenzo de' Medicis Vorschlag auf, das Äußere des Palazzo mit Rustikaquadern zu verkleiden. Filippos Bau wurde kein bequemes Heim, diese riesigen, klassischen Gebäude waren sehr viel weniger für gemütliche Häuslichkeit geschaffen als zum Beispiel der Palazzo Davanzati, der im späten 14. Jahrhundert gebaut worden war. Einer der führenden Kenner der Renaissance-Architektur schrieb dazu, daß die «Räume meist grandiose Bühnen waren, auf denen das Zeremoniell der wirtschaftlichen und politischen Vorherrschaft aufgeführt wurde, man kann sich kaum vorstellen, wo man schlief, sich wusch oder Intimität fand».

In einer Hinsicht jedoch waren diese Palazzi privater als ihre mittelalterlichen Vorgänger: Sie sollten ihre Bewohner vom Kontakt mit der sozialen Umgebung abschirmen. Die Familien versammelten sich nicht mehr in der öffentlichen Loggia, sondern im Innenhof. Das allmähliche Verschwinden der Loggia aus dem Stadtbild im 15. Jahrhundert (die Zahl ging in den siebziger Jahren auf dreißig zurück) war eine wichtige gesellschaftliche Tatsache, in der Bedeutung vergleichbar mit der Zerstörung der Türme der Magnatenfamilien nach 1250. Daß die offene Loggia des Palazzo Medici aus dem Jahr 1517 im Innenhof lag, signalisierte den besonderen Status der Familie, ihren Rückzug aus dem geselligen Leben der Nachbarschaft, für das die Loggia einen organischen Mittelpunkt gebildet hatte. Die Ersetzung der Loggia durch den privaten Hof war Zeichen für noch eine andere gesellschaftliche Entwicklung, die die Patrizierfamilie betraf. Diese Palazzi und Höfe wurden von und für einzelne Haushalte oder Kleinfamilien gebaut. Ihr Bau versinnbildlichte die Zersplitterung der großen, weitverzweigten Familien, der Strozzi zum Beispiel, zu der im Jahr 1380 siebzig Haushalte gezählt hatten. Ein reicher Patrizier wie Filippo Strozzi sah sich nun als Begründer einer Dynastie, er widmete seine Aufmerksamkeit seinen unmittelbaren Nachkommen und nicht mehr dem gesamten Strozzi-Clan. Bei entfernteren Verwandten empfand er wenig Familiensinn und keinerlei Verantwortung für ihr Wohlergehen. Er wird nicht im Traum daran gedacht haben, sich in eine Vendetta einzulassen, nur um

Loggia im Innenhof des Palazzo Medici; Lithographie von A. Durand, 1863

die Beleidigung eines Vetters zweiten Grades zu rächen, und einem mittellosen Verwandten wird er nicht ohne weiteres Geld geliehen haben. Als Donato Velluti in den sechziger Jahren des 14. Jahrhunderts seine Familienchronik schrieb, konnte er über hundert Mitglieder seiner Blutsverwandtschaft mit Namen nennen und ihre Berufe, Ehen,

Sandro Botticelli: *Primavera* (*Der Frühling*)

Kinder und persönlichen Eigenheiten angeben. Eineinhalb Jahrhunderte später grenzte Francesco Guicciardini seine genealogische Analyse auf die direkte Verwandtschaft ein, die Nebenlinien der Guicciardini-Sippe blieben unerwähnt. Sein Familiensinn und sein Klassenbewußtsein waren eng und exklusiv geworden.

Wie die aristokratische Gesellschaft, aus der die Auftraggeber kamen, war die Florentiner Kultur im Zeitalter Lorenzos elitär. Die bürgerliche Kultur des frühen Quattrocento war das Produkt von Gemeinschaften (Zünften, Kommune, Kirchen) gewesen; sie definierte und betonte kollektive Werte und Ideale, geistliche wie weltliche. Die Kultur zur Zeit Lorenzos war Privatsache, geschaffen für eine kleine Gruppe von gebildeten und kultivierten «cognoscenti». Die Art der Förderung der Künste hatte sich – wie auch die intellektuellen Beschäftigungen und Interessen – unter den Medici verändert. Jene politischen und moralischen Probleme, für die Leonardo Bruni und seine Freunde ein so leidenschaftliches Interesse hegten – Freiheit, die republikanische Verfassung, das aktive Leben –, waren für die Florentiner zur Zeit Lorenzos wenig wichtig; tatsächlich wäre es nicht klug gewesen, öffentlich über diese Fragen nachzudenken. Auch die Qualität historischer Schriften nahm im späten Quattrocento ab; die Geschichtswerke von Bruni und Poggio Bracciolini fanden keine würdigen Nachfolger; erst die Krise der neunziger Jahre beflügelte wieder die historische Phantasie der Florentiner. Die inoffizielle Ideologie in Florenz war nun der Neuplatonismus, seine Lehren paßten zu der Atmosphäre, die damals in der aristokratischen Gesellschaft herrschte. Die Geringschätzung der physischen Natur des Menschen und das Lob des Geistigen, die Auffassung, daß der Körper das irdische Gefängnis der Seele sei, die Vorstellung der «ascensio», des Aufwärtsstrebens der Seele zur Vereinigung mit Gott, diese Ideen kamen vielen kultivierten Florentinern entgegen, die von der traditionellen christlichen Lehre enttäuscht waren und der staatsbürgerlichen Orientierung des Humanismus im frühen Quattrocento gleichgültig gegenüberstanden. Als elitäre Philosophie war der Neuplatonismus besonders für Aristokraten attraktiv. Nur die Gebildeten konnten seine Lehren verstehen, und nur eine kleine Minderheit seiner Anhänger galt überhaupt als fähig, die letzte Erfüllung zu erreichen: die spirituelle Vereinigung mit Gott. Botticellis *Primavera* ist ein Produkt dieser Umgebung. Das Gemälde ist eine Allegorie, in der sich neuplatonische und christliche Vorstellungen verbinden, aber Motive und Ikonographie sind so geheimnisvoll und esoterisch, daß nur ein kultivierter Eingeweihter die Botschaft des Bildes entziffern konnte. Die *Primavera* verdeutlicht die kulturelle Kluft, die Lorenzo und seinen intellektuellen Zirkel vom Rest der Florentiner Gesellschaft trennte.

Die Wiederherstellung der Republik
1494–1512

Im Herbst 1494 führte König Karl VIII. von Frankreich seine Truppen über die Alpen nach Italien. Das Ziel des Königs war letztlich die Eroberung Neapels, aber sein Marsch durch die Toskana hatte fatale Auswirkungen auf Florenz. Lorenzo de' Medici war zwei Jahre zuvor gestorben, sein Sohn Piero, ein Mann von begrenzter Intelligenz und Begabung, war als Kopf der Regierung an seine Stelle getreten. Aus Loyalität zu seinem neapolitanischen Verbündeten, König Ferrante, setzte Piero dem französischen Unternehmen Widerstand entgegen und zog sich so die Feindschaft Karls VIII. zu. Als der König sich mit seiner Armee Florenz näherte, besuchte der von Panik ergriffene Piero das französische Lager, um mit Karl Frieden zu schließen, und übergab ihm Pisa und drei weitere Festungen an der tyrrhenischen Küste. Aus Wut über seine Feigheit vertrieben die Florentiner Piero und seine Familie und beendeten damit sechzig Jahre Medici-Herrschaft. Bei den meisten Bürgern fand die Wiederherstellung einer populanen Regierungsform Beifall, aber sie erkannten auch, daß die Situation für die neue Regierung nicht günstig war. Die Signoria mußte einen Friedensvertrag mit König Karl aushandeln und versuchen, eine Besetzung durch die französische Armee zu verhindern. Der Verlust Pisas war ein schwerer Schlag für den Stolz der Florentiner, aber vor allem eine ernste Bedrohung für die Wirtschaft, die infolge dieser Ereignisse abrupt zurückging. Außerdem schwächte die Übergabe der Festungen an der Küste die Verteidigungsfähigkeit von Florenz und verstärkte die Gefühle von Angreifbarkeit und Unsicherheit, die die französische Invasion erzeugt hatte.

Diese Ereignisse wirkten tief und nachhaltig auf die Stadt. Zwar ging man nach dem Abzug der französischen Armee nach Rom und Neapel bald zum normalen Alltag über, aber die Florentiner gewannen ihr Selbstvertrauen nicht zurück. Nie wieder in ihrer Geschichte sahen sie sich selbst als die Herren ihres Geschicks. Der Schock wurde noch verstärkt durch das trügerische Gefühl der Sicherheit, das in den Jahren inneren Friedens und der Immunität der Halbinsel vor ausländischen Invasionen entstanden war. Wie die meisten Italiener waren die Florentiner zu der Überzeugung gelangt, daß Wohlstand und Frieden, deren sie sich erfreuten, ebenso Ergebnis ihrer Moral und Intelligenz waren wie ihrer Fähigkeit, ihre Umgebung zu beherrschen. Francesco Guicciardini stellte in den dreißiger Jahren des 16. Jahrhunderts die Ordnung und Sicherheit der Zeit unter Lorenzo der chaotischen Situation nach 1494 gegenüber und behauptete, Lorenzo sei der Mann gewesen, dem Italien vornehmlich sein Wohlergehen zu verdanken habe:

«Italien verblieb in diesem glücklichen Zustand, den es durch vielfältige Ursachen erreicht hatte, dank mehrerer Umstände, aber unter diesen gebührt nach allgemeiner Ansicht nicht geringe Anerkennung dem Fleiß und der Tugend von Lorenzo de' Medici. (...) Er wußte, daß es für ihn selbst und die Republik Florenz sehr gefährlich werden konnte, wenn irgendeiner der größeren Staaten an Macht zunahm, und so versuchte er mit Eifer, die Angelegenheiten in Italien in einem Gleichgewicht zu halten, so daß nicht eine Seite mehr begünstigt wurde als eine andere. Dies wäre nicht möglich gewesen ohne die Erhaltung des Friedens und ohne die sorgfältigste Beachtung jeder Störung, wie klein sie auch sein mochte. (...) So war der Stand der Dinge, so geordnet und ausgewogen waren die Grundlagen des Friedens in Italien, daß es nicht nur keine Angst vor vorhandener Unruhe gab, sondern es schwerfiel, sich vorzustellen, wie und durch welche Verschwörungen, Umstände oder Kräfte eine solche Ruhe gestört werden könnte. Dann, im Monat April 1492, starb Lorenzo de' Medici. Dies war bitter für ihn, weil er noch nicht einmal 44 Jahre alt war, und bitter für die Republik, die durch seine Klugheit, sein Ansehen und seinen Geist, die in allen Dingen ehrenwert und hervorragend waren, aufgeblüht und aufs wunderbarste mit Reichtümern und all jenen Verschönerungen und Vorteilen gesegnet war, die mit einem langen Frieden einherzugehen pflegen. Aber es war auch für das übrige Italien ein sehr unzeitiger Tod, zum einen wegen seiner fortwährenden Bemühungen um die allgemeine Sicherheit, und zum anderen weil er das Mittel war, durch das die Uneinigkeit und das Mißtrauen, die häufig entstanden (...), gemäßigt und im Zaum gehalten wurden.»

Nach 1494 zog sich durch viele politische Diskussionen in Florenz ein Gefühl des Pessimismus, trotzdem gab es auch Zeichen für eine Wiederbelebung des Geistes und der Vitalität des Bürgertums. Sechzig Jahre Medici-Herrschaft hatten die Begeisterung der Florentiner für die Republik nicht gedämpft; Erinnerungen an alte Freiheiten und vergangene Herrlichkeiten waren ein mächtiger Antrieb, Traditionen und alte Ideale neu zu beleben. In der neuen Regierung war das Gemeinwesen breiter repräsentiert als in jeder anderen Regierung seit 1382; ihr volkstümlicher Charakter zeigte sich in der Einrichtung einer gesetzgebenden Körperschaft, dem Großen Rat, dem über 3000 Mitglieder angehörten (ein Fünftel der männlichen Bevölkerung über 29 Jahre, die für Ämter wählbar war). Um diese Versammlung beherbergen zu können, ordnete die Regierung den Bau eines geräumigen Saales im Palazzo della Signoria an, zu ihrem Schmuck gab sie bei Leonardo da Vinci und Michelangelo zwei Fresken in Auftrag, die Florentiner Siege in den Schlachten von Anghiari und Cascina darstellen sollten.* Diese Werke

---

* Cascina war im Jahr 1364 Schauplatz eines Sieges von Florenz über Pisa. In der Schlacht von Anghiari (1440) vertrieb eine Söldnertruppe in Florentiner Diensten die Streitkräfte von Niccolò Piccinino, der in Diensten des Herzogs von Mailand, Filippo Maria Visconti, stand.

waren Vorhaben der Bürgerschaft, sie erinnerten an die öffentlichen Aufträge für die Verschönerung der Stadt, die zu Anfang des Jahrhunderts an Ghiberti und Donatello ergangen waren. Aber diese Fresken verkündeten eine sehr viel eindeutigere politische und patriotische Botschaft als die, die von den Standbildern biblischer Gestalten verkörpert wurde, die die Bildhauer des frühen Quattrocento geschaffen hatten. 1501 erhielt Michelangelo den letzten großen Auftrag der Republik, um den staatsbürgerlichen Geist des Florentiner «popolo» darzustellen: die gigantische Statue des David.

Der Mann, der vor allem den Anstoß für dieses Wiederaufleben des republikanischen Geistes gab, war kein gebürtiger Florentiner, sondern ein Fremder, der Mönch Girolamo Savonarola. Nachdem er 1491 als Prior des Dominikanerklosters San Marco nach Florenz gekommen war, hatte dieser in Ferrara geborene Klosterbruder sich Ansehen erworben als Prediger und Prophet. In religiösen Fragen war er Moralist und Traditionalist, er warnte seine Zuhörer, Gott würde Italien eine entsetzliche Strafe auferlegen, wenn das Volk seine Sünden nicht bereute und zur rechten Lebensführung zurückkehrte. Tausende, die seine Predigten hörten, waren überzeugt, daß er ein wahrer Prophet sei, die Stimme Gottes. Die französische Invasion trug noch zu seinem Ruf bei, denn er hatte verkündet, Karl VIII. sei ein Werkzeug der göttlichen Rache. Außerdem war er nützlich, denn er überzeugte den König, sein Heer vor der Stadt zu lassen. Savonarola spielte nach der Vertreibung der Medici eine bedeutsame, wenn auch inoffizielle Rolle in der Florentiner Politik. Er war Ratgeber jener Bürger, die seine religiösen und moralischen Anschauungen teilten und die eine lose organisierte Faktion in den politischen Kämpfen bildeten, die nach der Zeit der Medici ausbrachen. Der Mönch hatte Kritik an den Medici geübt, weil sie die traditionellen Freiheiten der Florentiner abgeschafft hatten, er unterstützte die Regierung, in der das Gemeinwesen breiter repräsentiert war, in der Überzeugung, daß eine populane (nicht aber eine demokratische) Regierung stabiler und gerechter sei als eine, die von einer Oligarchie beherrscht wird. Möglicherweise war seine Stimme ausschlaggebend bei der Entscheidung, den Großen Rat einzurichten; viele seiner glühendsten Anhänger kamen aus dem Stand der Handwerker und Kaufleute, sie waren durch ihre Mitgliedschaft in dieser Körperschaft nun aktiv an der Politik beteiligt.

Das Hauptziel Savonarolas, die moralische und geistige Erneuerung der Stadt, war nicht realistisch; sein eigenes Schicksal war besiegelt, als er versuchte, seine Ziele innerhalb eines politischen Zusammenhanges durchzusetzen. Sein Programm rief unvermeidlich Gegner auf den Plan und verschärfte die Spannungen in der Florentiner Gesellschaft. Er wurde von Franziskanern und von vielen örtlichen Klerikern abgelehnt, die sich an seinen Angriffen gegen das kirchliche Establishment stießen. Seine Kritik der Medici-Herrschaft rief den Widerstand der Anhänger der Familie hervor; Aristokraten, die ein oligarchisches Regime befürworteten, beklagten hingegen, daß er sich für eine populane Regierung einsetzte. Vor allem zwei Punkte seines Programms führten zu seinem Sturz: seine Fürsprache für ein Bündnis mit Frankreich und seine Kritik an Papst Alexander VI. Der Borgia-Papst war verärgert über die persönlichen Angriffe des Mönchs gegen ihn, noch stärker aber darüber, daß Savonarola König Karl VIII. unterstützte. Als päpstliche Warnungen Savonarola nicht schreckten, wurde er von Alexander exkommuniziert. Der Mönch verkündete, dieser Akt sei unrechtmäßig und damit ungültig – und fuhr fort zu predigen. Dieser offene Verstoß gegen eine päpstliche Verfügung erschreckte viele Bürger, der Chronist Luca Landucci berichtete: «Viele wollten nicht mehr zu Savonarolas Predigten gehen, weil sie die Exkommunikation fürchteten, und sagten: ‹Gerecht oder ungerecht, man muß Angst davor haben.› Ich selbst war einer derjenigen, die nicht mehr hingingen.» Zu der Zeit, im März 1498, als der Einfluß des Mönchs in der Stadt schwächer wurde, nahm eine Signoria ihr Amt auf, in der seine Feinde die Mehrheit besaßen. Im Zusammenspiel mit dem Papst setzte die Signoria Savonarola gefangen, ließ ihn foltern und preßte ihm das Geständnis ab, daß seine Prophezeiungen nicht göttlichen Ursprungs seien. Luca Landucci berichtete, wie er auf diese Nachricht reagierte:

«Er, den wir für einen Propheten hielten, gestand, daß er kein Prophet sei und nicht Gott ihm die Dinge eingegeben habe, die er predigte, und er gestand, daß viele Dinge, zu denen es im Verlauf seiner Predigten gekommen war, im Gegensatz zu dem standen, was er uns zu verstehen gegeben hatte. Ich war anwesend, als dieses Protokoll vorgelesen wurde, und ich war starr vor Überraschung. Mein Herz war voll Trauer, als ich sah, wie ein derartiges Gebäude einstürzte, weil es auf einer Lüge gegründet war. Florenz hatte ein neues Jerusalem erwartet, von dem gerechte Gesetze und Glanz und ein Beispiel für das rechtschaffene Leben ausstrahlen würden, das die Erneuerung der Kirche sehen würde, die Bekehrung von Ungläubigen und der Trost der Gerechten, und ich fühlte, daß alles genau ins Gegenteil verkehrt war und

Die Hinrichtung Savonarolas auf der Piazza della Signoria; anonymer Künstler, Anfang des 16. Jahrhunderts

mußte mich darein fügen mit dem Gedanken: ‹Herr, alles liegt in deiner Hand.›»

Am 28. Mai 1498 wurde Savonarola auf der Piazza della Signoria im Beisein von Tausenden Florentinern, von denen einige mit Entsetzen, andere mit grimmiger Befriedigung zuschauten, gehängt; sein Leichnam wurde verbrannt.

Savonarolas Ideal war eine christliche Gesellschaft, die auf den Prinzipien Frieden, Ordnung und Gerechtigkeit beruhte. Sein Versuch, dieses Programm zu verwirklichen, hatte starken Widerstand erzeugt. Und doch wäre es weder gerecht noch richtig, den Mönch für die soziale und politische Zwietracht in Florenz insgesamt verantwortlich zu machen. Die Einsetzung einer populanen Regierung und die Schaffung des Großen Rats hatte zwar die mittleren Schichten der Florentiner Gesellschaft ausgesöhnt, viele Patrizier aber entfremdet, die glaubten, öffentliche Angelegenheiten sollten den Bürgern vorbehalten sein, die Reichtum, sozialen Rang und Erfahrung besaßen. Der Konflikt zwischen den Befürwortern einer Oligarchie und denen einer populanen Regierung war ein altes politisches Thema in Florenz, und diese Regierung hatte mit der Lösung des Problems nicht mehr Erfolg als ihre Vorläufer. Die Wahl von Piero Soderini zum ständigen Gonfaloniere der Gerechtigkeit im Jahr 1502 war eine Konzession an die Aristokraten, die auf eine Verfassungsänderung drängten, zufrieden waren sie damit aber nicht. Soderini weigerte sich, sich zu einem Werkzeug der großen Familien machen zu lassen, und versuchte statt dessen, ein Gleichgewicht zwischen der aristokratischen und populanen Faktion zu erhalten. Es gelang ihm, die Regierung zehn Jahre lang zusammenzuhalten, aber er konnte die Aristokraten nie dazu gewinnen, sich mit dem Großen Rat oder der republikanischen Idee, für die er stand, abzufinden.

Wie so oft in der Vergangenheit wurden diese internen Auseinandersetzungen verschärft von äußeren Kräften und Zwängen, die die Sicherheit des herrschenden Systems und die Unabhängigkeit der Stadt gefährdeten. Generationen von Florentinern hatten gelernt, mit den allgegenwärtigen äußeren Bedrohungen zu leben, aber selten – wenn überhaupt – hatte sich die Bürgerschaft unsicherer und angreifbarer gefühlt als in den Jahren nach der Invasion Karls VIII. Die Machtlosigkeit der Republik wurde offenbar, als es ihr nicht gelang, Pisa zurückzuerobern, obwohl jedes Jahr Feldzüge gegen die rebellische Stadt und ihr Contado geführt wurden, die Hunderttausende von Florin kosteten. Pisas Revolte ermutigte die Gegner der Florentiner Herrschaft in anderen Gegenden ihres Territoriums: in Arezzo, das 1502 rebellierte, in Pistoia und Volterra. Besonders entscheidend waren die Jahre zwischen 1499 und 1503, sie fielen zusammen mit den Bemühungen des Sohns von Papst Alexander, Cesare Borgia, einen großen, mächtigen Staat in Mittelitalien zu errichten, der, wäre er von Bestand gewesen, die Unabhängigkeit der Stadt gefährdet hätte. Aber die Macht Cesares und sein Staat lösten sich auf, als Papst Alexander im August 1503 starb. Als Florenz von dieser Gefahr an der Grenze im Osten befreit war, setzte es seine Kampagne gegen Pisa fort, das schließlich im Juni 1509 kapitulierte.

Tradition, wirtschaftliche Erwägungen und die vorherrschende Sorge um die Wiedereroberung Pisas diktierten die unerschütterliche Loyalität gegenüber Frankreich: Das Bündnis mit den Valois wurde zum Schlußstein der Florentiner Außenpolitik nach 1494. Die Eroberung Mailands im Jahr 1499 durch den Nachfolger Karls VIII., Ludwig XII., stellte die französische Macht auf der Halbinsel wieder her, obwohl die Franzosen nicht materiell zur Einnahme Pisas beitrugen, wie der König versprochen und die Florentiner gehofft hatten. Die Republik war zwar enttäuscht, daß Frankreich der Stadt nicht half, Pisa zurückzuerobern, suchte aber unter Soderinis Führung auch weiterhin ihre Sicherheit unter französischem Banner. Jedes Jahr schien jedoch eine Gefahr mehr mit sich zu bringen und den turbulenten politischen Zuständen auf der Halbinsel noch eine weitere Verwicklung hinzuzufügen. Auf die Einladung Ludwigs XII. hin betrat Ferdinand von Aragon im Jahr 1501 den italienischen Schauplatz und eroberte gemeinsam mit Frankreich das Königreich Neapel. Zwei Jahre später vertrieben die spanischen Truppen ihren früheren Verbündeten und schufen in Süditalien eine solide Machtbasis als Gegengewicht für die Präsenz der Franzosen in Mailand. Im Jahr 1506 begann Papst Julius II. einen Feldzug, um seine Herrschaft im Kirchenstaat wirksam durchzusetzen, und nahm Perugia und Bologna ein. Dann betrieb er ein Bündnis, die Liga von Cambrai, gegen Venedig, das einige Gebiete des Kirchenstaates in der nördlichen Romagna besetzt hielt. Zu den Verbündeten bei diesem Zusammenschluß, der im Jahr 1508 besiegelt wurde, gehörten der Papst und die Monarchen von Frankreich, Spanien und Deutschland. Es gelang ihnen rasch, die Venezianer zu unterwerfen, und diese baten 1510 um Frieden. Nicht zufrieden mit der Erniedrigung Venedigs zog Julius II. gegen den französischen König, den er beschuldigte, ganz Italien unterwerfen zu wollen. Im Herbst 1511 organisierte er eine Heilige Liga (zu der Spanien, Venedig und England gehörten) gegen Frankreich. Der Ausbruch des Krieges zwischen Ludwig XII. und dem Papst stürzte Florenz in ein schreckliches Dilemma, denn beide forderten die Unterstützung der Stadt gegen den anderen, und mit beiden verfeindete sie sich durch ihre verzweifelten Bemühungen, neutral zu bleiben. Die Vertragspflichten banden Florenz jedoch an Frankreich, und Soderini weigerte sich standhaft, diese Verpflichtungen zu brechen. Als eine französische Armee unter Gaston von Foix die Streitkräfte der Heiligen Liga im Juni 1512 schlug, war Florenz scheinbar wieder in Sicherheit.

Dann, sehr pötzlich, wendeten sich das Kriegsglück und die Geschicke der Politik gegen Soderini und die Republik. Gaston von Foix starb an seinen Wunden aus der Schlacht, sein Nachfolger erhielt den Befehl Ludwigs XII., die französische Armee aus Italien abzuziehen. Florenz wurde im Stich gelassen, und eine Versammlung von Vertretern der Heiligen Liga in Mantua beschloß, das republikanische Herrschaftssystem zu zerschlagen und die Medici wiedereinzusetzen. Eine spanische Armee wurde in die Toskana entsandt, um den Beschluß der Liga auszuführen. Am 28. August 1512 griff diese Streitmacht die Garnison in Prato an, eroberte und plünderte die Stadt. Die demoralisierte Regierung gab den Kampf gegen die Spanier auf, Piero Soderini floh ins Exil. Aus Sympathisanten der Medici und Mitgliedern aristokratischer Familien wurde eine neue Regierung gebildet. Diese Regierung behielt zwar die traditionellen Institutionen, Ämter und Praktiken der Republik bei (außer dem Großen Rat, der abgeschafft wurde), aber sie war im wesentlichen doch eine Marionette, die von den Medici kontrolliert und manipuliert wurde. Lorenzos zweiter Sohn, Kardinal Giovanni (der nach dem Tod von Julius II. im Februar 1513 als Leo X. Papst wurde), regierte die Stadt durch seine Verwandten und Verbündeten. In einem noch umfassenderen Sinn als zu Lorenzos Zeiten wurde der Palast der Medici zum Sitz der Regierung des Staates Florenz.

Finale, 1512–1532

Für die Renaissance in Florenz sind sehr unterschiedliche Definitionen in Umlauf: als historische Epoche, als kulturelles Phänomen oder als Komplex von Einstellungen, Ideen und Werten. Wie auch immer sie beschrieben und erklärt wird, sie war die Schöpfung einer freien und unabhängigen Gesellschaft. Die Freiheit und die republikanische Verfassung waren die beiden Schlüsselelemente in der Geschichte der Stadt. Mit der Wiedereinsetzung der Medici im Jahr 1512 wurden diese Grundlagen (die schon lange unter Beschuß gestanden hatten) schließlich zerstört. Langsam und widerstrebend erkannten die Florentiner, daß ihr goldenes Zeitalter vorbei war, daß ihre traditionellen Freiheiten tot waren und daß sie nicht mehr über ihr eigenes Geschick bestimmten. In den Jahren zwischen 1512 und 1532 mußten sie diese schmerzhafte Wahrheit immer und immer wieder erfahren.

Die Florentiner reagierten unterschiedlich auf die Restauration. Aristokraten mit Sympathien für die Medici freuten sich natürlich über die Wiederkehr ihrer Freunde. Sie sahen erwartungsvoll ihrem Anteil an den Wohltaten der Macht und an Nebeneinkünften entgegen. In den Höfen und Vorzimmern des Palazzo Medici gesellten sich junge, ehrgeizige Patrizier zu ihnen, die die Abdankung der Republik und die Einsetzung eines despotischen Regimes akzeptiert hatten. Auch sie wollten von dem neuen System profitieren, indem sie sich die Gunst der Medici erschlichen. Die Generation ihrer Eltern jedoch weigerte sich, ihre Träume von einer Wiederherstellung der Republik aufzugeben. Einige nährten die naive Hoffnung, daß die Medici überredet werden könnten, ihrem privilegierten Status zu entsagen und als Privatbürger zu leben. Derartige Reaktionen waren typisch für die Aristokraten, deren Position von der Restauration nicht bedroht war und die die Erwartung hegten, aus der Freigebigkeit der Medici Vorteil zu ziehen. Diejenigen jedoch, die weniger zuversichtlich in eine Zukunft unter den Medici blickten, folgten unterschiedlichen Wegen. Eine Handvoll republikanisch gesinnter Unentwegter organisierte im Frühjahr 1513 eine Verschwörung, einige wurden für ihre Mühen geköpft, andere in die Verbannung geschickt. Die Jünger Savonarolas hielten auch weiterhin das Andenken an den Mönch lebendig, die meisten wendeten sich vom öffentlichen Leben ab in der Überzeugung, daß nur durch moralische und geistige Erneuerung der Stadt eine lebensfähige politische

Ordnung in Florenz zu erlangen wäre. Wieder andere zogen sich in ihre Palazzi und Villen zurück und konzentrierten sich auf ihre Privatangelegenheiten, widmeten sich der Literatur, der Musik und den Künsten. Ein paar besonders Hartnäckige entschlossen sich dazu, ihre Heimatstadt zu verlassen und ihr Glück anderswo zu suchen. Daß die beiden größten Künstler der Stadt, Leonardo da Vinci und Michelangelo, nach Rom zogen*, war ein Zeichen dafür, daß Rom als kulturelles Zentrum Italiens an die Stelle der Toskana getreten war.

Das Schicksal der Stadt in jenen Jahren war unlösbar mit dem Roms verknüpft, das Band war der Medici-Papst Leo X. Die Politik, die dieser kultivierte und leutselige Pontifex verfolgte, war offenbar darauf berechnet, die Illusion zu nähren, daß sich seit 1494 nichts verändert hätte, daß das Zeitalter Lorenzos in Florenz wiedererstehen könnte und daß die diplomatischen Taktiken des 15. Jahrhunderts geeignet wären, den Problemen einer neuen Ära zu begegnen. Leo hoffte, die Bürger von Florenz mit der neuen Regierung zu versöhnen, indem er die Fassade der republikanischen Verfassung aufrechterhielt und der Bevölkerung eine kräftige Kost aus Festen und Unterhaltungen vorsetzte. Seine ungeheure Großzügigkeit und verschwenderische Förderung der Künste war ein großer Vorteil für die Wirtschaft Roms und das Vermögen jener Favoriten (zu denen Hunderte von Florentinern gehörten), die päpstliche Aufträge, Pensionen und Geschenke erhielten. In der Außenpolitik ließ sich Leo von Lorenzos Beispiel leiten. Er versuchte, ein Machtgleichgewicht in Italien zu erhalten; er hoffte, daß dies die Herrschaft entweder Frankreichs oder Spaniens über die Halbinsel abwehren und so die Unabhängigkeit des Kirchenstaates und Florenz' erhalten werden könnte. Aber die italienischen Angelegenheiten hingen nicht mehr von Rom oder irgendeinem Staat auf der Halbinsel ab, sondern von den Großmächten Europas. 1515 wurde ein junger, energischer Prinz, Franz I., König von Frankreich; er führte ein Heer über die Alpen, um das Herzogtum Mailand wiederzuerobern. Der Papst hatte sich mit seinen spanischen und Schweizer Verbündeten zusammengetan, um die französische Invasion abzuwehren, aber nach dem entscheidenden französischen Sieg bei Marignano (September

---

* Der Exodus von Künstlern aus Florenz hatte schon vor 1512 eingesetzt. Michelangelo war seit 1496 zwischen Rom und Florenz hin- und hergereist, er verbrachte die meiste Zeit in Rom. Raffael verließ Florenz im Jahr 1508, um nach Rom zu gehen. Leonardo verließ 1513 seine Heimatstadt und verbrachte vier Jahre in Rom, bevor er nach Frankreich ging.

1515) handelte er schnell eine Einigung mit Franz aus. Für den Rest seines Pontifikats steuerte Leo einen sehr umsichtigen Kurs, er lavierte zwischen den Franzosen und den Spaniern, die in ihren jeweiligen Stützpunkten in Mailand und Neapel auf günstige Gelegenheiten warteten, ihre Macht auszudehnen. In seinem letzten Lebensjahr entschloß sich Leo X., seine vorsichtige Politik der Neutralität aufzugeben; er ging eine Allianz mit dem designierten Kaiser Karl V. gegen Frankreich ein. Den Papst erreichte die Nachricht, daß die Franzosen Mailand verloren hatten, wenige Tage vor seinem Tod im Dezember 1521.

Auf Leo folgte ein flämischer Kardinal, Adrian von Utrecht, der den Namen Hadrian VI. annahm. Kardinal Giulio de' Medici, ein Neffe des toten Papstes, behielt die Kontrolle über Florenz, und als Hadrian im Jahr 1523 starb, wurde er auf den Heiligen Stuhl gewählt. Der neue Pontifex, Klemens VII., war schwächer und weniger entschlußkräftig als sein Onkel (der auch kein Ausbund an Dynamik und Kraft gewesen war), er spielte in der dramatischen und turbulenten Geschichte des Staates Florenz während seines elf Jahre währenden Pontifikats (1523–1543) eine Schlüsselrolle. Die Sicherheit des Kirchenstaates und Florenz' war nach der Schlacht von Pavia im Jahr 1525, als Franz I. bei seinem Feldzug zur Wiedereroberung Mailands entscheidend geschlagen worden war, äußerst bedroht. Italiens Unterwerfung unter fremde Herrschaft, seit 1494 so häufig vorhergesagt und gefürchtet, schien nun Wirklichkeit zu werden. Um das Machtgleichgewicht auf der Halbinsel wiederherzustellen, ging Klemens VII. im Mai 1526 ein Bündnis mit Frankreich und Venedig ein (die Liga von Cognac), dessen Ziel es war, Spanien aus Italien zu vertreiben. Die Heere der Liga belagerten Cremona und nahmen es schließlich ein, aber sie konnten die kaiserlichen Truppen nicht aus der Lombardei verdrängen. Im Frühjahr 1527 marschierten unbesoldete und undisziplinierte kaiserliche Truppen nach Süden in die Toskana, bedrohten Florenz, umgingen dann aber die Stadt und zogen auf Rom zu. Am 6. Mai stürmten die Truppen die Mauern von Rom, brachen in die Stadt ein und plünderten sie, während Clemens VII. aus der Sicherheit seiner Festung, der Engelsburg, zusah. Als die Nachricht von der Katastrophe Roms und der traurigen Lage des Papstes Florenz erreichte, setzte sich eine Gruppe republikanisch Gesinnter an die Spitze einer Bewegung, um die Herrschaft der Medici zu stürzen. Mit einem Minimum an Gewalt fiel das alte Regime, und die Republik wurde am 16. Mai 1527 wiederhergestellt.

Fast zwei Jahre lang wurde die letzte Republik Florenz von den Medici nicht herausgefordert, auch von spanischen Truppen wurde sie nicht direkt bedroht. Klemens VII. war zu schwach und zu demoralisiert, um ernsthafte Bemühungen zu unternehmen, die Stadt zurückzugewinnen; er kehrte erst im Oktober 1528 aus Orvieto, wo er Zuflucht gesucht hatte, nach Rom zurück. Da er von seinen französischen und venezianischen Verbündeten keine Hilfe erhalten hatte, war der Papst gezwungen, sich mit Kaiser Karl V. zu arrangieren. Im Vertrag von Barcelona, der am 29. Juni 1529 unterzeichnet wurde, beschlossen die beiden Fürsten ein Verteidigungsbündnis. Karl versprach, Klemens VII. gegen Florenz zu unterstützen, während der Papst die Autorität des Kaisers in Mailand anerkannte und so stillschweigend die spanische Hegemonie auf der Halbinsel akzeptierte.

So war der diplomatische Schauplatz vorbereitet für den endgültigen Angriff gegen Florenz und seine republikanische Verfassung. Zum zweitenmal in einer Generation wurden spanische Truppen eingesetzt, um Florenz zum Gehorsam zu zwingen und die Stadt für die Medici zurückzuerobern. Im April 1529 war die Führung der Republik von dem gemäßigten Niccolò Capponi (der offenbar bereit war, eine Einigung mit Klemens VII. auszuhandeln) an den unnachgiebigen Francesco Carducci übergegangen, einen unversöhnlichen Feind der Medici. Da keine Kompromisse und Versöhnungen mehr möglich waren, begannen die kaiserlichen Truppen im Oktober 1529 mit ihrer Belagerung der Stadt. Hinter ihren Mauern schlugen die Bürger die kaiserlichen Angriffe zurück, aber es gelang ihnen nicht, die Nahrungsmittelversorgung aufrechtzuerhalten für die Bevölkerung, die durch Flüchtlinge aus dem Contado noch zusätzlich gewachsen war. Hunger schwächte den Widerstandswillen der Stadt; ihre Bemühungen, die Blockade zu durchbrechen, blieben erfolglos. Am 12. August 1530, nach zehnmonatiger Belagerung, kapitulierte die Regierung, und die spanischen Truppen zogen in die hungernde Stadt ein.

Als sie die Macht erst einmal wiedererlangt hatten, rächten sich die Medici an ihren Feinden. Francesco Carducci und fünf seiner Bundesgenossen kamen aufs Schafott, wodurch die Amnestiebestimmungen in der Kapitulationserklärung verletzt wurden; andere Anhänger der Republik wurden ins Exil geschickt und ihr Eigentum konfisziert. Aber Klemens VII. hatte nicht vollkommen freie Hand bei der Neuordnung der Stadt. Nun war der Kaiser Schiedsrichter über die Angelegenheiten von Florenz, die Medici mußten die Entscheidungen ihres neuen Herrn akzeptieren. Diese unangenehme Tatsache wurde der Öffentlichkeit deutlich durch ein kaiserliches Dekret von 1531, das die Vorherrschaft der Medici in Florenz anerkannte, aber auch die souveränen Rechte des Kaisers über die Stadt und ihr Herrschaftsgebiet verkündete. Am 1. Mai 1532 verließen die Medici eine neue Verfassung, die die Amtsgewalt der Signoria abschaffte (sie hatte 250 Jahre lang bestanden) und Herzog Alessandro de' Medici zum Staatsoberhaupt machte. Beschützt und unterstützt von spanischen Truppen war das Herzogtum der Medici geboren.

In der Generation der Florentiner, die Zeugen des Niedergangs der Republik wurden, ragen besonders zwei Männer hervor: Niccolò Machiavelli (1469–1527) und Francesco Guicciardini (1483–1540). Ihr Leben und ihre Laufbahn wurden von jenen tragischen Ereignissen geformt (man könnte schon fast sagen verformt). Beide Männer waren Patrizier, wenngleich die Familie Guicciardinis reicher und prominenter war als die Machiavellis. 1498 erhielt Machiavelli eine Stellung als Sekretär des Zehnerausschusses für Kriegsführung, vierzehn Jahre lang war er eine aktive und einflußreiche Gestalt in der Regierung der Republik, ein enger Berater von Piero Soderini. Als die Republik 1512 unterging, verlor er seine Stellung und erhielt nie wieder ein politisches Amt in der Stadt. Guicciardinis politische Karriere begann, als die Machiavellis zu Ende war. Er diente dem Regime der Medici in Florenz und dem Medici-Papst in Rom, mehrere Jahre war er Verwaltungsbeamter im Kirchenstaat. In den zwanziger Jahren des 16. Jahrhunderts wurden er und Machiavelli enge Freunde, jeder fühlte sich angezogen von der Intelligenz des anderen, außerdem verband sie ein leidenschaftliches Interesse an der Politik. Erst der Tod Machiavellis im Jahr 1527 beendete ihre Freundschaft; dieses Jahr bedeutete außerdem einen Wendepunkt in der Karriere Guicciardinis. Er war zu eng mit den Medici verbunden, um die Gunst der republikanischen Regierung zwischen 1527 und 1530 zu erlangen, aber seine Bereitschaft, dieser Regierung zu dienen, hatte Papst Klemens VII. gegen ihn aufgebracht. Nach der Rückkehr der Medici in den dreißiger Jahren arbeitete er wieder für seine alten Herren. Als er das Vertrauen von Herzog Cosimo verlor (der 1537 nach der Ermordung Alessandros als Staatsoberhaupt folgte), zog er sich zurück und begann seine Geschichte Italiens zu schreiben.

Manche Menschen reagieren auf (private oder öffentliche) Katastrophen, indem sie diejenigen anschwärzen, denen sie die Verantwortung daran geben, oder indem sie sich in Selbstrechtfertigungen und Entschuldigungen ergehen. Machiavelli und Guicciardini gaben sich nur sehr selten solch fruchtlosen Übungen hin. Statt dessen zogen sie aus der Tragödie Italiens die Konsequenz, die historischen Ereignisse zu untersuchen und die Politik, die zu diesen Ereignissen geführt hatte. Ihre Reaktion auf die Krise war in höchstem Maß schöpferisch, trug sie doch zur Formulierung neuer Auffassungen von Politik und neuer Einsichten in den historischen Prozeß bei.

In ihren Gedanken zur Situation des Menschen zeigen sich Machiavelli und Guicciardini viel weniger optimistisch als die Humanisten des Quattrocento. Sie sahen die Menschen als egoistische und selbstbezogene Kreaturen, die vor allem ihren eigenen Interessen folgen und nur selten, wenn überhaupt, zu selbstlosem Handeln fähig sind. Um solche Wesen im Zaum zu halten, waren moralische und religiöse Prinzipien nutzlos, dazu war vor allem Macht erforderlich. Nicht nur wiesen die beiden Florentiner die humanistische (und christliche) Überzeugung vom Guten im Menschen und seinem Streben nach Vollkommenheit zurück, sie bezweifelten auch die Wirksamkeit der Vernunft bei der Regelung menschlicher Angelegenheiten. Zu häufig, argumentierten sie, seien die Menschen geleitet von Leidenschaften und Gefühlen, außerdem garantiere die Anwendung der Vernunft auf menschliche Probleme nicht den Erfolg. Machiavelli und Guicciardini waren beide einer rationalen Analyse verpflichtet, aber sie glaubten auch, daß Glück und günstige Gelegenheit die wichtigsten Rollen in der Geschichte spielten und daß gelegentlich intelligente und kenntnisreiche Männer Mächten unterlagen, über die sie keine Gewalt hatten. Seit 1494 hatten diese Männer in einer Welt gelebt, die vom Irrationalen und Unvorhersehbaren beherrscht wurde, in der Gewalt und Macht über Vernunft und Berechnung triumphiert hatten. In ihren Schriften spiegelt sich diese Erfahrung auf sehr direkte und unvermittelte Weise.

Trotz ihrer pessimistischen Ansichten von der Natur des Menschen und der menschlichen Erfahrung redeten Machiavelli und Guicciardini nicht Resignation und Verzweiflung das Wort. Keiner von beiden schlug vor, die Menschen sollten aufhören nachzudenken oder sich dem Schicksal überlassen. Statt dessen sollten sie ihren Geist benutzen und im höchsten Maß entwickeln. Intelligente und umsichtige Männer könnten einige (nicht alle) Schläge des Schicksals abwehren, sie sollten versuchen, ihre Umgebung zu verstehen, selbst wenn es nicht immer in ihrer Macht liegt, sie zu beeinflussen. Machiavelli war vielleicht zuversichtlicher im Hinblick auf die Möglichkeiten der Menschen als sein Zeitgenosse, möglicherweise weil er das volle Ausmaß der Tragödie

Italiens nicht mehr miterlebte. Selbst in einer korrupten Gesellschaft, glaubte er, könnten Menschen ein anständiges Leben führen, wenn sie von einem Herrscher regiert würden, der ein gewisses Maß an «virtù»* besaß, die den Bürgern fehlte. Machiavellis Idealvorstellung einer politischen Organisation war eine Republik, in der die Menschen so durchdrungen wären von «virtù» (wie es die alten Römer waren), daß sie bereit wären, sich für den Staat zu opfern. Obwohl eine Regierungsform, die der Römischen Republik glich, in dem Italien, das Machiavelli kannte, nicht vorstellbar war, könnten die Kräfte, die über das menschliche Schicksal herrschten, irgendwo in irgendeiner Zukunft ein anderes, überlegenes Staatsgebilde schmieden. Guicciardini hingegen sah die Zukunft seines geschwächten und erniedrigten Landes sehr pessimistisch. Mit seinem Bericht über die Katastrophe Italiens schien er sagen zu wollen, daß die Menschen lernen müssen, in einer Welt ohne Hoffnung zu leben. Vielleicht glaubte er, sie könnten ein gewisses Maß an Würde erlangen, indem sie ihre eigene Natur erkannten und annahmen und sich in ihre Machtlosigkeit in den Schlingen eines unentrinnbaren Schicksals fügten.

---

* In seinem Buch *Machiavelli and Guicciardini* (Princeton 1965, S. 179) definiert Felix Gilbert Machiavellis Auffassung von «virtù»: «Die Bedeutung dieses Begriffs in seinen Schriften hat viele Facetten, zunächst war es eine Italienisierung des lateinischen Wortes *virtus* und bezeichnete die grundlegende Eigenschaft des Menschen, die ihn befähigt, große Taten und Leistungen zu vollbringen. In der Antike wurde die *virtus* eines Menschen in Beziehung zu *Fortuna* gesetzt, *virtus* war eine innere Qualität, der sich äußere Umstände und Gelegenheiten entgegensetzten. *Virtù* gehörte nicht zu den Tugenden, die das Christentum von guten Menschen forderte, noch war *virtù* der Inbegriff aller christlichen Tugenden, sondern bezeichnete die Stärke und Vitalität, die Grundlage aller menschlichen Tätigkeit ist.»

Bibliographische Anmerkungen

Erstes Kapitel:
Die Stadt der Renaissance

Es gibt keine umfassende Untersuchung über die Metamorphose von Florenz aus einer Provinzstadt in eine urbane Metropole. Das Grundlagenwerk über die Topographie des mittelalterlichen Florenz ist: R. Davidsohn: *Forschungen zur Geschichte von Florenz*, Berlin 1896–1908, Bd. IV, S. 389–530; und seine *Geschichte von Florenz*, Berlin 1896–1927, Bd. IV, S. 247–281. Zu den wichtigsten Untersuchungen der Beziehungen der Stadt zu ihrem bäuerlichen Hinterland gehören: J. Plesner: *L'émigration de la campagne à la ville libre de Florence au XIIIe siècle*, Kopenhagen 1934, und vom selben Autor: *Una rivoluzione stradale nel dugento*, in: Acta Jutlandica, I, 1938; sowie: E. Fiumi: *Sui rapporti fra città e contado*, in: Archivio storico italiano, CXIV, 1956; und die wichtige, aber unvollendete Arbeit über die Geschichte der toskanischen Landwirtschaft von E. Conti: *La formazione della struttura agraria moderna nel contado fiorentino*, Rom 1965 ff.

Ein brauchbarer Führer durch das zeitgenössische Florenz wurde herausgegeben vom Touring Club Italiano: *Firenze e dintorni*, Mailand 1964, 5. Auflage. Ein weiterer nützlicher Führer stammt von Eve Borsook: *The Companion Guide to Florence*, London 1966. Von den zahllosen Fotobänden über Florenz und seine Umgebung sollen zwei angeführt werden: Der Band *Firenze* in der Reihe *Attraverso l'Italia*, Mailand 1962, Touring Club Italiano; und A. von Borsig: *Tuscany*, London 1955. Eine gute Sammlung alter Stiche und Karten von Florenz findet sich in: R. Ciullini: *Di una raccolta di antiche carte e vedute della città di Firenze*, in: L'universo, V, 1924. Welchen Eindruck die mittelalterlichen Viertel der Stadt vor den Zerstörungen des 19. Jahrhunderts auf Künstler machten, zeigt: C. Ricci: *Cento vedute di Firenze antica*, Florenz 1906; sowie: H. Railton: *Pen Drawings of Florence*, Cleveland o. J. Den umfassendsten Überblick über die alten Gebäude der Stadt gibt W. Limburger: *Die Gebäude von Florenz*, Leipzig 1910. W. Braunfels hat einen allgemeinen Überblick über die Stadtbaukunst in mittelalterlichen Städten der Toskana verfaßt: *Mittelalterliche Stadtbaukunst in der Toskana*, Berlin 1953. Die Zerstörung des Mercato Vecchio und seiner Umgebung in den achtziger Jahren des 19. Jahrhunderts gab den Anstoß für eine Reihe von Veröffentlichungen: *Studi storici sul centro di Firenze*, Florenz 1889; *Il centro di Firenze. Studi storici e ricordi artistici*, Florenz 1900; G. Carocci: *Il Mercato Vecchio di Firenze*, Florenz 1884, und vom selben Autor: *Firenze scomparsa*, Florenz 1898.

Die Wissenschaftler, die über die Architektur in Florenz arbeiteten, konzentrierten ihre Aufmerksamkeit weitgehend auf Kirchenbauten. Das Ergebnis dieser Forschungen wurde gesammelt von W. und E. Paatz: *Die Kirchen von Florenz*, Frankfurt am Main 1940–1954, 6 Bde. Der Dom und besonders die Kuppel von Brunelleschi waren Gegenstand intensiver Forschungsarbeit. Eine kurze Analyse mit hervorragenden Illustrationen findet sich in: W. Braunfels: *Der Dom von Florenz*, Olten 1964; ein Überblick über die Literatur und die wissenschaftlichen Auseinandersetzungen in: H. Saalman: *Santa Maria del Fiore, 1294–1418*, in: Art Bulletin, XLVI, 1964, S. 471–500. Den Bau der Loggia dei Lanzi beschreibt K. Frey in: *Die Loggia dei Lanzi*, Berlin 1885; den des Palazzo della Signoria schildert A. Lensi: *Palazzo Vecchio*, Mailand und Rom 1929. Andere wichtige Gebäude fanden noch nicht das Interesse der Historiker.

Die Angaben über Mieten in der Stadt wurden den Akten des Catasto für die Jahre 1427, 1430 und 1433 entnommen, besonders den Bänden des ersten Catasto von 1427; Archivio di Stato di Firenze [ASF], Catasto, 64–81. Die Angaben der Mietpreise finden sich in: Catasto, 64, fol. 302r; 80, fol. 73v; 81, fols. 518r–518v; 491, fol. 289v.

Die Quellen für eine Geschichte der Florentiner Stadtplanung erlauben nur skizzenhafte Einblicke, besonders für das Mittelalter. Braunfels' *Mittelalterliche Stadtbaukunst* enthält Hinweise auf die frühen Gesetze zur Stadtplanung, ergänzt werden diese Quellen durch Dokumente, die abgedruckt sind in: Davidsohn: *Forschungen*, Bd. IV, S. 441–514; und G. Gaye: *Carteggio inedito d'artisti dei secoli XIV, XV, XVI*, Florenz 1839, Bd. I, Anhang. Das Zitat aus Salutatis *Invektive* stammt aus: P. Ruggiers: *Florence in the Age of Dante*, Norman, Okla. 1964, S. IX. Die Erlasse des Amtes der Türme stehen im ASF, Giudice degli Appelli, 71, nicht paginiert, 15. Juni 1397; 72, nicht paginiert, 9. August 1401; 74, nicht paginiert, 4. Juli und 30. August 1415; 74, nicht paginiert, 11. Oktober 1421; 79, Teil 2, fol. 180r. Einige Verfügungen dieser Behörde im Archivio del Parte Guelfa im Archivio di Stato wurden bei der Überschwemmung im Jahr 1966 beschädigt; siehe: Archivio storico italiano, CXXIV, 1966, S. 439–441. Das Gesetz, das die Verbreiterung der Straßen um den Dom anordnet, ist abgedruckt in: C. Guasti: *S. Maria del Fiore*, Florenz 1887, S. 284. Der Plan zur Erweiterung des Platzes um San Lorenzo wird beschrieben in: ASF, Deliberazioni dei Signori e Collegi, ordinaria autorità, 44, fols. 18v–19r, 18. März 1434. Die Erweiterung und Verschönerung der Piazza della Signoria dokumentiert Frey in: *Loggia dei Lanzi*. Eine gute Untersuchung über die Dom-Opera ist: A. Grote: *Das Dombauamt in Flo-*

renz, *1285–1370*, München 1959. Hinweise auf die Opere anderer kirchlicher Einrichtungen finden sich in: Frey: *Loggia dei Lanzi*, S. 154–156; ASF, Provvisioni, 72, fols. 72v–73v; und R. Morcay: *S. Antonin fondateur du couvent de Saint-Marc archevêque de Florence (1389–1459)*, Paris und Tours 1914, S. 47.

Unsere Kenntnisse über die private Bautätigkeit im Florenz des Mittelalters und der Renaissance sind recht begrenzt. Einige Angaben über den frühen Hausbau enthalten: J. W. Brown: *The Builders of Florence*, London und New York 1907; A. Haupt: *Palast-Architektur von Ober-Italien und Toskana*, Bd. II, Berlin 1888; B. Patzak: *Palast und Villa in der Toskana*, Leipzig 1912 und 1913, 2 Bde.; und: A. Schiaparelli: *La casa fiorentina ed i suoi arredi*, Florenz 1908. Angaben zu bestimmten Gebäuden finden sich in: Limburger: *Gebäude von Florenz*; und in: G. und C. Thiem: *Toskanische Fassaden-Dekoration in Sgraffito und Fresko, 14. bis 17. Jahrhundert*, München 1964. Dieses Werk enthält auch einige hervorragende Abbildungen und eine umfassende Bibliographie. Die Baupläne eines kleinen Florentiner Hauses aus der Mitte des 14. Jahrhunderts beschreibt: P. Sanpaolesi: *Un progetto di costruzione per una casa del secolo XIV*, in: Atti del IV Convegno Nazionale di storia dell' architettura, Mailand 1939, S. 259–266. Einen kurzgefaßten Überblick über die Arbeit der großen Florentiner Architekten des Quattrocento gibt: P. Murray: *Architektur der Renaissance*, Stuttgart 1975. Luca Landuccis Bemerkung über den Bau des Palazzo Strozzi steht in seinem *Ein florentinisches Tagebuch*, Jena 1913.

Antonio Puccis Beschreibung des Alten Marktes findet sich in: *Delizie degli eruditi toscani*, hg. von I. di San Luigi, Florenz 1770–1789, Bd. VI, S. 267–274. Die Rolle der tartarischen Sklaven in der Florentiner Gesellschaft schildert I. Origo: *The Domestic Enemy: The Eastern Slaves in Tuscany in the Fourteenth and Fifteenth Centuries*, in: Speculum XXX, 1955, S. 321–366, mit Abbildungen. Leon Battista Albertis Beschreibung der Piazza della Signoria ist enthalten in: E. Borsook: *Companion Guide to Florence*, S. 42.

Die Feier des Namenstages von Johannes dem Täufer schildert Davidsohn in: *Geschichte von Florenz*, Bd. IV. Die Auszüge aus einer anonymen Chronik aus den achtziger Jahren des 14. Jahrhunderts sind abgedruckt in: *Diario d'anonimo fiorentino dall' anno 1358 al 1389*, in: *Cronache dei secoli XIII e XIV*, hg. von A. Gherardi, Florenz 1876, S. 400, S. 463–467, S. 525–526. Den Aufstand von 1378 schildere ich in meinem Buch: *Florentine Politics and Society, 1343–1378*, Princeton 1963; und in meinem Beitrag: *The Ciompi Revolution*, in: *Florentine Studies*, hg. von N. Rubinstein, London 1968, S. 314–356. Die drei Schilderungen des Schwarzen Todes in Florenz sind: Matteo Villani: *Cronica*, Florenz 1846, Bd. I, Kapitel 1 und 2; *Cronaca fiorentina di Marchionne di Coppo Stefani*, hg. von N. Rodolico, in: *Rerum Italicarum Scriptores*, neue Ausgabe, Bd. XXX,

Teil 1, Città di Castello 1903-1955, Spalte 634; G. Boccaccio: *Das Dekameron*, siehe Fußnote S. 75. D. Herlihy stellte eine Liste der Hunger- und Pestjahre für die Stadt Pistoia zusammen: *Medieval and Renaissance Pistoia*, New Haven 1967, S. 105.

Zweites Kapitel: Die Wirtschaft

Die umfassendste Bibliographie über die Wirtschaftsgeschichte von Florenz gibt A. Sapori: *Studi di storia economica (secoli XIII–XIV–XV)*, Florenz 1956, 3. Auflage. Kürzere Zusammenstellungen sind abgedruckt in: A. Sapori: *Le marchand italien au moyen âge*, Paris 1952, S. 1–14; G. Brucker: *Florentine Politics and Society*, S. 403–406; R. de Roover: *The Rise and Decline of the Medici Bank 1397–1494* Cambridge, Mass. 1963, S. 391–408. Sapori und De Roover haben entscheidende Beiträge zu unseren Kenntnissen der Wirtschaftsentwicklung in Florenz geleistet, ebenso E. Fiumi mit seiner Untersuchung: *Fioritura e decadenza dell' economia fiorentina*, in: Archivio storico italiano, CXV–CXVII, 1957–1959.

Alfred Dorens Forschungen über das Zunftsystem und die Wolltuchindustrie sind eher überholt: *Das Florentiner Zunftwesen vom XIV. bis zum XVI. Jahrhundert*, Stuttgart 1908; und: *Die florentiner Wollentuchindustrie vom vierzehnten bis zum sechzehnten Jahrhundert*, Stuttgart 1901. Meine «revisionistische» Analyse des Aufstands der Ciompi ist erschienen in: *Florentine Studies*, hg. von N. Rubinstein, S. 314–356. Das Rechnungsbuch von Niccolò Strozzi und seinem Geschäftspartner findet sich in: ASF, Carte Strozziane, ser. III, 278; die Rechnungsbücher von Lippo di Dino und Francesco di Vanni: ebd., ser. II, 5.

Donato Vellutis Bericht über die Lehrzeit seines Sohnes steht in seiner: *Cronica domestica di Messer Donato Velluti*, Florenz 1914, S. 311. Francesco Pegolottis Handbuch für den Kaufmann wurde herausgegeben von A. Evans: *La pratica della mercatura*, Cambridge, Mass. 1936. Eine Auswahl des Briefwechsels von Francesco Datini ist abgedruckt in: F. Melis: *Aspetti della vita economica medievale*, Siena 1962, Bd. I, S. 35–36, S. 214–215. Buonaccorso Pittis Chronik wurde ins Englische übersetzt von Julia Martines: *Two Memoirs of Renaissance Florence. The Diaries of Buonaccorso Pitti and Gregorio Dati*, hg. von G. Brucker, New York 1967. Die Dokumente, die sich auf Francesco Davizzi und Domenico Lanfredini beziehen, sind enthalten in: Carte Strozziane, ser. III, 112, fol. 90r; und: Biblioteca Nazionale di Firenze [BNF], II, V, 7, fol. 5r. Der Kreditbriefskandal in Venedig wird geschildert in: ASF, Mercanzia, 1187, fols. 67v–70r. Andrea Lamberteschis Steuererklärung steht in: Catasto, 68, fols. 34r–34v. Von den Schwierigkeiten Bartolo Petribonis und Francesco

Bernadettis wird berichtet in: Mercanzia, 1177, fols. 58 r–75 r; von denen Bernardo Davanzatis in: ASF, Acquisti e Doni, 296, nicht paginiert.

Eine wichtige Quelle, die über die Schwierigkeiten Auskunft gibt, mit denen die Wolltuchindustrie in den siebziger Jahren des 14. Jahrhunderts zu kämpfen hatte, sind die Protokolle der Arte della Lana, einige dieser Belege werden zitiert in: Doren: *Wollentuchindustrie*, S. 303–317; und in meinem Beitrag in: *Florentine Studies*, S. 323–325. Die Briefe von Datini, die die ökonomischen Schwierigkeiten der Stadt während des Kriegs mit Mailand schildern, stehen im Archivio di Stato, Prato, Archivio Datini, vols. 1064, 987 und 868, nicht paginiert. Die Äußerungen Rinaldo Rondinellis über die Wirtschaft von Florenz finden sich in: ASF, Consulte e Pratiche, 40, fol. 209v. Giovanni Rucellais Bemerkungen zu den wirtschaftlichen Bedingungen sind abgedruckt in: *Giovanni Rucellai ed il suo Zibaldone*, hg. von A. Perosa, London 1960, Bd. I, S. 46, S. 60–62. Die Gesetze, mit denen Steuerbefreiungen und ein Schuldenaufschub versprochen wurden, stehen in: Provvisioni, 114, fols. 63 v–64 r; 117, fol. 45 v; 118, fols. 116 v–117 v; 122, fols. 2 r–3 r. Der Vorschlag, Juden die Erlaubnis zu erteilen, sich in Florenz niederzulassen, wurde im August 1431 gemacht: Consulte e Pratiche, 49, fols. 184 v–185 r. U. Cassuto schildert die Gründung einer jüdischen Kolonie im Jahr 1437: *Gli ebrei a Firenze nell' età del Rinascimento*, Florenz 1918, S. 17–23.

Das Florieren der Florentiner Seidenherstellung im 15. Jahrhundert dokumentieren: G. Corti und J. G. Da Silva: *Note sur la production de la soie à Florence au XVe siècle*, in: Annales, XX, 1965, S. 309–311. Statistische Angaben zum Wolltuchunternehmen der Fortini stammen aus: Catasto, 80, fol. 567r. Das Auf und Ab der Wolltuchindustrie im späten 15. Jahrhundert beschreibt Doren: *Wollentuchindustrie*, S. 416–425. Die Entwicklung von Florenz als Seemacht erörtert M. Mallett: *The Florentine Galleys in the Fifteenth Century*, Oxford 1967.

Drittes Kapitel: Das Patriziat

Viele Quellen über die Wirtschaftsgeschichte, die Sapori in: *Le marchand italien au moyen âge*, S. 1–14, aufführt, sind auch für die Sozialgeschichte sehr aufschlußreich. Ein wichtiges Werk über das Florentiner Patriziat ist das Buch von Lauro Martines: *The Social World of the Florentine Humanists 1390–1460*, Princeton 1963, es ersetzt die ältere Analyse von A. von Martin: *Soziologie der Renaissance*, (1932) München 1974, 3. Aufl. Einiges Material über das Patriziat ist enthalten in: G. Brucker: *Florentine Politics and Society*, S. 27–56. Ein besonders wichtiger Beitrag stammt von P. Jones: *Florentine Families and Florentine Diaries in the Fourteenth Century*, in: *Studies in Italian Medieval History presented to Miss E. M. Jami-*

son, Rom 1956, S. 183–205. Einen wertvollen Beitrag zu diesem Thema leistet auch Richard Goldthwaite: *Private Wealth in Renaissance Florence*, Princeton 1968.

Hinweise auf die Familien Alberti, Spini und Morelli geben: L. Passerini: *Gli Alberti di Firenze*, Florenz 1869, Bd. II, S. 7–9; Carte Strozziane, ser. II, 13, fol. 15 r; G. Morelli: *Ricordi*, hg. von V. Branca, Florenz 1955, S. 81–83. Francesco Davanzatis Brief bezüglich der Hochzeit im Haus Peruzzi findet sich in: ASF, Conventi Soppressi, Nr. 78, vol. 315, fol. 287 r. Die Familie Del Bene ist Gegenstand der Monographie von H. Hoshino: *Francesco di Iacopo Del Bene cittadino fiorentino del Trecento*, in: Istituto giapponese di cultura, Rom, Annuario, IV, 1966–1967, S. 29–119. Die Briefe Giovanni del Benes über die Heirat sind in: ASF, Archivio Del Bene, 51, nicht paginiert. Die Castellani werden erwähnt in: Martines: *Social World*, S. 199–210, und die Vespucci in: G. Arciniegas: *Amerigo and the New World*, New York 1955. Die Bittschrift von Andrea Salterelli ist enthalten in: Provvisioni, 84, fols. 229v–231 r. Giovanni Morellis Ratschläge über Heiraten sind abgedruckt in seinen *Ricordi*, S. 208–209. Die Briefe, die Forese Sacchetti erhielt, sind enthalten in: Conventi Soppressi, Nr. 78, vol. 323.

Die Bemerkungen über Kaufleute von Gregorio Dati und Bernardo da Castiglionchio sind zitiert in: Martines: *Social World*, S. 32; ihre Ansichten über Bankgeschäfte in: Melis: *Aspetti*, S. 213. Giovanni Morelli äußert seine Ansichten über Geschäfte in seinen *Ricordi*, S. 225–243; die Biographie seines Vaters findet sich: ebd., S. 143–159. Die Anzeige der Bardi liegt in: ASF, Atti del Esecutore degli Ordinamenti di Giustizia, 1223, fol. 4 r. Donato Vellutis Schilderung seines ruchlosen Verwandten Piero Pitti ist enthalten in seiner *Cronica domestica*, S. 138–139. Der Hinweis auf Giovanni Capponi steht in: Martines: *Social World*, S. 25. Paolo Sassettis Verwünschung seiner unglückseligen Cousine Letta findet sich in: Carte Strozziane, ser. II, 4, fol. 67 r. Morelli schildert die unerlaubten Liebschaften seines Vetters in seinen *Ricordi*, S. 162–163.

Bicci de' Medicis Testament wird aufbewahrt in: ASF, Atti Notarili, L 290, vol. 3, fols. 17 r–19 r. Vespasiano da Bisticcis Hinweis auf Cosimo de' Medici steht in: *The Vespasiano Memoirs*, London 1926, Nachdruck: New York 1963, S. 218–219. Donato Vellutis Bericht der religiösen Krise von Bernardo findet sich in seiner *Cronica domestica*, S. 40–41. Gregorio Datis innere Kämpfe um moralische Läuterung werden beschrieben in: *Two Memoirs of Renaissance Florence*, S. 124–125.

Eine Auswahl der Briefe Lapo Mazzeis an Francesco Datini gab C. Guasti heraus: *Lettere di un notario a un mercante*, Florenz 1880. Lapos Analyse seiner Freundschaft zu dem Kaufmann ist abgedruckt in: ebd., Bd. I, S. 191; sein Brief, in dem er seine Sorge um Datinis ausschließliche Beschäftigung mit weltlichen Dingen zum Ausdruck bringt, steht bei I. Origo:

«Im Namen Gottes und des Geschäfts». Lebensbild eines toskanischen Kaufmanns der Frührenaissance, München 1985, S. 197f. Der Brief, in dem Lapo seine Begegnung mit Bartolo Pucci schildert, ist enthalten in der Ausgabe von Guasti, Bd. II, S. 56–58. Baldetta Manettis Klage über ihren Sohn findet sich in: ASF, Arte del Cambio, 65, fol. 43 v. Niccolò Bastaris Brief in: Conventi Soppressi, Nr. 78, vol. 313, fols. 94 r–94 v; Remigio Lanfredinis Beschimpfung seines Vaters in: BNF, II, V, 7, fols. 137 r–138 r. Antonio Rustichis Memoiren finden sich in: Carte Strozziane, ser. II, 11. Der Hinweis auf Luca da Panzanos Blutrache wird zitiert in: Archivio storico italiano, ser. 5, Bd. IV, 1889, S. 149–152; daß Angelo Ricoveri einen Mörder gedungen hat, geht hervor aus: Atti del Esecutore, 1269, fols. 79 r–80 v. Simone della Tosas Schilderung der Verbrechen, die von seinem Verwandten begangen wurden, stehen in: *Cronichette antiche di vari scrittori*, hg. von D. Manni, Florenz 1733, S. 163–166; Luigi Guicciardinis Bericht der Verbrechen eines Verwandten in: Carte Strozziane, ser. I, 16, fols. 4 r–5 r.

Die Laufbahn Guido del Palagios beschreibt Giovanni da Prato im Vorwort zu: *Il Paradiso degli Alberti*, hg. von Wesselofsky, Bologna 1867, Bd. I, S. 93–96. Lapo Mazzeis Briefe, in denen er Guido erwähnt, stehen in der Ausgabe von Guasti, Bd. I, S. 125; und: Bd. II, S. 63. Vespasiano da Bisticcis Biographien von Cosimo de' Medici und Palla Strozzi sind enthalten in: *Vespasiano Memoirs*, S. 213–245. Unsere Quelle über den Patrizier Giovanni Rucellai ist sein Buch *Il Zibaldone Quaresimale*, es wurde herausgegeben von A. Perosa: *Giovanni Rucellai ed il suo Zibaldone*.

Viertes Kapitel: Die Politik

Eine gute Zusammenfassung der Ursprünge und Entwicklung der italienischen Kommune gibt die Arbeit von J. K. Hyde: *Padua in the Age of Dante*, Manchester und New York 1966, S. 9–26. Die politische Geschichte von Florenz bis 1330 wird analysiert in dem monumentalen Werk von R. Davidsohn: *Geschichte von Florenz*, Berlin 1896–1927, 4 Bde.; und: M. Becker: *Florence in Transition*, Baltimore 1967, Bd. I. Überholt, aber immer noch nützlich, ist das Buch von F. Schevill: *History of Florence*, New York 1936, Nachdruck: New York 1963. Eine Analyse der Institutionen der Republik in der Mitte des 14. Jahrhunderts gebe ich in Kapitel 2 meines Buches *Florentine Politics and Society*. Einen neuen, kenntnisreichen Überblick über die Florentiner Politik vor 1434 gibt: C. Bayley: *War and Society in Renaissance Florence*, Toronto 1961. Zwei wichtige Bücher über das Florentiner Regierungssystem sind: N. Rubinstein: *The Government of Florence under the Medici 1434–1494*, Oxford 1966; und: L. Martines: *Lawyers and Statecraft in Renaissance Florence*, Princeton 1968. Beide Arbeiten untersuchen die institutionellen und technischen Aspekte der Florentiner Regierung, die in dem vorliegenden Buch vernachlässigt wurden.

Die Äußerungen von Alessandro Alessandri, Matteo Tinghi und Rinaldo Gianfigliazzi werden erwähnt in: Consulte e Pratiche, 27, fol. 57r; 26, fol. 224r; 42, fol. 17v. Palla Strozzis Rede von 1430 gegen die Steuerreform steht in: Carte Strozziane, ser. III, 125, fols. 126r–127v. Den Briefwechsel Del Benes, in dem der Streit mit Filippo Adimari geschildert wird, enthält: Carte Del Bene, 51; und: Acquisiti e Doni, 301, nicht paginiert. Giovanni Cavalcantis Kommentare über die Besteuerung finden sich in seinen *Istorie fiorentine*, hg. von G. di Pino, Mailand 1944, Bd. I, Kapitel 11. Die Bitten um Steuererleichterung Barone di Coses und anderer Bittsteller stehen in: Provvisioni, 82, fols. 22r–23v; 87, fols. 62v–64r; 91, fol. 27r; 92, fols. 183v–184r; 95, fols. 224v–225r; 101, fol. 203r. Die Briefe von Lanfredino Lanfredini und Donato Acciaiuoli finden sich in: BNF, II, V, 7, fol. 9r; und: Carte Del Bene, 49, Nr. 289. Die Unterhaltung der Witwe Margherita mit Antonio di Piero wird erwähnt in: Atti del Podestà, 4080, fols. 23r–23v. R. de Roover schrieb eine kurze zusammenfassende Darstellung über den Catasto in seinem Buch *Rise and Decline of the Medici Bank*, S. 21–31.

Das System der Rechtsprechung in Florenz stellt L. Martines dar in: *Lawyers and Statecraft*, S. 130–145, mit einer Bibliographie, S. 215–217. Marchionne Stefani schilderte die Missetaten eines Richters in seiner *Cronaca fiorentina*, Spalte 938. Die juristischen Vergehen im Jahr 1387 und 1400 finden sich in: ASF, Atti del Capitano, 2107, nicht paginiert; Atti del Esecutore, 1680, fols. 91r–92r; Provvisioni, 76, fols. 41r–42v. Die Briefe, die Francesco de Coppoli an Forese Sacchetti schrieb, sind enthalten in: Conventi Soppressi, 78, vol. 325, Nr. 338, 365. Beispiele für «bolletini» finden sich in: Atti del Capitano, 2605, fols. 5v–6r; und in: ASF, Deliberazioni dei Signori e Collegi, ordinaria autorità, 32, fols. 10r–10v. Die Beschwerde der beiden angeklagten Entführer steht in: Provvisioni, 115, fol. 7r.

Die Aussagen der verschwörerischen Ciompi Luca di Guido und Antonio di Recco – beide mit Vorsicht zu behandeln, da durch Folter erzwungen – finden sich in: Atti del Capitano, 1197 bis, fols. 130r–132r; 1198, fols. 31r–35r. Den Aufstand der Ciompi im Juli 1383 beschreiben: Atti del Esecutore, 960, fols. 45r–47v. Die Umsturzpläne der Alberti von 1411–1412 werden berichtet in: Atti del Esecutore, 1759, fols. 103r–108r; 1763, fols. 3r–4r; 1785, fols. 14v–16r.

In *Two Memoirs of Renaissance Florence*, S. 88–97, findet sich Buonaccorso Pittis Bericht von seinen unangenehmen Erfahrungen mit den Ricasoli, er wurde zusammengefaßt aus den Akten des Kriminalgerichts: Atti del Podestà, 4272, nicht paginiert, 17. Dezember 1412; und: Atti del Esecutore, 1808, fols. 68r–69r. Cavalcantis Urteil über die Innenpolitik vor 1434 steht in: *Istorie fiorentine*, Buch I, Prolog, Kapitel 1, S. 7, S. 10–11; Buch II, Kapitel 1–4, S. 7, S. 21–23; Buch III, Kapitel 1–10. C. Gutkind verfaßte eine lobrednerische Biographie über Cosimo: *Cosimo de' Medici Pater Patriae 1389–1464*, Oxford 1938. Belege der engen Verbindungen Cosimos mit den Condottieri sammelte C. Bayley: *War and Society in Renaissance Florence*, S. 120–124, S. 227. Cosimos Brief an Pius II. ist abgedruckt in: Janet Ross: *Lives of the Early Medici as Told in their Correspondence*, London 1910, S. 66–69.

Die Probleme des Staatshaushaltes, die im Trecento aus der Eskalation der Kriegskosten entstanden, beschreibt: M. Becker: *Economic Change and the Emerging Florentine Territorial State*, in: Studies in the Renaissance, XIII, 1966, S. 7–39. Der Brief, mit dem in San Gimignano eine Volkszählung angeordnet wird, ist enthalten in: Carte Strozziane, ser. III, 103, fol. 30r. U. Procacci faßt die literarischen Belege zusammen, die sich auf die finanzielle Krise in Florenz in den zwanziger Jahren des 15. Jahrhunderts beziehen: *Sulla cronologia delle opere di Masaccio e di Masolino*, in: Rivista d'arte, XXVIII, 1953, S. 3–35.

Das Buch von Baron: *The Crisis of the Early Italian Renaissance* wurde kürzlich in einer zweiten Auflage veröffentlicht (Princeton 1965). Einen ähnlichen Ansatz wie Baron entwickeln N. Valeri: *L'Italia nell' età dei principati*, Mailand 1949; und: E. Garin: *I cancellieri umanisti della Repubblica fiorentina da Coluccio Salutati a Bartolomeo Scala*, in: Rivista storica italiana, LXXI, 1959, S. 185–208; sowie: D. Hay: *The Italian Renaissance in its Historical Background*, Cambridge 1961, Kapitel 5. Historiker, die besonders auf die materiellen Faktoren in der Außenpolitik aufmerksam machen, sind: C. Bayley: *War and Society in Renaissance Florence*; D. Bueno de Mesquita: *Giangaleazzo Visconti*, Cambridge 1941; und: P. Partner: *Florence and the Papacy in the Earlier Fifteenth Century*, in: *Florentine Studies*, hg. von N. Rubinstein, S. 381–402. Politische und institutionelle Ähnlichkeiten zwischen den Republiken und den despotischen Regimes werden betont bei: P. Jones: *Communes and Despots: the City State in Late Medieval Italy*, in: Transactions of the Royal Historical Society, 5. series, XV, 1965, S. 71–96; Bueno de Mesquita: *The Place of Despotism in Italian Politics*, in: *Europe in the Late Middle Ages*, hg. von J. Hale u. a., London und Evanston, Ill. 1965, S. 301–331; sowie L. Martines: *Lawyers and Statecraft*, Kapitel 11. Ein Überblick über den Hintergrund dieser wissenschaftlichen Positionen findet sich in: Baron: *Crisis*, 1. Auflage, S. 379–390.

Die Briefe von Ser Giacomo Manni liegen in: Archivio di Stato, Siena, Concistoro, vols. 1816–1819. Mannis Zeugnis wird gestützt von den Akten der Consulte e Pratiche, 24, fols. 59v–83v für diese Monate.

Die kenntnisreichsten Analysen der Florentiner Außenpolitik im späten Trecento und frühen Quattrocento (außer den Arbeiten, die bereits zitiert wurden) bieten: N. Rubinstein: *Florence and the Despots*, in: Transactions of the Royal Historical Society, 5. series, II, 1952, S. 21–45; P. Partner: *Florence and the Papacy*, in: *Europe in the Late Middle Ages*, S. 76–121, sowie sein Buch: *Florence and the Papacy in the Earlier Fifteenth Century*; außerdem: P. Herde: *Politik und Rhetorik in Florenz am Vorabend der Renaissance*, in: Archiv für Kulturgeschichte, XLVII, 1965, S. 141–220. Einen guten Überblick über die inneren Auseinandersetzungen zur Außenpolitik im frühen Quattrocento gibt: Bayley: *War and Society*, Kapitel 2. Das Zitat von Rinaldo degli Albizzi von 1424 findet sich bei Hans Baron: *Crisis*, 2. Auflage, S. 376.

Fünftes Kapitel: Kirche und Religion

Die Geschichte der Frömmigkeit im Florenz der Renaissance vor Savonarola ist weitgehend unerforscht, es gibt keine angemessenen Übersichten und nur wenige gute Monographien. Die beste allgemeine Untersuchung der europäischen Kirche im 14. und frühen 15. Jahrhundert ist das Werk von E. Delaruelle, E. Labande und P. Ourliac: *L'église au temps du Grand Schisme et de la crise conciliare (1378–1449)*, Paris 1962–1964, 2 Bde. Eine hervorragende Schilderung und Analyse der italienischen Kirche im 13. Jahrhundert bietet R. Bretano in: *Two Churches. England and Italy in the Thirteenth Century*, Princeton 1968. Einige Details des kirchlichen Lebens in Florenz im 14. Jahrhundert finden sich in R. Davidsohns Abschnitt über Religion in seiner *Geschichte von Florenz*, Bd. IV. Von Millard Meiss stammt eine gute Analyse der religiösen Mentalität der Florentiner im Trecento: *Painting in Florence and Siena after the Black Death*, Princeton 1951, Nachdruck: New York 1964.

Das Testament von Francesco Niccoli findet sich in: Conventi Soppressi, 122 (Santo Spirito), vol. 75, fols. 34r–36r. Domenico Lanfredinis Brief ist enthalten in: BNF, II, V, 7, fols. 5r–5v. Die Verurteilung von Adoardo Peruzzi und Antonio di Tome findet sich in: Atti del Podestà, 3672, fols. 41r–44r; und: Giudice degli Appelli, 99, fols. 161r–163r.

Der Grundbesitz der Certosa ist verzeichnet in: Conventi Soppressi, 51 (Certosa), vol. 213. Die Statistik über den kirchlichen Grundbesitz im 15. Jahrhundert stellte E. Conti zusammen: *La formazione della struttura agraria moderna nel contado fiorentino*, Bd. III, Teil 3, Rom 1965. Pandolfo Ricasolis Angriff auf den Rektor der Kirche im Chianti wird geschildert in: Atti del Esecutore, 964, fol. 31r.

Lanfredo Lanfredinis Brief bezüglich Bernardo Angioleri steht in: BNF, II, 7, fol. 175r. Die näheren Umstände der Ernennung von Bene del Bene für die Kirche von Santa Maria sopra Porta schildere ich in meinem Artikel: *An Unpublished Source on the Avignonese Papacy; the Letters of Francesco*

Bruni, in: Traditio, XIX, 1963, S. 355–358, S. 362–365. Buonaccorso Pittis Beschreibung des Vorfalls in Altopascio findet sich in: *Two Memoirs of Renaissance Florence*, S. 85–86. Gregorio Datis Schuld gegenüber seinem Bruder Leonardo wird erwähnt in: ebd., S. 140. Genauere Einzelheiten über den Anteil der Corsini an den bischöflichen Finanzen gibt: *Il libro di ricordanze dei Corsini (1362–1457)*, hg, von A. Petrucci, Rom 1965, S. XVIII–XX, S. 26–43.

Das Verhältnis von Kirche und Staat im Florenz des Trecento wird in zwei Artikeln von M. Becker beleuchtet: *Florentine Politics and the Diffusion of Heresy in the Trecento*, in: Speculum, XXXIV, 1959, S. 60–75; und: *Some Economic Implications of the Conflict between Church and State in Trecento Florence*, in: Medieval Studies, XXI, 1959, S. 1–16; sowie: R. Trexler: *Economic, Political and Religious Effects of the Papal Interdict on Florence, 1376–1378*, Frankfurt am Main 1964. Die papstfeindlichen Äußerungen von Maffeo di Ser Francesco werden kolportiert in: Consulte e Pratiche, 26, fol. 64v, 17. Juli 1387.

Der Beschwerdebrief über den Provinzial der Franziskaner findet sich in: ASF, Dieci di Balìa, Legazioni e Commissarie, 2, fol. 46v. Ein Beispiel für einen Protest gegen die päpstliche Ernennung von Fremden für Florentiner Pfründen findet sich in: ASF, Missive, 22, fols. 112r–112v. Das Gesetz, mit dem die Einkünfte aus Pfründen von abwesenden Amtsinhabern beschlagnahmt werden können, steht in: Provvisioni, 95, fol. 63r. Klagen gegen die Versetzung des Bischofs Visdomini finden sich in verschiedenen Quellen: Consulte e Pratiche, 35, fols. 67r–68r; Missive, 25, fol. 27r; ASF, Signori e Collegi, Legazione e Commisarie, 1, fol. 113r. Papst Eugens Verärgerung über eine unautorisierte Erhebung von Zwangsanleihen auf den Klerus wird beschrieben in: BNF, Magliabechiana, XXV, 518, fol. 46r. Einige nützliche Daten über die Besteuerung des Klerus stellte Peter Partner zusammen in seinem Aufsatz: *Florence and the Papacy in the Earlier Fifteenth Century*, in: *Florentine Studies*, S. 401–402. Außerdem erörtert Lauro Martines dieses Problem in: *Lawyers and Statecraft*, S. 251–270. Seine Untersuchung: *Rotal and Cameral Lawsuits*, ebd., S. 270–286 ist die Grundlage für meinen Abschnitt über die Zunahme der Verlegung von Revisionsverfahren von florentinischen an römische Gerichtshöfe.

Das Urteil des bischöflichen Gerichts gegen Jacopo Agli findet sich in: Giudice degli Appelli, 78, fols. 78r, 92r, 129r. Die Strafe, die die Signoria gegen den Bruder von Erzbischof Ricci verhängte, steht: ebd., 80, fol. 282r. Die Kritik des Prozesses des Erzbischofs gegen den Herzog von Anjou wird berichtet in: Consulte e Pratiche, 21, fols. 96r–96v. Die Ermahnung an die Mönche, die Urban VI. kritisierten, findet sich: ebd., 26, fol. 18r. Das Verbannungsurteil gegen die Geistlichen aus Pistoia steht in: Missive, 29, fol. 98v. Die Verurteilung von Messer Francesco Bartolini dokumentieren: Atti del Esecutore, 2107, nicht paginiert, 17. Mai 1399; die

Aufhebung des Urteils in: Provvisioni, 91, fols. 60r–62v. Die Bitte um Erlaubnis, den Kanoniker von Arezzo zu verurteilen, steht in: Missive, 24, fols. 99v–100v. Paolo Sassetti beschreibt die Kontroverse über die Ernennung eines Gemeindepfarrers für die Kirche San Piero Buonconsiglio in: Carte Strozziane, ser. II, 4, fols. 99v–100v.

Das Rechnungsbuch von Giuliano Benini, Rektor von San Jacopo di Campo Corbellino liegt vor in: Conventi Soppressi, 132, vol. 484. Ein Teilverzeichnis der Florentiner, die in Santa Maria Novella begraben sind, ist abgedruckt in: *Delizie degli eruditi toscani*, IX, S. 123–217. Die Vielfalt der Aktivitäten, Funktionen und Beiträge der Florentiner Dominikaner wird veranschaulicht in: «*Necrologio*» *di Santa Maria Novella*, hg. von S. Orlandi, Florenz 1955. Die Leistung der klösterlichen «studia» im Zusammenhang des Florentiner Schulsystems analysiert: C. Davis: *Education in Dante's Florence*, in: Speculum, LX, 1965, S. 420–435. Die Visitationsakten des Vallombrosaner-Generals Francesco Altoviti sind aufbewahrt in: Conventi Soppressi, 260, vol. 217. Die Zustände im Kloster Santa Caterina de Cafaggiolo werden beschrieben in einem Brief von Papst Nikolaus V., abgedruckt in: R. Morcay: *Saint Antonin fondateur du couvent de Saint-Marc archevêque de Florence (1389–1459)*, Paris und Tours 1914, S. 482. Wie es im Kloster Monticelli zuging, schildern zwei Briefe von Eugen IV. in: Archivio Segreto Vaticano [ASV], Rom Reg. Vat., 373, fols. 126v–128r. Die Eskapade der drei jungen Florentiner in San Silvestro beschreiben: Atti del Capitano, 2766, fols. 25r–26r. Der Erlaß, der die Überprüfung der Klöster durch kommunale Beamte vorsieht, steht in: Provvisioni, 111, fol. 45r; Papst Eugens Protest gegen diesen Erlaß in: ASV, Reg. Vat., 374, fols. 76v–77r. Die Klagen der Signoria über die Befriedungspolitik Papst Eugens IV. wurden geäußert in einem Brief an den Kardinal von San Marco, in: Missive, 34, fol. 126v. Ser Lodovico della Casas Bericht über seine Tochter ist kopiert in: Catasto, 497, fol. 462r. Die Insassen der Klöster Santa Verdiana, Santa Felicità und Santa Appolinaria sind aufgeführt in: Conventi Soppressi, 260, vol. 217; und in den Carnesecchi-Papieren, in: Acquisti e Doni, 293, nicht paginiert.

Dom Lorenzos Martinis Rechnungsbuch der Ausgaben kleiner Beträge von Santa Trinità ist enthalten in: Conventi Soppressi, 89, vol. 45. Ambrogio Traversaris Beschreibung seiner Visitationsreisen ist abgedruckt in: A. Dini Traversari: *Ambrogio Traversari e i suoi tempi*, Florenz 1912, S. 11–139. Die umfassendste Beschreibung der Laufbahn des heiligen Antonius gibt die Biographie von R. Morcay: *Saint Antonin*, die einen wertvollen Quellenanhang enthält.

Francesco di Tommaso Giovanni beschrieb die Reaktion der Florentiner auf das Erdbeben von 1453, in: Carte Strozziane, ser. II, 16. Die religiöse Krise während des Interdikts von 1376–1378 analysiert R. Trexler: *Effects of the Papal Interdict on Florence*, S. 104–161. Hinweise auf die Flagellanten von 1377 finden sich: ebd., S. 123-127. Das Gesetz von 1388, das öffentliche Versammlungen und Umzüge verbietet, steht in: Provvisioni, 77, fol. 215 r. Zeitgenössische Beschreibungen der Bianchi sind zahlreich, ein Hinweis darauf, welchen Eindruck diese Erscheinung auf die Florentiner machte. Zwei Beispiele: R. Piattoli: *Un documento datiniano intorno alle processioni dei Bianchi*, in: Archivio storico pratese, X, 1931, S. 33; und Buonaccorso Pittis Bericht in: *Two Memoirs of Renaissance Florence*, S. 62. Die Bemühungen der Regierung, die Frage der Gefangenen zu lösen, werden beschrieben in: Provvisioni, 88, fols. 147v-148v.

Informationen über die Fratizellen in Florenz geben: D. Douie: *The Nature and Effect of the Heresy of the Fraticelli*, Manchester 1932; sowie: M. Becker: *Florentine Politics and the Diffusion of Heresy*, in: Speculum, XXXIV, S. 60-75. Zeugnisse für die feindliche Haltung der Stadt gegenüber den Fratizellen liegen vor in: Missive, 18, fols. 125v-126r; Provvisioni, 71, fols. 175v-176r; Consulte e Pratiche, 22, fols. 71v, 108r; 25, fol. 56v; 26, fols. 187r-187v. Der Prozeß gegen die Handwerker, die einen Angriff gegen die Beamten der Inquisition anführten, ist dokumentiert in: Atti del Podestà, 3178, fols. 136r-136v. Die Verurteilung von Fra Michele da Calci und die anonyme Schilderung seiner Hinrichtung gab F. Flora heraus: *Storia di Fra Michele Minorita*, Florenz 1946. Die drei Fälle von Ketzerei im frühen 15. Jahrhundert finden sich in: ASV, Reg. Vat., 342, fols. 36v-38v (Jacopo Palladini), Giudice degli Appelli, 74, Teil 2, fol. 139r (der Priester Antonio Stefani), sowie: Morcay: *Saint Antonin*, S. 430-431 (Giovanni Cani).

Einen kurzen Überblick über die Florentiner Bruderschaften bietet G. Monti: *Le confraternite medievali dell' alta e media Italia*, Venedig 1927, Bd. I, S. 253-265. Das Gesetz von 1419, mit dem sie verboten wurden, in: Provvisioni, 109, fols. 160v-162v. Die Statuten der Gesellschaft Santa Maria della Scala enthält: BNF, Magliabechiana, XXXII, 43. Meine Vermutung über die soziale Ausrichtung der religiösen Stiftungen im Florenz des 15. Jahrhunderts wurde beeinflußt von David Herlihy: *Medieval and Renaissance Pistoia*, 1967.

Piero Girolamis Angaben über die Verpflichtungen seiner Familie gegenüber kirchlichen Einrichtungen stehen in: Catasto, 68, fol. 276v. Iliarione de' Bardis Erinnerungen in: Conventi Soppressi, 79, vol. 119, beschreiben seine Ausgaben für wohltätige Zwecke. Die Geschichte von Bonifazio Lupis Spital findet sich in: G. Richa: *Notizie istoriche delle chiese fiorentine*, Florenz 1754-1761, Bd. V, S. 310-315. Die statistischen Angaben über das rasche Anwachsen des Grundbesitzes wohltätiger Einrichtungen stammen aus: E. Conti: *La formazione della struttura agraria moderna nel contado fiorentino*, Bd. III, Teil 3. Niccolò da Uzzanos Stiftung an das Studio ist abgedruckt in: *Statuti della Università e Studio Fiorentino*, hg. von A. Gherardi, Florenz 1881, S. 230-339.

Der Besuch von Fra Manfredo von Vercelli in Florenz wird beschrieben in: D. Buoninsegni: *Storia della Città di Firenze*, S. 14. Seinen Einfluß auf Ginevra Mannelli erwähnt der Brief der Signoria an die Regierung von Siena, in: Missive, 31, fol. 78 v. Auf den Seiten 90–91 und 114 beschreibt Buoninsegni den Pilgerzug nach Rom im Jubiläumsjahr 1450 und den Einfluß des Priesters Maestro Giovanni aus Neapel, der zu Kreuzzügen aufrief. Der Hinweis auf die Gewohnheit Tedaldo Tedaldis, die Bibel zu lesen, steht in: Atti del Capitano, 2740, fol. 101 r. Sacchettis Kritik an der Sitte, Gelübde abzulegen, steht in seinen: *Trecento novelle*, Nr. 109. Buoninsegni, ebd., S. 110, kommentiert die Erwerbung von Reliquien durch die Arte della Lana für den Dom, die Geschichte des Arms der heiligen Reparata erzählt Matteo Villani, in: *Cronica*, III, Kapitel 15–16.

Sechstes Kapitel: Kultur

Die besondere Rolle von Florenz in der Kultur der italienischen Renaissance lenkte die Aufmerksamkeit auf die Dichter, Humanisten und Künstler der Stadt. Jedes allgemeine Werk über die Kultur der Renaissance widmet den Errungenschaften der Stadt viele Seiten. Am gründlichsten erforscht wurden Dante und die literarische Kultur seiner Zeit sowie die Humanisten und die Künstler. Die beiden weniger bekannten Aspekte der Florentiner Kultur, die Rechtsprechung und der Handel, sind Gegenstand der Darstellungen von: L. Martines: *Lawyers and Statecraft in Renaissance Florence*, Princeton 1968; und C. Bec: *Les marchands écrivains à Florence 1375–1434*, Paris und Den Haag 1967.

Meine Auffassung der Beziehung zwischen Kutur und Gesellschaft in Florenz hat dem Buch von D. Hay: *The Italian Renaissance in its Historical Background*, viel zu verdanken.

Die Zusammenkünfte der Florentiner Intellektuellen schildert A. Della Torre: *Storia dell' Accademia platonica di Firenze*, Florenz 1902. Den gesellschaftlichen Status der Humanisten beschreibt Lauro Martines: *Social World of the Florentine Humanists*. Die Inventare der Bibliotheken von Piero Alberti und Ser Matteo Gherardi sind enthalten in: Atti del Podestà, 3784, fols. 29 r–31 v; und: Conventi Soppressi, Nr. 83, vol. 102, Teil 9. Auf den Seiten 117 und 307 äußert sich Bec in *Les Marchands écrivains* über die Lektüre von Lapo Mazzei und Giovanni Rucellai. Die populäre Reaktion auf die Verurteilung eines Hexers im Jahr 1383 schildere ich in: *Sorcery in Early Renaissance Florence*, in: Studies in the Renaissance, Bd. X, 1963, S. 22–23.

In seinem Artikel: *Florence, a City that Art Built*, in: *History and the Social Web*, Minneapolis 1955, S. 135–174, betont A. Krey die Rolle der Florentiner Handwerker und ihre Geschicklichkeit in der Herausbildung eines Sinns für Qualität und die Wertschätzung des Schönen. Rosso Orlandis Brief an Piero Davanzati bezüglich des Kaufs eines Stück Tuchs ist enthalten in: Conventi Soppressi, Nr. 78, vol. 315, nicht paginiert. Jacopo de' Pazzis Brief an Filippo Strozzi liegt vor in: Acquisti e Doni, vol. 239, nicht paginiert. G. Rucellai beschreibt seinen Park in: *Giovanni Rucellai ed il suo Zibaldone*, Bd. I, S. 20-21. Die Briefe der Signoria an die Kamaldulenser stehen in: Missive, 25, fol. 24r; 26, fol. 58r. Über die besondere Fähigkeit der Florentiner zu konkreten Schilderungen in den Schriften der Humanisten äußert sich Kristeller in: *Renaissance Thought*, New York 1961, S. 20.

Giovanni Villanis Statistik über Florentiner Schüler steht in seiner *Cronica*, XI, Kapitel 94. Die traurige Geschichte von Antonio di Manno wird geschildert in: Mercanzia, 1179, fol. 233r. Filippo Balduccis Brief, in dem er Florenz rühmt, wird zitiert in: L. Martines: *Lawyers and Statecraft*, S. 105-106. Ich danke meinem Kollegen Randolph Starn für die Transkription dieses Dokuments. Ugolino von Montecatinis Brief an Jacopo del Bene ist enthalten in: Carte Del Bene, 49, fol. 201r.

Die Eloge auf Arnolfo di Cambio ist abgedruckt in: Gaye: *Carteggio inedito d' artisti dei secoli XIV, XV, XVI*, Florenz 1839-1840, Bd. I, S. 445-446. Leonardo Brunis Steuernachlaß wird vermerkt in: Martines: *Social World*, S. 168 und S. 171. Poggio Bracciolinis Bittschrift findet sich in: ASF, Balìe, 25, fols. 45v-46r. Brunelleschis Patent ist abgedruckt in: Gaye: *Carteggio*, Bd. I, S. 547-549. Giovanni Villanis Kommentar über Dante steht in seiner *Cronica*, IX, Kapitel 136. Der Plan, für fünf berühmte Florentiner Grabmäler zu errichten, wird beschrieben in: Provvisioni, 85, fols. 282r-283r.

Die Darstellung des Florentiner «studio» ist eine Zusammenfassung meines Artikels: *Florence and its University, 1348-1434*, in: *Action and Conviction in Early Modern Europe*, hg. von J. Seigel und T. Rabb, Princeton 1969. Die Darstellung der Schirmherrschaft der Medici basiert auf dem Aufsatz von E. Gombrich: *The Early Medici as Patrons of Art*, in: *Italian Renaissance Studies*, hg. von E. F. Jacob, London 1960.

Die Frühgeschichte des italienischen Humanismus untersuchte P. Kristeller in dem Kapitel «Humanism and Scholasticism in the Italian Renaissance» in seinem Buch *Renaissance Thought*. Die Laufbahn Petrarcas stellt E. H. Wilkins zusammenfassend dar in: *Life of Petrarch*, Chicago 1961. Ein Porträt Salutatis gibt B. Ullman: *The Humanism of Coluccio Salutati*, Padua 1963. Ein wichtiges Buch von J. Seigel: *Rhetoric and Philosophy in Renaissance Humanism*, Princeton 1968, erschien, nachdem dieses Kapitel bereits geschrieben war. Andrea de' Pazzis abwertende Äußerung über das Studium der Antike steht in der Biographie seines Sohnes Piero von Vespasiano da Bisticci: *The Vespasiano Memoirs*, London 1926, Nachdruck: New York 1963, S. 310. Der Brief der Signoria über die Verwendung der lateinischen Sprache in der diplomatischen Korrespondenz ist enthalten in:

Missive, 24, fol. 43 r. Gino Capponis Bemerkung über die Rede Piero Baroncellis steht in: Consulte e Pratiche, 39, fol. 117r.

Hans Barons Meisterwerk ist: *The Crisis of the Early Italian Renaissance*, Princeton 1955, 2., überarbeitete Ausgabe 1966. Hinweise auf das Urteil der Gelehrtenwelt zu Barons Interpretation enthält der Artikel von J. Seigel: *«Civic Humanism» or Ciceronian Rhetoric?*, in: Past and Present, Nr. 34, Juli 1966. Barons Antwort: *Leonardo Bruni: «Professional Rhetorician» or «Civic Humanist»?* steht in Nr. 36, April 1967, derselben Zeitschrift. In meiner Auffassung der Bedeutung einer historischen Perspektive in der Florentiner Gedankenwelt bin ich Barons Arbeit sehr verpflichtet, außerdem dem Aufsatz von M. Gilmore: *The Renaissance Conception of the Lessons of History*, in: *Humanists and Jurists*, Cambridge, Mass. 1963, Kapitel 1; sowie dem Beitrag von L. Green: *Historical Interpretation in fourteenth century Florentine Chronicles*, in: Journal of the History of Ideas, XXVIII, 1967, S. 161–178; und vor allem dem ersten Kapitel von W. Bouwsmas Buch *Venice and the Defense of Republican Liberty*, Berkeley 1968.

Die Bände 35–42 der Consulte e Pratiche enthalten die Beratungen für die Jahre 1401–1414. Die Protokolle aus dem kritischen Sommer des Jahres 1402 finden sich in: Bd. 35, fols. 127v–151r. Zur Krise in den Beziehungen von Florenz zu Ladislaus kam es im Frühjahr des Jahres 1409: ebd., 39, fols. 135v–166v; 40, fols. 3r–25r. Besonders scharfe Kritik an der Kriegspolitik von Florenz wurde zwischen September 1412 und Juni 1413 laut: ebd., 41, fols. 135r–190r; 42, fols. 1r–36v. Messer Piero Beccanugis Rede über den Wert historischen Bewußtseins steht: ebd., 42, fol. 21r. Weitere geschichtliche Bezüge in jenen Monaten finden sich: ebd., 41, fol. 175r; 42, fols. 3r, 10r, 12v–14r, 16v, 24v, 26r, 36r. Zum erstenmal wurde Florenz im September 1407 als möglicher Ort für ein Konzil genannt (ebd., 38, fols. 69r–82v). Die Debatte zog sich über die ersten Monate des Jahres 1408 hin (ebd., 39, fols. 5v–7r) und erreichte im Sommer und Herbst jenes Jahres einen Höhepunkt (ebd., fols. 75v–88r). Eine ausführlichere, vollständig dokumentierte Version meiner Argumente über die Veränderungen in den Einstellungen und Sichtweisen der Florentiner, die sich in diesen Debatten zeigt, will ich später herausbringen. In seinem Buch *Lawyers and Statecraft*, S. 289–296, erörtert L. Martines einen anderen Aspekt der gewandelten Anschauungen und politischen Einstellungen im frühen Quattrocento: Die Rolle der Juristen in der Gehorsamsverweigerung von Florenz gegenüber Papst Gregor XII. und die Zustimmung zu dem Plan für ein Konzil (1408–1409).

Ein Auszug aus der Biographie Manettis über Brunelleschi ist abgedruckt in: E. Holt: *Documentary History of Art*, Bd. I, New York 1957, S. 168. Giovanni Morellis Äußerungen über Bildung stehen in seinen *Ricordi*, S. 270–273; Albertis Ansichten in: *Opere Volgari*, hg. von C. Grayson, Bd. I, Bari 1960, S. 68–72.

Die Literatur über die Florentiner Kunst im 14. und 15. Jahrhundert ist unüberschaubar. Folgende Arbeiten empfand ich als besonders nützlich: A. Blunt: *Artistic Theory in Italy*, Oxford 1940; P. und L. Murray: *The Art of the Renaissance*, New York und Washington 1963; P. Francastel: *Peinture et société*, Lyon 1951; M. Meiss: *Painting in Florence and Siena after the Black Death*; H. Janson: *The Sculpture of Donatello*, Princeton 1957; R. Krautheimer: *Lorenzo Ghiberti*, Princeton 1956; M. Wackernagel: *Der Lebensraum des Künstlers in der florentinischen Renaissance*, Leipzig 1938. Materialistische Interpretationen der künstlerischen Revolution geben: F. Antal: *Die florentinische Malerei und ihr sozialer Hintergrund*, Darmstadt 1960; sowie A. Hauser: *Sozialgeschichte der Kunst*, Bd. 2, München 1953. Zwei scharfsinnige Erörterungen des Stils in der Kunst geben: M. Shapiro: *Style*, in: A. Kroeber (Hg.): *Anthropology Today*, Chicago 1953; sowie J. Ackerman: *A Theory of Style*, in: Journal of Aesthetics and Art Criticism, XX, 1962, S. 227–237.

Die Kommentare Lorenzo Ghibertis hat J. von Schlosser herausgegeben (Berlin 1912); übersetzte Auszüge finden sich in: E. Holt: *Documentary History of Art*, Bd. I, S. 151–167. Antonio Manettis *Vita di Filipo di Ser Brunellesco* wurde herausgegeben von E. Toesca, Florenz 1927; übersetzt: *The Life of Brunelleschi*, Pennsylvania State University 1970. Eine Standardquelle für Informationen über Florentiner Künstler ist G. Vasaris: *Die Lebensbeschreibungen der berühmtesten Architekten, Bildhauer und Maler*, Bde. I–VII, Freiburg 1910–1916.

Den Status der Florentiner Architekten im Quattrocento erörtert E. Gombrich: *The Early Medici as Patrons of Art*. Der Brief der Signoria an den Herzog von Ferrara steht in: Missive, 34, fols. 123 r–123 v. Antoninus' Ansichten über Kunst analysiert: C. Gilbert: *The Archbishop on the Painters of Florence, 1450*, in: Art Bulletin, XLI, 1959, S. 75–85. Albertis Abhandlung *Della pittura* findet sich in: L. B. Alberti: *Das Gesamtwerk*, Stuttgart 1981. Ghibertis Interesse an der Antike schildert Krautheimer: *Ghiberti*, S. 306–314; sowie E. Gombrich: *The Renaissance Conception of Artistic Progress*, in: *Zur Kunst der Renaissance*, Bd. 1: *Norm und Form*, Stuttgart 1985, S. 5–8. Die religiöse Orientierung des Renaissancestils im Gegensatz zu der weltlichen Ausrichtung der Internationalen Gotik betont Gilbert: *The Archbishop*, S. 83. F. Hartts Aufsatz: *Freedom in Quattrocento Florence*, in: *Essays in Memory of Karl Lehmann*, hg. von L. Sandler, New York 1964, S. 119, erörtert die öffentlichen Aufträge an Bildhauer und Architekten und die privaten und kirchlichen Aufträge an Maler. C. Gilberts Modell der künstlerischen Entwicklung in Florenz entlehnte ich seinem Artikel über Antoninus, S. 85–88. Die plötzliche Beliebtheit monumentaler Grabmäler in den zwanziger Jahren des 15. Jahrhunderts erwähnt J. Coolidge: *Further Observations on Masaccio's Trinity*, in: Art Bulletin XLVIII, 1966, S. 382–384. Die Kunstszene in der Mitte des

15. Jahrhunderts in Florenz wird bündig analysiert von P. und L. Murray: *Art of the Renaissance*, S. 89–120. Die Angaben über die Cassone-Werkstatt entnahm ich dem Aufsatz von E. Gombrich: *Appollonio di Giovanni*, in: *Norm und Form*, S. 11–28.

Siebtes Kapitel: Epilog

Eine gute Einführung in die Zeit Lorenzos ist die Aufsatzsammlung: *Florence au temps de Laurent le Magnifique*, Paris 1965, Collection Ages d'Or et Réalités, Bd. 2. F. Catalano entwickelte seine Thesen zum Geist des späten Quattrocento in: *La crisi italiana alla fine del secolo XV*, in: Belfagor, XI, 1956. Eine positivere Auffassung vom Geschehen in Italien in jenen Jahren gibt P. Pieri: *Il Rinascimento e la crisi militare italiana*, Turin 1952, 2. Auflage.

Die beste biographische Untersuchung über Lorenzo, die allerdings nur seinen frühen Jahren gilt, ist: A. Rochon: *La jeunesse de Laurent de Médicis (1449–1478)*, Paris 1963. Eine Zusammenfassung der traditionellen Charakterisierung Lorenzos gibt: C. Ady: *Lorenzo de' Medici and Renaissance Italy*, London 1955. Eine gültige Verfassungsgeschichte für die Epoche der Medici stammt von N. Rubinstein: *The Florentine Government under the Medici, 1434–1494*, Oxford 1966. L. Martines' Arbeit *Lawyers and Statecraft in Renaissance Florence* enthält viel wertvolles Material über die Politik in der Medici-Zeit, seine Bibliographie ist umfassend. Zwei Untersuchungen über die Florentiner Wirtschaft im Quattrocento sind besonders wertvoll: R. de Roover: *The Rise and Decline of the Medici Bank*; sowie R. Goldthwaite: *Private Wealth in Renaissance Florence*.

Franco Sacchettis Äußerung von 1458 und Piero Guicciardinis Ansichten über das gesellschaftliche Fundament der Florentiner Politik zitiert N. Rubinstein: *Florentine Government under the Medici*, S. 94, S. 213–217. L. Marks Untersuchung über das Finanzwesen, *The Financial Oligarchy in Florence under Lorenzo*, ist enthalten in: *Italian Renaissance Studies*, hg. von Jacob, S. 123–147. L. Martines' Berechnungen über die Anzahl von Rechtsgelehrten aus dem Patriziat werden angeführt in: *Lawyers and Statecraft*, S. 75. Die Lebenswege der Söhne Piero Guicciardinis schildert R. Goldthwaite: *Private Wealth in Renaissance Florence*, S. 131–155. In seinem Buch *The Architecture of Michelangelo*, New York 1961, Bd. I, S. 76–79, bespricht J. Ackerman den Palast Filippo Strozzis und äußert sich über die soziale und politische Bedeutung der Palazzi des Quattrocento in Florenz. Isabelle Hyman von der Universität New York gab mir Hinweise zu der Loggia der Medici sowie zu anderen Bauvorhaben und Problemen im Florenz des Quattrocento, dafür sei ihr an dieser Stelle gedankt. Das kulturelle Klima in Florenz zur Zeit Lorenzos schildern

E. Garin: *Der italienische Humanismus*, Bern und München 1947, L. Martines: *The Social World of the Florentine Humanists*, S. 286–302; sowie: A. Chastel: *Art et humanisme à Florence au temps de Laurent le Magnifique*, Paris 1959.

Eine sehr gute Auswahlbibliographie zur Florentiner Geschichte nach 1494 findet sich in Felix Gilbert: *Machiavelli and Guicciardini*, Princeton 1965, S. 305–315. Francesco Guicciardinis Analyse der Rolle Lorenzos bei der Erhaltung der «pax italiana» liegt vor in der Übersetzung von C. Grayson in: F. Guicciardini: *History of Italy and History of Florence*, hg. von J. Hale, New York 1964, S. 86–87 und S. 89. Grundlegend sind F. Chabods Beiträge zu: *Machiavelli and the Renaissance*, London 1958. Die politischen Probleme, mit denen sich die republikanische Regierung konfrontiert sah, werden von Gilbert in Kapitel 1 und 2 seines *Machiavelli and Guicciardini* erörtert. R. Ridolfi: *Life of Girolamo Savonarola*, London 1959, bietet eine profunde Biographie des Mönchs. Luca Landuccis Beschreibung von Savonarolas Ende steht in: *Ein florentinisches Tagebuch*. Ridolfi: *Life of Niccolò Machiavelli*, London 1963, und: *Life of Francesco Guicciardini*, London 1967, bieten ausführliche Schilderungen der Lebenswege dieser beiden Männer. Die Bedeutung ihres Denkens analysiert Gilbert: *Machiavelli and Guicciardini*, Kapitel 4 und Kapitel 7.

Das Zitat auf Seite 324 stammt aus: Francesco Guicciardini: *Storie fiorentine dal 1378 al 1509*, hg. von R. Palmarochi, 1968.

Die Welt des Geistes und des Geldes

ITALIEN

«Nicht auf die Größe des angehäuften Vermögens ...

... kommt es an, sondern auf seine rechte Verwendung.»
Niccolò Machiavelli (1469–1527)
Staatsmann und Philosoph aus Florenz

Ein wahres Wort. Und bei optimaler Anlage wird selbst das kleinste Vermögen eines Tages ein großes sein.

Pfandbrief und Kommunalobligation

Meistgekaufte deutsche Wertpapiere - hoher Zinsertrag - bei allen Banken und Sparkassen

Verbriefte Sicherheit

Bemerkungen zur Forschungslage

Die erste Auflage dieses Buches wurde 1969 veröffentlicht. Deine Arbeit war eine Synthese und zugleich eine Untersuchung wichtiger Themen in der Geschichte der Stadt Florenz im 14. und 15. Jahrhundert. Sie stützte sich weitgehend auf die Forschungen von Historikern, die vor dem Zweiten Weltkrieg über Florenz gearbeitet haben (Davidsohn, Salvemini, Ottokar, Doren, Rodolico), sowie die ihrer Nachfolger (Hans Baron, Paul Oskar Kristeller, Felix Gilbert, Nicolai Rubinstein), deren akademische Laufbahn die Verfolgungen der Nazis in Deutschland und der Krieg unterbrochen haben. Außerdem bezog sie die Arbeiten einer neuen Generation von Nachkriegshistorikern ein, vor allem aus dem anglo-amerikanischen Raum, die ihre ersten Aufsätze und Monographien in den späten fünfziger und den sechziger Jahren veröffentlicht hatten: Marvin Becker, Richard Goldthwaite, David Herlihy, Philip Jones, Lauro Martines, Anthony Molho, Randolph Starn, Richard Trexler und Donald Weinstein. Eine Sammlung von Beiträgen einer repräsentativen Gruppe dieser Wissenschaftler wurde 1968 von Nicolai Rubinstein unter dem Titel *Florentine Studies* herausgegeben. Themen und Methodologie dieser Beiträge spiegeln recht genau die Forschungsinteressen dieser Nachkriegsgeneration. Die meisten beruhen auf intensiven Archivstudien und verfolgen genau umrissene Themen bis in die feinsten Verzweigungen. Die meisten beschäftigen sich außerdem mit politischen und sozio-ökonomischen Themen, die weitgehend, aber nicht ausschließlich, die herrschende Elite der Stadt betreffen. Das auffälligste Kennzeichen dieser Forschung ist vielleicht der Mangel einer ideologischen Perspektive. Wohl als Reaktion auf die italienische Vorliebe, die Vergangenheit im Zusammenhang gegenwärtiger politischer Fragen zu betrachten, neigten die anglo-amerikanischen Florenz-Forscher dazu, Fragen wie zum Beispiel den Klassenkampf zu umgehen, die für Salvemini und Ottokar große Bedeutung besaßen.

In den sechziger Jahren galt Florenz als die am gründlichsten erforschte Stadt des vorindustriellen Europa. In den siebziger Jahren nahmen das Tempo der Forschung und die Zahl der Publikationen um ein Vielfaches zu. Über zwanzig historische Monographien wurden während dieses Jahrzehnts auf englisch veröffentlicht, zehn auf italienisch (einschließlich der übersetzten Arbeit eines russischen Wissenschaftlers) und vier in französischer Sprache. Zu den wichtigsten und verdienstvollsten Beiträgen aus dieser internationalen Gelehrtengemeinschaft zählen Bücher, die sich der traditionellen Methodologie bedienen und vertraute Probleme untersuchen: Dale Kents Untersuchung über den Aufstieg der Medici (1978), Hidetoshi Hoshinos Monographie über die Wolltuchindustrie und die Zunft der Lana (1980) und John Najemys Arbeit über die politische Rolle der Zünfte (1982). Ergänzt wurden diese Arbeiten der klassischen Geschichtsschreibung durch innovative Arbeiten, die neue Gebiete und Themen erforschten, neue Methoden entwickelten und die herkömmlichen Interpretationen der Geschichte der Stadt in Frage stellten.

Die Methoden und Perspektiven der Sozialwissenschaften haben der jüngsten Geschichtsschreibung über das Florenz der Renaissance eine neue Richtung gezeigt und sie zu neuen Themen angeregt. Die quantifizierenden Methoden bedeuten für die zeitgenössische historische Forschung auf beiden Seiten des Atlantiks einen starken Anstoß – die Geschichte von Florenz ist ihrem allgegenwärtigen Einfluß nicht entkommen. Die ungewöhnlich umfangreichen Archivmaterialien der Stadt haben auf einige Forscher, die die quantifizierenden Methoden beherrschen, eine besondere Anziehungskraft ausgeübt. David Herlihy und Christiane Klapisch-Zuber veröffentlichten ihr mit Computerhilfe erarbeitetes demographisches und ökonomisches Profil der städtischen und ländlichen Toskana (1976), dessen Daten aus dem Catasto von 1427 gewonnen wurden. Die Untersuchungen von Samuel Cohn Jr., *The Laboring Classes in Renaissance Florence* (1980), und Ronald Weissmann, *Ritual Brotherhood in Renaissance Florence* (1982), haben sich der quantitativen Methoden bedient, um Daten zu ordnen und Interpretationen zu entwickeln. Die Arbeit über die Eheschließung in Florenz von Julius Kirshner und Anthony Molho, die weitgehend auf Dokumenten über Mitgiften und den Akten des Catasto basiert, stützt sich weitgehend auf Computeranalysen. So auch David Herlihys gegenwärtiges Projekt, die Zusammenstellung biographischer Daten über die amtsinhabende Klasse von Florenz zwischen 1380 und 1530. Wichtige Anregungen für die Historiker, die über Florenz arbeiten, gehen von der sozialen und kulturellen Ethnologie aus. In

F. W. Kents Buch über Florentiner Familien (1977) wird häufig auf ethnologische Studien über Verwandtschaftssysteme verwiesen. Die Analyse der sozialen Beziehungsnetze beansprucht in den jüngsten Monographien von Cohn über die lohnarbeitenden Klassen in Florenz und der von Weissmann über Bruderschaften einen wichtigen Stellenwert. Im Vorwort zu seinem bedeutenden Werk *Public Life in Renaissance Florence* definiert Richard Trexler das Thema seiner Untersuchung als «Wechselbeziehung von verschiedenen Typen formalen Verhaltens».

Eine Bewertung dieser jüngeren Forschungen steht noch aus, aber vielleicht dürfen versuchsweise schon einige Schlußfolgerungen gezogen werden. Unsere Kenntnisse der demographischen und ökonomischen Tendenzen haben sich bedeutend vermehrt dank der Studien von Herlihy und Klapisch-Zuber, Charles de la Roncière, Giuliano Pinto und Hidetoshi Hoshino. In seinem Buch *The Building of Renaissance Florence* (1980) hat Richard Goldthwaite eine allgemeine Interpretation der wirtschaftlichen Entwicklung der Stadt formuliert. Diese Synthese ist zwar umstritten, sie sollte jedoch die Aufmerksamkeit der Wirtschaftshistoriker auf die wichtigen Fragen lenken, die noch ungelöst sind. Die politische und institutionelle Geschichte von Florenz beruht auf einem soliden Fundament von Dokumenten, aber die Beziehung zwischen Politik und sozio-ökonomischen Entwicklungen bleibt unklar und strittig. Wir erfuhren in den vergangenen Jahren viel über bestimmte Formen von Gesellschaftlichkeit – Familien, Zünfte, Bruderschaften, Nachbarschaften –, aber die Dynamik dieser gesellschaftlichen Ordnung ist noch nicht vollständig erforscht. Die Geschichte der Religiosität in Florenz stieß in den vergangenen Jahren weithin auf Interesse, aber auch hier bleibt immer noch viel zu entdecken. Untersuchungen zur Kulturgeschichte von Florenz waren meist sehr fachspezifisch und galten speziellen Themen. Es erschienen keine allgemeinen Darstellungen, die mit den klaren und umfassenden Synthesen von Paul Oskar Kristeller, Hans Baron und Eugenio Garin aus den vierziger und frühen fünfziger Jahren vergleichbar wären.

Die großen Unterschiede in der Themenwahl, der Methodologie und den Auffassungen lassen es nicht zu, für die gegenwärtige Forschung über Florenz in der Renaissance saubere Definitionen und Kategorisierungen zu liefern. Die zukünftige Richtung der Forschung läßt sich ebensowenig voraussagen, da sich keine dominierende Tradition der Geschichtsschreibung herausgebildet hat. Eine zusammenfassende Synthese der Forschungen wäre eine ungeheure Aufgabe, und die Zeit ist dazu vielleicht noch nicht reif. Aber mit diesem Ziel im Hinterkopf könnte nützliche, vorbereitende Arbeit geleistet werden: zum Beispiel die Benennung der wichtigsten Probleme, die Einigung auf Forschungsprioritäten, die Erforschung der wichtigsten Beziehungen zwischen gesellschaftlichen und kulturellen Phänomenen, wie in Michael Baxandalls anregender Untersuchung über die Verbindungen zwischen Malerei und Erfahrung im Quattrocento (1972) demonstriert. Bisher hat die vergleichende Geschichtswissenschaft auf Historiker, die über Florenz arbeiten, keine große Anziehungskraft ausgeübt, aber unter der Schirmherrschaft des Harvard University Center for Italian Renaissance Studies wurden vergleichende Studien über Florenz und Venedig sowie Florenz und Mailand begonnen. Dies sind ermutigende Zeichen für die Zukunft historischer Forschung über Florenz.

Berkeley, Juli 1982   Gene Brucker

Bibliographische Nachträge

1. Hinweise auf Arbeiten
über Florenz in der Renaissance,
1969–1982

Erstes Kapitel:
Die Stadt der Renaissance

Ein wichtiger Beitrag zur städtischen Entwicklung von Florenz ist: R. Goldthwaite: *The Building of Renaissance Florence. An Economic and Social History*, Baltimore 1980. Weitere Monographien und Artikel über das Bauwesen in Florenz: F. Sznura: *L'espansione urbana di Firenze nel dugento*, Florenz 1975; G. Fanelli: *Firenze: architettura e città*, Florenz 1973; L. Ginori Lisci: *I palazzi di Firenze*, Florenz 1972, 2 Bde.; R. Goldthwaite: *The Building of the Strozzi Palace*, in: Studies in Medieval and Renaissance History, X, 1973, S. 97–194; sowie: *The Florentine Palace as Domestic Architecture*, in: American Historical Review, LXXVII, 1972, S. 977–1012; N. Rubinstein: *The Piazza della Signoria in Florence*, in: Festschrift Herbert Siebenhüner, hg. von E. Hubala und G. Schweickhart, Würzburg 1978, S. 19–30; I. Hyman: *The Palazzo Medici and a Ledger for the Church of San Lorenzo*, Ann Arbor 1977; F. W. Kent: *The Rucellai Family and its Loggia*, in: Journal of the Warburg and Courtauld Institutes, XXXV, 1972, S. 397–401; B. Preyer: *The Rucellai Loggia*, in: Mitteilungen des kunsthistorischen Instituts in Florenz, XXI, 1977, S. 183–198; und: *The Rucellai Palace*, in: *A Florentine Patrician and His Palace*, Warburg Institute, London 1981, S. 153–225; F. W. Kent: *«Più superba de quella de Lorenzo»: Courtly and Family Interest in the Building of Filippo Strozzi's Palace*, in: Renaissance Quarterly, XXX, 1977, S. 311–323; C. Elam: *Lorenzo the Magnificent and the Florentine Building Boom*, in: Art History, I, 1978, S. 43–66.

Zweites Kapitel: Die Wirtschaft

Unsere Kenntnisse über die Florentiner Wirtschaft in der Renaissance wurden in den vergangenen Jahren durch die Publikation einer Reihe wichtiger Bücher stark erweitert. David Herlihy und Christiane Klapisch-Zuber veröffentlichten die Ergebnisse ihrer computergestützten Untersuchungen des Florentiner Catasto von 1427: *Les Toscans et leurs familles*, Paris 1978. Ein weiterer bedeutender Beitrag stammt von C. de la Roncière: *Florence, centre économique régional au XIVe siècle*, Aix-en-Provence 1976, 4 Bde. In *The Building of Renaissance Florence* entwickelt R. Goldthwaite einen zusammenfassenden Überblick über die wirtschaftliche Entwicklung im 14. und 15. Jahrhundert. H. Hoshino verfaßte eine wichtige Untersuchung über die Wolltuchindustrie von Florenz, die das ältere Werk von Doren ersetzt: *L'arte della lana in Firenze nel basso medioevo*, Florenz 1980. M. Bernocchi veröffentlichte ein umfangreiches Werk über das Münzwesen in Florenz: *Le monete della Repubblica fiorentina*, Florenz 1974–1978, 4 Bde. In seiner Ausgabe: *Il libro del Biadaiolo. Carestia e annona a Firenze dalla metà del '200 al 1348*, Florenz 1978, erörtert G. Pinto Getreidepreise und Nahrungsmittelknappheit vor dem Schwarzen Tod. Die Karriere eines Unternehmers aus dem Trecento beschreibt C. de la Roncière: *Un changeur Florentin du Trecento: Lippo di Fede del Sega (1285 env.–1363 env.)*, Paris 1973. G. Holmes untersuchte die Medici als Bankiers des Papstes, in: *Florentine Studies*, hg. von N. Rubinstein, London 1968, S. 357–380; R. Goldthwaite erörtert die Bank der Medici im Zusammenhang mit der Struktur des Florentiner Bankwesens: *I Medici e la banca nel Quattrocento fiorentino*, Mailand 1980. Kürzlich erschien eine Monographie über die Wirtschaft in der Provinz: Judith C. Brown: *In the Shadow of Florence. Provincial Society in Renaissance Pescia*, New York 1982.

Drittes Kapitel: Das Patriziat

Dokumente, die sich auf die gesellschaftliche Struktur und die Geschichte von Florenz im 14. und 15. Jahrhundert beziehen, liegen übersetzt vor in: *The Society of Renaissance Florence*, hg. von G. Brucker, New York 1971.

Die patrizische Familie war in den vergangenen Jahren Gegenstand intensiver Forschungsarbeit. F. W. Kent entwickelte in der Analyse von drei Stammbäumen des Patriziats eine allgemeine Interpretation der Familienstruktur: *Household and Lineage in Renaissance Florence. The Family Life of the Capponi, Ginori and Rucellai*, Princeton 1977. P. Malanima veröffentlichte eine Monographie über eine wichtige Familie des Quattrocento: *I Ricardi di Firenze*, Florenz 1977. Auch aus folgenden Büchern erfahren wir viel über die Florentiner Familie: D. Herlihy und C. Klapisch-Zuber:

Les Toscans et leurs familles; Thomas Kuehn: *Emancipation in Late Medieval Florence*, New Brunswick 1982; über Ehe und Mitgift: C. Klapisch-Zuber: *Zacharie, ou le père évincé. Les rites nuptiaux toscans entre Giotto et le concile de Trente*, in: Annales, XXXIV, 1979, S. 1216–1243; J. Kirshner: *Pursuing Honor While Avoiding Sin: the Monte della Doti of Florence*, in: Studi senesi, LXXXIX, 1977, S. 175–258; A. Molho und J. Kirshner: *The Dowry Fund and the Marriage Market in Early Quattrocento Florence*, in: Journal of Modern History, L, 1978, S. 403–438.

Über folgende Florentiner Persönlichkeiten, die im Dritten Kapitel erörtert wurden, liegen neue Forschungen vor: Über Francesco Datini und Lapo Mazzei: R. Trexler: *Public Life in Renaissance Florence*, New York 1980, S. 131–158; über Giovanni Morelli: ebd., S. 159–186; über Cosimo de Medici: A. Molho: *Cosimo de' Medici: Pater Patriae or Padrino?*, in: Stanford Italian Review, I, 1979, S. 5–33; über Giovanni Rucellai: F. W. Kents Biographie in: *A Florentine Patrician and His Palace*, S. 9–95.

Das Problem des «Individualismus» behandelt M. Becker: *Individualism in the Early Italian Renaissance: Burden and Blessing*, in: Studies in the Renaissance, XIX, 1972, S. 273–297.

Viertes Kapitel: Die Politik

Einen Überblick über die politischen Entwicklungen in den italienischen Stadtstaaten geben: D. Waley: *The Italian City-Republics*, London 1969; S. Bertelli: *Il potere oligarchico nello stato-città medievale*, Florenz 1978; und: L. Martines: *Power and Imagination. City-States in Renaissance Italy*, New York 1979. Allgemeine Untersuchungen über die politische Geschichte von Florenz im 14. und 15. Jahrhundert: G. Brucker: *The Civic World of Early Renaissance Florence*, Princeton 1977; G. Guidi: *Il governo della città repubblica di Firenze del primo Quattrocento*, Florenz 1980, 3 Bde.; J. Najemy: *Corporatism and Consensus in Florentine Electoral Politics, 1280–1400*, Chapel Hill 1982; und: J. Najemy: *Guild Republicanism in Trecento Florence*, in: American Historical Review, LXXXIV, 1979, S. 53–71; D. Kent: *The Florentine «Reggimento» in the Fifteenth Century*, in: Renaissance Quarterly, XXVIII, 1975, S. 575–638.

Drei wichtige Artikel über das späte Trecento sind: A. Molho: *Politics and the Ruling Class in Early Renaissance Florence*, in: Nuova Rivista Storica, LII, 1968, S. 401–420; R. Witt: *Florentine Politics and the Ruling Class*, 1382–1407, in: Journal of Medieval and Renaissance Studies, VI, 1976, S. 243–267; P. Herde: *Politische Verhaltensweisen der Florentiner Oligarchie 1382–1402*, in: *Geschichte und Verfassungsgefüge*, Frankfurter Festgabe für Walter Schlesinger, Wiesbaden 1973, S. 156–249. Der Aufstand der Ciompi wird ausführlich, wenn auch nicht ausschließlich, besprochen in: S. Cohn Jr.: *The Laboring Classes in Renaissance Florence*, New York 1980. In: *Florentine Studies*, hg. von N. Rubinstein, sind eine Reihe von Beiträgen enthalten über Themen, die in diesem Kapitel erörtert wurden: M. Becker über den Florentiner Territorialstaat; C. M. de la Roncière über die indirekte Besteuerung; P. Partner über die Beziehungen der Stadt zum Papsttum; M. Mallett über die Eingliederung Pisas in das Florentiner Herrschaftsgebiet; N. Rubinstein über die konstitutionelle Entwicklung während der Mediciherrschaft. Die politische und finanzielle Krise der zwanziger und frühen dreißiger Jahre des 15. Jahrhunderts ist Thema von zwei wichtigen Monographien: D. Kent: *The Rise of the Medici. Faction in Florence 1426–1434*, Oxford 1978; sowie: A. Molho: *Florentine Public Finances in the Early Renaissance*, Cambridge, Mass. 1971. Ein wichtiges, aber vernachlässigtes Thema, die öffentlichen Rituale, erforschte R. Trexler: *Public Life in Renaissance Florence*; und: *The Libro Ceremoniale of the Florentine Republic*, Genf 1978. Die gesellschaftliche und politische Struktur eines «gonfalone» ist Gegenstand einer Monographie von D. und F. W. Kent: *Neighbors and Neighborhood in Renaissance Florence: the District of the Red Lion in the Fifteenth Century*, Locust Valley, N. Y. 1982.

Fünftes Kapitel: Kirche und Religion

R. Trexler hat eine Reihe von Arbeiten über die religiöse Geschichte von Florenz im Mittelalter und in der Renaissance veröffentlicht. In: *Public Life in Renaissance Florence* faßt er seine Schlußfolgerungen zusammen. Wichtige Aufsätze von ihm zu diesem Thema sind unter anderen: *Florentine Religious Experience: the Sacred Image*, in: Studies in the Renaissance, XIX, 1972, S. 7–41; *Florence, by the Grace of the Lord Pope...* in: Studies in Medieval and Renaissance History, IX, 1972, S. 115–215; *Ritual Behavior in Renaissance Florence: the Setting*, in: Medievalia et Humanistica, n. s. IV, 1973, S. 125–144; *Le célibat à la fin du moyen âge: les religieuses de Florence*, in: Annales XXVII, 1972, S. 1329–1350; *Ritual in Florence: Adolescence and Salvation in the Renaissance*, in: *The Pursuit of Holiness in Late Medieval and Renaissance Religion*, hg. von C. Trinkaus und H. Oberman, Leiden 1974, S. 200–264; *The Episcopal Constitutions of Antoninus of Florence*, in: Quellen und Forschungen aus italienischen Archiven und Bibliotheken, LIX, 1979, S. 244–272. Trexler veröffentlichte außerdem: *The Spiritual Power. Republican Florence under Interdict*, Leiden 1974; sowie: *Synodal Law in Florence and Fiesole, 1306–1518*, Vatikanstadt 1971.

Neuere Arbeiten über Bruderschaften: R. Hatfield: *The Compagnia de' Magi*, in: Journal of the Warburg and Courtauld Institutes, XXIII, 1970,

S. 107–161; R. Weissmann: *Ritual Brotherhood in Renaissance Florence*, New York 1981. Über die Frömmigkeit der Laien: R. Trexler: *Charity and the Defense of Urban Elites in the Italian Communes*, in: F. Jaher (Hg.): *The Rich, the Well Born and the Powerful*, Urbana, Ill. 1973, S. 64–109; C. M. de la Roncière: *Pauvres et pauvreté à Florence au XIVe siècle*, in: M. Mollat (Hg.): *Études sur l'histoire de la pauvreté (Moyen Age – XVIe siècle)*, Paris 1974, Bd. II, S. 661–745; M. Becker: *Aspects of Lay Piety in Early Renaissance Florence*, in: *The Pursuit of Holiness in Late Medieval and Renaissance Religion*, S. 177–199. Über Ketzerei: J. Stephens: *Heresy in Medieval and Renaissance Florence*, in: Past and Present, Nr. 54, 1972, S. 25–60.

Sechstes Kapitel: Kultur

Eine Analyse der Kultur der italienischen Renaissance im Zusammenhang mit dem späten Mittelalter legte J. Larner vor: *Culture and Society in Italy 1290–1420*, London 1971. W. Anderson schrieb eine mit vielen Texten angereicherte Biographie über Dante: *Dante the Maker*, London 1980. D. Thompson und A. Nagel gaben humanistische Quellentexte über Dante, Petrarca und Boccaccio heraus: *The Three Crowns of Florence*, New York 1972. Thompson übersetzte außerdem eine Auswahl von Petrarca-Briefen: *Petrarch. A Humanist Among Princes*, New York 1971. C. Trinkaus veröffentlichte eine Sammlung von Essays über Petrarca: *The Poet as Philosopher. Petrarch and the Formation of Renaissance Consciousness*, New Haven 1979.

Eine Einschätzung der Bedeutung Hans Barons für die Renaissanceforschung gibt: *Renaissance Studies in Honor of Hans Baron*, hg. von A. Molho und J. Tedeschi, Dekalb, Ill. 1970. Diese Festschrift enthält außerdem mehrere Artikel über verschiedene Themen der Florentiner Renaissance. R. Pecchioli untersuchte das Konzept des staatsbürgerlichen Humanismus in: *«Umanesimo civile» e interpretazione «civile» dell'umanesimo*, in: Studi storici, XIII, 1972, S. 3–33. Das Leben und die Schriften von Salutati untersuchte D. De Rosa: *Coluccio Salutati: il cancelliere e il pensatore politico*, Florenz 1980; sowie: R. Witt: *Hercules at the Crossroads. The Life, Works, and Thought of Coluccio Salutati*, Durham, N. C. 1981. E. Spagnesi verfaßte einen umfassenden Bericht über die Florentiner Kultur am Ende des Trecento: *Utiliter edoceri. Atti inediti degli ufficiali dello Studio Fiorentino (1391–96)*, Mailand 1979.

G. Holmes gab einen Überblick über die Kultur im frühen Quattrocento: *The Florentine Enlightenment 1400–1450*, London 1969. Beispiele für politische und soziale Schriften der Florentiner Humanisten liegen übersetzt vor in: *Humanism and Liberty. Writings on Freedom from Fif-*

teenth-Century Florentines, hg. von R. Watkins, Columbia, S.C. 1978; sowie: *The Earthly Republic. Italian Humanists on Government and Society*, hg. von B. Kohl und R. Witt, Philadelphia 1978. Kulturelle Themen nehmen eine besondere Stellung ein in der Aufsatzsammlung: *Florence and Venice: Comparison and Relations*, Bd I: Quattrocento; Bd II: Cinquecento, Florenz 1980; sowie in: *Essays Presented to Myron P. Gilmore*, hg. von S. Bertelli und G. Ramakus, Florenz 1978, 2 Bde. M. Phillips erörtert die volkssprachliche Tradition der Florentiner Geschichtsschreibung in: *Machiavelli, Guicciardini and the Tradition of Vernacular Historiography in Florence*, in: American Historical Review, LXXXIV, 1979, S. 86–105.

M. Baxandall veröffentlichte zwei wertvolle Untersuchungen über gesellschaftliche und kulturelle Zusammenhänge der Florentiner Malerei: *Giotto and the Orators*, Oxford 1971; sowie: *Die Wirklichkeit der Bilder. Malerei und Erfahrung im Italien des 15. Jahrhunderts*, Frankfurt 1987. S. Edgerton: *The Renaissance Discovery of Linear Perspective*, New York 1975, erforscht einen wichtigen Aspekt in der künstlerischen Revolution. Bruce Cole veröffentlichte eine zusammenfassende Untersuchung über die Florentiner Kunst zwischen 1375 und 1430: *Masaccio and the Art of Early Renaissance Florence*, Bloomington 1980. R. Goldthwaites Buch: *The Building of Renaissance Florence* enthält viele Informationen über die Florentiner Architekten und die Architekturpraxis sowie eine provokante These über die Beziehung zwischen der Wirtschaft der Stadt, der gesellschaftlichen Ordnung und ihren künstlerischen Errungenschaften.

Siebtes Kapitel: Epilog

In der Zwischenzeit gab N. Rubinstein vier Bände mit dem Briefwechsel Lorenzo de' Medicis heraus: *Lettere*, Florenz 1977 ff. A. Brown schrieb eine Biographie über einen leitenden Beamten im Medici-Regime: *Bartolomeo Scala 1430–1497 Chancellor of Florence. The Humanist as Bureaucrat*, Princeton 1979. J. Hale faßte die gegenwärtige Forschung über die Medici zusammen in seinem Buch: *Florence and the Medici. The Pattern of Control*, London 1977. Das Buch von D. Weinstein: *Savonarola and Florence*, Princeton 1970, bietet die beste historische Analyse der Laufbahn des Florentiner Dominikaners. R. Trexler: *Public Life in Renaissance Florence*, S. 428–490, enthält eine originelle und provozierende Interpretation der Zeit Lorenzos und des Einflusses von Savonarola. R. Cooper verfaßte eine Analyse der Laufbahn Pier Soderinis: *Pier Soderini: Aspiring Prince to Civic Leader*, in: Studies in Medieval and Renaissance History, n. s. I, 1978, S. 67–126. Zwei Monographien über einflußreiche Florentiner des frühen Cinquecento sind: R. Devonshire Jones: *Francesco Vettori*, London 1972; und: M. Bullard: *Filippo Strozzi and the Medici*, Cambridge 1980.

J. Pocock: *The Machiavellian Moment*, Princeton 1975, setzt die Florentiner Gedankenwelt des frühen Cinquecento in einen weiteren europäischen Zusammenhang. M. Phillips beschrieb die Entwicklung Guicciardinis zum Historiker: *Francesco Guicciardini: The Historian's Craft*, Toronto 1977. Randolph Starns Analyse der Erfahrungen der Toskaner im Exil reicht vom 13. bis zur Mitte des 16. Jahrhunderts: *Contrary Commonwealth: The Theme of Exile in Medieval and Renaissance Italy*, Berkeley und Los Angeles 1982.

Hinweise auf Arbeiten über Florenz in der Renaissance, 1983–1989

Einen Überblick bieten die folgenden beiden Bibliographien: G. Brucker: *Tales of Two Cities. Florence and Venice in the Renaissance*, in: American Historical Review, 88, 1983, S. 599–616; J. Najemy: *Linguaggi storiografici sulla Firenze rinascimentale*, in: Rivista storica italiana, 97, 1985, S. 102–159. Zwei Festschriften mit einer Reihe von wichtigen Beiträgen über Themen der Florentiner Geschichte sind: *Renaissance Studies in Honor of Craig Hugh Smyth*, Florenz 1985, 2 Bde.; *Florence and Italy. Renaissance Studies in Honor of Nicolai Rubinstein*, hg. von P. Denley und C. Elam, London 1988. Inzwischen erschienen drei Bände von: *I Tatti Studies. Essays in the Renaissance*, 1985–1989. Wichtige Forschungen über Florenz von einer jüngeren Generation italienischer Historiker erscheinen regelmäßig in den Zeitschriften «Ricerche storiche» und «Quaderni storici».

Die Struktur der Florentiner Gesellschaft erregt noch immer das Interesse der Historiker. Zu den jüngeren Forschungen gehören: *I ceti dirigenti nella Toscana del Quattrocento*, Florenz 1987; C. Klapisch-Zuber: *Women, Family and Ritual in Renaissance Italy*, Chicago 1985; G. Brucker: *Giovanni und Lusanna. Der Fall einer Liebe im Florenz der Renaissance*, Reinbek 1988; K. Park: *Doctors and Medicine in Early Renaissance Florence*, Princeton 1985; M. Phillips: *The Memoir of Marco Parenti. A Life in Medici Florence*, Princeton 1987.

Zwei bedeutende Beiträge zur Erforschung des Quattrocento in Florenz sind: E. Conti: *L'imposta diretta a Firenze nel Quattrocento (1427–1494)*, Rom 1984; und: A. Zorzi: *L'amministrazione della giustizia penale nella Repubblica fiorentina. Aspetti e problemi*, Florenz 1988. Außerdem liegen zwei neue Monographien über das politische Leben der Stadt im frühen Cinquecento vor: H. Butters: *Governors and Government in Early Six-*

teenth Century Florence, 1502–1519, Oxford 1985; und: J. Stephens: *The Fall of the Florentine Republic, 1512–1530*, Oxford 1983.

Eine wichtige Untersuchung über die Geschichte der Florentiner Kirche ist: R. Bizzocchi: *Chiesa e potere nella Toscana del Quattrocento*, Bologna 1987.

Zu den neueren wichtigen Arbeiten über die Kultur der Renaissance in Florenz gehören: C. Bec: *Les livres des florentins (1413–1608)*, Florenz 1984; G. Holmes: *Florence, Rome and the Origins of the Renaissance*, Oxford 1986; G. Griffiths u. a. (Hg.): *The Humanism of Leonardo Bruni*, Binghamton, N. Y. 1987; H. Baron: *In Search of Florentine Civic Humanism: Essays on the Transition from Medieval to Modern Thought*, Princeton 1988; sowie: F. W. Kent und P. Simons (Hg.): *Patronage, Art and Society in Renaissance Italy*, Oxford 1987.

Personen- und Sachregister

Acciaiuoli (Familie) 79
Acciaiuoli, Jacopo 118
Acciaiuoli, Agnolo 313
Acciaiuoli, Donato 162, 183
Accursius 274
Acht Heilige 73
Agli, Jacopo degli 227
Alamanni, Filippo 178–180
Alberti (Familie) 44, 117, 123, 192, 219
Alberti, Benedetto 116
Alberti, Leon Battista 68, 160, 275, 289, 302
Alberti, Piero di Duccio 261
Albizzi (Familie) 44, 117, 172, 223
Albizzi, Goro degli 106
Albizzi, Maso degli 187, 192
Albizzi, Rinaldo degli 195, 197, 198, 208–210
Aldighieri, Donato 178
Alessandri (Familie) 116, 261
Alessandri, Alessandro 176
Alessandri, Antonio 288
Alexander VI. 327, 331
Altoviti (Familie) 235
Altoviti, Francesco 233
Altoviti, Jacopo 247
Amidei, Manente 99
Amieri (Familie) 42, 48, 79
Angelico, Fra 17, 241, 309
Angioleri, Bernardo 218
Antal, Frederick 291
Antella, Allesandro dell' 84
Antoninus (Antonino Pieruzzi) 214, 225, 233, 241, 244–246, 253, 300, 302
Aragon, Ferdinand von 331
Arciniegas, Germain 127
Argenti, Philipp (Filippo Cavicciuli) 167

Arnolfo di Cambio 272
Arrigucci (Familie) 217
Augustiner 57, 58, 214, 218, 224, 232, 233, 281
Augustinus 245, 262

Baldovinetti, Alessio 200
balìa 171, 313
Bardi (Familie) 44, 79, 80, 101, 105, 138
Bardi, Ilarione de' 255
Bardi, Jacopo di Vannozzo de' 115
Bardi, Ridolfo 116
Baron, Hans 201, 202, 283–285, 287
Baroncelli (Familie) 195
Baroncelli, Gherardo 187
Baroncelli, Ippolita 235
Baroncelli, Piero 282
Bastari, Niccolò 147
Beccanugi, Piero 287
Behörde der Türme 51–53
Benediktiner 255
Bernadetti, Francesco 109
Bernardino da Feltre 266
Bernhardin von Siena 247
Bettelmönche 214, 232
Bianchi 249, 250, 256
Bianchi, Romolo 53
Boccaccio, Giovanni 74, 139, 158, 259, 273, 274
bolletini 188
Bonifaz IX. 225
Borgia, Cesare 331
Borromei (Familie) 117
Borromei, Alessandro 42
Botticelli, Sandro 323
Bracciolini, Poggio 153, 261, 265, 272, 274, 281, 323
Brancacci (Familie) 306

Brienne, Walter von, Herzog von Athen 169, 287
Bruderschaften 70, 75, 96, 130, 131, 253, 254, 256
   Arcifraternità della Misericordia 130, 253
   Compagnia di Santa Maria del Bigallo 253
   Santa Maria della Pietà 253
Brunelleschi, Filippo 22, 38, 57, 58, 60, 258, 261, 272–274, 289, 294–296, 298, 300, 302, 306, 308, 309
Bruni, Francesco 219
Bruni, Leonardo 261, 264, 272, 274, 275, 281, 284, 285, 287, 302, 308, 322, 323
Buonarotti, Simone 149
Buondelmonti (Familie) 122
Buondelmonti, Alessandro 265
buonuomini 170
Burckhardt, Jacob 133, 212, 214, 246, 256

Calci, Fra Michele da 251, 252
Capitano del popolo 68, 185, 186, 188
Capponi, Gino 195, 282, 317
Capponi, Neri 187, 197, 209
Capponi, Niccolò 336
Capponi, Recco 51
Carducci, Francesco 336
Carrara, Francesco da 282
Cassone 309
   Adimari-Cassone 157
Castagno, Andrea del 309
Castellani (Familie) 126
Castellani, Michele 195
Castiglionchio, Bernardo da 135
Castiglionchio, Lapo da 238
Castracani, Castruccio 169
Catasto 86, 87, 115–118, 181, 184, 198, 254
Cavalcanti (Familie) 122, 235
Cavalcanti, Giovanni 181, 196, 197, 314
Cavicciuli, Filippo 167

Celle, Giovanni dalle 152, 263
Chrysoloras, Manuel 266, 277
Ciompi 72, 96–98, 111, 153, 172, 173, 190, 193
Colonna (Familie) 17
Compagni, Dino 166
Consulte e Pratiche 171, 177, 282, 286
Contado 18, 67, 90, 94, 104, 112, 115, 128, 130, 151, 165, 166, 186, 200, 217, 233, 251, 252, 254, 255, 271, 317, 331, 336
Conti, Elio 217, 255
Conventi soppressi 132, 213, 230, 236
Coppoli, Francesco de 132, 187
Corbinelli (Familie) 261
Corbinelli, Angelo 281
Corsini (Familie) 220
Corsini, Andrea 220
Corsini, Filippo 264, 287
Corsini, Giovanni 139
Corsini, Neri 220
Corsini, Pierro 223, 238
Cossa, Baldassare, s. Johannes XXIII.
Credi, Giovanni di 90

Dante Alighieri 22, 39, 49, 52, 150, 164, 166–168, 232, 258, 260, 262, 263, 273, 274, 289
Dati, Gregorio 117, 124, 135, 142, 200, 220
Dati, Leonardo 220, 241, 263
Datini, Francesco 88, 102, 104, 112, 113, 136, 143–146, 153, 161, 162, 247, 248, 255, 262
Datini, Margherita 145
Davanzati (Familie) 261
Davanzati, Bartolomeo 124
Davanzati, Bernardo 110
Davanzati, Francesco 124
Davanzati, Giuliano 264
Davanzati, Piero 267
Davanzati, Rinieri 110
Davizzi (Familie) 39
Davizzi, Francesco 103, 104

Davizzi, Paolo 183
Del Bene (Familie) 125, 178
Del Bene, Amerigo 125, 178
Del Bene, Bene 219
Del Bene, Caterina 125
Del Bene, Dora 125
Del Bene, Francesco 125, 178, 182, 219
Del Bene, Giovanni 125, 126, 178, 179
Del Bene, Ricciardo 182
Del Palagio, Guido 117, 144, 152, 154, 161, 162, 265
Della Casa, Lodovico 235
Della Casa, Piera 235
Della Torre (Familie) 17
Dominici, Giovanni 241, 244
Dominikaner 24, 49, 212, 214, 220, 225, 231, 232, 241, 244, 253, 255, 256
Donatello 261, 294, 296, 298, 300, 302, 304, 306, 308, 309, 326
Donati (Familie) 39, 48

Epidemien (s. auch Pest; Schwarzer Tod) 47, 232
Étaples, Jacques Lefèvre d' 277
Eugen IV. 57, 225, 234, 245, 289

Fabriano, Gentile da 274, 303, 304
fattori 100, 136
Ferrante, König von Neapel 324
Ferrara, Herzog von 300
Ficino, Marsilio 162, 277
Figline, Baldo da 178
Filelfo 277
Fioravante, Neri di 236, 238
Flagellanten 249
Foix, Gaston von 332
Fortini (Familie) 118
Fortini, Andrea 118
Fortini, Bartolomeo 118
Franz I., König von Frankreich 275, 334, 335
Franz von Assisi 214, 250, 261, 262
Franziskaner 24, 57, 224, 231, 233, 247, 255, 327

Fratizellen 250–252, 260, 265
Friedrich III., deutscher Kaiser 156

gabella 68, 174, 178, 181, 184
Gaddi, Agnolo 300
Gherardi, Ser Matteo 262
Ghibellinen 47, 53, 78, 172
Ghiberti, Lorenzo 274, 275, 294, 300, 302, 326
Ghirlandaio, Domenico 236
Gianfigliazzi, Isabetta 238
Gianfigliazzi, Papino 195
Gianfigliazzi, Rinaldo 144, 176, 192, 195, 288
Gianfigliazzi, Simone 238
Gilbert, Felix 339
Giorgio, Cristofano di 264
Giotto di Bondone 22, 158, 258, 260, 261, 271, 292, 294, 295, 298
Goldthwaite, Richard 317
Gombrich, Ernst 302
Gondi, Giuliano 317
gonfalone 130
Gonfaloniere di giustizia (Bannerträger der Gerechtigkeit) 127, 330
gonfalonieri 130, 170
Gonzaga (Familie) 168
Gozzoli, Benozzo 17, 159, 304
Gregor XI. 108, 206, 222, 223, 249
Großes Schisma 207, 213, 222, 226, 288
Guasconi (Familie) 117, 235
Guasconi, Bindo 253
Guelfen (Parte Guelfa) 47, 70, 71, 78, 130, 131, 172, 176, 186, 190, 194, 206, 208, 219, 222, 223, 250
Guicciardini, Bongianni 318
Guicciardini, Francesco 318, 322, 324, 337–339
Guicciardini, Girolamo 318
Guicciardini, Jacopo 318
Guicciardini, Luigi 151, 152, 318
Guicciardini, Piero 314, 318
Guicciardini, Simone 151
Guidalotti, Jacopo 105
Guinigi, Paolo 209

Hadrian VI. (Adrian von Utrecht) 335
Hawkwood, John 109

Internationale Gotik 294, 303, 304, 309, 310

Jacopone da Todi 263
Jeanne d'Arc 103
Johannes VIII. Paläologus, Kaiser von Byzanz 156
Johannes XXIII. 195, 196, 220, 252
Juden 115, 141, 266
Julius II. 331, 332

Kamaldulenser 232, 239–241, 268
Karl der Große 123
Karl IV., deutscher Kaiser 287
Karl V., deutscher Kaiser 335, 336
Karl VII., König von Frankreich 104
Karl VIII., König von Frankreich 323, 324, 326, 327, 330, 331
Karl von Kalabrien 169
Karl, König von Ungarn 71
Karmeliter 231
Kartäuser 216, 217
Katharer 253
Katharina von Siena 244
Klarissen 233
Klemens VII. (Giulio de' Medici) 213, 223, 335–337
Kommune 48–50, 52–54, 57, 67, 71, 74, 95, 115, 126, 128, 130, 131, 140, 150, 163–165, 169–172, 181, 184, 189, 192, 200, 211, 221–229, 240, 250, 268, 272, 275–277, 282, 322
Kristeller, Paul Oskar 269

Ladislaus, König von Neapel 108, 113, 114, 192, 194–196, 200, 202, 209, 286–288
Lamberteschi, Andrea 107
Lamberteschi, Tommaso 227
lanaiuoli 85, 89, 90, 92–96, 98
Lando, Michele di 73
Landucci, Luca 60, 327

Lanfredini, Domenico 106, 215
Lanfredini, Giovanni 183
Lanfredini, Lanfredino 147, 148, 183, 218
Lanfredini, Orsino 147
Lanfredini, Remigio 100, 103, 147, 148
Lanfredini, Sandro 215
Lenzi (Familie) 306
Lenzi, Lorenzo 117
Leo X. (Giovanni de' Medici) 332, 334, 335
Leonardo da Vinci 17, 258, 275, 325, 334
Libri Fabarum (Bücher der Bohnen) 171, 180
Lippi, Fra Filippo 309
Lorenzo, Giovanni di 265
Loschi, Antonio 51
Louis, Marks 316
Ludwig XII., König von Frankreich 331, 332
Luxusgesetze 156, 157

Machiavelli, Niccolò 139, 151, 258, 274, 314, 317, 337, 338
Maestri di Grammatica 136
Manetti, Antonio 274, 289, 294
Manetti, Gianozzo 162
Manni, Giacomo 203–205
Marsili, Luigi 214, 224, 232, 264, 265, 281
Marsuppini, Carlo 261, 272, 274, 277
Martin, Alfred von 284
Martin V. 213
Martinez, Lauro 318
Martini, Lorenzo 236, 238
Masaccio 271, 274, 294, 296, 298, 304, 306, 308
Masolino da Panicale 63, 296
Mazzei, Lapo 143–146, 153, 154, 162, 262
Medici (Familie) 44, 63, 117, 123, 125, 127, 150, 152, 157, 158, 161, 162, 175, 192, 198, 210, 217, 235, 255, 261, 275, 277, 278, 308, 312–339

Medici, Alessandro de', Herzog von Florenz 337
Medici, Cosimo de' 58, 63, 119, 128, 141, 154–156, 159, 162, 173, 198, 246, 261, 265, 277, 278, 304, 308, 312, 313, 315, 317
Medici, Cosimo I., Herzog von Florenz 275, 337
Medici, Giovanni de' 100, 159
Medici, Giovanni di Bicci de' 58, 104, 141
Medici, Giuliano de' 314
Medici, Lorenzo de' 156, 159, 235, 265, 278, 311–339
Medici, Nanina de' 160
Medici, Piero di Cosimo de' 160, 312, 313, 315
Medici, Piero di Lorenzo de' 323, 324
Medici, Rosso di Giovanni de' 86
Medici, Vieri di Cambio de' 182
Mercanzia (Gerichtshof der Händler) 68
mezzadria 20
Michelangelo 258, 275, 325, 326, 334
Michelozzo 63, 160, 261
Minoriten 24
Mitgift 124, 125, 318
Monte 68, 84, 174, 245, 316
Montefeltro, Antonio da 71
Morelli, Giovanni di Bartolomeo 137
Morelli, Giovanni di Paolo 123, 131, 136–138, 140, 147, 160, 181, 289
Morelli, Paolo 137, 138

Niccoli 261, 302
Niccoli, Francesco 214, 215
Niccoli, Niccolò 265, 281
Nikolaus V. 226, 233, 256, 263

Obizzi, Giovanni degli 71
operai 54, 58, 275
Ordinamenti di giustizia (Ordnungen der Gerechtigkeit) 150, 169
Orlandi, Piero 110

Orlandi, Rosso 108, 110, 267
Orlandi, Stefano 244
Orsini 17, 183
otto di guardia 193

Pagnini, Marco 106
Palladini, Jacopo 252
Panciatichi (Familie) 117
Panciatichi, Bartolomeo 182
Pandolfini, Agnolo 264
Panzano, Luca da 135, 151
Parenti, Giovanni 125
Parte Guelfa s. Guelfen
Patarener 253
Pazzi (Familie) 117, 313
Pazzi, Andrea de' 281
Pazzi, Jacopo de' 314, 268
Pazzi, Piero de' 282
Pecora (Handelsgesellschaft) 106
Pegolotti, Francesco 101
Peruzzi (Familie) 124, 195
Peruzzi (Handelsgesellschaft) 44, 79, 80, 105
Peruzzi, Adoardo 216
Peruzzi, Andrea 238
Peruzzi, Arnoldo 196
Peruzzi, Rodolfo 100
Pest (s. auch Schwarzer Tod; Epidemien) 72, 74, 75, 80, 83, 111, 113–115, 137, 172, 193, 200, 218, 233, 238, 248, 249, 293
Peter, König von Zypern 157
Petrarca 263, 274, 280, 281, 283
Petriboni, Bartolomeo 109
Petrus Martyr 253
Piccinino, Niccolò 326
Pico della Mirandola, Giovanni 277
Pisano, Andrea 292, 294
Pisano, Niccolò 294
Pitti (Familie) 63, 195, 196, 308
Pitti, Bartolomeo 196
Pitti, Buonaccorso 100, 103, 194–196, 209, 220
Pitti, Ciore 99
Pitti, Luca 313

Pitti, Luigi 194-196
Pitti, Piero di Ciore 139
Pius II. 199, 256
Platonische Akademie 277, 278
podere 19
Podestà 22, 185, 186, 187, 201, 216, 251
Polo, Marco 101
Pontremoli, Nicodemo da 315
Poppi, Guido Graf von 238, 240, 265
populo minuto 173
Porcellini, Giovanni 140
Prato, Giovanni da 264, 265
prestanze (s. auch Zwangsanleihen) 174, 180, 183, 184
Priuren 170, 171, 177, 179, 188, 192, 199, 209, 268, 300
Provvisioni 171, 180
Pucci, Antonio 66
Pucci, Bartolo 146

Ratskollegien
  Rat der Kommune 171
  Rat der Zehn 179, 180
  Rat des Volkes 171
  Großer Rat 325, 326, 330, 332
  Die Sechzehn 170
  Zehn der Freiheit 178
  Zehn des Krieges 153, 337
  Die Zwölf 170
Ricasoli (Familie) 194, 195, 220
Ricasoli, Albertaccio 218
Ricasoli, Pandolfo 217, 218
Ricci (Familie) 117, 172, 192
Ricci, Giovanni de' 178, 265
Ricci, Giuliano de' 227
Ricci, Ugucciozzo de' 227
Ridolfi, Lorenzo 264
Rinuccini (Familie) 117
Rinuccini, Cino 281
Robert, König von Neapel 169
Rondinelli, Rinaldo 114
Rosselino, Bernardo 308
Rossi 261
Rossi, Roberto de' 265, 281

Rucellai (Familie) 60, 162, 308
Rucellai, Giovanni 114, 119, 160, 161, 263, 268
Ruskins, John 17
Rustichi, Antonio 148, 149
Rustichi, Giovanni 148

Sacchetti, Forese 132, 187
Sacchetti, Franco 257, 314
Sacchetti, Gianozzo 265
Salterelli, Andrea 131
Salutati, Coluccio 17, 51, 264, 265, 272, 275, 280-284
Salviati, Francesco 314
Sassetti, Federigo 139
Sassetti, Letta 139
Sassetti, Paolo 139, 228-230
Savonarola, Girolamo 212, 244, 246, 249, 253, 326-330, 333
Savoyen, Herzog von 103
Scali (Handelsgesellschaft) 79
Scali, Giorgio 180
Schwarzer Tod (s. auch Pest; Epidemien) 48, 76, 80, 139, 275, 218, 270
Seigel, Jerrold 285
Serviten 57
Sforza, Francesco 198, 315
Sforza, Galeazzo Maria 157
Sieben Auditoren 204
Signoria 22, 50, 52, 53, 70, 131, 153, 170-175, 178-180, 183, 188, 194, 195, 197, 204, 205, 224, 225, 228, 229, 246, 250, 264, 268, 282, 300, 313, 324, 327, 337
Sixtus IV. 313
Soderini, Piero 330-332, 337
sottoposti 93, 95, 98
Spinelli 60
Spini, Cristoforo 195
Spini, Doffo 123
sporti 38, 50, 51
Stefani, Marchionne 74, 186
Steuerwesen 105, 115, 116, 136, 165, 171, 174, 175, 181-184, 255
Strada, Zanobi da 274

Strozzi (Familie) 44, 117, 124, 150, 192, 261
Strozzi (Handelsgesellschaft) 91
Strozzi, Agnolo di Messer Palla 60
Strozzi, Alessandra 125
Strozzi, Alessio 241
Strozzi, Bernardo 160
Strozzi, Carlo di Messer Palla 60
Strozzi, Filippo 268, 317, 320
Strozzi, Lorenzo 320
Strozzi, Niccolò di Nofri 90
Strozzi, Palla 160, 162, 177, 264, 275, 304, 308
studia 244, 259, 260, 265, 271
studia generale 232
studia humanitatis 266, 279, 289
studio (Universität) 275–277
Studium generale 275

Thomas von Aquin 245, 260, 262
Tinghi, Matteo 100, 103, 176
Tolentino, Niccolò da 198
Tosa, Simone della 151
Toscanelli, Paolo 294
Traversari, Ambrogio 232, 239–241, 261, 264, 265, 302
Tura, Agnolo di 75

Uberti (Familie) 53
Uccello, Paolo 300, 309
Uliari, Bartolomeo 70, 229, 230
Urban V. 219
Urban VI. 213, 223, 224, 227
Urbino, Niccolò von 228
Uzzano, Niccolò da 128, 144, 195, 209, 220, 256

Vallombrosaner 17, 57, 233, 235, 236, 255
Valori, Bartolomeo 265
Vasari, Giorgio 63, 300

Velluti (Familie) 138
Velluti, Bernardo 142
Velluti, Donato 99, 139, 141, 314, 321
Vendôme, Graf von 104
Veneziano, Domenico 309
Venture, Bernardo 116
Vergerio, Pietro Paolo 281
Vespasiano da Bisticci 141, 154, 281, 308
Vespucci (Familie) 127
Vespucci, Amerigo 127
Vespucci, Simone 127
Vettori, Neri 192
Villani, Giovanni 47, 51, 76, 77, 80, 166, 216, 218, 259, 270, 273
Villani, Matteo 74, 177
villegiatura 174
Visconti (Familie) 17, 168
Visconti, Filippo Maria 114, 194, 200, 210, 326
Visconti, Giangaleazzo 102, 112, 113, 119, 194, 202, 205, 207, 276, 282, 283, 287
Visconti, Luchino 157
Visdomini (Familie) 217
Visdomini, Nofri 225

Währungssystem 42
Wucher 141, 142, 227, 251, 266

Zunftwesen 75, 83, 84, 86, 87, 93–97, 119, 128, 130, 131, 169, 271, 277, 295, 296, 298, 300, 314, 322
  Arte della Lana 54, 87, 90, 92, 94, 111, 118, 119, 257
  Calimala (Seidenhersteller und Goldschmiede) 57, 58, 66, 77, 275
  Cambio 86, 87, (Zunftgericht) 185
Zwangsanleihen (s. auch prestanze) 68, 171, 175, 177, 181, 184, 200, 246

Quellennachweis der Abbildungen

Archivi Alinari, Florenz: S. 14f., S. 23, S. 28, S. 29, S. 31, S. 33 oben und unten, S. 34, S. 35, S. 36, S. 37, S. 40, S. 41, S. 43, S. 45, S. 59 oben und unten, S. 61 oben, S. 62, S. 64f., S. 87, S. 129, S. 156, S. 158f., S. 237, S. 244, S. 297, S. 299, S. 305, S. 309, S. 319, S. 322, S. 328f.

Kunsthistorisches Seminar in Florenz, Phototek: S. 26f.

Frau Dr. Hilde Lotz, München: S. 243

Biblioteca del Seminario Maggiore, Florenz: S. 55

A. F. Kersting, London: S. 56, S. 81

Biblioteca Laurenziana, Florenz: S. 82

Biblioteca Ricciardiana, Florenz: S. 85, S. 88, S. 108

Archivio Arnoldo Mondadori, Mailand: S. 89

Bildarchiv Preußischer Kulturbesitz, Berlin: S. 155

Vatikanbibliothek, Rom: S. 166, S. 185

Bildarchiv Foto Marburg: S. 242, S. 292, S. 293, S. 307

Rowohlt-Archiv, Reinbek: S. 18f., S. 24f., S. 61 unten, S. 99, S. 105, S. 262f., S. 273, S. 301, S. 303, S. 321

rowohlts enzyklopädie

Daniel Arasse
Die Guillotine
Die Macht der Maschine und das Schauspiel der Gerechtigkeit
(kulturen und ideen 496)

Eberhard Braun/Felix Heine/Uwe Opolka
Politische Philosophie
Ein Lesebuch. Texte, Analysen, Kommentare (406)

Manfred Brauneck
Theater im 20. Jahrhundert
Programmschriften, Stilperioden, Reformmodelle (433)
Klassiker der Schauspielregie
Positionen und Kommentare zum Theater im 20. Jahrhundert (477)

Manfred Brauneck/Gérard Schneilin (Hg.)
Theaterlexikon
Begriffe und Epochen, Bühnen und Ensembles (417)

Gene Brucker
Giovanni und Lusanna
Die Geschichte einer Liebe im Florenz der Renaissance
(kulturen und ideen 466)

Norman Cohn
Das neue irdische Paradies
Revolutionärer Millenarismus und mystischer Anarchismus
im mittelalterlichen Europa
(kulturen und ideen 472)

Jean Delumeau
Angst im Abendland
Die Geschichte kollektiver Ängste
im Europa des 14. bis 18. Jahrhunderts
(kulturen und ideen 503)

Dieter Düding/Peter Friedemann/Paul Münch (Hg.)
Öffentliche Festkultur
Politische Feste in Deutschland von der Aufklärung bis zum
Ersten Weltkrieg
(kulturen und ideen 462)

James George Frazer
Der goldene Zweig
Das Geheimnis von Glauben und Sitten der Völker
(kulturen und ideen 483)

Peter Garnsey/Richard Saller
Das römische Kaiserreich
Wirtschaft, Gesellschaft, Kultur (501)

rowohlts enzyklopädie

Gebauer/Kamper/Lenzen/Mattenklott/Wulf/Wünsche
Historische Anthropologie
Zum Problem der Humanwissenschaften heute
oder Versuche einer Neubegründung (486)

Manfred Geier
Das Sprachspiel der Philosophie
Von Parmenides bis Wittgenstein (500)

Claude Hagège
Der dialogische Mensch
Sprache – Weltbild – Gesellschaft (442)

Eggert Holling/Peter Kempin
Identität, Geist und Maschine
Auf dem Weg zur technologischen Zivilisation
(kulturen und ideen 499)

Johan Huizinga
Homo Ludens
Vom Ursprung der Kultur im Spiel (435)

Andreas Huyssen/Klaus R. Scherpe (Hg.)
Postmoderne
Zeichen eines kulturellen Wandels (427)

Fredric Jameson
Das politische Unbewußte
Literatur als Symbol sozialen Handelns (461)

Jeggle/Korff/Scharfe/Warneken (Hg.)
Volkskultur in der Moderne
Probleme und Perspektiven empirischer Kulturforschung (431)

Geoffrey Stephen Kirk
Griechische Mythen
Ihre Bedeutung und Funktion (444)

Thomas Kleinspehn
Der flüchtige Blick
Sehen und Identität in der Kultur der Neuzeit
(kulturen und ideen 483)

Volker Klotz
Bürgerliches Lachtheater
Komödie – Posse – Schwank – Operette (451)
Die erzählte Stadt
Ein Sujet als Herausforderung des Romans
von Lesage bis Döblin
(kulturen und ideen 464)
Abenteuer-Romane
(kulturen und ideen 479)

rowohlts enzyklopädie

H. H. Lamb
Klima und Kulturgeschichte
Der Einfluß des Wetters auf den Gang der Geschichte
(kulturen und ideen 478)

Dieter Lenzen
Mythologie der Kindheit
Die Verewigung des Kindlichen in der Erwachsenenkultur.
Versteckte Bilder und vergessene Geschichten (421)

Dieter Lenzen (Hg.)
Pädagogische Grundbegriffe
Band 1: Aggression bis Interdisziplinarität (487)
Band 2: Jugend bis Zeugnis (488)

Rudolf zur Lippe
Sinnenbewußtsein
Grundlegung einer anthropologischen Ästhetik (423)
Vom Leib zum Körper
Naturbeherrschung am Menschen in der Renaissance (446)

Ekkehard Martens/Herbert Schnädelbach (Hg.)
Philosophie
Ein Grundkurs (408)

George L. Mosse
Nationalismus und Sexualität
Bürgerliche Moral und sexuelle Normen (448)

Lutz Niethammer
Posthistoire
Ist die Geschichte zu Ende? (504)

Peter Moritz Pickshaus
Kunstzerstörer
Fallstudien: Tatmotive und Psychogramme
(kulturen und ideen 463)

Robert von Ranke-Graves
Griechische Mythologie
Quellen und Deutung (404)
Die Weiße Göttin
Sprache des Mythos (416)

Robert von Ranke-Graves/Raphael Patai
Hebräische Mythologie
Über die Schöpfungsgeschichte und andere Mythen aus dem
Alten Testament (411)

ro
ro
ro

rowohlts enzyklopädie

Eli Sagan
Tyrannei und Herrschaft
Die Wurzeln von Individualismus, Despotismus und modernem Staat
Hawaii – Tahiti – Buganda (443)

Hartmut Scheible
Wahrheit und Subjekt
Ästhetik im bürgerlichen Zeitalter (468)

Klaus R. Scherpe (Hg.)
Die Unwirklichkeit der Städte
Großstadtdarstellungen zwischen Moderne und Postmoderne (471)

Gert Selle
Gebrauch der Sinne
Eine kunstpädagogische Praxis
(kulturen und ideen 467)

Werner Sombart
Der Bourgeois
Zur Zeitgeschichte des modernen
(kulturen und ideen 473)

Bernhard Taureck
Französische Philosophie im 20. Jahrhundert
Analysen, Texte, Kommentare (481)

Leo Trepp
Die Juden
Volk, Geschichte, Religion (452)

Sigrid Weigel
Die Stimme der Medusa
Schreibweisen in der Gegenwartsliteratur von Frauen (490)

Hans-Jörg Zerwas
Arbeit als Besitz
Das ehrbare Handwerk zwischen Bruderliebe und Klassenkampf 1848
(kulturen und ideen 482)

Siegfried Zielinski
Audiovisionen
Kino und Fernsehen als Zwischenspiele in der Geschichte
(kulturen und ideen 489)